智能交通先进技术译丛

智能道路交通系统评价方法和结果

【荷】卢萌（Meng Lu） 编著
公安部交通管理科学研究所 组译
代磊磊 刘东波 封春房 金盛 马晓龙 译

机械工业出版社

智能交通系统(ITS)利用电子、信息和通信技术（ICT）来改善交通运行状况，由于涉及领域众多，对其科学评估一直是个难题。本书从4个部分介绍智能交通系统评估的内容：第1部分概述了ITS的发展历程；第2部分重点介绍了评估的需求和方法，重点从网络视角、现场操作、成本收益、车载系统等多角度展开；第3部分介绍了评估结果，包括协作式ITS、自动驾驶、先进驾驶辅助系统等评估结果，以瑞典交通管理、澳大利亚潮湿天气试验、中国应用案例、南非重型货车超载控制为应用对象，对ITS成本效益进行了分析；第4部分是总结和结论。

本书可作为交通工程、交通运输和汽车工程等专业的学习教材，也可供从事智能交通系统评估的研发人员使用。

Evaluation of Intelligent Road Transport Systems：Methods and Results / by Meng Lu / ISBN：978 - 1 - 78561 - 172 - 8

© The Institution of Engineering and Technology 2016

Original English Language Edition published by The IET，Copyright 2016

All Rights Reserved

北京市版权局著作权合同登记　图字：01 - 2020 - 1888 号。

图书在版编目（CIP）数据

智能道路交通系统评价：方法和结果/（荷）卢萌（Meng Lu）编著；代磊磊等译. —北京：机械工业出版社，2021.4

（智能交通先进技术译丛）

书名原文：Evaluation of Intelligent Road Transport Systems：Methods and Results

ISBN 978-7-111-67765-9

Ⅰ.①智… Ⅱ.①卢…②代… Ⅲ.①交通运输管理 - 智能系统 - 系统评价　Ⅳ.①U495

中国版本图书馆 CIP 数据核字（2021）第 046282 号

机械工业出版社（北京市百万庄大街22号　邮政编码100037）

策划编辑：李　军　责任编辑：李　军　丁　锋

责任校对：张　征　封面设计：鞠　杨

责任印制：常天培

北京铭成印刷有限公司印刷

2021 年 7 月第 1 版第 1 次印刷

169mm×239mm・22.5 印张・2 插页・455 千字

0 001—1 900 册

标准书号：ISBN 978 - 7 - 111 - 67765 - 9

定价：189.00 元

电话服务	网络服务
客服电话：010-88361066	机 工 官 网：www.cmpbook.com
010-88379833	机 工 官 博：weibo.com/cmp1952
010-68326294	金 书 网：www.golden-book.com
封底无防伪标均为盗版	机工教育服务网：www.cmpedu.com

译者序

智能交通系统（ITS）利用电子、信息和通信技术，而非扩展基础物理设施来改善交通状况，已经历了 30 多年的发展，并在提高道路安全性、改善驾驶人舒适度和提升运输效率方面发挥了重要作用。但 ITS 是一门相对较新的学科，与交通基础设施建设的完善流程相比，对其成本和效益尚不完全了解。采集翔实的评估数据，选择适宜的评估方法，对 ITS 性能开展评估是一项重大挑战。

本书研究了道路交通领域的 ITS 评估方法和结果。内容涵盖 ITS 的发展历程、评估的需求和方法、评估的结果以及对未来展望等方面，重点从网络视角、现场操作、成本收益、车载系统等多角度介绍了智能交通系统评估方法，立足于协作式 ITS、自动驾驶、先进驾驶辅助系统等阐述了智能交通系统评估的结果，以瑞典交通管理、澳大利亚潮湿天气试验、中国应用案例、南非重型货车超载控制为应用对象，对 ITS 成本效益进行了分析。

卢萌博士在 2015 年担任 IBEC（ITS 效益评估团体）主席时，开始组织专家编写这本书。受出版社的委托，我们认真翻译了本书，在吸收借鉴相关专业知识的同时，尽可能确切表达作者的原意。本书的翻译工作主要由代磊磊、刘东波和封春房负责，代磊磊负责前言、第 1~5 章的统稿翻译，刘东波负责第 6~9 章的统稿翻译，封春房负责第 10~13 章的统稿翻译。另外，金盛、马晓龙也参与了翻译工作，金盛负责第 14、15 章的统稿翻译，马晓龙负责第 16、17 章的统稿翻译。

本书可作为交通工程、交通运输和汽车工程等专业的学习教材，也可供从事智能交通系统评估的研发人员使用。

本书的出版得到了国家重点研发计划项目（2018YFB1601000）的支持，在此表示衷心感谢。

由于水平有限，本书难免有疏漏和不足之处，敬请读者予以批评指正。

译者
江苏无锡

序

我们很高兴有机会介绍这本有关智能道路交通系统评估的综合性书籍,因为它填补了我们知识上的一个空白。智能交通系统(ITS)利用电子、信息和通信技术,而非扩展基础物理设施来改善交通状况,从而节省资金(通常为50%)并减少对环境的影响。基于运输、旅客和车辆的各类信息,ITS可以被部署在基础设施上,以改善道路网络管理并提高生产率;也可以被部署在车辆上以提高安全性,减少出行时间并减少污染排放;还可以为出行者简化交易并提供更好的信息;而且可以将这三个部分全部联系起来,以改善移动性和可达性。

在总体运输发展历程中,ITS是一门相对较新的学科,与建立新的或升级基础物理设施的完善流程相比,我们对其成本和效益尚不完全了解。2010年,欧洲委员会要求一个由利益相关者组成的专家组(iMobility论坛),评估在2011—2020年期间假设成功部署ITS的情况下,ITS解决一些最重要的出行挑战的潜力。iMobility论坛估计,若实现上述假设情况,整个欧洲的死亡人数将减少30%,重伤人数将减少30%,交通拥堵将减少15%,能源效率将提高20%,实时交通和出行信息的可用性将增加50%。

美国ITS、亚太ITS、ERTICO-欧洲ITS以及全球ITS协会都在重点关注可持续发展方面,尤其是从环境维度上关注。上述组织于2015年在巴黎第21届联合国气候变化大会(COP21)之前收集了ITS实施的成功案例,并具体说明其对减少二氧化碳排放量的积极影响。

ITS效益评估团体(IBEC)率先收集和整理有关成本和效益的数据,并在ITS世界大会期间吸引了全球的关注和赞赏。现在需要尽可能多地利用已知的知识来帮助各地的用户了。这本书满足了相关研究者对参考资料的迫切需要,以便国家或地方政府、商业组织、研究中心的从业人员能够迅速找到全球范围内一系列ITS活动的最新进展。IBEC在近20年间发展遵循的原则是发现、记录,然后分享最佳可用知识。下述的例子极好地体现了该原则。

阿尔伯特·爱因斯坦出名有很多原因,但对我们来说,他在数学、物理方面的成就与他在日常生活中的实际智慧不相上下,就像下面两句引语所展示的:

1)"真正的天才知道在哪里能找到答案"。

2)"永远不要记住你能找到的东西"。

卢萌出色地完成了这本书的编写工作,这本书补充了欧洲智能交通协会(ERTICO)在ITS观测站所做的工作,为决策者和利益相关者提供了ITS部署成果(效益和影响)可靠的、可理解的、连贯的信息,并支持他们制定基于事实的政策目标和战略。这两项举措都将帮助您找到关键问题的答案,本书也提供快速"查找"服务。我们非常欢迎《智能道路交通系统评价:方法和结果》这本书的出版。

Hermann Meyer
欧洲智能交通协会首席执行官
Eric Sampson
国际经济合作银行总裁

前　言

　　智能交通系统（ITS）一词涵盖部署信息通信技术（ICT）的各种产品和解决方案，旨在提高道路安全性、驾驶人舒适度、运输效率以及环境和能源效率。核心技术是各种传感器的定位、通信和部署。在过去的 30 年中，智能交通系统的开发和部署在很大程度上得到了许多国家和国际项目与倡议的支持。

　　已有一系列评估研究分别从经济、环境和社会方面证明了智能道路运输系统的部署对可持续发展的影响。但是，评估结果通常会出现以下几个问题：①没有系统地发布；②在不同国家和地区无法看到；③彼此不可比；④不适用于其他地区或国家来估算影响。而在过去几年中使用的不同评估方法，在不同情况下使用该方法的方式也可能会导致影响结果的实质性差异。此外，用于进行评估的数据通常结构不完善，且并非总是可用，或者没有足够详细的可用性。与此同时，通常也没有清楚、明确地提供用于评估的假设，评估报告中经常缺少对评估方法的缺点以及如何最优地解决这些缺点的充分讨论。在实践中使用的各种评估方法都存在缺点，并且一般缺乏强大的理论基础支撑。因此，基于当前或新的（集成）方法，定义适宜的、可接受的方法进行评估是一项挑战。

　　在 ITS 领域，决策者希望对投资成本和收益有深刻的了解；研究人员参与开发用于 ITS 评估方案的适当方法，以比较不同国家和地区的结果；行业合作伙伴有兴趣接收有关 ITS 最新技术和发展趋势的信息，尤其是从潜在 ITS 应用的成本效益的角度。因此，所有相关人员都对技术评价方法和结果感兴趣。基于这些利益和需求，IBEC（ITS 效益评估团体）由一些专家（包括决策者、学术界和行业相关人员）于 1999 年建立，以使利益相关者能够分享 ITS 评估的知识和经验，以推进该主题的发展。同时，IBEC 已经发展成为一个评价 ITS 开发和部署的国际论坛。

　　我在 2015 年担任 IBEC 主席时，与 ITS 领域的杰出专家一起开始编写这本书，以概述基于 ICT 的智能交通系统、评价方法以及 ITS 开发和部署的最新评估结果。我衷心感谢所有参与编写的人员对本书做出的杰出贡献。

　　我还要感谢所有 IBEC 同事，尤其是 Andrew Somers（IBEC 联合主席）、

Glenn Geers（IBEC 联合主席）、Eric Sampson（IBEC 主席）、Tom Kern（IBEC 副总裁）、Richard Harris（IBEC 副总裁）、Jane Lappin（IBEC 副总裁）、Keith Keen（IBEC 副总裁）、ERTICO（IBEC 秘书处）、其他 IBEC 管理委员会成员和 Kees Wevers（TN–ITS 主席），以及为 ITS 做出实质性贡献的各种组织，特别是欧盟委员会（特别是 DG CONNECT、DG MOVE 和 DG RTD）、美国 DoT（运输部门）、美国国会预算办公室、ITS 美国、ITS 澳大利亚、ITS 加拿大、ITS 日本、ITS 韩国、ITS 中国、ITS 新加坡、ITS 南非、ITS 英国（特别是 Jennie Martin）、ITS 瑞典、ITS 丹麦、ITS 挪威、ITS 芬兰、ITS 网络德国、ITS 奥地利/奥地利科技公司、ITS 意大利、ITS 西班牙、ITS 葡萄牙、ITS 法国、ITS 希腊、ITS 爱尔兰、ITS 瑞士、ITS 罗马尼亚、ITS 波兰、ITS 匈牙利、ITS 保加利亚、ITS 捷克共和国、ITS 斯洛文尼亚、ITS 俄罗斯、ITS 比利时和 Connekt／ITS 荷兰。

最后，我衷心感谢英国工程技术学会（IET）为本书的编写和出版提供了非常亲切的支持和帮助，尤其是 Alan Stevens 博士（英国运输研究实验室）和 John Walker CPhys FIET 博士（IET ARTS TPN 成员、IET 伯克郡主席、2014 年 RTIC 技术委员会主席、ITS 英国道路使用者收费兴趣小组名誉秘书；南安普顿大学交通研究组高级访问学者）。

卢萌
国际经济合作银行副总裁
荷兰 Dynniq Amersfoort 战略创新经理

缩略语

AADT	Annual Average Daily Traffic	
	年平均日流量	
ABS	Anti-lock Braking System	
	防抱死制动系统	
ACC	Adaptive Cruise Control	
	自适应巡航控制	
ACR	Average Crash Rate	
	平均事故率	
AD	Automated Driving, also referred to as Autonomous Driving	
	自动驾驶或无人驾驶	
ADAS	Advanced Driver Assistance Systems	
	先进驾驶辅助系统	
AEB	Automated Emergency Braking	
	自动紧急制动	
AHP	Analytic Hierarchy Process	
	层次分析法	
AMDTM	Assessment Method for Demand and Traffic Management	
	需求和交通管理的评估方法	
ANPR	Automatic Number Plate Recognition	
	自动车牌识别	
APA	Administrative Procedure Act	
	行政程序法	
ARGO	Algorithms for Image Processing	
	图像处理算法	
ARI	Autofahrer Rundfunk Information	
	驾驶人广播信息	
ARTS	Automated Road Transportation Systems	
	自动化道路运输系统	
ASTDEV	Average Standard Deviation	

	平均标准偏差
ASV	Advanced Safety Vehicle
	先进的安全车辆
ATMS	Advanced Traffic Management System
	先进的交通管理系统
AV	Automated Vehicle (s), also referred to as Autonomous Vehicle (s)
	自动驾驶车辆或无人驾驶车辆
BASt	Bundesanstalt für Straßenwesen
	德国联邦议院
BCR	Benefit – Cost Ratio
	效益成本比
BLIS	Blind Spot Information System
	盲点信息系统
BRT	Bus Rapid Transit
	快速公交
CBA	Cost – Benefit Analysis
	成本效益分析
CC	Cruise Control
	巡航控制
CEA	Cost – Effectiveness Analysis
	成本效率分析
CEN	European Committee for Standardization (Comité Européen de Normalisation)
	欧洲标准化委员会
CENELEC	European Committee for Electrotechnical Standardization
	欧洲电工技术委员会
CCTV	Closed – Circuit Television
	闭路电视
CEF	Connecting Europe Facility
	连接欧洲设施
C – ITS	Cooperative Intelligent Transport Systems
	协作式智能交通系统
COMPANION	Cooperative Dynamic for Motion of Platoons
	协同动态编队
CPRS	Complacency Potential Rating Scale

		自满情绪潜力量表
CSW	Curve Speed Warning	
	弯道速度警告系统	
DARPA	Defense Advanced Research Projects Agency	
	国防高级研究计划局	
D – FOT	Detailed FOT	
	详细的 FOT	
DIRD	Department of Infrastructure and Regional Development	
	基础设施与区域发展部	
DOT	Department of Transportation	
	交通运输部	
Drive C2X	DRIVing implementation and Evaluation of C2X Communication technology in Europe	
	欧洲 C2X 通信技术的驱动实现与评价	
eCall	Emergency Call	
	紧急电话系统	
EC	European Commission	
	欧盟委员会	
ELECTRE	E′ Limination Et Choix Traduisant la RE′ alité	
	和谐性分析方法	
ERTICO	European Road Transport Telematics Implementation Coordination Organisation (ITS Europe)	
	欧洲道路运输远程信息处理实施协调组织	
ESP	Electronic Stability Programme	
	电子稳定程序	
ETC	Electronic Toll Collection	
	电子收费系统	
ETSI	European Telecommunications Standards Institute	
	欧洲电信标准协会	
FB	Fixed Base	
	固定基座	
FCD	Floating Car Data	
	浮动车数据	
FCW	Forward Collision Warning	
	前撞警告	

FEA	Fuel Efficiency Advisor	
	燃油效率顾问	
FOT	Field Operational Test	
	现场操作测试	
GAM	Goal Achievements Matrix	
	目标成就矩阵	
GD	Green Driving Support	
	绿色驾驶支持	
GDOP	Geometric Dilution of Precision	
	几何精度因子	
GDP	Gross Domestic Product	
	国内生产总值	
GPS	Global Positioning System	
	全球定位系统	
HIL	Hardware in the Loop	
	硬件回路	
HMI	Human – Machine Interface	
	人机接口	
HSWIM	High – Speed Weigh – in – Motion	
	高速运动称重	
I2V	Infrastructure – to – Vehicle	
	基础设施到车辆	
IBEC	ITS Benefits Evaluation Community	
	ITS 效益评估团体	
ICT	Information and Communication Technologies	
	信息通信技术	
IEEE	Institute of Electrical and Electronics Engineers	
	电气电子工程师学会	
IRR	Internal Rate of Return	
	内部收益率	
ISA	Intelligent Speed Adaptation	
	智能速度适应系统	
ISO	International Organization for Standardization	
	国际标准化组织	
ITS	Intelligent Transport Systems (or Intelligent Transportation Systems)	

		智能交通系统
ITSS	Intelligent Transportation Systems Society	
		智能交通系统学会
IVHS	Intelligent Vehicle Highway Systems	
		智能车路系统
IVIS	In – Vehicle Information Systems	
		车载信息系统
IW	Impairment Warning	
		损伤预警系统
JDVS	Joint Driver – Vehicle System	
		驾驶人 – 车辆连接系统
JPO	Joint Programme Office	
		联合方案办公室
KPI	Key Performance Indicator	
		关键绩效指标
KONVOI	Entwicklung und Untersuchung des Einsatzes von elektronisch gekoppelten Lkw – Konvois	
		恩格威与恩佩克大学
LDW	Lane Departure Warning	
		车道偏离预警系统
L – FOT	Large – scale FOT	
		大型 FOT
LIDAR	Light Detection and Ranging	
		光检测和测距
LKA	Lane Keeping Assistance	
		车道保持辅助
LSWIM	Low – Speed Weigh – in – Motion	
		低速运动称重
MCA	Multi – Criteria Analysis	
		多准则分析
MCS	Motorway Control System (s)	
		高速公路控制系统
METI	Ministry of Economy, Trade and Industry	
		经济产业省
MLIT	Ministry of Land, Infrastructure, Transport and Tourism	

	国土交通省
MVKT	Million Vehicle Kilometres Travelled
	百万车辆行驶里程数
NAV	Navigation Support
	导航支持
NB	Northbound
	向北的
NCHRP	National Cooperative Highway Research Program
	国家公路合作研究计划
NHTSA	National Highway Traffic Safety Administration
	国家公路交通安全管理局
NMS	New Mobility Scheme
	新出行方案
NPA	National Police Agency
	国家警察局
NPV	Net Present Value
	净现值
NSW	New South Wales
	新南威尔士州
OD	Origin – Destination
	交通起讫点
PAD	Personal Digital Assistant
	掌上电脑
PATH	Partners for Advanced Transit and Highways
	先进运输公路系统合作伙伴
PBS	Planning Balance Sheet
	计划资产负债表
PI	Performance Indicator
	绩效指标
PIARC	World Road Association
	世界道路协会
PROMETHEE	Preference Ranking Organisation METHod for Enrichment Evaluations
	偏好顺序结构评估法
PROMETHEUS	PROgraMme for a European Traffic of Highest Efficiency and Unprecedented Safety

		欧洲最高效率和前所未有的安全性交通计划
PRT	Personal Rapid Transport	
	个人快速公交系统	
RDS	Radio Data System	
	无线电数据系统	
R&D	Research and Development	
	研究与开发	
RFID	Radio – Frequency Identification	
	射频识别	
RMS	Road and Maritime Services	
	公路和海事服务	
RMSE	Root – Mean – Squared – Error	
	均方根误差	
RT	Reaction Time	
	反应时间	
RTAs	Reduced Road Traffic Accidents	
	减少道路交通事故	
RTLX	Raw Task Load index	
	原始任务加载索引	
RSU	Road – Side Unit	
	路侧单元	
RWW	Road Works Warning	
	道路施工警告	
SAE	Society of Automotive Engineers	
	美国汽车工程师学会	
SAGAT	Situation Awareness Global Assessment Technique	
	态势感知全球评估技术	
SARTRE	Safe Road Trains for the Environment	
	环保的安全公路列车队	
SAW	Simple Additive Weighting	
	简单加法加权	
SB	Southbound	
	向南的	
SFS	Subjective Fatigue State	
	主观疲劳状态	

SIP	Cross – Ministerial Strategic Innovation Promotion Program	
	跨部战略创新促进计划	
SL	Speed Limiter	
	限速器	
SME	Small and Medium – sized Enterprise	
	中小企业	
SRS	Speed Regulation System	
	速度调节系统	
SSSQ	Short Stress State Questionnaire	
	短期压力状态问卷	
SSVS	Super Smart Vehicle Systems	
	超级智能汽车系统	
STA	Swedish Transport Administration	
	瑞典运输管理局	
SUS	System Usability Scale	
	系统可用性量表	
TBS	Task – related Boredom Scale	
	任务相关的厌倦量表	
TCC	Traffic Control Centre	
	交通控制中心	
TI	Traffic Information	
	交通信息	
TIC	Traffic Information Centre	
	交通信息中心	
TMC	Traffic Message Channel	
	交通信息频道	
TOPSIS	Technique for Order Preference by Similarity to Ideal Solutions	
	优劣解距离法	
UN	United Nations	
	联合国	
US	United States	
	美国	
UTAUT	Unified Theory of Acceptance and Use of Technology	
	技术使用统一理论	
UTMS	Universal Traffic Management System	

	通用交通管理系统
V2I	Vehicle – to – Infrastructure
	车辆到基础设施
V2V	Vehicle – to – Vehicle
	车辆到车辆
VaMoRs	Versuchsfahrzeug für autonome Mobilität und Rechnersehen
	自主移动和计算机视觉试验车
VDA	Verband der Automobilindustrie
	汽车工业协会
VICS	Vehicle Information and Communication System
	车辆信息通信系统
VMC	Vehicle Management Centres
	车辆管理中心
VMS	Variable Message Sign（s）
	可变信息标志
VMT	Vehicle Miles of Travel
	车辆行驶里程
VSL	Variable Speed Limit（s）
	可变速度限制
VTS	Vehicle Testing Station
	车辆检测站
VTTI	Virginia Tech Transportation Institute
	弗吉尼亚运输技术学院
WIM	Weigh – in – Motion
	动态称重
WTP	Willingness – to – Pay
	支付意愿
WWP	M1 Wet Weather Pilot System
	M1 雨天导航系统
xFCD	extended Floating Car Data
	扩展浮动车数据

目 录

译者序
序
前言
缩略语

第1部分 简 介

第1章 智能交通系统发展历程 ·· 3
1.1 引言 ··· 3
1.2 ITS 的分类 ··· 4
1.3 ITS 的历史 ··· 5
1.4 基于基础设施的 ITS 技术 ·· 8
    1.4.1 紧急电话系统（eCall） ··· 8
    1.4.2 道路自动化执法 ·· 8
1.5 基于车辆的 ITS 技术 ··· 9
    1.5.1 一级自动化——先进驾驶辅助系统（ADAS） ······································· 9
    1.5.2 二级自动化——示例：交通堵塞辅助和排队系统 ··································· 9
    1.5.3 三级自动化——示例：高速公路巡航 ·· 10
    1.5.4 四级和五级自动化 ·· 11
1.6 ITS 的部署 ·· 12
    1.6.1 标准化 ··· 12
    1.6.2 测试和示范 ··· 12
    1.6.3 市场引入 ·· 13
1.7 展望 ··· 14
1.8 本书各章概要 ··· 14
参考文献 ··· 16

第2部分 需求和方法

第2章 ITS 评估政策——文化和需求 ··· 21
2.1 引言 ··· 21

2.2 决策者需要评估的原因以及评估的目的 ………………………………… 22
  2.2.1 评估对 ITS 部署的重要性 ………………………………………… 22
  2.2.2 从研发到 ITS 部署 ………………………………………………… 23
2.3 评估政策及其对 ITS 评估的影响 ………………………………………… 24
2.4 ITS 评估使用情况调查 …………………………………………………… 27
  2.4.1 背景 …………………………………………………………………… 27
  2.4.2 是什么组成了 ITS 投资决策的过程 ……………………………… 28
  2.4.3 决策过程的各个阶段及 ITS 评估证据的使用 …………………… 29
  2.4.4 如何决策：数据需求、数据使用 ………………………………… 30
  2.4.5 ITS 评估证据来源 ………………………………………………… 32
  2.4.6 基于证据的 ITS 投资决策障碍 …………………………………… 33
2.5 结论 ………………………………………………………………………… 34
参考文献 ………………………………………………………………………… 35

第 3 章 ITS 评估框架和方法 ………………………………………………… 37

3.1 智能交通系统（ITS）概述 ……………………………………………… 37
3.2 ITS 评估的重要性 ………………………………………………………… 37
3.3 评估对象 …………………………………………………………………… 38
  3.3.1 ITS 本身 …………………………………………………………… 38
  3.3.2 ITS 应用情况 ……………………………………………………… 38
3.4 评估过程 …………………………………………………………………… 38
3.5 传统和常用的评估方法 …………………………………………………… 40
  3.5.1 BCA ………………………………………………………………… 40
  3.5.2 多准则分析 ………………………………………………………… 41
  3.5.3 设计科学理论 ……………………………………………………… 41
3.6 ITS 项目的评估策略 ……………………………………………………… 42
  3.6.1 基于目标的策略 …………………………………………………… 42
  3.6.2 无目标的策略 ……………………………………………………… 42
  3.6.3 基于标准的策略 …………………………………………………… 43
3.7 现场操作测试（FOT） …………………………………………………… 43
3.8 事前和事后评估 …………………………………………………………… 45
3.9 社会经济评价 ……………………………………………………………… 46
  3.9.1 影响评估 …………………………………………………………… 46
  3.9.2 部署评估 …………………………………………………………… 47
3.10 结论 ……………………………………………………………………… 49
参考文献 ………………………………………………………………………… 49

第4章 ITS 评估的影响 52

4.1 欧洲智能交通系统（ITS）发展概述 52
4.2 ITS 的评估 56
- 4.2.1 评估的一般原则 57
- 4.2.2 欧洲准则 58
- 4.2.3 ITS 的 KPI 研究 61
4.3 美国 ITS 计划概述 66
- 4.3.1 任务 66
- 4.3.2 ITS 战略计划 66
- 4.3.3 研究和技术助理秘书办公室（OST-R） 66
- 4.3.4 USDOT ITS 知识资源 67
4.4 ITS 工具包和 2DECIDE 项目 73
4.5 ITS 对道路影响的比较和评估 77
- 4.5.1 目标 77
- 4.5.2 评估之间的比较 78

第5章 ITS 评估——网络视角 100

5.1 ITS 传统评估方法 100
5.2 网络投资简史 101
5.3 网络如何创造经济价值 102
- 5.3.1 关键概念 102
- 5.3.2 经济生产力 103
- 5.3.3 网络规模变化的一般特征 107
5.4 自动驾驶车辆：一个可供评估的 ITS 网络 108
5.5 可能的影响 110
5.6 未回答的问题 111
参考文献 112

第6章 现场操作测试（FOT）——影响评估的最终答案 114

6.1 引言 114
6.2 FESTA 114
- 6.2.1 FESTA V 115
- 6.2.2 FESTA 手册 115
6.3 FOT 117
- 6.3.1 euroFOT 项目 117
- 6.3.2 TeleFOT 项目 119

  6.3.3　DRIVE C2X 项目 ……………………………………………………………… 123
 6.4　自动驾驶的 FOT ……………………………………………………………………… 125
  6.4.1　FESTA 方法 …………………………………………………………………… 125
  6.4.2　运输系统使用情况 ……………………………………………………………… 127
  6.4.3　研究设计 ………………………………………………………………………… 128
  6.4.4　FESTA 用于自动驾驶 ………………………………………………………… 128
 6.5　结束语 ………………………………………………………………………………… 128
 参考文献 …………………………………………………………………………………… 130

第 7 章　使用成本收益和多准则分析评估交通措施 …………………………………… 132

 7.1　引言 …………………………………………………………………………………… 132
 7.2　范围和方面 …………………………………………………………………………… 133
  7.2.1　范围 ……………………………………………………………………………… 133
  7.2.2　基本原则 ………………………………………………………………………… 133
  7.2.3　与现有方法的关系 ……………………………………………………………… 134
 7.3　评估方法的九个步骤 ………………………………………………………………… 135
  7.3.1　简介 ……………………………………………………………………………… 135
  7.3.2　九个步骤 ………………………………………………………………………… 136
 7.4　案例研究 ……………………………………………………………………………… 141
  7.4.1　Zoetermeer on the move 的九个步骤 ………………………………………… 141
  7.4.2　A15 River land 的九个步骤 …………………………………………………… 146
  7.4.3　所有案例结论 …………………………………………………………………… 154
 7.5　结论 …………………………………………………………………………………… 154
 参考文献 …………………………………………………………………………………… 155

第 8 章　车载系统性能的技术评估 ……………………………………………………… 156

 8.1　引言 …………………………………………………………………………………… 156
 8.2　测量提醒 ……………………………………………………………………………… 156
  8.2.1　范围、准确率和精确率 ………………………………………………………… 157
  8.2.2　比率：二元分类法的准确性 …………………………………………………… 157
  8.2.3　采样大小和采样方法 …………………………………………………………… 158
  8.2.4　灵敏度和操作限制 ……………………………………………………………… 159
 8.3　复杂系统验证 ………………………………………………………………………… 159
  8.3.1　系统粒度 ………………………………………………………………………… 159
  8.3.2　传感模块的技术验证 …………………………………………………………… 159
  8.3.3　DF 模块的技术验证 …………………………………………………………… 160
  8.3.4　延迟时间 ………………………………………………………………………… 161

8.4 测试设施 ·· 162
　8.4.1 真实或虚拟方法 ··· 162
　8.4.2 硬件在环（HIL） ··· 162
　8.4.3 测试和验证工具 ··· 164
8.5 用于技术验证的通用模板 ··· 165
　8.5.1 指标、工具和程序 ··· 166
　8.5.2 结果 ·· 166
　8.5.3 分类比率 ·· 166
　8.5.4 系统限制 ·· 167
　8.5.5 对规格的反馈（或链接） ··· 167
8.6 案例研究：ISA++ ··· 167
　8.6.1 系统分析 ·· 167
　8.6.2 示例：FOG 传感模块的测试和验证 ·· 170
8.7 结论 ··· 175
参考文献 ··· 176

第 9 章　ITS 评估：新普及技术时代的机遇与挑战 ···························· 178

9.1 引言 ··· 178
9.2 交通领域的普及技术 ··· 179
9.3 技术驱动的 NMS 评估 ·· 181
　9.3.1 NMS 的组成 ·· 181
　9.3.2 评估 NMS 的挑战 ·· 182
　9.3.3 支持 ICT 的 NMS 评估方法的建议 ·· 183
9.4 技术驱动的 SI 方案评估 ··· 184
　9.4.1 交通运输行业中 SI 的定义 ··· 184
　9.4.2 评估交通运输中 SI 方案的挑战 ··· 185
　9.4.3 交通运输中 SI 方案的评估建议 ··· 186
9.5 概述和简要说明 ··· 188
参考文献 ··· 189

第 3 部分　智能交通系统评估结果

第 10 章　评估协作式 ITS ·· 193

10.1 引言 ··· 193
　10.1.1 协作式 ITS ·· 193
　10.1.2 术语 ··· 193
　10.1.3 结构和范围 ··· 194
10.2 CBA ·· 194

10.2.1 简介	194
10.2.2 CBA 方法	194
10.2.3 敏感性分析	196
10.2.4 大型 EC 项目的成本收益	196
10.3 C-ITS 评估规划	197
10.3.1 明确评估背景	197
10.3.2 考虑干预性质	198
10.3.3 映射干预逻辑	198
10.3.4 确定评估目的并提出问题	199
10.3.5 确定最佳评估方法	199
10.3.6 完善评估方法	199
10.4 试验数据采集分析和报告	199
10.4.1 数据采集介绍和设计	199
10.4.2 数据分析	200
10.4.3 报告	201
10.5 评估的战略方法	202
10.5.1 简介	202
10.5.2 MCA	202
10.5.3 美国和英国案例	203
10.5.4 EC 影响评估	203
10.6 挑战与局限	206
10.6.1 影响的大小	206
10.6.2 捆绑单个服务的影响	207
10.6.3 与现有基础设施重叠	207
10.6.4 "热点"和可转移性	208
10.6.5 装载车辆和路网的比例	208
10.6.6 驾驶人的接受度和遵守度	209
10.6.7 评估的时间范围	209
10.7 结论	209
参考文献	210

第11章 面向自动驾驶的演进——影响的分类、对自动驾驶功能评估的回顾、评估的挑战	212
11.1 引言	212
11.2 自动驾驶级别	212
11.3 自动驾驶的潜在影响分类	213
11.3.1 近期和中期	214
11.3.2 长期	220

11.4 评估自动驾驶功能的方法和途径 226
　11.4.1 技术性能评估 226
　11.4.2 HMI评估 226
　11.4.3 用户接受度和自动驾驶使用情况评估 227
　11.4.4 影响评估 227
　11.4.5 社会经济评估 228
11.5 自动驾驶功能评估综述 228
　11.5.1 知识库 228
　11.5.2 结果概要 229
　11.5.3 结果解释 230
11.6 自动驾驶环境下的影响和社会经济评估面临的挑战 231
参考文献 232

第12章 与用户相关的ADAS和自动驾驶评估 237

12.1 引言 237
12.2 与用户有关的评估中的相关问题 237
　12.2.1 与行为有关的问题 237
　12.2.2 对自动化相关问题的了解 238
　12.2.3 与信任和依赖有关的问题 238
　12.2.4 控制源 238
　12.2.5 恢复控制 238
　12.2.6 技能退化 239
　12.2.7 精神负荷 239
　12.2.8 压力 239
　12.2.9 无聊 239
　12.2.10 疲劳 240
　12.2.11 SA 240
　12.2.12 "搞不清情况"表现 240
　12.2.13 自满 241
　12.2.14 自动化偏差 241
　12.2.15 自满和偏见 241
　12.2.16 可用性 241
　12.2.17 接受度 242
12.3 研究问题、假设和评估指标 242
12.4 与用户有关的评估方法和工具 244
　12.4.1 测量驾驶人表现 245
　12.4.2 行为观察 245
　12.4.3 对系统的了解 246

XXIII

12.4.4	信任和依赖	246
12.4.5	控制权转移	246
12.4.6	精神负荷	247
12.4.7	压力	247
12.4.8	无聊	247
12.4.9	疲劳	247
12.4.10	SA	248
12.4.11	"搞不清情况"表现	248
12.4.12	自满	248
12.4.13	可用性	249
12.4.14	接受度	249
12.4.15	可感知到的好处	249
12.5	研究设计	249
12.6	结论	250
参考文献		251

第13章 连贯的 ITS 成本效益分析——瑞典交通管理中 ITS 应用的效果和评估回顾 ... 256

13.1	引言	256
13.2	方法	257
13.2.1	文献研究/数据收集	257
13.2.2	ITS 措施的选择	258
13.2.3	专家评估研讨会	258
13.3	结果	259
13.3.1	行程时间/事故信息	259
13.3.2	匝道控制	260
13.3.3	可变限速控制	262
13.3.4	MCS	264
13.4	讨论	265
13.5	结论	267
13.6	进一步的工作	267
参考文献		268

第14章 智能交通系统的有效性：潮湿天气试验 ... 270

14.1	背景	270
14.2	快速回顾	271
14.3	ITS 解决方案	271

14.4	道路和速度环境	272
	14.4.1 速度变化	272
	14.4.2 道路几何条件变化	272
	14.4.3 标志和图形轮廓变化	273
14.5	分析	273
14.6	发现	273
	14.6.1 干燥和潮湿条件下的总体碰撞事故	273
	14.6.2 干燥和潮湿条件下的伤害碰撞事故	276
14.7	干燥和潮湿条件下的无伤害碰撞事故	278
	14.7.1 南向北路段	278
	14.7.2 北向南路段	278
14.8	干燥和潮湿条件下的致命碰撞	280
14.9	平均碰撞率和标准偏差	280
14.10	碰撞成本	281
14.11	结论	284
参考文献		285

第15章　ITS 项目的效益和评估——中国的案例　286

15.1	引言	286
15.2	BRT 项目评估（中国广州）	286
	15.2.1 广州 BRT 系统	286
	15.2.2 广州 BRT 仿真评估	288
	15.2.3 BRT 仿真模型	288
	15.2.4 BRT 仿真结果分析	291
	15.2.5 BRT 车站运营评估	293
15.3	青岛先进交通管理系统评估	295
	15.3.1 青岛 ATMS 的背景	295
	15.3.2 青岛 ATMS 评估	298
	15.3.3 评估指标体系	298
	15.3.4 交通运行效率评估	300
	15.3.5 社会经济效益评估	302
	15.3.6 交通安全效益评估	303
15.4	结论	304
参考文献		304

第16章　超载控制的成本效益考虑　306

16.1	引言	306

16.1.1 超载的影响 ……………………………………………………… 306
16.1.2 超载合规性检查 …………………………………………………… 307
16.1.3 设立地磅的总体策略需求 ………………………………………… 307
16.1.4 提供交通控制中心 ………………………………………………… 307
16.2 超载控制系统 …………………………………………………………… 308
16.2.1 超载控制组成部分 ………………………………………………… 308
16.2.2 运营理念 …………………………………………………………… 310
16.3 效益-成本分析法 ……………………………………………………… 311
16.3.1 成本 ………………………………………………………………… 311
16.3.2 效益 ………………………………………………………………… 312
16.4 应用 ……………………………………………………………………… 313
16.4.1 数据/输入需求 …………………………………………………… 313
16.4.2 净现值的计算方法 ………………………………………………… 315
16.5 案例研究 ………………………………………………………………… 315
16.5.1 eTeza 超载控制方案的运营情况 ………………………………… 317
16.5.2 成本-效益分析 …………………………………………………… 318
16.6 设计和运营 TCC 的实际考虑和经验教训 …………………………… 318
16.6.1 替代路线 …………………………………………………………… 318
16.6.2 筛选率和运行时间 ………………………………………………… 319
16.6.3 影响的重叠区域 …………………………………………………… 319
16.6.4 统计筛选误差和决策阈值变量 …………………………………… 319
16.6.5 成本与复杂性的权衡 ……………………………………………… 320
16.7 结论 ……………………………………………………………………… 320
参考文献 ………………………………………………………………………… 320

第 4 部分 总结和结论

第 17 章 智能交通系统评估：主要发现、挑战与未来工作 …………… 323

17.1 ITS 部署和评估总结及主要发现 ……………………………………… 323
17.2 经验教训、研究需求和挑战 …………………………………………… 327
17.3 总结 ……………………………………………………………………… 328
17.4 结论 ……………………………………………………………………… 330
参考文献 ………………………………………………………………………… 330

第1部分 简　　介

第1章
智能交通系统发展历程

1.1 引言

在道路交通机动化的发展历程中,提高舒适性和安全性一直是交通领域的重要发展目标。20世纪以来,交通运输在现代化社会中变得越来越重要,个人的出行需求也越来越大。汽车正是在这种需求下催生的产物,为每一个交通参与者提供个体出行和远距离出行的选择。

为了提升运输的安全性和舒适性,科研工作者研发了很多不同的系统和技术,例如自动起动装置、底盘系统以及行驶约束系统。多年前,人们就已经提出了许多不同的现代运输理念与概念,但由于20世纪初的技术限制,这些理念和概念无法付诸实施。最典型的例子之一就是汽车行业中的汽车自动化和自动驾驶的理念。自动驾驶和未来车辆概念的最初设想在20世纪初就已经提出来了(参考文献[1],1939年纽约未来世界博览会)。

20世纪80年代以来,电子技术、微电子技术和计算机技术的迅速发展使自动驾驶这样舒适、安全的运输方式成为可能。这些运输方式首先在研究层面上通过案例和概念验证来实现,之后引进市场,进行部署。

防抱死制动系统(Anti-lock Braking System,ABS)、电子稳定系统(Electronic Stability Program,ESP)、导航技术(Routing Technology)和无人驾驶公共交通系统(Driverless Public Transport Systems)等重要成果问世以来,针对个人出行的汽车技术和智能化发展以及基于基础设施的大众运输系统(包括个人出行)都经历了飞速的发展。

智能交通系统(ITS)主要是指提高公共交通和个人出行舒适度、安全性、效率和有效性的措施,集合了运输领域广泛多样的技术。这些技术包括传感器技术、通信系统、信息处理以及控制技术等。这些技术的应用范围覆盖了从车辆制造商相关的功能到大规模的交通管理网络。

ITS技术主要分为面向车辆(on-board)和面向基础设施(off-board)两种类型。面向车辆的ITS技术包括车辆自动化技术(Vehicle Automation)、主动安全系统(Active Safety Systems)以及先进驾驶辅助系统(Advanced Driver Assistance Systems,ADAS)。其中先进驾驶辅助系统(ADAS)涉及感知系统和所有的通信系统（包括卫星通信、车车通信和无线电通信）。面向基础设施的 ITS 技术则包括收费、交通监控、交通控制、通信和所有后端系统。

ITS 这个术语相当通用，用于交通工程、汽车工程和通信工程等不同学科。ITS 目前尚无明确定义，不同领域有不同的定义。

> **ITS 的定义**
>
> 1. 欧盟指令 2010/40/EU（2010 年 7 月 7 日）
>
> "ITS 是先进的应用程序，旨在提供与多种交通方式和交通管理相关的创新服务，使不同用户群体能够更好地了解交通情况，使交通网络更安全、更协调和更智能"[2]。
>
> 2. 欧洲电信标准协会（ETSI）
>
> "ITS 技术包括远程信息处理技术和所有车辆通信技术（包括车内通信、车间通信以及车辆与设施通信）。ITS 技术并不局限于公路运输，它还能将信息通信技术（ICT）应用于铁路、水运和航空运输"[3]。
>
> 3. 美国交通运输部（DOT）
>
> "智能交通系统（ITS）在交通基础设施和车辆上集成先进的通信技术，提高交通安全性和机动性，由此提高美国的生产力水平。智能交通系统（ITS）广泛运用了无线和有线通信技术以及电子技术"[4]。
>
> 4. 日本
>
> "ITS 技术从根本上解决了交通事故、交通拥挤和环境污染等交通问题。ITS 技术利用最先进的通信和控制技术处理这些问题。它接收有关人、道路和汽车的信息"[4]。
>
> 总而言之，ITS 技术或者 ITS 的应用旨在通过智能通信和控制技术改善道路交通和运输。

1.2　ITS 的分类

ITS 可按照不同的技术进行分类，不同的分类方案如下所示。

1. 基于系统架构的 ITS 分类

该方案将基于基础设施和车辆进行分类。这种类型的分类的主要区别在于依赖于 ITS 相关信息的体系结构。基于基础设施的 ITS 的示例包括交通管理系统、收费系统等基于云的系统，甚至基础设施引导的车辆。基于基础设施的自动驾驶汽车是在专用基础设施（例如专用车道或封闭区域）中运行的自动驾驶汽车。这些车辆不需要驾驶人或操作员。基于车辆的 ITS 根据不同的自动化程度定义级别[6]或主动安全系统，并且主要针对车载传感器信息做出答复。从车载和车外传感器收集的数据之间的链接是组合系统的基础。除了自动化级别，连接程度是 ITS 系统分类的尺度。该系列产品从没有连接到环境的独立系统开始，直到具有高数据传输速率的高度连接系统为止。

2. 基于驾驶任务的 ITS 分类

基于三级模型，根据驾驶任务对 ITS 进行分类。该模型分为三个操作层次：导航、引导和稳定[7]。在导航层面上，选择并确定现有道路网络内的路线。在引导层面上，驾驶人将所有相关的控制参数调整到适合网络中所选路线和周围交通状况。稳定水平的特征在于控制所有必要的控制参数，以及所选择的驾驶策略内的参数变化，例如转向力矩、加速踏板位置或制动力。

3. 基于支持类型的 ITS 分类

ITS 提供的支持类型可以是纯粹的信息到警告，甚至可以扩展到主动干预。通过精确地提供当前情况下非常重要且必需的信息来激活 ITS，例如导航系统，该系统会在下一个路口需要高速公路换道的情况下预先通知驾驶人。预警系统通过在紧急情况下提供声音、视觉或触觉警告来提供支持帮助。其警告的是车辆（例如轮胎压力低）、驾驶人（例如困倦）或整体情况（例如距目标车辆的距离很近）的临界状态。干预系统则接管了部分驾驶任务，因此可以减轻驾驶人的负担，例如自适应巡航控制（ACC）系统或自动紧急制动（AEB）。

4. 基于交通过程的 ITS 分类

这种分类方法[8]是考虑 ITS 安全性改进的结果。该分类预测行车安全路线（例如交通流）、进行风险规避（最小化风险，例如小时间间隔和快速减速）、进行碰撞预防（例如紧急制动）、进行乘客以及合作伙伴保护（例如主动和可逆约束系统）和救援管理（例如 eCall）。

乘用车或货车中的 ITS 支持新功能，以提高车辆安全性和车辆自动化程度。协作式智能交通系统（C – ITS）专注于整个互联网络中每个交通参与者的连通性，以便允许交换信息以提高舒适度、安全性、交通运行和环境效率。

1.3 ITS 的历史

自汽车发明以来，人们就产生了当今 ITS 的构想。ITS 技术在乘用车上第一次实现是克莱斯勒 Imperia 的机械定速巡航控制系统，即所谓的 1958 年自动驾驶仪[9]。该机械系统能够保持恒定的设定速度，因此可以接管高速公路上车辆的纵向控制。该系统开始由机械部件构成，随着电子和信息技术的发展，该系统在 20 世纪 80 年代可以采用计算机控制单元[10]。

在通信技术和基础设施方面，驾驶人广播信息系统（Autofahrer Rundfunk Information，ARI）是 1974 年至 2008 年在欧洲最早投入使用的系统之一[11]。该系统由德国 Blaupunkt 公司与国家广播电台运营商共同开发。ARI 在基于无线电的交通消息中添加了特殊的调制声音（"Hinz – Triller"）以告知驾驶人，这种声音由配备特殊设备的接收器检测，以确定无线电台发送交通信息的可用性，并确定地理区域以及无线电台和交通信息本身的相关性。

自从引入首个系统以来，信息通信技术（ICT）已被应用在道路交通的许多领域。在国家或国际层面的资助下，多个研究计划开始了对此类技术的系统研究。所有计划都是为了要建立一个行业系统和标准。

在不同国家实施了一些研究方案，例如：①先进运输公路系统合作伙伴（PATH，美国）和智能车路系统（IVHS）；②自动化道路运输系统（ARTS，日本）；③欧洲最高效率和前所未有的安全性交通计划（PROMETHEUS，欧洲）。

1986年，加利福尼亚州PATH计划建立。该计划由加利福尼亚交通部门赞助。PATH的目的是制定长期策略，以应对加利福尼亚州迅速增长的交通量。加州大学伯克利分校和来自加州的其他大学合作伙伴正在研究涉及ITS的公共和私人交通运输解决方案[12]。

1997年8月7日至10日，加利福尼亚州PATH计划实施了一个由8辆别克车组成的车队实验。每个纵向和横向受控车辆之间的距离为6.5m，最高速度为96km/h。在匀速行驶下测得的距离精度范围为10 cm，在加速和减速操纵下测得的距离精度为20cm[13]。

在国家层面上，IVHS计划得到1991年获得《联运运输地面运输效率法》的授权。该计划中涉及五个广泛且相互关联的领域：先进的交通管理系统（ATMS）、先进的旅客信息系统（ATIS）、先进的车辆控制系统（AVCS）、商用车辆运营系统（CVP）和先进的公共交通系统（APTS）[14]。该计划在全美国范围内发起了多次IVHS操作测试。

从20世纪80年代开始，日本各部委和机构开始了对ITS领域的研究。诸如超级智能车辆系统（SSVS）和Energy ITS面向车辆的项目由经济产业省（METI）赞助。先进的安全车辆（ASV）由国土交通省（MLIT）赞助，此外还有面向基础设施的项目，例如车辆信息通信系统（VICS）、电子收费系统（ETC）或智能道路（Smart way）。面向基础设施的项目通用交通管理系统（UTMS）则由国家警察局（NPA）赞助[15]。

2008年，Energy ITS启动了旨在通过载货车队列的方式实现节能和减少CO_2排放的项目[15]。该项目的成果之一在2013年ITS世界大会上得到了展示：以80km/h的速度行驶，间隔15m的三辆自动载货车队列。2014年，日本政府启动了跨部门战略创新促进计划（SIP），其中包括下一代ITS基础设施[16]。该研究计划的一个主要项目是SIP–adus项目，旨在在日本部署自动驾驶技术。在SIP–adus项目中，进行了有关自动驾驶相关主题的研究（动态地图、联网车辆、安全性、影响评估、人为因素和下一代运输）[17]。

紧随着欧洲汽车工业对自动驾驶的首次研究活动，欧洲的PROMETHEUS项目于1985年启动。在泛欧研究与开发资金与协调政府间组织（EUREKA）内，PRO-

METHEUS 研究计划（1986—1994）是 14 个欧洲汽车制造商与 100 多个供应商之间的首次合作，它独立于国家进行运作。该倡议是对美国和日本的联合研究活动的直接回应[18]。PROMETHEUS 的目的是在驾驶任务、导航、引导和稳定等层面上改善交通安全和交通管理。PROMETHEUS 项目由七个子项目组成。子项目 PRO - CAR[19]首先开发并演示了先进的驾驶人辅助功能和先进的信息通信技术（ICT），包括新的传感器概念、图像处理算法和控制功能[19]。该子项目首次实现了自动驾驶功能。如今，许多详细的构想和演示都已经很成熟，并且可以投入市场在车辆上使用。突出的例子是集成式导航、自适应巡航控制（ACC）和车道保持辅助（LKA）。

这些最初的研究活动的积极成果以及由此产生的市场效应促进了持续的研究计划，诸如后续建立了 IEEE 智能交通系统协会（ITSS）、欧洲道路运输远程信息处理实施协调组织（ERTICO - ITS Europe）等组织，和各种 ITS 会议的召开（例如，由 IEEE ITSS 召开的会议，由 ERTICO、ITS 美国和 ITS 日本联合召开的会议）。

如今，欧洲框架计划（当前为 Horizon2020）为 ITS 部署的多个研发和示范项目提供了资金。图 1.1 概述了一些由欧盟委员会资助的 ITS 项目。其中，ITS 技术是项目的主要内容。

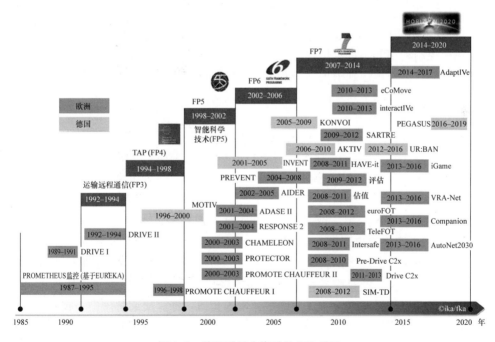

图 1.1 欧盟委员会资助的 ITS 项目

1.4 基于基础设施的 ITS 技术

基于基础设施的 ITS 技术利用车外传感器和通信技术。随着先进通信技术的广泛普及，这些系统的部署正在增加。

1.4.1 紧急电话系统（eCall）

根据欧洲指令 2007/46/EG，欧洲紧急电话系统 eCall 从 2018 年开始运行[20]。该决定是考虑 ITS 长远发展的结果，该项 ITS 技术可以确定事故发生的确切位置，并向与所在地周围的最近的救援队发起自动紧急呼叫。通过进一步的数据收集（位置等个人信息）和数据通信，随着通信技术的不断进步，多年来一直在讨论和研究采用统一的 eCall 系统。eCall 系统是免费的，并使用国际紧急电话号码 112。所有基于位置的数据不会被记录和存储，因此第三方是无法使用的。同时，该系统还引入了与汽车制造商相关的系统作为系统服务，这些系统有助于智能路线和导航系统的发展。

1.4.2 道路自动化执法

自 20 世纪初以来，执法人员使用 ITS 技术（例如激光雷达）来测量车速。当时的速度控制利用的是特定位置的基础设施，或通过所谓的激光枪移动测量来实现的。收集的数据被传输到中央服务器，以便向违反交通规则的驾驶人提供凭证。道路自动化执法不仅用于速度限制，而且还可以对信号灯路口闯红灯开展自动检测。

1.4.2.1 收费系统

道路或水路的通行费早在发明汽车之前就已经存在了。第一个电子收费系统是在 1959 年提出的。通过 ITS 技术，数据可以从传感器传输到基础设施。计算机根据行驶距离和行驶时间计算车辆的通行费。电子收费系统依赖于四个部分：自动车辆识别（主要通过发射器进行射频识别）、自动车辆分类（车辆分类）、交易处理、违规执法（例如警察巡逻、物理屏障自动车牌识别）[21]。

1.4.2.2 可变速度限制

标准限速标志无法考虑特定的环境条件。而可变限速标志可根据环境状况、交通流量等进行调整。通过配备传感器（如摄像机、感应线圈、激光雷达）的基础设施可测量交通流量、天气状况并确定拥堵等交通事件。交通管理中心收集交通数据，并随后通过无线电通信、无线电数据系统 – 交通信息频道（RDS – TMC）或可变（交通）信息标志（VMS）向驾驶人发送相关信息。

1.4.2.3 基于基础设施的自动驾驶

基于基础设施的自动驾驶汽车提供了新的机动性概念。尤其是诸如火车，公共汽车和个人快速公交（PRT）之类的公共运输系统，甚至在无人驾驶运输系统上，都在不同的自动化级别上运行。专用区域（如铁路、专用车道和封闭环境）的自动化列车和运输系统已经推出多年。PRT 是自动运输的新模式。它们是全自动无人驾驶车辆，会沿着专用网络自动导航，按需提供服务。该系统在希思罗机场作为安装示例使用。"ULTra"是一种四座汽车，它通过四个橡胶轮胎行驶，大小相当于一辆小型汽车[22]。另一个正在运行的 PRT 系统位于阿布扎比的马斯达尔[23]。

1.5 基于车辆的 ITS 技术

自从 ITS 研究和部署以来，许多项目随之发展。这些项目的 ITS 技术在车辆应用方面取得了一些基础成果。下文对 ITS 最新技术进行了界定。

由于高分辨率感知系统的产生和计算能力的提高，可以看到车载 ITS 的自动化程度有所提高。先进的驾驶人辅助系统主要通过提高驾驶舒适性和进行信息警告来辅助驾驶人驾驶。主动安全系统能够接管车辆的纵向或横向控制，它采用了下一代传感器系统且融合了不同的传感器原理。主动安全系统（例如交通拥堵辅助）结合了纵向和横向控制。目前，这些功能必须在驾驶人的监视下进行。虽然现有技术只可以实现到这一步，但是测试车和原型车已经开始进行下一步研究。

车载 ITS 根据自动化程度以不同的标准进行分级，例如 德国联邦议院（BASt）（更新为 5 级）/汽车工业协会（VDA）的定义[24]；国家公路交通安全管理局（NHTSA）的定义[25]；汽车工程师协会（SAE）的定义[6]。SAE 定义和更新后的 BASt/VDA 定义提供了同样的自动化分级，两者间仅存在很小的差异，NHTSA 的定义则是将 SAE 级别 4 和 5 汇总为一个级别。在下文中，描述了根据 SAE 定义的不同自动化级别。

1.5.1 一级自动化——先进驾驶辅助系统（ADAS）

在一级自动化中，ADAS 利用驾驶环境信息，通过转向或加速/减速来执行特定驾驶模式的驾驶任务。在该级别中，驾驶人处在一个驾驶循环中并观察着驾驶环境的变化。自 20 世纪 90 年代中期以来，这类系统就已在市场上推出。图 1.2 概述了欧洲部分项目的研究进展。

1.5.2 二级自动化——示例：交通堵塞辅助和排队系统

二级自动化系统利用驾驶信息执行一个或多个转向和加速/减速行为。驾驶人仍处于这个驾驶循环中，需要监控驾驶环境的变化。驾驶人在横向和纵向车辆控制方面得到二级自动化系统的辅助。

投入市场应用的二级自动化系统，例如交通拥堵辅助系统，可以在特定条件下（交通拥堵）启动，并在动态驾驶中为驾驶人提供辅助。图 1.3 概述了 ADAS 在用传感器。

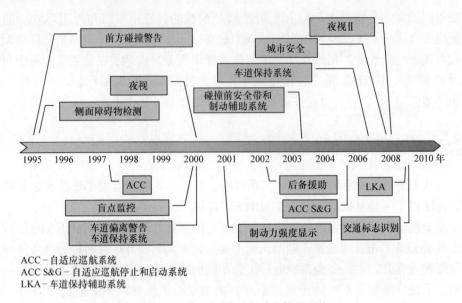

ACC－自适应巡航系统
ACC S&G－自适应巡航停止和启动系统
LKA－车道保持辅助系统

图 1.2　一级自动化：驾驶人辅助系统

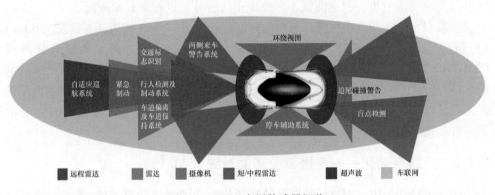

图 1.3　ADAS 在用传感器概览

单个车辆组队行驶是由铁路衍生来的一个新概念。包括 PATH[13]、KON-VOI[26]、日本能源 ITS[15]、环保的安全道路列车（SARTRE）[27]、协同动态编队（COMPANION）[28]等在内的组织或机构都开发并演示了这种车队系统。在 SARTRE 项目中，建立了由五辆汽车（两辆载货车和三辆客车）组成的车队，并在公共道路上进行了演示。目前，该领域正在研究物流运输路线如何编队行驶[28]。

1.5.3　三级自动化——示例：高速公路巡航

从三级自动化开始，系统具备驾驶环境监视的功能。该系统在所有方面执行特定驾驶模式的驾驶任务。如有必要，驾驶人将适当地做出干预。除有测试许可的乘坐有辅助驾驶人的测试车辆外，此类系统尚不能在公共道路上操作。最早引入的系统之一是"高速公路巡航"。即使高速公路上的环境受管控因素的影响较小（欧洲高速公路上不允许行人和骑自行车的人使用），但使用最先进的环境检测传感器时，"高速公路巡航"在高速行驶时也需要纵向和横向车辆控制。驾驶人应能在有限的时间内专注于驾驶任务以外的其他任务。

1.5.4 四级和五级自动化

在四级自动化中，动态驾驶任务的所有方面均由自动驾驶系统执行。即使驾驶人没有适当地对干预请求做出反应，系统也能够解决这种情况。即驾驶人不被视为执行驾驶任务的后备人员。

在五级自动化中，也被称为自动驾驶，在所有道路和环境条件下，动态驾驶任务的所有方面都可以由系统来自动管理。这些系统无需驾驶人，可以完全自主运行，也可以与其他车辆或基础设施高度联通。

在过去的 25 年中，针对这些不同自动化级别的系统进行了不同的实验和研究活动。在欧洲，在 VAMP 项目中进行了四级自动化系统的首次试驾。1995 年，从慕尼黑（德国）到欧登塞（丹麦）的行程约为 1600km，其中大部分驾驶工作均由自主移动和计算机视觉试验车（VaMoR）系统完成[29]。在意大利，图像处理算法（ARGO）项目在 1998 年的 MilleMiglia 之旅中展示了全程大约 2000km 的车辆自动化驾驶[30]。

基于"无人驾驶汽车"（Cypercars）的概念，一个新的出行概念随之而来，该概念结合了 ITS 技术的汽车优势。"无人驾驶汽车"的想法由欧洲资助的研究项目"Cybermove"[31]提出。"无人驾驶汽车"是现有道路基础设施上缓慢行驶的自动驾驶汽车。第一批系统已于 1997 年底在荷兰投入运行，并在一天 24 小时内成功运行。针对这个主题，欧洲的其他研究项目也实施了其他若干个系统［参见 2004 年 Cybermove 项目、2006 年 Cybercars 项目以及城市展示：道路客运自动化系统（CityMobil）2011 年和 2016 年的子项目 1 和子项目 2］。

1995 年，由美国演示的 NavLab 5 项目完成了从匹兹堡到圣地亚哥大约为 4587km 的车辆自动化行程[30]。而国防高级研究计划局（DARPA）的挑战赛为当今不同公司/机构的许多无人驾驶汽车项目奠定了基础。DARPA 第一届大型挑战赛于 2004 年进行，随后是 2005 年的第二届 DARPA 大型挑战赛。两年后的 2007 年，DARPA 挑战赛转到城市中进行。在其所有三个挑战赛中，自动驾驶车辆必须在没有任何人工干预或控制的情况下完成测试赛道（沙漠以及城市场景中）的行驶[32]。

DARPA 挑战赛之后不久，谷歌宣布了它的自动驾驶汽车计划。不同的汽车制造商实现了汽车自动化的里程碑，如大众 Golf 53 + 1、宝马 Track Trainer、奔驰 Daimler Berta Benz drive、奥迪 Jack、德尔福 Coast to Coast drive[33]。到如今，在大规模的现场测试中收集到了很多经验和数据，车辆自动化已存在于交通部门的所有研究计划中。

1.6　ITS 的部署

为最大限度地发挥 ITS 的作用，ITS 需要大规模部署和保持高渗透率。尤其是近年来，由于 ITS 技术的高度成熟，其实施和部署一直是资助活动的重点。成功部署的先决条件是拥有跨边界、跨行业的统一的标准，而统一的标准也为打开市场铺平了道路。

1.6.1　标准化

运输领域新技术的标准化能够保证系统的安全运行和信息交互。ITS 的标准化涉及不同的机构。

欧洲标准化委员会（CEN）成立于 1974 年。运输远程信息处理和道路交通技术委员会 TC278（道路运输和交通远程信息处理）成立于 1992 年，2016 年扩大到由 10 个活跃的工作组和 300 多名指定专家组成。欧洲的申诉标准在 CEN TC278[34] 中进行管理。

欧洲电信标准协会（ETSI）是一个非营利组织，成立于 1988 年 3 月 29 日。它等同于美国的电气与电子工程师协会（IEEE）。2016 年，ETSI 列出了与 ITS 相关的 85 个标准[35]。

在国际层面，国际标准化组织（ISO）TC204 是 ITS 整个系统和基础结构层面的标准。TC204 监督该领域中 ISO 计划，其中包括设计标准制定时间表等。ISO TC204 的工作内容包括城市和农村地面交通、旅行者信息、交通管理、公共交通、商业运输以及紧急和商业服务领域信息、通信和控制系统的标准化[36]。

此外，欧洲电工技术委员会（European Committee for Electrotechnical Standardization，CENELEC）、IEEE 的 ITS 通信、SAE 的车辆自动化、其他国家机构的标准化工作以及机器人标准化、工业自动化通信的标准化工作都与 ITS 领域相关。

1.6.2　测试和示范

ITS 的设计和开发完成之后，面临着进入市场的挑战。进入市场之前的最后步骤是测试。除了跟踪测试和现场测试，在公共道路上进行现场操作测试是其中一种重要的测试方法。在制造商或专用项目中进行现场操作测试的目的是在目标环境中分析已开发和可用的技术。ITS 技术的研究已在现场操作测试中进行了多年。重要的测试项目包括美国弗吉尼亚技术运输学院（VTTI）进行的 100 辆汽车研究[37]、欧洲的 euroFOT 项目（首次大规模的欧洲现场操作测试）[38]、Drive C2X（欧洲 C2X 通信技术的驱动实现与评价）[39] 和其他内容，如图 1.4 所示。

此外，系统制造商需要获取测试许可证以进行评估和进入市场收集数据，特别

第 1 章 智能交通系统发展历程

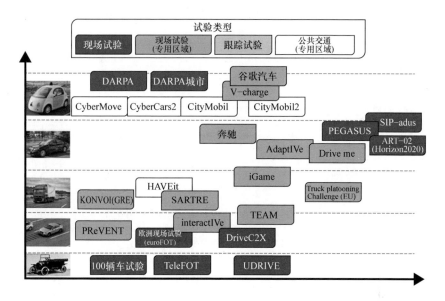

图 1.4　SAE 自动化级别分级下的自动化运输测试和演示

是汽车三级自动化及以上的测试已成为最近活动的焦点。美国某些州的不同公司已经取得了测试许可证。欧洲则发布了 ART-02（自动道路交通）Horizon2020 计划的建议征集书，展示了三级自动化和四级自动化系统在跨境道路上的应用。

1.6.3　市场引入

成功进入市场是 ITS 部署的最后一步。为了最大限度地发挥一项技术的影响，需要尽可能高的市场渗透率。为了引入市场，需要区分不同的方法。

1）引进新技术是一种选择。在这种情况下，是否采取这个选择取决于客户。客户会多方征求意见来判断系统是否会带来好处（货币、舒适、安全）。新技术通常会缓慢增加市场渗透率，因为新的基础设施或车辆装备需要随着时间的推移更换。

2）引进新技术的同时，对现有的基础设施和车辆进行改造。与第一种方法类似，一项技术是否成功取决于客户。与以前的方法相比，至少在理论上，可以更快地达到较高的市场渗透率。

3）引进新技术的同时，将配备新技术的基础设施和车辆作为一种标准，这也可能需要对有关新技术的法律条文进行更改。在这种情况下，客户无法选择，市场渗透率完全取决于新基础设施或车辆的市场推出。由于强制引入了该技术，可能难以向客户收取更多费用。

表 1.1[40] 概述了德国不同车载 ITS 的市场渗透率。市场渗透率是根据对普通驾驶人的 5070 次访谈和车辆检查得出的。

13

表 1.1 参考文献 [40] 中 2013 年德国 ITS 各车型的市场渗透率概况

系统名称		设备市场渗透率（%）	系统名称		设备市场渗透率（%）
导航和驾驶人信息	导航设备	71	车道保持和变道辅助系统	变道警告系统	1
	速度警告系统	3		盲点检测系统	1
	注意力辅助系统	2			
	交通标志检测	1		车道偏离警告系统	1
车辆动力学和距离控制	制动辅助	73		变道辅助系统	
	电子稳定控制系统	68			
	前方碰撞警告	2	停车系统	停车距离控制	27
	二次碰撞缓冲	2			
	自动紧急制动系统(30km/h)	1		后视摄像机	4
	自动紧急制动系统（高于30km/h）	1		停车辅助系统	3
巡航控制系统	巡航控制系统	35	其他	紧急呼叫系统	3
	限速控制系统	14			
	自适应巡航控制系统（ACC）	3		事故数据记录器（仅限公司车辆）	2
	交通堵塞辅助系统	0			

1.7 展望

如今，ITS 技术已有很长的历史，并作为各种不同的系统引入交通部门。然而，随着引入更高等级的自动驾驶技术，技术的巨大影响开始凸显。目前，来自不同行业分支机构的不同公司正在考虑逐步引入甚至直接引入自动驾驶汽车。

ITS 路线图和行动计划表明，无论何种类型车辆和制造商，都将在新一代交通工具中进一步部署 ITS 技术。电子技术和 IT 技术将在其中扮演最重要的角色。从硬件到软件开发的转变是当前研究和开发过程中的一个重要转变，这是可以从当前正在开展的研发中观察到的。另外，各种大数据集合（"大数据"）的作用为 ITS 提供了新的机会和商业模式。

1.8 本书各章概要

本书分为四个部分：简介；需求和方法；ITS 评估结果；讨论和结论（表 1.2）。全书共有 17 章。

表1.2 本书各章概要

部分	章节	说明
1	1	本章从相关研究项目、挑战、应用案例、市场介绍等方面对ITS进行了技术回顾。此外,还介绍了自动驾驶领域的最新发展。全面论述了其发展历史、部署和关键技术(分别基于基础设施和车辆)
2	2	本章侧重于从政策维度和当前具体需求来评估ITS对策对交通安全、交通效率、能源效率和环境的影响。本章还对2015—2016年的一次国际调查结果进行了分析
2	3	本章概述了评估的框架和方法。从实际出发,给出了相关术语的定义和评价问题的概要。此外,还提出了ITS评估发展和部署的关键挑战
2	4	本章概述了欧洲或国际ITS评估的不同方法。介绍了评价工具,以及对可变限速、匝道控制、动态车道、道路定价、信息服务和行程时间等因素进行了对比分析
2	5	本章从网络的角度对美国洲际公路系统进行ITS评价。传统的评估(例如北美侧重于特定的投资)可能会错过投资网络的积极协同作用。此外,还论述了新技术(如自动驾驶)能够产生大规模效益的机会
2	6	本章的重点是对现场操作测试(FOT)进行评估。提出了一种新的评估方法用来解决用户使用(用户接受和采纳)、评估的灵活性、效率、安全性和环境问题
2	7	本章提出了一种新的运输平衡原则,包括在荷兰开发的ITS技术。特别关注两个广泛使用的运输原则:成本效益分析(CBA)和多准则分析(MCA)
2	8	本章内容介绍了主要基于欧盟资助和法国项目(如SAFESPOT和LAVIA)的车载ITS性能技术评估。该评估方法广泛适用于欧洲现场测试(FOT)中的非技术评估
2	9	本章重点介绍了ITS的发展。ITS扩展到了Web设备普及。概述了各种类型的方案和方案实现的案例,提出了规范评估新ITS技术应用的挑战,并讨论了评估方法、新ITS技术优势、局限性和潜在应用接口
3	10	本章内容提供了协作式ITS(C-ITS)的评估结果,该评估结果预测了一系列C-ITS服务的成本和收益,同时考虑了与非ITS或非协作式ITS相比的收益,并介绍了一个全面的评估框架
3	11	本章内容提供了一种自动驾驶的变革方法,旨在鉴定现有的评估(社会经济评估),以自动驾驶的角度进行审查和重新考虑。研究结果表明,ITS对公路运输的性能有益,但从规模上看,还不具有重大影响性
3	12	本章重点关注ADAS和自动驾驶用户相关评估。为了进行用户相关的评估、假设、指标和评估方法,ADAS和自动驾驶用户相关评估特别关注与自动化相关的问题
3	13	本章回顾了ITS在瑞典交通管理中的应用效果和评估结果。瑞典ITS技术专注于CBA应用程序,用于评估行驶时间和事故信息、匝道控制、可变限速(VSL)和高速公路控制系统(MCS)
3	14	本章回顾了ITS研究前后的相关情况,并介绍了澳大利亚F3系统(下雨时自动降低高速公路限速)。澳大利亚F3系统还解决了一些难题,例如精确的测量和成本分配及未来的研究
3	15	本章内容展示了亚洲ITS发展的最新水平。以广州市快速公交系统(BRT)和青岛市先进的交通管理系统(ATMS)为例,对中国的ITS项目进行了效益评价
3	16	本章针对南非重型货车的超载控制中心进行了成本效益研究,该项研究包括操作内涵、电子控制和监视系统(包括动态称重检测器、交通状况和各种设施)等在内的各要素作为潜在成本
4	17	本章内容总结了智能交通系统的评估结果、经验教训、研究需求和挑战。此外,本章还讨论了以上主题对行业、学术界以及行政部门的影响,提出了开放的研究领域,包括对未来工作的建议并提供了结论

参 考 文 献

[1] Herman, A. (2012) Freedom's Forge: How American Business Produced Victory in World War II, pp. 58–65, Random House, New York, NY, 2012. ISBN 978-1-4000-6964-4.

[2] Anon. (2016). Directive 2010/40/EU of the European Parliament and of the Council of 7 July 2010, http://eurlex.europa.eu/LexUriServ/LexUriServ.do?uri 1/4 OJ:L:2010:207:0001:0013:EN :PDF [Accessed 31 March 2016].

[3] Anon. (2016). ETSI Intelligent Transport, http://www.etsi.org/technologies-clusters/technologies/intelligent-transport [Accessed 31 March 2016].

[4] Anon. (2016). Intelligent Transportation Systems Joint Program Office, http://www.its.dot.gov/faqs.htm [Accessed 31 March 2016].

[5] Anon. (2016). ITS Japan, http://www.its-jp.org/english/about_e/ [Accessed 31 March 2016].

[6] Anon. (2014). Taxonomy and Definitions for Terms Related to On-Road Motor Vehicle Automated Driving Systems, SAE Standard J3016, USA.

[7] Donges, E. (1982). Aspekte der aktiven Sicherheit bei der Führung von Personenkraftwagen, Automobil-Industrie, Heft 2.

[8] Eckstein, L. (2014). Automotive Engineering – Active Vehicle Safety and Driver Assistance Systems, Lecture Notes, Institute für Kraftfahrzeuge (ika), RWTH Aachen University, Aachen, Germany.

[9] Rowsome, F. (1958). What It's Like to Drive an Auto-Pilot Car, Popular Science Monthly, USA, April 1958.

[10] Shaout, A., Jarrah, M. A. (1997). Cruise Control Technology Review, *Computers Electric Engineers* Vol. 23, No. 4, pp. 259–271.

[11] Weiskopf, B. (2001). ARI-Technik. UKW/TV-Arbeitskreis der AGDX e. V., Mannheim, February 2001.

[12] Shladover, S. (1992). The California PATH Program of IVHS Research and Its Approach to Vehicle-Highway Automation, IEEE Intelligent Vehicle '92 Symposium, Detroit, USA.

[13] Anon. (1997). PATH Program – Vehicle Platooning and Automated Highways, PATH Fact Sheets, University of California, Berkeley, USA.

[14] Mammano, F.J., Bishop, J.R. (1992). Status of IVHS Technical Developments in the United States, IEEE Vehicular Technology Conference, Denver, USA.

[15] Tsugawa, S. (2011). The Current Trends and Issues on ITS in Japan: Safety, Energy and Environment, IEEE MTT-S International Microwave Workshop Series, Daejeon, South-Korea.

[16] Harayama, Y. (2014). The National Program for Innovation, Cross-Ministerial Strategic Innovation promotion Program (SIP), 1st SIP-adus Workshop on Connected and Automated Driving Systems, Tokyo, Japan.

[17] Kuzumaki, S. (2015). Innovation of Automated Driving for Universal Service (SIP-adus)-Mobility Bringing Everyone a Smile, 2nd SIP-adus Workshop on Connected and Automated Driving Systems, Tokyo, Japan.

[18] Nagel, H. H., (2008). EUREKA-Projekt PROMETHEUS und PRO-ART (1986–1994), Informatikforschung in Deutschland, Springer, pp 151–202.

[19] Hofflinger, B., Conte, G., Esteve, D., Weisglas, P., (1990). Integrated Electronics for Automotive Applications in the EUREKA Program PROMETHEUS, Solid-State Circuits Conference, ESSCIRC '90. Sixteenth European, Vol. 2, pp. 13–17.

[20] Anon. (2015). Regulation (EU) 2015/758 of the European Parliament and of the Council (29 April 2015) Type-Approval Requirements for the Deployment of the eCall In-Vehicle System Based on the 112 Service and Amending, Directive 2007/46/EC.

[21] Kelly, F. (2006). Road Pricing: Addressing Congestion, Pollution and the Financing of Britain's Road. Ingenia (The Royal Academy of Engineering) 39: 36–42.

[22] Bly, P., Lowson, M. (2009). Outline Description of the Heathrow Pilot PRT Scheme, Deliverable D1.2.2.2, CityMobil project.

[23] Anon. (2011). 2getthere Company Information, http://www.new.2getthere.eu [Accessed 31 March 2016].

[24] Gasser, T. M., Arzt, C., Ayoubi, M., *et al.* (2010). Die "Projektgruppe Automatisierung": Rechtsfolgen zunehmender Fahrzeugautomatisierung 11. Braunschweiger Symposium AAET, Proceedings, Publisher: Intelligente Transport- und Verkehrssysteme und –dienste Niedersachsen e.V., Braunschweig, Germany. ISBN 978-3-937655-23-9.

[25] Anon. (2013). Preliminary Statement of Policy Concerning Automated Vehicles, National Highway Traffic Safety Administration (NHTSA).

[26] Deutschle, S. (2008). Das KONVOI Projekt – Entwicklung und Untersuchung des Einsatzes von Lkw-Konvois, Aachener Kolloquium Fahrzeug und Motorentechnik 2008, Aachen, Germany.

[27] Chan, E., Gilhead, P., Jelinek, P., Krejci, P., Robinson, T. (2012). Cooperative Control of SARTRE Automated Platoon Vehicles, in Proceedings of the 19th ITS World Congress, Vienna, Austria.

[28] Farokhi, F., Johansson, K. H. (2015). A Study of Truck Platooning Incentives Using a Congestion Game, *IEEE Transactions on Intelligent Transportation Systems* Vol. 16, No. 2, pp. 581–595.

[29] Maurer, M., Behringer, R., Fürst, S., Thomanek, F., Dickmanns, E.D. (1996). A Compact Vision System for Road Vehicle Guidance, Proceedings of ICRP 1996, IEEE.

[30] Bertozze, M., Broggi, A., Fascioli, A. (2000). Vision-Based Intelligent Vehicles: State of the Art and Perspectives, *Robotics and Autonomous Systems* Vol. 32, p. 10.

[31] Parent, M., Gallais, G. (2002). Intelligent Transportation in Cities with CTS, Proceedings of IEEE 5th International Conference on Intelligent Transportation Systems, ISBN 0-7803-7389-8.

[32] Urmson, C., Anhalt, J., Bagnell, D., *et al.* (2008). Autonomous Driving in Urban Environments: Boss and the Urban Challenge, *Journal of Field Robotics* Vol. 25, No. 8, pp. 425–466 (2008), DOI: 10.1002/rob.20255.

[33] Zlocki, A. (2014). Automated Driving: Encyclopedia of Automotive Engineering, John Wiley & Sons, Ltd., DOI: 10.1002/9781118354179.auto023, ISBN: 978-0-470-97402-5.

[34] CEN/TC278 (2016). http://www.itsstandards.eu/index.php [Accessed 31

March 2016].

[35] ETSI TC 278 (2016). http://www.etsi.org/index.php/technologies-clusters/technologies/intelligent-transport [Accessed 31 March 2016].

[36] ISO TC204 (Overall system and infrastructure aspects of ITS) (2016). http://www.itsa.org/industryforums/isotc204 [Accessed 31 March 2016].

[37] Dingus, T. A., Klauer, S. G., Neale, V. L., *et al.* (2006). The 100-Car Naturalistic Driving Study Phase II – Results of the 100-Car Field Experiment National Highway Traffic Safety Administration, Report Nr. DOT HS 810 593, Washington D.C., USA.

[38] Benmimoun, M., Zlocki, A., Kessler, C., *et al.* (2011). Execution of a Field Operational Test within the euroFOT Project at the German1 Test Site, 18th World Congress on Intelligent Transport Systems, Orlando, USA.

[39] Brakemeier, A. (2012). Co-Operative ITS – Standardization, Improving Road Safety and Traffic Efficiency, 18th European Wireless Conference, Poznan, Poland.

[40] Follmer, R., Geis, A., Gruschwitz, A. Hölscher, J., Raudszus, D., Zlocki, A. (2015). Marktdurchdringung von Fahrzeugsicherheitssystemen, Report of Bundesanstalt für Straßenwesen (BASt), Mensch und Sicherheit, Heft M 258, Bergisch Gladbach, Germany.

第 2 部分　需求和方法

第 2 章
ITS评估政策——文化和需求

2.1 引言

交通运输局和网络运营商每年投资数百万美元或欧元，用以使国家运输基础设施更加智能化，为此还建立了新的交通控制中心和旅行者信息中心，部署了新的传感器和通信技术，推出创新旅行者信息服务（从可变信息标志中获取信息，再通过导航设备访问智能手机应用获取信息）。另外，投入大量资金使车辆更智能化——初步阶段是使用车辆"跟踪和追踪"技术，该技术为了使服务自动化，将车辆通过已有的基础设施关联起来。在智能交通系统（ITS）的支持下，越来越多的"智能"系统和服务得到使用和推广。

由于这些部署大多是由公共部门推动的，因此主要的驱动原则是传统的政策支撑，即安全性、保障性、可持续性（包括环境友好性）和效率。特别是在运输领域中，所有投资至少需要在其中一个支撑上显示出积极的效果，且必须满足一个以上的支撑。此外，成本效率需要得到保证，这是因为在资金有限的情况下，资产管理变得越来越重要。原则上，所有较大的投资都需要在这个框架中进行评估。

与此同时，政客们喜欢开放新建的基础设施。对于政治家来说，他们通常是最后的决策者——尤其是在大型基础设施投资方面，他们通常以一种正面形象为大众所知以确保连任。他们的策略通常基于日报上关于改善基础设施、关心市民的成功故事，比如开辟一条新的绕行路减少居民区的交通流量。

通常，在新的"硬件"基础架构中进行如此巨大的投资要具备合理性，并且要达到很高的正向收益。有时候，通过用 ITS 解决方案取代这种"硬件"基础架构，或至少考虑同时部署更智能的"软"措施来获得 ITS 解决方案，效益成本比甚至会更高。但是，这种更聪明的解决方案对于普通公众而言并不可见。在这种可见性与良好收益之间的鸿沟中，支持或反对 ITS 解决方案的协同决策是在最高权限决策者之间进行的。

作者根据文献综述、问卷调查和面对面访谈，对实现 ITS 解决方案的决策现状进行了分析。本章的基本内容可以表述为："ITS 评估有助于更好地了解情况，完成基于数据的 ITS 决策"。在这种情况下，重要的是首先了解 ITS 评估的一般原则和决策者的预期目标。在对全球不同的决策和评估方法分析之后，对 ITS 从业者和决策者进行全球范围内的调查，并对结果进行讨论。最后，为评估人员提供了如何使他们的工作对决策者更有益的建议。

2.2 决策者需要评估的原因以及评估的目的

2.2.1 评估对 ITS 部署的重要性

通常，评估可以定义为"系统获取评估信息，给某个对象有用的反馈"[1]。尤其是，"ITS 评估"一词是对 ITS 方案达到其目标程度的评估，并且"为未来改进方向提供经验教训"[2]。世界道路协会（PIARC）[2]列出了 ITS 评估应考虑的六个主要问题：评估原因、评估对象、评估周期、评估方法、评估预算以及如何提高评估性能。

当局和运营商通过 ITS 部署，是为了达到改善道路安全，提高道路基础设施的使用效率（即提高通行能力），减轻道路交通对环境污染的总体目标。此外，根据 Newman – Askinset 等人的观点[3]，部署 ITS 能够减少额外建造道路基础设施的成本。为了验证和量化这些收益，并进一步使决策者支持对 ITS 和应用程序进行合理投资，开展综合评估至关重要。由于大多数 ITS 解决方案的部署都是由公共部门推动的，因此都是通过税收来筹集资金，所以问责制始终是最优先方式之一。为了证明稀缺公共资金的支出是合理的，评估提供了一种便捷的工具来统筹计算成本效益，并为现有系统提供佐证。此外，它为将来的实施奠定了基础，并使得公众更好地理解和接受 ITS 措施。

但是，需要注意的是，正如 Newman – Askinset 等人[3]所述，ITS 项目与常规道路项目的影响评估是不同的。ITS 的评估活动包括各种其他因素，例如，客户满意度、驾驶人行为反应或舒适度。这些因素难以衡量，因此需要使用定性评估方法，而不是仅通过定量方法进行衡量。

因此，评估对决策者而言不仅仅是投资的合理性。如果根据评估计划对项目进行了全面评估，可以通过查看系统是否按预期运行来改进未来 ITS 实施流程，从而增强整个 ITS。EasyWay 评估专家组[4]建议，理想的评估计划应涵盖多个反馈机制，包括科学研究、审核、监控、绩效评估、政策分析、可行性研究和影响分析。

运输当局、基础设施运营商或融资机构等决策者对现有或未来计划中的 ITS 服务或应用程序的可用性、可接受性以及财务可行性最为关注。评估可以帮助他们验证 ITS 投资的预期价值是否已经实现，以及哪些领域收益超出或低于预期，从而使他们对 ITS 的需求、设计、采购、部署和使用更加了解，进而明确将来如何对该系统加以改进[5]。

但是，单独评估 ITS 是不够的。为了评估 ITS 实施，需要许多参与者的积极协商和合作。因此，需要建立评估标准，首先要达成共识的关键绩效指标（Key Performance Indicators，KPIs），其次要建立标准化的评估方法，从而产生可比的评估结果。这样的国际统一的评估方法将有助于改善对项目 ITS 实施和项目相关信息的认识，包括正面和负面的例子。此外，还能够进一步比较相似的 ITS 部署，彼此之间相互借鉴、相互协调，以此实现相似的目标。

2.2.2 从研发到 ITS 部署

从研发（R&D）到部署的过程可能会变得漫长而困难，特别是在 ITS 方面。由于对 ITS 或 ITS 服务的真实能力了解不足，ITS 技术通常停留在研究步骤中，或从研究向部署的转移过程中。此外，实施过程可能会花费很长时间，无法跟上技术生命周期的步伐，在 ITS 最终完成之前，技术可能已经过时了。另外，还需要考虑 ITS 实现和基础架构部署具有不同生命周期。基础设施的建设通常需要很长时间（例如，道路建设将持续数十年），但许多 ITS 都依赖于新兴技术，包括信息和通信技术。为了应对上述挑战，需要在测试周期中基于评估结果形成指导或支持性文件，以此支持部署决策。有时甚至需要在国家或跨国层面进行协作。

在欧洲，创建欧洲 ITS 行动计划[6]和欧洲 ITS 指令[7]的产生是为了加速和促进整个欧洲 ITS 的协调部署。尽管一些研究项目证明了 ITS 和服务具有积极影响，但有时在实际部署时仍会遇到困难。ITS 行动计划于 2008 年制定，旨在确保欧洲实现绿色交通运输，提高运输效率以及改善道路安全性，进而展现 ITS 部署在欧洲的附加价值。两年后，在 2010 年，欧洲议会和理事会发布了 ITS 指令，随后制定了授权法案，对交通相关数据的访问以及 eCall 服务的部署进行了监管，目的是促进和加速 ITS 在整个欧洲的大规模实施。

ITS 评估的重要性已得到美国的认可，美国运输部（DoT）的联合方案办公室（JPO）为 ITS 评估提供了技术指导[8]。无论是在策略级别还是在项目基础上，评估都是项目部署的重要组成部分。根据 USJPO，应将两种类型的评估方法（定性和定量）结合起来使用，用来"比较和对比收敛性以及可能出问题的地方"[8]。

在加拿大也可以找到类似的方案，加拿大维多利亚州交通政策研究所发布了许多有关交通部门评估的文件[9]。从全球层面来分析，三项举措至关重要：首先，世界银行为城市 ITS 实施提供了包括案例研究的 ITS 工具集[5]；其次，ITS 效益评估团体（IBEC）提供了 ITS 评估的培训材料[10]；最后，世界道路协会（PIARC）是负责 ITS 评估的主体，在其网站上发布了支持性指导文件[2]。

为了了解特定政策目标的实现进展程度，对于 ITS 利益相关者来说，评估是很有意义的。利益相关者包括但不限于 ITS 服务提供商、运输和基础设施运营商、ITS 用户协会、制造行业的代表、社会合作伙伴、专业协会以及代表公共部门的地方、地区和国家政府。

评估需要考虑的另一个关键因素是提供数据或进行评估的个人或实体。美国 DoT ITS JPO 指出了评估者应具备独立性，"评估者不具有项目本身的既得利益或权益"[8]。在这方面,评估者既不应与缔约方共事,也不应与执行人共事,以确保中立性。尽管评估者属于独立部分,但提早介入项目也是必需的。

ITS JPO 推荐了一个六步的 ITS 评估过程,该过程已被许多 ITS 项目成功采用。
1)形成评估。
2)制定评估策略。
3)制定评估计划。
4)制定一个或多个测试计划。
5)收集和分析数据以及信息。
6)准备最终报告。

作为如何进行评估的指导补充,简化统一的评估方法可以支持评估结果的可比性和可靠性,实现从研发到实施的飞跃。仅有部署规范性是不够的。还需要对 ITS 投资有透彻的理解,评估可以及时地显示收益(单个实施的成本)。评估可以使 ITS 专家和决策者更好地理解 ITS 的潜力。ITS 评估显示了哪些 ITS 解决方案有效以及哪些地方需要进一步改进。在这种背景下,评估帮助决策者以最有效的方式进行投资来保障投资安全。基于 ITS 部署影响的通用 KPI 方法是最好的实现方式。

在讨论统一评估方法的积极作用时,需要注意的是,即使全球公认的 ITS 评估,KPI 也是不存在的。在通用 KPI 的开发领域,许多活动正在欧洲进行。AE-COM 于 2015 年初进行了关于"智能交通系统关键性能指标"的研究,该研究是由欧洲委员会(EC)资助的,其目的是为了满足欧洲通用 KPI 的需求。目标是提供 KPI,满足交付其部署的最低标准,并支持未来的投资和部署[11]。通过最先进的审查、利益相关者调查、利益相关者研讨确定了用于 ITS 部署的 98 个常用 KPI 的列表。列表分为两部分:部署 KPI 和收益 KPI,部署 KPI 直接与 ITS 部署相关(例如,道路网络上配备 ITS 的里程数),而收益 KPI 展示了 ITS 实施的收益(例如,增加 ITS 的安全影响)。在此基础上,欧共体期望单个成员国提供评估结果,因此创建了 11 个 KPI 的候选清单。这可以视为协调欧洲评估 KPI 的起点。

总而言之,政策层面的评估是决策者(尤其是在涉及公共资金的公共部门中)规划和评估 ITS 成本效益的重要工具。另外,在评估的帮助下,可以向公众展示 ITS 实施的优点。

然而,许多运输管理部门和运营商没有对具体的实施情况进行适当的评估,因为评估通常是内部进行的,而不是由中立的外部评估专家进行的。因此,一些解决方案的潜力无法充分发挥,导致资金被用在无效的地方。

2.3　评估政策及其对 ITS 评估的影响

在不同政策传统、研究传统以及更广泛的知识社会学概念中,人们对评估的看法都不同。本节旨在激发一些反思性思想,并通过隐性假设来提高人们对潜在风险的认识。本文主要是以个人观察、ITS 评估报告和演示文稿（带有偏向欧洲和欧洲人的文件）以及一些较新的政策分析书中的说明或暗示为基础。不幸的是，当在国际 ITS 会议上发表 ITS 评价结果或在报告中发表 ITS 评价结果时，几乎没有反映出不同的期望、文化和背景问题。

我们首先剖析被引述的期望，然后在评估报告撰写中挖掘文化培训上的差异，接着从文化、项目和政策角度反思当前出现的普遍趋势与特殊情况，最后我们从 ITS 评估政策的新兴文化环境（开放式创新视角、民主化创新、生活实验室、社会实验室）中列出了一些具有不同文化背景的候选者。

我们倾向于将期望（"在客观性的指导下，我会期望没有偏见的明确答案"）重构为未成熟的，因为这种框架本身严重偏向于关联性或关联性概念。在严格的二分法与相关性下，这个问题已经讨论了数十年。当考虑推出 ITS 服务时，隐含假设（即 ITS 评估结果与本地运输管理机构相关）在与 ITS 部署相关的多次讨论中占据主导作用。这种隐性假设似乎阻碍着我们许多人反思文化背景或其他背景差异。明确地说，找到真正针对潜在购买者、感兴趣的运输当局、部署专家的 ITS 评估报告可能很少，并且如果一份报告明显是针对未来的买家或部署人员，许多人将倾向于怀疑它在寻找指导市场的手（如服务提供商和 ITS 制造商）。当然，这是一个互相学习的过程。这个过程可能在世界上的某些地方开始得更早。

一些美国读者以及大部分欧洲地区以外的读者可能会认为，ITS 评估是由独立专业人士完成的，这些专家完全致力于为政府机构或运输当局服务。除了这些想法之外，人们可能会认为这些评估工作的薪资水平很诱人，这些工作恰逢其时，意义重大，并且其基本目的是让世界各地的其他人知道什么有效，什么无效。从欧洲来看，许多部门将 DoT 推出的 ITS 评估报告作为标准程序来实施。关于欧洲我们已经看到了各种不同的 ITS 评估环境和亚文化。欧洲最常见的评估是在联合工业大学 ITS 研究与开发联盟中完成的。

随着许多地方项目的开展，本地（研究和教育）机构通过参与 ITS 评估项目来增加本地 ITS 知识储备和知识密集型工作岗位，已成为人们的主要期望。然而这种做法是有代价的，类似于当地医院对罕见病例或尚未出现的现象拥有的特定知识。迄今为止，在整个欧洲，大多数 ITS R&D 的评估都是由研究机构的工作人员进行的，或者由未在研究机构中工作但仍对该研究领域有兴趣的个人进行。尽管在过去 15 年中，ITS 评估已成为所有类型的传统研究机构和全新研究机构的重要筹资要素，但这并未改变其在领域内相关性方面的指导原则。

通常，这些评估团队是研究项目联盟中的一部分，该联盟负责开发和测试 ITS 服务或产品。他们从一开始就参与其中，然而，评估研究人员不处于主导地位（就项目设计而言），最终进行评估的工作人员与最初参与项目的人员也不完全相同。最重要的是，大型 ITS 研究与开发项目通常会围绕 ITS 服务重点发展。评估方法设计团队可能会发现自己不得不对将要测试的内容进行粗略的估计，因为有太多的未完成部分和未指定的元素被引入黑盒子中。因此，评估通常与典型项目的发展前景以及项目路线图无关。此外，它是学术论文的核心或类似的学术活动，又或是一系列科学出版物之一，它必须对下一个为期两年的合同进行资格审查，或者，这是最令人不安的情况——ITS评估工作必须出于资金原因而进行，但实际上却从其他学术研究活动中浪费了宝贵的时间。严谨不仅是情境因素，而且是尝试摆脱两种文化的冲突或因为屈服于实用性约束或与顾问、政府行政部门合作而对科学地位进行冒险的结果。

评估机构在与国家权力合作时表现出明显的犹豫。不是研究人员自己提出的评估重点或研究问题会被认为是不合适的。至少在几个（欧洲）评估传统中[12]，对决策者、政府或运营商的支持会受到质疑。这种强大的自我选择和自我确认机制肯定会阻碍评估效果。Novec[13]讨论了通过将专家和公共行政联系起来以实现国家智能化，并重构未来管理方法，但这并未得到充分整合。

当ITS评估报告是一条信息时，读者不仅仅把它当作一份报告去阅读，而是很可能会把它视为潜在现象、研究成果或创新项目成果的有效代表。许多评估组织没有意识到他们在报告写作基准、写作技巧和写作训练以及实践方面的显著差距。最优秀的分析师是将大量的时间用在撰写报告上，而非收集信息上。Pollock[14]也阐述了为什么许多社会科学家忽视了这些新形式的管理和专业技术。他似乎在暗示，谁能努力把资源从收集信息转向撰写报告，谁就会进一步拉大与其他世界范围内高度专业化的商业集团之间的差距。

ITS评估是一种自我参照的过程。谁都没见过剧本，我们就是剧本。通常，评估是这个自我参照框架的一部分，并且是成功故事的那一部分。理想情况下，评估是一个关于评估过程本身和评估过程媒体影响的成功故事。它已成为多个政策层面的基准，至少在整个欧洲是这样。结果是我们有了一个项目，然后我们在寻找持续的资金。评估可能是一个传统概念，并不适合未来或某些人认为好的做法。ITS评估政策不可能将自己与这种文化话语区分开。

从来自美国的观点来看，有迹象表明标准评估是过时的政策或是管理模式的一部分。直言不讳地说，新的关键是决策者不是控制者，或者他们最好承认他们是在不知情的基础上采取行动[15,16]。目前尚不清楚的是，当知识社会学的评估预算显著增加或减少时，知识社会学中关于不断增长的盲点概念是如何影响已知问题和预期问题的[17,18]。但是，我们建议即使在这样的背景和指导说明下，ITS评价也可以在非正式政策的形式中发挥特定作用[19]。

为了迎接若干挑战，专家以及基于证据的评估起到的作用将受到削弱，这存在着巨大风险。对于美国来说，Novec[13]从它的具体议程（在一个民主化创新的大趋势中削弱专家的地位）得出了一个相当有争议的结论：非正式政策（即使是她所说的更明智的政府）可能都是非法的。联邦级别中的几项法规"禁止公民积极参与……根据《行政程序法》（APA）制定的通知和评论规则，通过高科技专家限制了外界对已经制定的法规的评论。它只吸引了少数内部专业人士的参与。"专家的角色在不断发展，规划范式也在不断发展（民主化创新活动，领导机构与广大公众之间的非正式互动……）。根据一些新出现的政策预期，似乎有这样一种说法，即它的部署必须使所有公民受到平等关注，甚至 ITS 评估应主要研究对不使用其服务和技术的人口的影响。这样的导向元素从差别化的角度赢得了创新性，在这种民主化的创新思路下，ITS 可能面临一种新的文化。50 多年来，采用创新作为研究目标的理论和概念已表明，成功部署取决于某些子群体的成功。这使得风险评估以及 ITS 影响的一次性评估变得更加困难。它证明了用新的行为解释成功或失败的重要性。这一理论在美国比在欧洲更被广泛接受[20]。

开放式创新已经蔚然成风。正如 Chesbrough[21]在公开演讲中所表明的那样，从其他人认为失败的方面开始研究具有重大价值。如果将没有被证明的、没记录在案的、没部署的案例作为主要结果，ITS 评估看起来会是怎样的？实际上，其他项目团队可能会从真实失败以及"误报"中获得更多反思。

这又使我们回到评价政策怎样影响评价的问题上。我们可以区分对政策的直接影响和间接影响。ITS 评估可以通过提供概念框架[22]使决策者对新问题和过时的解决方案更加敏感。也许某些类型的评估子文化的后果之一就是被认为是不相关的，或者对某种可察觉的不相关性是毫无帮助的。在这种框架下阅读一些调查结果会变得很有趣。一些政府机构和决策团队的人会认为无助性无疑是一个合适的标签，这适用于占主导地位的欧洲评估环境[12]。这可能是钟摆处于严谨与相关性二分法之间的一个极端的结果。

2.4　ITS 评估使用情况调查

2.4.1　背景

2.4.1.1　使用 ITS 评估证据的目的和调查背景

了解了上一节所述的不同政治框架和当前评估文化的改变后，在 2015 年 8 月和 9 月，通过大量电子邮件和社交媒体公告在 ITS 和交通相关群体中进行了一项包含 24 个问题的在线调查。这项调查由 IBEC 和 Global Road Links 设计，并得到 AustriaTech 的支持，旨在更好地了解世界不同地区部署和投资 ITS 的决策实践，调查的重点是在实践过程中的数据、资料的特点和质量。

作者虽然并不认为这项调查有足够的学术意义，但是通过调查和收集来自全球 20 个不同国家的 42 份完整回复样本，此调查过程中产生了一些有价值的见解。本节将阐述这些见解，并为进一步的研究提出一些建议。

表 2.1 说明了受访者在哪些机构工作：26.1% 的受访者在政府机构工作（包括国际机构、国家/联邦机构、区级或地级机构）；13.9% 的受访者在支持运输政策

发展的国家或国际机构工作，例如国家 ITS 协会；32.3%的受访者来自私营部门，提供交通或 ITS 解决方案；23.1%的受访者来自研究或教育部门。

表 2.1　调查对象所属机构的分类

受访者背景	所占比例（%）
1. 跨国政策制定和决策机构（例如：欧盟、世界银行、联合国机构）	1.5
2. 国家政策制定和决策机构（包括联邦级）	12.3
3. 区级政策制定和决策机构（包括州级）	10.8
4. 地方政策制定和决策机构（包括城市级）	1.5
5. 支持跨国运输政策制定和实施的组织内的协调员或领导	3.1
6. 支持国家运输政策制定和实施的组织内的协调员或领导	10.8
7. 运输解决方案的提供者（例如：运输供应商、运营商、顾问）	32.3
8. 学术、研究、能力建设	23.1
9. 其他	4.6

为了得出一些关于公共部门和私营部门之间的相似或不同之处的结论，受访者需来自不同类别的组织。表 2.1 中，1~4 为公共部门的受访者，5~7 为私营部门受访者。

2.4.1.2　调查范围

此次调查涉及与 ITS 投资决策有关的若干问题。调查的第一部分讨论了决策的背景，例如，有关投资的典型价值、决策过程的特点和阶段，以及最后决定由谁签字确定。调查的第二部分更详细地研究了什么数据用于担保 ITS 投资决策，以及这些数据从哪里获得，熟悉和使用现有的评估数据库，更具体地研究了如何对备选投资方案进行加权。最后一部分旨在提取定性评估用于有评估基础的 ITS 决策的改进建议。

2.4.1.3　调查的局限性

尽管开始时有 117 人参与了问卷调查，但是只有 42 人（略高于 1/3）完成了完整的问卷。未完成可能由以下原因导致：调查的目标群体是那些在 ITS 的购买、维护、操作中有常规和实际经验的人。42 人中仅有 5 人表示他们负责其组织内的 ITS 决策，且 5 人中有 3 人达到了一定的投资门槛。由于问题涉及决策责任，这可能阻碍了其他受访者继续完成问卷调查。所有的受访者都提供了其组织机构内部决策过程的反馈，尽管大多数人表示他们并非最终的决策者。

虽然这项调查的对象面向全球，并收到了来自全球各地的回复，但完成调查的绝大多数受访者来自欧洲。因此，如第 2.3 节所述，很难就决策在全球不同区域之间的相似性或差异性得出结论。

2.4.2　是什么组成了 ITS 投资决策的过程

组织内的决策过程因结构、文化和其他因素而异，如愿景和任务、要解决问题的复杂性、数据可用性和备选解决方案的估计影响。这项调查包括了与受访者所在组织决策过程有关的问题。

受访者所在组织所处理的 ITS 投资项目的平均规模如图 2.1 所示。

在调查中，85% 的受访者的投资额在 500 万美元的资本成本范围内。与道路基础设施建设、修复和维护的成本相比，这些都是小数目。

在受访者的组织中，有 38% 的负责决定对 ITS 新的应用和服务的投资以及对 ITS 维修。有 3.6% 的答复者表示，他们的组织只负责新的投资；相同比例的人表示，他们的组织只负责 ITS 维护投资。

有 68% 的受访者表示，有关 ITS 的投资决定是在更广泛的基础设施投资背景下做出的，例如，建设新的基础设施或修复现有基础设施。有 16% 的受访者表示，这一决定是独立的，另有 16% 的受访者表示，这取

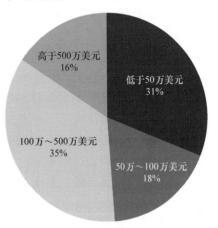

图 2.1 调查中考虑的投资项目的平均规模（美元）

决于具体情况。一些受访者指出，ITS 通常在较后阶段才应用于现有道路基础设施，例如，改善交通安全的措施。私营部门对这个问题的答复比公共部门的答复更具多样化。有 87% 的公营部门答复者表示，ITS 决定是在更广泛的背景下做出的。在私营部门，这一百分比要低得多，为 57%，其余的 43% 则是在将 ITS 投资作为一个单独的决定和混合的决定过程之间，即在单独的决定和根据具体情况在更广泛的范围内做出决定之间处理。

在与前景和任务相适应方面，ITS 决策似乎在组织的高层策略中有相当强的契合性，有 78% 的受访者指出了这一点。典型的高层策略包括了创新策略、商业策略、国家 ITS 策略、缓解拥堵政策、国家/联邦 ITS 架构、流动性政策和长期战略运输计划。

2.4.3　决策过程的各个阶段及 ITS 评估证据的使用

根据调查结果，ITS 在受访者组织中的投资决策过程特征如下。

1）与中等结构化适应度（62%）：表明在大多数情况下，决定是经过某种准备和遵循预先设定的程序而不是临时做出的。

2）既不是自上而下的，也不是自下而上的：这表明，ITS 的投资决策既不是由组织的高层强加的，也不是由工作场所推动的。

3）通常涉及多个人（62%）：表明在大多数情况下，决策不是由一个人做出的。

4）更多的基于实践经验（55%）而非政策理论（20%）：ITS 的系统和应用方面的实际经验似乎在影响某些 ITS 投资选择方面起主导作用。政策理论或变革理论所起的作用要小得多。

5）问题驱动（46%）和解决方案驱动（35%）。

受访者将决策过程中的以下阶段视为他们自己组织中过程的一部分，该阶段从问题定义开始到最终由决策机构做出最终决定而结束。

如图 2.2 所示，在 ITS 投资决定过程中，市场调研或定位/准备投资阶段看上去似乎并不是一个很常见的步骤，投资阶段早期会进行一次关于该行业的会议，会议可以提供可能的解决方案和技术与经济可行性方面的见解和指引。

除了调查中的阶段外，小部分受访者还提到了事前成本效益分析（CBA）或商业案例的准备是调查过程中的一个步骤。这个步骤通常发生在涉众咨询阶段和最终决策之间。假设要准备事前成本效益分析或商业案例，尤其需要最新的相关 ITS 评估证据。

图 2.2 同样展示了在决策过程中使用 ITS 评估证据的阶段。尽管在受访者的回复中没有强有力的证明，ITS 评估证据看上去在决策过程的早期阶段，特别是问题的定义阶段发挥了更加重要的作用。

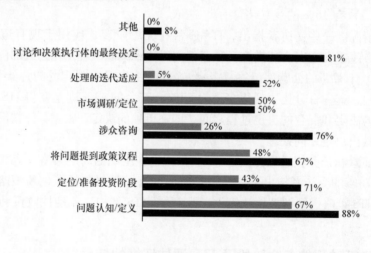

图 2.2 决策过程中公认的阶段及其评估证据的使用（受访者的百分比）

2.4.4 如何决策：数据需求、数据使用

调查基于这样一个假设：ITS 评估最明显的需求来自 ITS 投资备选方案的编制和评估方式。因此，这项调查讨论了用什么方法来衡量不同的选择，需要评估什么数据，以及用什么评估数据来进行这项评价。

2.4.4.1 数据需求

从调查中可以看出,在评价 ITS 投资选择时,考虑到的三个最重要的因素是解决办法的效率(例如,与预先设定的目标相比,它对交通流量的影响)(85%)、费用和支出(83%)及与交通安全有关的因素(83%)。其他因素,例如,社会(50%)、环境(55%)和安全(45%)等方面被认为不重要。

在研究国营机构与私营机构受访者的差异时,国营机构受访者在所有因素上所占的百分比,普遍高于私营机构受访者的百分比。这种现象可以用公共部门经营者决策的多目标取向来解释,而私营部门决策的动机通常是连续性和利润。

由此得出的数据需求的含义是关于(生命周期)成本、效率,特别是交通安全影响的数据对其投资决策具有特别的意义。有趣的是安全问题,因为这个问题目前还没有被认为是非常重要的。可以预料,因为自动化的发展,这个因素在未来将得到更多的重视。

受访者表示,比较 ITS 投资备选方案最常用的方法是 CBA、成本效用分析和在总览表中列出各种备选方案(图 2.3)。

源于使用方法所产生的关于(生命周期)成本、收益和效率的数据是最被需要的。要分析出用于比较投资选择时最重要的因素和方法,需要以下数据(按优先次序)。

1)(生命周期)成本数据。
2)收益数据和投资效益。
3)特别是与交通安全有关的影响和好处。

根据调查结果,更广泛的社会经济分析、多标准分析或社区影响分析仅在大约 30% 受访者或其所代表的组织中使用。

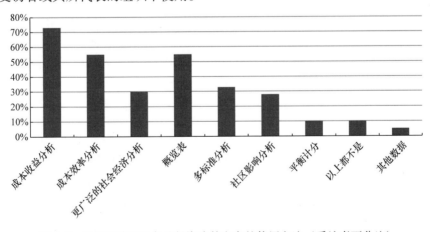

图 2.3　比较权衡 ITS 备选投资决策方案的使用方法(受访者百分比)

2.4.4.2 数据使用

受访者展示的实际数据使用情况表明,最常用的是成本数据,这与确定的数据需求相一致，其次是关于经验教训的数据（包括部署失败或实施失败）和国际最佳实践/成功案例的数据。图2.4展示了用于支持其投资决策的数据类型。

所吸取的经验教训和国际最佳实践的数据来源相当不明确；它并没有提供多少关于受访者想要的具体数据的见解。但受访者对任何有关ITS和应用程序在其他地方的正面和负面体验的信息（尽管未指明）都感到满意。然而，在ITS决策过程中，这些经验的转移利用常常受阻。

2.4.5　ITS评估证据来源

按重要性排序，数据来自下列来源。
1）国际业界事务会议（85%）。
2）国际估价研究课题组（60%）。
3）参观学习邻近系统（53%）。
4）国际对等网络（50%）。
5）自身的调查部门（45%）。
6）其他：国家工作组、国家研究所、国家标准和准则（20%）。

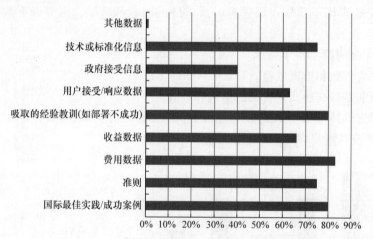

图2.4　用于支持ITS投资决策制定的数据类型

许多关于ITS评估证据的网上资源可供公众使用。其中，IBEC、the EasyWay评估专家组和Transport Research & Innovation Portal是受访者最熟悉和最常咨询的网站，如图2.5所示。ePractice是由欧共体发起的一个知识共享社区，为eGovernment、eInclusion和eHealth从业人员的专业社区提供服务，它在受访者中最不被熟知。

受访者提到的其他资源（但未被调查）包括英国运输网络分析指南（标签）、ITS美国的ITS手册、iMobility效果数据库、国家报告和供应商/供应商文档。

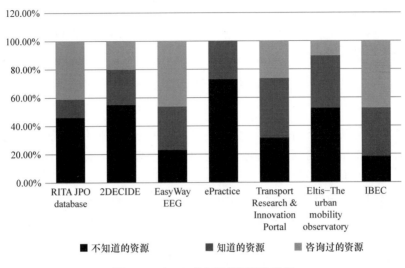

图 2.5　对 ITS 现有评估资源的认识

2.4.6　基于证据的 ITS 投资决策障碍

值得注意的是，当被问及基于证据的 ITS 投资决策的障碍时，没有一个受访者表示他/她没有看到任何障碍。这似乎表明，为可靠的决定取得有用的证据是相当困难的。

受访者认为最重要的障碍包括：

1) 缺少成本 - 收益信息（55%）。
2) 缺少公正的信息（53%）。
3) 法律障碍或缺乏政治接受或认识（53%）。

特别地，受访者表示关于收益的客观资料很难获得；而成本数据更容易获得或在一定程度上更容易精确地估计。关于成本数据的一个具体评论是，关于操作和维护成本的信息通常很少，而关于安装 ITS 或应用程序的资本成本的数据更容易获得。

少数受访者提出缺乏有关供应商/供应商表现的资料。

受访者提到的其他障碍包括：

1) 调查结果的可移植性值得怀疑。
2) 缺乏财务、时间和能力，包括开发业务案例的技能等资料。
3) 不同的采购方法、不断变化的要求和目标。
4) 日益增加的复杂性和相互关联的系统。
5) 文化观念：ITS 只是一个玩具，还未成为运输系统的一部分。

关于未来的发展方向，一位受访者发表了有趣的评论，他指出了 ITS 从业者和决策者之间的沟通障碍。特别是，ITS 的实践者有（无）能力向"技术不可知论者"的决策者演示业务案例。同样地,一位受访者建议从业人员从提供技术上可靠的解决方案的供应思维模式,转向以提供满足成本、可靠性和可持续的解决方案为导向的买方思维模式。

2.5 结论

尽管本章是以"ITS 评估益于预知"和"以证据为基础的 ITS 决策制定"相关的论文为基础展开的,我们认识到全球范围内有关基于 ITS 决策的评估的政策框架是零散的。在美国,地方政府正在逐渐减少与外部专家的联系。然而,欧洲决策驱动评估领域的专家与致力于为政府机构或运输当局服务的专家紧密联系,从而获得预期的评估结果。独立专家提供的独立评估结果只能零星获得。考虑到这些政策框架条件,评估与实现政策决策高度相关。

仔细研究 ITS 领域就会发现,它的大多数决定并不是独立的决定,而是从更大的范围内综合在一起的,并且其强烈地嵌入到行政和组织的更高层次的战略中。决策者喜欢部署他们有实际经验的事物,特别是在信息技术领域中,新技术、新服务和其他解决方案正在迅速发展,我们只需要想想汽车自动化领域的最新发展就知道,基于实际经验的部署往往会减缓甚至阻碍技术的发展。

尤其是在决策过程的早期阶段和问题定义阶段,对 ITS 的论证是必要的,通过不同的 KPI 来描述一个大问题有利于问题的解决。由于很难通过比较差异很大的事物来获得证据,政府开始致力于统一 KPI。美国 DoT 的 JPO 部门为 ITS 评估提供指导;加拿大的维多利亚州运输政策研究所发布了许多有关运输部门评估的文件;欧洲共同体首先定义了 ITS 部署中使用的通用 KPI 的定义。

但是,只有 KPI 肯定不够。当前,尚无用于 ITS 评估的国际统一评估方法。这种统一的评估方法将有助于产生有关 ITS 解决方案的论证(包括对 ITS 实施和项目知识获取的改进方式)。在此方面,对作者而言,最重要的是声明此类评估证据必须同时包括正面和负面的例子。但不幸的是,失败的例子(没有成功)是没有被选择。因此,大多数评估结果都表现为正面的。

受访者也承认这一点,因为要获得明确的结果,很难获得有关 ITS 领域收益的客观信息。成本数据的收集要容易得多,或者至少比较容易估计出一定的准确性。但是,对于部署决策而言,通常只有投资成本可用,更加困难的是获取运行和维护的成本。

最后,根据决策者的实际需求并汇总问卷结果,将用于比较和权衡 ITS 投资选择的方法分析结果和在评估替代方案中被认为重要的因素作为基础,得出以下数据需求(按优先级顺序)。

1)(生命周期)成本数据。
2)有关投资效果和收益的数据。

3）特别是与交通安全有关的影响和利益。

ITS 决策中最常使用的数据是成本数据、经验教训（包括部署不成功或实施失败）和国际最佳实践/成功案例。通常，在国际活动中通过业界会议、圆桌研讨和国际游学获取这些数据。

调查问卷表明，尽管这些信息非常重要，但缺乏成本效益信息，缺乏公正的信息、法律信息，缺乏政治上的认可是使用 ITS 评估论证的主要障碍。

结论强调了本章引言中所述的继续投资（开放访问）资料库的必要性，在这些资料库中可以查阅其评价研究报告。但是，这仅在研究中包含最需要的信息（即成本、收益，尤其是与安全相关的收益）时才有帮助。评价研究结果以及结果的可转移性和公正性是值得关注的问题。标准化的评估研究方法和流程将有助于解决这一问题。

然而，第三个障碍需要以不同的方式解决。正如其中一位受访者所指出的那样，决策者（尤其是政治领域的决策者）通常都是"非技术人员"。将 ITS 评估论证转化为决策者可以理解的且有助于实现他们动机的语言是至关重要的，这是帮助人们理解 ITS 在应对当今交通运输的挑战时能够做出潜在贡献的关键。

参 考 文 献

[1] Trochim W. *Research Methods Knowledge Base*. [online]. 2006. Available from: http://www.socialresearchmethods.net/kb/ [Accessed 15 March 2016].

[2] PIARC World Road Association. *Road Network Operations & Intelligent Transport Systems*. [online]. Available from: http://rno-its.piarc.org/en/planning-and-deployment-monitoring-and-evaluation/what-evaluation [Accessed March 2016].

[3] Newman-Askins R., Ferreira L., Bunker J. *Intelligent transport systems evaluation: from theory to practice*. In Jaeger, V., Eds. *Proceedings of 21st ARRB and 11th REAAA Conference*, Cairns. 2003.

[4] EasyWay Evaluation Expert Group (EEG). *EasyWay Handbook on Evaluation Best Practice*. [online]. 2012. Available from: https://www.its-platform.eu/filedepot/folder/1077 [Accessed 4 July 2016].

[5] The World Bank. *Toolkit on Intelligent Transport Systems for Urban Transport*. [online]. 2011. Available from: http://www.ssatp.org/sites/ssatp/files/publications/Toolkits/ITS%20Toolkit%20content/guidance/evaluation/evaluation.html [Accessed 15 March 2016].

[6] European Commission. *Action Plan for the Deployment of Intelligent Transport Systems in Europe*. [online]. 2008. Available from: http://eur-lex.europa.eu/legal-content/EN/ALL/?uri=CELEX:52008DC0886 [Accessed 4 July 2016].

[7] European Parliament. Directive 2010/40/EU of the European Parliament and of the Council of 7 July 2010 on the Framework for the Deployment of Intelligent Transport Systems in the Field of Road Transport and for Interfaces with Other Modes of Transport. In: *Official Journal of the European Union*. Brussels, Belgium. 2010.

[8] United States Department of Transportation, Intelligent Transportation Systems Joint Program Office. *ITS Evaluation Guidelines – ITS Evaluation Resource Guide.* [online]. 2015. Available from: http://www.its.dot.gov/evaluation/eguide_resource.htm [Accessed March 2015].

[9] Victoria Transport Policy Institute. *Evaluation Impacts and Problems.* [online]. 2015. Available from: http://www.vtpi.org/documents/evaluation.php [Accessed 15 March 2016].

[10] ITS Benefits Evaluation Community. *The ITS Benefits Evaluation Community (IBEC).* [online]. Available from: http://ibec-its.com/ [Accessed April 2016].

[11] AECOM Limited. *Study on Key Performance Indicators for Intelligent Transport Systems.* [online]. 2015. Available from: http://ec.europa.eu/transport/themes/its/studies/its_en.htm [Accessed 4 July 2016].

[12] Lodge M., Wegrich K. (eds.). *The Problem-Solving Capacity of the Modern State. Governance Challenges and Administrative Capacities*. Hertie School of Governance. Oxford: Oxford University Press; 2014.

[13] Novec B. S. *Smart Cities, Smarter State. The Technologies of Expertise and the Future of Governing*. Cambridge: Harvard University Press; 2015.

[14] Pollock N., Williams R. *How Industry Analysts Shape the Digital Future.* Oxford: Oxford University Press; 2016.

[15] Ross A. *The Industries of the Future. How the Next 10 Years of Innovation Will Transform Our Lives at Work and Home*. New York City: Simon & Schuster; 2016.

[16] Malik F. *Navigating into the Unknown: A New Way for Management, Governance and Leadership*. Campus Verlag: Frankfurt/Main; 2016.

[17] Brüsemeister T., Eubel K.-D. (eds.). *Evaluationsbasierte Steuerung, Wissen und Nichtwissen – Einführung in die Thematik Evaluation, Wissen und Nichtwissen*. Wiesbaden: VS Verlag für Sozialwissenschaften; 2008.

[18] Wehling P. (ed.). *Vom Nutzen des Nichtwissens: Sozial- und kulturwissenschaftliche Perspektiven (Sozialtheorie)*. Bielefeld: Transcript; 2015.

[19] Bröchler S., Grunden T. (eds.). *Informelle Politik. Konzepte, Akteure und Prozesse*. Wiesbaden: VS Verlag für Sozialwissenschaften; 2014.

[20] Brem A., Viardot E. (eds.). *Adoption of Innovation. Balancing Internal and External Stakeholders in the Marketing of Innovation*. Switzerland: Springer International Publishing; 2015.

[21] Chesbrough H. *Managing Open Innovation.* Lecture 10 December 2015. Unpublished Presentation to WU Institute for Strategy, Technology and Organization. Vienna; 2015.

[22] Spotswood F. (ed.). *Beyond Behaviour Change: Key Issues, Interdisciplinary Approaches and Future Directions*. Bristol, UK: Policy Press; 2016.

第 3 章
ITS评估框架和方法

3.1 智能交通系统（ITS）概述

ITS 涵盖了运输领域中所有应用信息通信技术（ICT）的系统和应用，它可以应用于任何类型的交通基础设施和车辆。当交通工程师开始使用技术解决方案以更强大和有效的方式控制道路交通时，第一个 ITS 应用就出现了。交通信号控制系统被认为是最早出现的 ITS。从那时起，许多新技术在交通运输领域得到了广泛应用，ITS 因其涵盖的众多应用而具有应对当今现代交通工程面临的大多数挑战的潜力。

ITS 的技术背景是"远程通信"。通信技术（例如互联网、移动通信等）以及信息技术（例如闭路电视摄像机、传感器）为城市和城际交通运输提供支持。除通信系统外，ITS 的实现还要归功于各类软件的应用，包括路径寻优、统计分析、交通流分配等。

根据各类文献，ITS 分类方式有很多种，每种方式都有各自的划分范围。例如 ITS 的运输模式、ITS 使用的技术或提供的服务类型等。一种广为接受的 ITS 分类方法如下[1]。

1）用于交通和旅行信息的 ITS。
2）用于交通和公共交通管理的 ITS。
3）用于导航服务的 ITS。
4）用于智能票务和定价的 ITS。
5）ITS 安全与保障。
6）用于货运和物流的 ITS。
7）用于智能交通和联运服务的 ITS。
8）用于环境和能源效率的 ITS。

3.2 ITS 评估的重要性

ITS 的愿景是"面向出行者的零事故、零延误、环境影响低、无缝服务、价格合理、尊重隐私、安全性高的智能移动服务"[2]。显而易见的是，ITS 可以为供应商和用户都带来巨大效益。此外，通过减少运输对经济、环境和社会的负面影响，ITS 还可以为整个社会创造更多的附加收益。美国 DOT 为 ITS 的部署制定了以下六个目标[3]。

1）提高运输系统的效率和容量。
2）增强机动性。
3）提高安全性。
4）减少能源消耗和环境成本。
5）提高经济生产力。
6）为 ITS 市场营造环境。

因此，行业有必要研发可对 ITS 进行整体评估的方法体系以了解其影响并量化其收益，促进未来投资决策以及优化现有系统运行[4]。

然而，由于每个 ITS 子系统应用的开发和操作技术差别很大，评估过程会非常困难。所以，只有构建全面的 ITS 评估框架，才能明确系统的目标和潜在影响，并制定评估措施[5]。

3.3 评估对象

以下是 ITS 评估的两个着重点。

3.3.1 ITS 本身

研究人员在完全了解系统本身的基础上，并在考虑其用户的前提下，完成对系统的评估。

3.3.2 ITS 应用情况

研究人员可以实时观测使用中的 ITS 的真实运行情况。在必要的情况下，为了使评估数据的收集更加方便，研究人员可以对其用户进行走访或问卷调查。

3.4 评估过程

对于 ITS 项目和传统道路项目的评估过程，很多人建议两者应加以区别。有人指出，现有的评价方法可能不够充分，对 ITS 产生影响机制的理解是十分有限的[6]。另一种说法则认为，来自单一节点的估计影响可能难以转移到其他潜在应用中去，因为每种方案的参数与 ITS 应用之间相互作用而产生的项目效果导致了统计可信度有限。

与普通的道路项目相比，一般认为 ITS 项目中的因果关系更加复杂。单个组件与多个组件之间的交互作用和协同作用相比时，其影响并不显著[7]。为了解决 ITS

项目固有的复杂性，ITS 评估方法应能评估项目各个组成部分的影响及其综合影响。另外，许多 ITS 项目与传统的道路项目不同之处在于，其设施容量没有显著提高[8]。因此，与现有评估模型相比时，ITS 的评估方法应当更为详细且具有更高的敏感度，并确保 ITS 的影响不会受到交通影响的时间波动所干扰。

ITS 项目涉及的技术风险程度很高，因为 ITS 的实施通常依赖于电子和通信技术，发生技术故障的可能性非常大。因此，ITS 必须灵活设计，以适应未来的技术创新。尽管行业已为评估和量化 ITS 项目的成本和收益付出了巨大努力，但是 ITS 项目的预期收益和成本仍然存在很大差异。由于 ITS 项目的高风险和短寿命，评估过程应当包括广泛的风险评估和敏感性分析，这一点对于 ITS 评估是至关重要的。

驾驶人对 ITS 应用的行为特征对 ITS 的成功运行起着重要作用[9]。例如，如果驾驶人无法理解消息且无法对其做出反应，则在可变信息标志（VMS）上显示"建议绕行"指令对缓解拥堵的影响会变得很微小。驾驶人的行为主要受经验、对路网的熟悉程度、其他驾驶人行为以及 ITS 设备的可用性和质量所影响[8]。与普通道路项目评估有所不同的是，驾驶人行为特征应当成为 ITS 项目评估过程中的关键考虑因素。

ITS 项目评估过程的主要目的是理解 ITS 对交通系统的影响，并在各个方面量化其收益。同时，评估的次要或间接目的是对 ITS 操作和设计本身进行优化和微调。这两个目标都可以集成到设计和开发系统或产品的灵活方法中去。对系统影响及其收益的定性和定量理解，对深入了解可优化系统性能的条件至关重要。

在开发和部署新产品和服务时，评估活动是开展工作的重要组成部分。随着产品部署的实现，评估等级也会相应下降，如图 3.1 所示。第一步的评估与技术和功能问题有关，而在最后一步，评估基本上与大规模部署时该系统的社会经济和环境影响有关。

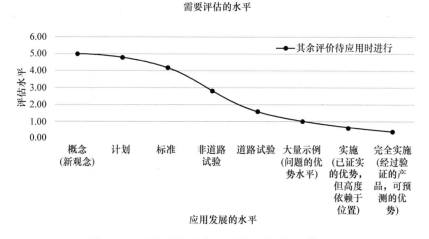

图 3.1　一项新服务每个发展阶段所需的评估水平

3.5 传统和常用的评估方法

要为 ITS 项目选择合适的评估方法，就必须在评估的复杂性、成本及预期项目的成本之间取得平衡。评估方法的复杂程度取决于评估结果的维度。评估项目带来的社会福利所需的复杂程度远高于评估项目的绩效[4]。一个与 ITS 评估有关的关键问题是无论评估方法选择哪种，都需要充足的数据集作为支撑。尽管 ITS 项目的部署越来越多，但这些数据的数量和频率仍然不足。ITS 项目通常是对现有运输系统的改进，且不被视为是对社会经济影响最大的项目。因此，在对 ITS 项目评估时，很难进行全面的经济影响分析[11]。ITS 项目的影响评估可以通过成本效益分析（BCA）或多标准分析等社会经济分析方法来进行。BCA 是评估 ITS 项目最广泛使用的方法之一。但值得强调的是，量化 ITS 带来的积极效应需取决于几个假设。已有研究将效益成本比纳入基于目标的评估框架中，例如将多准则分析作为评估指标之一以解决上述问题[12]。该解决方案考虑了所有项目可能带来的影响，但需要特别注意的是，对于已经在成本收益率和多标准分析中考虑过的影响，要避免在解决方案中进行重复计算。

BCA 和成本效益分析是 ITS 项目评估中经常使用的方法[13]。成本效益分析主要用于 BCA 无法简单量化收益的情况，或者作为敏感性分析的一种手段[9]。在成本效益分析的背景下，以项目成本和单个可量化项目影响为前提，对替代项目进行了比较。欧盟 EVA ITS 评估手册建议在经济效益可衡量时使用 BCA，在主要影响不可用经济效益衡量时应进行多标准分析，当仅有成本可以用经济效益衡量时采用成本效益分析[9]。

在先前的 ITS 评估框架内，已经根据交通量、道路几何形状和信号参数进行了能力分析并确定了服务水平[12]。分析表明能力分析不能完全体现出 ITS 的优势，并且建议使用成本效益分析代替，以考虑诸如缓解拥堵、改善安全性或节能等有效性指标[12]。然而也有人指出，与其在成本效益分析中纳入社会成本，不如进行完整的 BCA 以及风险和敏感性分析[14]。

3.5.1 BCA

BCA 是一种广泛用于估算运输部门不同类型投资利润的方法。从 ITS 的早期部署开始，各机构已经制定了有关公路运输部门投资计算以及应用于计算用户成本值的说明。这些说明随后被其他运输方式采用，其中用户成本与时间、车辆、事故、排放和噪声成本有关。对于新道路基础设施的建设，预计用户成本有望下降并使社会受益。对于投资收益的现值与产生的收益之间的比较，一般以收益与成本之比来确定投资的获利能力。通常，决定项目盈利能力的关键因素是节省行程时间[15]。

道路交通信息评估研究（EVA 研究）开发了一份手册，以提供有关道路交通信息评估方法的说明。该手册还可以更广泛地用于评估不同类型的 ITS 应用。EVA 对 BCA 评估方法提出了一些建议，指出了 BCA 应考虑的成本和收益要素，并就这些要素的营利提出了建议[16]。后来通过 CORD 项目[17]开发了与特定 ITS 应用评估有关的专门指南，例如城市交通管理和信息或车载信息系统。

BCA 可以在两个不同层次的分析中应用。第一个涉及系统或子系统，例如一个国家或地区内的道路天气信息系统。第二个属于特定项目，例如在部分道路上部署天气控制的限速系统。大多数已知的国际 ITS BCA 都将不同 ITS 应用程序的操作作为一个统一系统而不是作为特定的投资对象来进行检查。Lind[18]根据 2020 年的两种不同场景，估计了哥德堡地区某些 ITS 子系统可能产生的影响和利益成本比。在英国，在审查公路运输信息项目的潜在收益期间，对八个应用领域的 ITS 应用进行了 BCA 评估[19]。在加拿大[20]和澳大利亚[21]也进行了相似的 BCA 评估。

3.5.2 多准则分析

多准则分析涵盖了几种不同的评估和决策技术。它们的共同特征是能够处理以不同单位衡量的两个或多个准则。ITS 项目评估采用多准则分析的理由主要有以下三个。

1）ITS 投资的许多收益无法直接盈利（例如，为驾驶人提供服务、舒适度、环境收益）。

2）可以克服传统 BCA 的缺陷，以至于通过比较结果，可以显示出决策偏好。

3）在比较中可以考虑一些标准，例如 ITS 与道路建设投资必要的资本支出之间的重大差异以及与投资有关的风险。

EVA 手册提供了在 ITS 项目评估领域中应用多准则分析的指南。尽管 EVA 手册包含几种 MCA 技术，并且 EVA 提供了有关 MCA 比较行为和优先级分配标准的建议，但它不建议使用任何特定的某种 MCA 方法[16]。层次分析法（AHP）是一种多准则分析方法，已用于相互比较信息解决方案以及道路建设投资[22]。AHP 基于层次结构树的开发，该层次结构将主要目标与子目标在多个细节层中相关联。随后，决策者根据数据或自身直觉为树中的标准和替代方案分配权重[23]。

3.5.3 设计科学理论

设计科学理论提出了评估方法的另一种分类，其中对系统的完整性和有效性进行了以下类别的测试：功能性、完整性、一致性和可用性。设计科学理论提出了表 3.1 中提出的设计评估方法。

表 3.1　设计评估方法

观测	实例研究：商务环境下的系统研究 实地研究：监控系统在多个项目中的使用
分析	静态分析：检查静态质量系统的结构（如：复杂度） 体系结构分析：研究系统在技术架构中的适用性 最优化：展示系统固有的最优特性或提供系统行为的最优边界 动态分析：研究动态质量的使用系统（如：性能）
试验	控制实验：在受控环境下研究系统质量（如：可用性） 仿真：使用人工数据运行系统
性能测试	功能（黑盒）测试：执行系统接口以发现故障并识别缺陷 结构（白盒）测试：对系统实现中的某些度量（如执行路径）进行覆盖测试
描述	有根据的论据：利用知识库中的信息（如相关研究）为系统的实用性建立一个令人信服的论据 场景：围绕系统构建详细的场景，以演示其效用

3.6　ITS 项目的评估策略

在设计科学领域，针对以下问题提出了不同的评估策略："如何评估 ITS 项目?"以下各节分别说明了三种策略。

3.6.1　基于目标的策略

评估复杂运输系统最通用的策略是基于目标进行评估[4]。在此评估策略中，将考虑目标和评估目标的总体框架。基本思想是根据预定义的目标来衡量系统的进度或贡献，而系统的目标来自组织内容。方法分为两部分，即评估框架和评估计划（表 3.2）。

由表可知，基于目标的评估方法是一种针对项目的方法，因为目标的定义以及可用的评估方法和数据高度依赖于每个系统的性质及其实施范围。

表 3.2　基于目标战略内的评估框架和评估计划

评估框架	评估计划
1. 目标和目的的定义（即无障碍性、移动性、环境保护等） 2. 确定并列出评估措施（即节省行程时间、碰撞率等）	1. 评价指标的选择（即行程时间节省、交通事故率等） 2. 确定评估数据项（即时间值、行程时间记录） 3. 数据收集和分析方法的确定（交通模拟、环路检测器的现场数据等）

3.6.2　无目标的策略

本小节的方法与偏向实际的第一种方法不同，该方法希望对待评估内容的性质有更深入的了解。利益相关者团体的参与对该策略的成功实施至关重要。在评估过程中，该方法会尝试避免所有与计划目标相关的说辞。不与员工讨论目标；不研究任何提案；仅考虑计划的成果和可衡量的效果；仅测试程序的可数结果。评估的目的是：

- 避免研究狭义的程序的风险，从而错过重要的出乎意料的结果。
- 消除与发现不良影响相关的负面影响。
- 通过知识和目标消除评估中引入的感知偏差。
- 根据评估者的观点，保持结论的客观性和独立性。

3.6.3 基于标准的策略

在此策略中，将明确的标准作为评估的参考点。与基于目标的策略相比，两者的差异在于标准不针对明确的内容，而是更加笼统。因此可以认为，标准策略是第一个策略中所考虑目标的超集。

3.7 现场操作测试（FOT）

大规模部署时，FOT 是用于评估 ITS 性能最常见的测试类型，它们是部署新概念或想法的第四步和第五步（试行测试和大规模演示）。图 3.2 显示了从构思概念到最终产品或服务的全面实施和商业化之间所遵循的一般步骤。

FESTA 手册将 FOT 定义为"一项旨在通过准实验方法在主机日常环境中和在正常操作环境下评估一种或多种功能的研究"，而 EC 官员将 FOT 定义为："旨在全面评估 ICT 解决方案的效率、质量、可靠性和可接受性的大规模测试计划，这些解决方案用于更智能、更安全、更清洁和更舒适的交通解决方案，例如导航和交通信息，先进的驾驶人协助和合作系统"。EasyWay 项目建议对 FOT 进行以下分类[10]。

1）试点项目：技术重点在于满足广泛领域的规范。
2）实施项目：评估拟解决方案的社会经济影响。
3）示范项目：使上述类别专注于可扩展性。

在 EVA 1991、CONVERGE 1998、MAESTRO 2001 或 FESTA 2008 等多个项目中，对 FOT 的评估方法进行了改进。上述项目的简要介绍如下。

1）EVA 1991：《道路运输信息学评估过程》，EVA 手册[16]。
2）CONVERGE 1998：《运输远程信息处理应用评估指南》[6]。
3）MAESTRO 2001：欧洲运输政策方案的监管评测和评价 - 评估运输试验和示范项目的一般准则。
4）FESTA 2008：《开发和评估现场操作测试的实地操作测试支持操作手册》[25]。

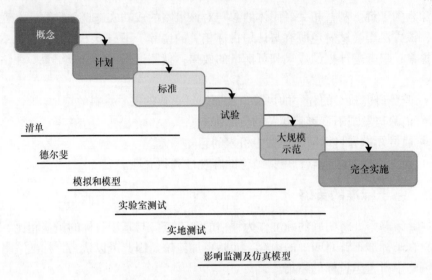

图 3.2　部署 ITS 解决方案的步骤[24]

FESTA 是欧洲多家研究机构、代工设备制造商（OEM）和其他利益相关者共同努力的结果。该项目旨在通过提供好的实践指南来支持 FOT，指南涵盖了 FOT 的时间表和管理等方面，或整合所获得的数据和估算社会经济效益。FESTA 手册是根据第七框架计划开发的，旨在为欧洲 FOT 的绩效提供通用的方法。它描述了 FOT 的规划、准备、执行、分析和报告的全过程，还提供在不同欧洲国家中有很大差异方面的信息，这些信息与这种规模的研究极其相关，例如行政、后勤、法律和道德问题。在 2008 年第一个 FESTA 项目中提出的方法已在 2014 年更新。图 3.3 中显示了 FOT 当前的评估步骤。

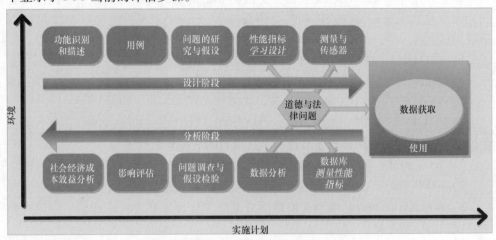

图 3.3　FESTA 手册提出的评估方法逻辑[26]

V型计划的左侧包含用于开展测试的准备活动；底部代表使用系统时的数据采集；右侧代表数据分析和结果解释。

准备阶段遵循以研究为导向的方法。首先，定义要测试的功能，通过案例描述使用情况，并列出相关的研究问题。案例应描述系统根据特定功能做出响应的日常情况，而研究问题应是可统计测试的，并在案例中评估系统的性能。其次，确定假设、性能定性或定量指标以及措施和传感器。假设应通过直接测量或相关指标的间接估算/计算来解答研究问题。FOT待解答的问题是相当笼统的，因此答案应得到具体且可检验的假设支持。假设则用于解释行为、现象或事件。一般而言，假设应满足以下几点。

1）陈述变量之间关系的期望。
2）完善研究问题和对问题的具体陈述。
3）说明研究的结果。

Gay[27]将一个良好的假设定义为"尽可能清楚，简明地陈述两个变量之间的预期关系（或差异），并以可操作、可测量等术语定义这些变量"。除此以外，清楚地陈述和定义假设也十分重要，因为它"必须是可检验的"[27]。通过收集和分析数据可以对假设接受或拒绝[27]。分析阶段应该估计指标值以接受或拒绝假设，从而解答研究问题。如果ITS得到进一步部署，结果通常会按比例放大以评估该系统对整个区域的社会经济影响。

在上述阶段中需要用到各种各样的要素。传感器测量所有与运输有关的值，这些值将用于计算指标。它们可以是每辆车的各个值、网络性能值（通过TMC或模拟）或用户的接受值（通过问卷）。测量是指由传感器测量并由数据记录器记录数值，在评估框架活动中应明确定义测量的特征（精确定义、频率、单位）。数据记录器记录在评价框架内定义的特定和统一格式的传感器的测量值。

使用数据库对记录的数据进行处理。数据管理问题（物理和运营方面）也应在评估框架内定义。处理工具负责开发用于计算指标和估算值的方法。估算工具提供了基于测量值来计算与二次运输相关值的估算方法。指标工具根据度量和估计来开发用于计算关键绩效指标（KPI）的方法。影响工具采用已经计算出来的指标来评估影响。

3.8 事前和事后评估

MAESTRO指南中提出的评估框架由三个项目阶段和三个评估阶段组成，如图3.4所示。它们分别是：

1）定义目标。
2）项目阶段1：站点选择和预设计。
3）评估阶段1：初始评估（基于预先设计的预期影响的定义）。

4）项目阶段2：设计。
5）评估阶段2：事前评估（基于设计的影响评估）。
6）估算工具负责根据估算结果提供估算方法，以计算与二次运输相关的值。
7）项目阶段3：实施。
8）评估阶段3：事后评估（实施产生的实际影响）。

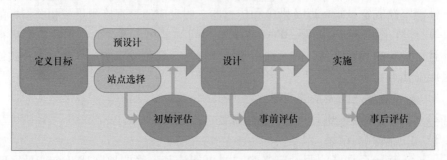

图3.4 事前、事后评估架构[28]

事前评估试图评估该系统的理论收益，而事后评估则衡量该系统的现实收益。根据EVA（1991）和CONVERGE（1996），事后评价方法包括六个阶段。

1）确定服务的对象。服务的最终用户通常是私人/公共车队运营商或个体。

2）选择最相关的KPI。这些指标应该与第一阶段中确定的最终用户有关且具有重要意义。

3）定义收集和分析数据的方法。可以通过直接测量、模拟或调查表收集数据。同时应进行统计分析以确保样品的结果具有代表性。

4）定义计算KPI所需的数据。必须考虑各种数据源：车队、交通管理中心、车队管理中心和本地传感器。

5）准备分析和监测工具。在开始实施工作之前，应准备好分析和监测工具以定义要在安装过程中完成的其他任务。如果该工具需要更多数据，则应在安装过程中（而不是在安装之后）提前引入工具。

6）收集数据、监控演示、执行分析并评估结果。监控的一项基本任务是尽早发现可能的故障，但是用户参与度较低，这可能会对结果评估产生负面影响。

3.9 社会经济评价

3.9.1 影响评估

ITS投资计划需要在数量和质量两方面进行评估。可以直接进行数值估算的运输时间节省构成定量影响。而安全性、机动性和环境的影响等不能进行数值定量衡量，可构成定性影响。定性影响的某些要素可以进行部分估算，而其他要素目前根本无法估算衡量。

影响也可以分为直接、间接或更高级别。立即部署 ITS 会产生直接影响（例如提高速度），而间接影响是直接影响的结果（例如系统效率提高会给非用户带来好处）。直接影响在短期内会产生重大影响，而间接影响会长期作用于运输系统和经济。长期影响不容忽视，因为它们构成了可行性和成本效益研究的重要特征。

统计分析和仿真分析技术都被用来评估 ITS 项目的影响。仿真分析有时需要大量的工作量，并且可能会非常耗时。为了探索不同参数对性能测量的影响，研究人员需要进行大量实验（取决于系数的数量和这些系数划分的级别数量）[29]。研究人员需要识别可能影响服务性能的不同变量，并基于这些变量的分类，生成要测试的场景集。例如，在五个因子分别描述为三个级别的情况下，具有完整因子设计的总实验数量为 243 个实验。这些实验数量太大且大多数情况下无法实现检验。

因此，研究人员已经开发出一种方法以总结出一个较小的实验框架，该框架仍将包含一定数量的信息，以导出每个单独的因素/参数对性能测量的影响。实验设计本身就是一个科学领域，研究人员正在开发几种方法来推断有关所检查参数的方差和协方差的信息。当参数之间的三阶或更高阶的相互作用可以忽略时，研究者可以安全地进行此项操作[29]。在参数之间没有相互作用的情况下，正交阵列可用于实现实验的最少运行次数。

3.9.2 部署评估

1. 技术评估

表 3.3 列出了在进行技术可行性评估时应考虑的 ITS 要素。突破性技术已在大多数新开发系统中得到应用，但其功能尚未在该领域中进行广泛的测试。在预评估过程中，必须明确说明与此条件相关的风险。离散阶段按顺序实施项目可以消除与项目技术可行性相关的风险。当项目分阶段进行时，可以在过度浪费投资预算之前更换出现故障的方案。技术可行性风险会由于项目对其他系统的存在和运行依赖而随之受到影响。

表 3.3 技术评估可行性的参考要素[30]

检查因素	举例
技术方案相关的风险	供应商提供设备的兼容性
兼容性和系统的共同架构	子系统的可互换性，对标准的依赖性
必要技术的可用性和发展阶段	市面上是否有更可靠、更先进的传感器
对其他系统的依赖性	该项目是否需要其他项目的支撑，或者能否独立实施
分阶段实现	该项目能否作为一个更大系统的一部分进行
委托相关的风险	是否将实施工作绑定到特定的系统供应商

研究人员应分析用户为特定服务付费意愿的相关数据，以评估 ITS 的预期收益能力。

值得注意的是，建议的付费意愿可能会使消费者生疑。尽管可以将支付意愿用于比较所评估的不同服务，但结果从一种情况到另一种情况的可转移性会引起很多怀疑。

有时，ITS 项目的目标是转变用户对运输服务（例如公共运输）的质量标准或运输服务形象的态度。研究者进行基于用户访谈的调查以评估该目标的实现情况。例如，研究者可以询问有关用户对替代运输模式的特征以及在项目实施前后的看法。也可以直接询问用户对 ITS 或服务的态度。Penttinen 等[31]已经设计了对交通信息服务用户进行采访的指南。服务的用户数量是一个可衡量的指标，它可以准确地描述用户对该服务的评估。

当使用特定形式的技术或选择特定设备供应商时，技术可行性风险（包括但不限于兼容性、可扩展性、模块化）会大大增加。如果系统的实现是基于模块化设计和子系统保持兼容则最好，但这需要统一的系统架构。在评估的早期阶段，兼容性作为 ITS 的关键因素之一应被谨慎考虑。

2. 市场评估

市场评估在很大程度上依赖于通过分析服务对象对 ITS 服务行为所收集到的那些信息（例如，当目标是通过提高所提供服务的质量来提高公司在竞争中的地位时）。为了收集这些信息，研究者有必要通过市场研究和用户调查来获得全面的数据。研究者也应特别关注特定的用户群体，例如老年人和残疾人。表 3.4 列出了进行市场评估时应检查的因素。

市场规模可以从设备供应商或运营商的角度进行评估。设备供应商的目标是预测对系统或设备的累计需求，并根据预期的销售量调整投资。另一方面，运营商对开发有价值的服务所需的大量投资感兴趣。

市场的探索和确定经常需要检查几种新的解决方案。此外，提高竞争优势是有益的，特别是在公共部门实施项目时，这样就不会给任何一家公司或公共部门带来任何偏袒。最后，信息服务的系统管理和相关结果的分析对于项目的充分利用至关重要。

表 3.4　市场评估检查因素[30]

检查因素	举例
市场需求大小的评估	对预警系统的整体需求
市场发展	该项目是否创造了新的市场机会
满足消费者需求	市场调查和用户调查所反映出的系统需求和系统特性需求
注意特殊群体的需求	残疾人使用该系统的可能性
鼓励竞争	在实施该计划时产生的垄断风险
保持技术研发	建立与公司运营发展相关的设施
注意信息服务	信息服务计划
成果开发	成果开发计划

3.10 结论

本章概述了当前可用的评估方法和框架。需要强调的是，所采用的评估方法的详细程度取决于评估的预期结果。例如，在估计 ITS 项目对社会的实际经济影响时，必须对该项目进行全面而大规模的评估。相反，对 ITS 项目实现其目标的年度进度的审查则要求采用更为简化的评估方案。此外，确定评估框架详细程度的关键因素也可用于预期的实施评估。

传统评估方法（即 BCA、多标准分析）的优缺点已被分析透彻。虽然 BCA 已被广泛用于评估运输行业的投资，但是 ITS 项目所产生的一些影响几乎无法衡量（例如，环境改善）。因此，研究者已经在多标准分析的背景下开发了几种技术，这些技术有助于根据专家的直觉评估定性指标。但是，请务必记住，在应用多标准分析期间可能会重复计算几种影响。评估结果的可信度取决于排除这些影响的双重影响。

在评估框架内，研究者根据已定义目标的类型和性质，开发了几种 ITS 项目评估策略。根据评估的深度，这些目标可以从具体转变到抽象。FOTS 是在全面推行 ITS 之前，率先实现对其服务的评价。评估框架也根据其部署的时间点进行了分类，事前评估是在 ITS 项目的设计阶段进行的，而事后评估则在 ITS 实施后进行，以评估其社会经济影响。在对 ITS 项目进行社会经济评估时，必须量化其对社会的影响并从技术和市场角度进行评估。显然，研究者可以基于几种不同的标准（即时间、空间、评估的细节）对评估方法进行分类。

ITS 项目评估方法的开发、完善和增强是确保 ITS 服务效率和性能的必要过程。我们需要评估 ITS 项目，以便创新地设计新系统，或对当前系统进行微调和改进，并且让未来在 ITS 领域的投资变得更加富有成效。我们可以通过有效的、科学可靠的和经过测试的评估方法来实现有关 ITS 部署的愿景。

参 考 文 献

[1] G. Giannopoulos, E. Mitsakis, and J. Salanova, "Overview of Intelligent Transport Systems (ITS) developments in and across transport modes," *EUR – Scientific and Technical Research Reports*. Publications Office of the European Union, 2011.

[2] "ERTICO," Available from: http://www.ertico.com, accessed 15 March 2016.

[3] "US DOT," Available from: https://www.transportation.gov/, accessed 15 March 2016.

[4] S. Turner and W. R. Stockton, "A proposed ITS evaluation framework for Texas," Texas Transportation Institute, Texas A&M University System, Tech. Rep., 1999.

[5] T. Lomax, S. Vadali, and W. Eisele, "Evaluating intelligent transportation system impacts: a framework for broader analysis," Tech. Rep., 2000.

[6] X. Zhang, P. Kompfner, C. White, and B. Sexton, "Guidebook for assessment of transport telematics applications," Tech. Rep., 1998.

[7] R. Harris, R. Staats, and R. Bailey, "ITS evaluation: a new framework," in *International Symposium on Automotive Technology & Automation (29th: 1996: Florence, Italy). Global deployment of advanced transportation telematics/ITS*, 1996.

[8] S. E. Underwood and S. G. Gehring, Framework for evaluating intelligent vehicle-highway systems, 1994, no. 1453.

[9] A. Bristow, A. Pearman, and J. Shires, "An assessment of advanced transport telematics evaluation procedures," *Transport Reviews*, vol. 17, no. 3, pp. 177–205, 1997.

[10] "EasyWay," Available from: http://www.easyway-its.eu, accessed 15 March 2016.

[11] D. Gillen, J. Li, J. Dahlgren, and E. Chang, "Assessing the benefits and costs of ITS projects: volume 1 methodology," *California Partners for Advanced Transit and Highways (PATH)*, 1999.

[12] S. Turner, W. R. Stockton, S. James, T. Rother, and C. M. Walton, "ITS benefits: review of evaluation methods and reported benefits," Texas Transportation Institute, Texas A&M University System, Tech. Rep., 1998.

[13] H. Baum and W. Schulz, "Economic evaluation of chauffeur," in *Mobility for Everyone. 4th World Congress on Intelligent Transport Systems, 21–24 October 1997, Berlin. (Paper No. 2349)*, 1997.

[14] D. Gillen and J. Li, "Evaluation methodologies for ITS applications," *California Partners for Advanced Transit and Highways (PATH)*, 1999.

[15] P. Leviäkangas and J. Lähesmaa, "Profitability evaluation of intelligent transport system investments," *Journal of Transportation Engineering*, vol. 128, no. 3, pp. 276–286, 2002.

[16] R. Bobinger, A. Flowerdew, A. Hammond, *et al.*, "EVA – manual, evaluation process for road transport informatics," Final report, DRIVE Project, Vol. 1036, 1991.

[17] X. Zhang and P. Kompfner, "Common guidelines for assessment of ATT pilots," CORD (V2056) DELIVERABLE AC02-PART 6, 1993.

[18] G. Lind, "Test-site-oriented scenario assessment: Possible effects of transport telematics in the Göteborg region: TOSCA II final report," KFB report; 1996: 13, 1996.

[19] K. Perrett, "Review of the potential benefits of road transport telematics," TRL report; 220, 1996.

[20] R. Zavergiu, *"Intelligent Transportation Systems: An Approach to Benefit–Cost Studies,"* Monograph. National Technical Information Service, 1996.

[21] B. A. Hamilton Ltd, "Intelligent transport solutions for Australia. Technical Rep." Booz Allen Hamilton Ltd, Sydney, Australia, Tech. Rep., 1998.

[22] J. Lahesmaa, A. Schirokoff, and P. Portaankorva, "Kaakkois-suomen tiepiirin liikenteen telematiikkaselvitys [comprehensive approach to implement rural area small scale telematic solutions]," *Tielaitoksen selvityksia*, vol. 42, 1998.

[23] T. Saaty and K. Kearns, *"Analytic Planning – The Organization of Systems, International Series in Modern Applied Mathematics and Computer*

Science," Vol. 7, 1985.

[24] R. Kulmala, Assessment methods in ITS lifecycle. PowerPoint picture. Finnish Transport Agency, 12 March 2013 (revised based on the draft version of Kumala R. in 2004).

[25] F. Consortium, "FESTA Handbook," *FESTA Support Action. Field opEra-tional teSt supporT Action. D,* Vol. 6, 2008.

[26] *FESTA Handbook, Version 4*, Schneider Electric, 2011.

[27] L. R. Gay, *Educational Research: Competences for Analysis and Application.* Upper Saddle River, NJ: Prentice Hall, 1998.

[28] MAESTRO, "Monitoring assessment and evaluation of transport policy options in Europe," Tech. Rep., 2002.

[29] J. Antony, "2 fundamentals of design of experiments," in *Design of Experiments for Engineers and Scientists*. Oxford: Butterworth-Heinemann, 2003, pp. 6–16. [Online]. Available from: http://www.sciencedirect.com/science/article/pii/B978075064709050003X.

[30] R. Kulmala, J. Luoma, J. Lahesmaa, *et al.*, "Guidelines for the evaluation of ITS projects," Ministry of Transport and Communications, Tech. Rep., 2002.

[31] M. Penttinen, P. Rama, and V. Harjula, "Assessment of Finnra's traffic information services survey questionnaires and instructions," Helsinki Finnish Road Administration, Tech. Rep., 1998.

第 4 章
ITS评估的影响

4.1 欧洲智能交通系统（ITS）发展概述

ITS的评估源于欧洲ITS政策扩散和增强，本章简要介绍了欧洲为部署这些技术采取的政策和措施。

ITS应用信息和通信技术来简化人员和货物的运输流程。

欧盟委员会（EC）的白皮书中明确提到了ITS的潜力，认为这是减少拥塞和瓶颈的一种方法。因此，当务之急是制定交通管理计划、旅行前和旅行中的信息服务、货物管理服务、紧急情况下的援助和紧急服务以及电子收费系统，这些将有助于缓解道路网的饱和度。

为了支持在欧洲的服务扩展，欧盟通过资助多个项目来支持道路领域的ITS。跨欧洲道路网（TERN）发展的社区政策旨在建立服务的互连性、互操作性和连续性，尤其是在长距离运输和边境服务上。

2001年之前，欧洲许多地区都安装了先进交通管理系统，但国家和区域间的ITS服务从未得到协调，因此导致了服务碎片化。为了在全球范围内广泛推广ITS服务，欧盟在2001—2006年启动了跨欧洲智能运输系统项目（TEMPO）计划。

智能交通系统TEMPO计划的主要目标是促进国际电联成员国智能交通系统的协调发展，以及在道路服务的安全性和质量上的合作。TERN网络得益于毗邻地区之间项目的合作。TEMPO 2001—2006计划包括六个项目：ARTS、CENTRICO、CORVETTE、SERI、VIKING和STREETWISE。CONNECT项目和ITHACA项目已添加到六个项目中，覆盖了整个欧洲（图4.1）。

欧盟与成员国一起确定了TEMPO计划的关键目标。

1）提高道路通行能力以及货物和旅客交通流量。
2）通过预防事故并减少事故影响来改善道路安全。
3）通过减少交通拥堵减轻环境污染。

为避免资源分散，欧盟确定了该计划的9个应用范围。

1）安装具有可靠ITS的高质量道路监测设施。
2）定义欧洲交通管制中心网络（TCC）。
3）通过交通管制措施消除交通拥堵和平滑交通

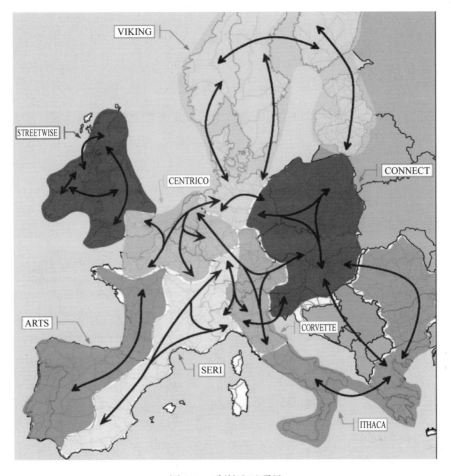

图 4.1 欧洲地区项目

4）实现对高质量交通信息服务的便捷访问,并与其他运输方式对接。

5）通过车队和货物管理系统提高货物运输的安全性和效率。

6）开发简单有效的电子收费系统。

7）通过事故和紧急情况管理提高效率和道路安全。

8）促进计划旨在评估所有应用的影响、欧洲和毗邻国家之间的调度以及成果的共享。

9）项目管理。

因此,欧盟决定继续在欧洲范围内资助道路交通管理项目。

在欧洲,交通运输部、利益相关方以及其他机构和道路运营商共同制定了一个名为 EasyWay 2007—2013 的计划,该计划持续时间为 2007—2013 年。

为了延续 TEMPO 计划中发起的合作,EasyWay 合并了 8 个欧元区,以简化所有新成员国的整合。有关国家之间的合作得到了加强,从而形成了一个新的整体目标。

EasyWay 2007—2013 计划优先重点介绍了欧洲道路 ITS 的以下事项。

1）交通信息和旅行服务。

2）交通服务管理。

3）货物与物流。

项目通过推广联网旅客和联网智能技术的概念来增强联合运输方式，并强调跨境合作和服务的连续性。

EasyWay 2020 年的目标是（图 4.2）：

1）道路交通事故减少 25%。

2）交通拥堵减少 25%。

3）二氧化碳排放量减少 10%。

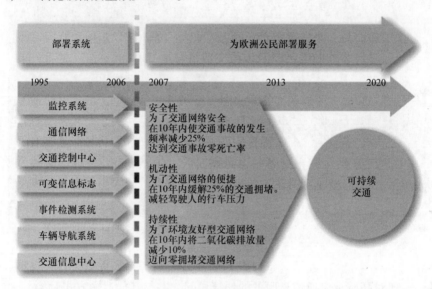

图 4.2　EasyWay 计划的目标

诸如 EasyWay 之类的大型工程的实施需要一个强大且称职的组织。一般来讲它包括以下管理委员会。

1）EasyWay 监督计划委员会（SPB）。

2）EasyWay 指导委员会，由 8 个欧元区和欧盟的代表组成。

3）EasyWay 秘书处。

4）技术协调小组（TCT）。

5）独立于 EasyWay 的评估专家组（EEG）。它由每个欧元区的代表、一名主席和一名副主席组成。EEG 负责开发评估程序，旨在收集和处理 EasyWay 内的评估研究结果。合作伙伴在区域基础上提供由 EEG 指定的数据和信息，用于基于适当指标构建项目评估。

6）沟通团队。

该行动计划包括6个相互关联的优先部门，如图4.3所示。

A1~A4是项目核心，为这些发展活动制定了区域运作计划，主要针对EasyWay计划中设定的目标以及关注区域和跨境运输的需求。

EasyWay的一个关键要素是为多个ITS定义16个"部署准则（DG）"，以促进欧洲服务的发展、协调和连续性。

在支持DG发展的EasyWay第二阶段项目完成之后，欧盟成员国表示有必要并且愿意继续现有合作以改善跨境协调、信息交流和ITS实践共享，并期望实现未来的统一，最终在未来统一部署欧盟道路网中的ITS服务。

目前，EasyWay项目和欧共体项目的后续行动是European ITS Platform+（EIP+）。

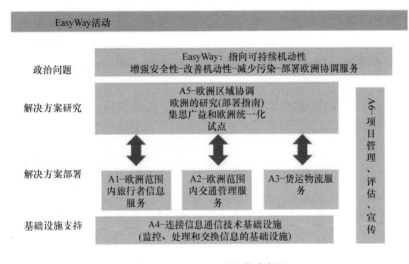

图4.3　EasyWay项目优先部门

EIP+

EasyWay 2007—2020计划框架被视为全球项目，旨在沿运输走廊促进ITS服务的发展。在EIP+中，其5个走廊几乎覆盖了整个欧洲，包括Arc Atlantique、Crocodile、Med TIS、Next–ITS和Ursa Major。EIP+由欧盟根据2012 EC ITS Call计划共同资助。

此外，EIP+与2013 EC ITS Call建立的"走廊"项目有着强大的接口，项目监视ITS服务实施方面的技术进展，并收集、细化其结果。在EIP+合作伙伴关系之内和之外传播知识和经验是一项更加重要的任务，这会为将来的ITS Service部署实践提供便利。

在EIP+内，每个走廊项目的评估都应遵循相关评估指导的最高质量进行，以得出关于项目实现的总体收益水平。

EIP+的建立有助于实现以下目标。

1）确保 ITS 在 TEN-T 道路网络和将 TEN-T 道路网络连接到其他道路网络和/或其他运输方式的相关网络节点上进行可协调且可交互的部署，尤其是通过在 2013 EC MAP ITS Call 范围内成员之间建立链接的州走廊部署项目应用。

2）促进成员国在 ITS 方面的政策合作，并在欧洲层面将针对 ITS 的政策层面决策与 ITS 的 EasyWay DG 以及运营层面上的其他必要技术要素进行映射，尤其是关于 ITS 指令的优先行动和优先领域 2010/40/EU。

3）通过在 EIP+中积极和成员国合作，收集处理并推广有关 ITS 核心服务实际部署的最佳实践案例，从而确保能够广泛协调在 TEN-T 道路网中的 ITS 部署。

4）完善成员国的 EasyWay DG 框架，从而补充欧洲 EC ITS 规范，并为将来的 ITS 部署提供一致的框架。

5）在走廊项目（工程）中的国家项目范围内，持续监测和收集有关危险品应用的反馈，并在欧洲范围内汇总有关危险品要求的结果、经验教训和最佳实践的报告。

6）评估方案实施对走廊项目的影响；与相关实施项目合作，定义将要采用的 KPI、方法和过程。

此外，EIP+活动的关注点还集中在一些特定的新兴技术上。实际上，不同的 ITS 和服务有着不同的成熟度，而链接不同网络和传输方式的需求也在不断增加。EIP+还旨在新的和增长的领域中实现 ITS 协调的特定活动。

EIP+旨在通过跨界服务的连续性和网络接口的服务连续性来获取运营收益，共同努力确保创造一个合适的环境来协调现有和未来的 ITS 服务。

4.2 ITS 的评估

对 ITS 实施的评估始于欧元区项目，目的是评估和控制多项活动的进度。

欧元区项目需要进行以下评估。

1）欧盟的投资说明。

2）显示单一实施的好。

3）显示 ITS 实施的整体好处。

4）显示多个项目之间更高程度信息共享的好处。

通用的评估方法不仅可以控制项目的进度及其对目标的遵守程度，而且可以比较在不同领域实施的类似 ITS 项目的结果，从而增加单个项目的价值。

TEMPO 计划的管理部门建立了 EEG，由 STREETWISE 协调，该小组由参与该计划的多个国家的专家组成。他们将讨论评估问题以及每个国家已经开发的多种方法。管理部门可以找到一种通用的方法来协调不同地区的几种评估方法和代表结果的通用标准，从而使评估预期结果、比较从不同领域所获得的效果变得容易。

为此，管理部门定义了用以评估项目的指南，总结了项目对比以及欧盟专家组提出的考虑因素。

评估一词涵盖了广泛的范围。评估通常取决于：

1）实施原因。
2）项目目标。
3）项目背后的体制原因。
4）预期的结果。

项目实施后，评估应考虑是否已获取结果集，并确定在实施 ITS 后产生的任何积极和消极的次级影响。

以下是如何进行正确评估方法的主要内容。

1）有关研究和实施所有 ITS 类型的适用性。
2）易于理解。
3）遵守与各个项目相关目标的目的和准则。

4.2.1　评估的一般原则

评估过程中必须考虑一些通用原则，目的是突出显示所分析的 ITS 项目每个开发阶段的最重要方面。

首先，评估的原因必须要明确，例如描述所考虑的 ITS 的性能，展示对国家主管部门和欧洲共同体的利益，评估申请 ITS 项目的积极效应，并说明所提供的资金。最重要的是，为那些希望采用类似技术或需要解决类似问题的人提供分析的机会，这些分析可以评估实际达到的目标，并可以修改或纠正所使用的技术。

其次，实施前的评估（事前）允许控制预期结果的实现，并保证为实施后的评估（事后）创建数据库。

所审议项目设定的目标越明确，评估就越有效；此设置可以将重点放在目标的实现水平上。

通常来说，评估必须包括以下几点。

1）对开发 ITS 应用的位置和上下文的清晰描述，以使其易于传播结果并将其与其他类似的 ITS 进行比较。
2）对方法和调查技术的明确描述，这些方法和调查技术会使理解所获得的结果变得容易。
3）在欧洲范围内已定义并明确认可的一组指标，用于评估影响并提高国家和欧洲范围内结果的可比性。

4）表明结果的统计显著性水平。

4.2.2　欧洲准则

总的来说，评估结果必须在国家和欧洲范围内使每个读者都易于理解。管理部门应能将结果传播到其他国家实施的类似 ITS 项目，或者获得在多个领域实施同一项目的有用指示。

EEG 开发了表示欧元区项目评估结果的标准方法（表 4.1），后来的 TEMPO、EasyWay 和 EIP+ 项目采用了几乎同样的方法。

该方法的第一部分总结了评估的主要结果；它是项目所获得结果的简短摘要，并允许对系统实现的目标进行初步概述。

第二部分描述所要解决的问题；尤其是应用的上下联系、实现的位置和要处理的主题。

第三部分描述了 ITS 项目。特别要注意设定的目标、使用的系统和技术以及所涉及的用户；此外，该方法还定义了评估时项目的状态。用户可以在实施之前、进行中或之后进行评估。

前三个部分旨在描述 ITS 项目的特征，确定要解决的问题和应用程序的上下文。

第四部分介绍评估方法。首先，定义评估的类型（在实施之前或之后）以及时间表；然后，确定评估的目标和衡量的影响。在这里要特别注意以下几个方面（在 TEMPO 项目中提到的其他方面）。

1）安全性。
2）效率。
3）环境。
4）用户认可度。
5）整合度。
6）可访问性。

表 4.1　EEG 指南中描述的部分图表

部分（所指为 EIP+计划）	细分
关键的评价结果	对交通流的影响 对安全的影响 对环境的影响 其他关键结论
问题的描述	地点 解决问题

(续)

部分（所指为 EIP + 计划）	细分
ITS 项目的描述	服务区域 关键词 目标 应用的系统和技术 费用 项目现状
评估计划	评估时间和类型 评估目的 研究的问题 评估的研究区域 预期的影响 预期的方法
项目结果的影响	技术性能 结果 结果的可靠性 研究问题解答 整体评估（安全、效率、环境）
欧洲区域内结果的可移植性	

需要强调的是，这些部分可能并不与每个 ITS 应用程序都相关。只有当项目对指定范围产生实际影响时，才必须考虑其评估。

本部分指定了用于评估的方法。在选择数据（并非所有收集的数据都用于分析的情况下，丢失或错误数据的再处理等操作）用于技术分析时，应特别注意每个目标的指标选择以及应用技术的分析和统计（包括使用的统计测试、分析中使用的数据汇总级别、所应用技术的可靠性）。

EEG 内广泛讨论了最合适指标的选择，最棘手的问题是无法为各种特定项目指定适当的指标。EEG 提示必须特别注意数据聚集级别的选择。高度详细的级别可能仅意味着评估成本的增加，但又不能确保结果的准确性更高。鉴于上述情况，专家组提出了有关 ITS 的适当指标清单（表 4.2），同时也给负责评估的人员留有了很大的修改余地。通用指标的缺乏使得用户难以立即比较类似 ITS 应用的结果。尽管如此，如指南中所设定的那样，使用者可以利用详细描述所采用的方法来比较结果。

EIP + 项目在 2015 年 3 月提出了以下收益 KPI[1]。

1）拥堵。

表 4.2　EEG 提出的主要指标摘要和总结

目的	指标
路网和费用（经济）	基于车辆每千米的路网使用的变化 当需求超过承载能力时，旅行时间的变化 高峰时期平均速度的变化 路网承载能力不足造成的事故数量 路网承载能力不足浪费的时间
时间和预测	旅行时间（平均和标准偏差） 因意外造成的额外旅行时间 每千米载有乘客的数量，例如千米 – 乘客 – 千米的关系、载重量 – 千米的关系 交通流的稳定性（变速次数） 交通流的感知流动性
信息服务的成功安全	事故数量 事故受伤人数 致命事故数量 车辆每千米覆盖率 违反交通法规的车辆数量 用户感知的安全性
噪声和能源的排放（环境）	受噪声影响的人数 暴露在废气中的人数 每吨每千米货物运输量 每吨每千米危险货物运输量 交通设施对环境的影响
评估和舒适度	付费意愿（交通） 付费意愿（服务） 服务使用者的数量

① 节省车辆小时/时间。
② 重新制定路线（流量管理）。
③ 不同的行驶里程数。
④ 旅途时间。
⑤ 关键时刻的行程时间变化。
2）安全性。
① 死亡/受伤人数或百分比变化。
② 速度变化。
3）环境。

① 减少二氧化碳排放。
② 降噪。
③ 交通方式划分。

第五部分评估了所考虑项目的影响。首先，它们强调了系统的技术性能以及得出了对项目的影响的结论。然后根据指标的测量进行统计分析，提出评估结果，其中包括对上述欧洲目标产生影响的主要结果的摘要。

最后一部分重点介绍了结果的可移植性。特别地，它强调了评估结果可应用于同一国家或其他国家中的类似实施方式，它同时指出了可能影响结果的局部、外部或实验特性。如果为类似项目制作了几份评估报告，则该报告的这一部分可用于比较分析和对结果可转移性的考虑。

4.2.3 ITS 的 KPI 研究

这项研究是由 DG MOVE 于 2015 年委托进行的，目的是为道路 ITS 建立一套常见的关键业绩指标（Key Performance Indicator，KPI），并为其应用、表示和报告提供辅助指导。

研究过程始于对欧盟内部当前 KPI 的应用程度进行最新的技术审查，该研究通过对公开可用的数据集进行审查来回顾优秀的现实案例。最新的审查和利益相关者调查表共同确定了目前在欧盟内部使用的 228 个指标（尽管其中许多指标未达到真正的 KPI）。这些 KPI 分为部署 KPI 和收益 KPI，前者监视 ITS 的安装和/或提供给公众的程度，而后者则监视其对运输主要方面（如行程时间、事故）的影响。

这项研究对该清单进行了评估和完善，目的是产生一个新的 38 个 KPI 的较长清单，这些清单涵盖了 ITS 分类标准，并且与 ITS 指令的 ITS 优先领域和政策目标相关联（表 4.3 和表 4.4）。该列表已在股东研讨会上进行咨询，列表提供了欧盟专家对已确定列表及其偏好的反馈。各种咨询活动的反馈以及更广泛的研究结果使该列表可以进一步细化为 15 个推荐的 KPI 列表。

表 4.3 部署 KPI 的列表

1. 最佳地使用道路交通和旅行的数据
   1) 覆盖全国交通网络的网站，提供全面的旅行信息（如：旅行计划、交通信息）
   2) 使用电子支付技术的公共交通车票交易
   3) 公共交通站点向公众提供动态的旅客信息
   4) 交通咨询电台和/或流动网络接收机提供适当服务涵盖了 TEN-T 网络
   5) 网页和门户网站向大量的浏览者提供旅行信息（如：旅行计划、交通信息）
   6) 公共汽车路线配备自动车辆定位系统
   7) 要求在计算机辅助调度下运行的需求响应车辆

(续)

2. ITS 交通服务和货物管理的连续性
1）由电子收费系统（ETC）收取的公路通行费收入
2）遵守电子收费公路系统互用性的指令（EETS）
3）使用自适应交通控制来控制城市交叉口
4）配备 PT 优先信号的城市公共交通网络立交
5）最低级别的信息基础架构覆盖的 TEN–T 网络（如：交通、天气、环境监控、闭路电视或者交通信息控制中心）
6）最低级别的具有交通管理和控制功能的 TEN–T 网络（如：动态车道管理、匝道控制、可变信号标志）
7）每千米 TEN–T 网络中智能载货车停车设施的数量

3. ITS 道路安全和安全应用程序
1）销售具有智能车辆服务的车辆（视觉增强、安全准备、自动驾驶、协同系统）
2）ITS 已用于促进相关组织之间对危险/异常负载移动的信息共享
3）事故检测和管理算法涵盖了整个 TEN–T 网络
4）为行人、残疾人或其他易受伤害的道路使用者提供安全保障的城市交叉口

4. 连接车辆与交通基础设施
TEN–T 网络支持合作系统（I2V、V2I）
出售的具有智能车辆服务功能的车型（视觉增强、安全准备、自动驾驶、协同系统）

包含 15 个 KPI 的 KPI 候选清单（表 4.5 和表 4.6）在收益（7 个 KPI）和部署（8 个 KPI）之间实现了相对均匀的平衡。该清单还力求在 ITS 行动计划[2]的不同 ITS 优先领域与 ITS 指令和更广泛的欧盟政策目标之间达到平衡。

表 4.4 利益关键绩效指标

1. 网络效率和拥塞
1）高峰时段旅行时间的变化，以及沿路线关键点之间的流量（所有车辆）变化
2）路线上各关键点之间高峰时段流量的变化（所有车辆）
3）公共交通旅程时间可靠性（偏离预定时间表）
4）旅程时间变异性，用路线上各关键点之间旅程时间的标准差来测得（所有车辆）
5）路线关键点之间的公共交通平均每日人流变化

2. 改善环境影响
1）每千米二氧化碳排放量的变化
2）氮氧化物水平高于阈值时的小时数变化
3）每千米可吸入颗粒物排放量的变化
4）运输噪声超过分贝阈值时的小时数变化

（续）

3. 提高道路安全
1）每千米所有报告的事故数的变化
2）所报告事故数量的事故严重程度（即死亡或重伤人数）的变化
3）ITS 记录的未发生但可能发生的事故（潜在事故）次数
4）与货车停车有关的犯罪报告的变更

4. 增强模式整合
1）关键走廊沿线的铁路和内河航道共享（吨千米）
2）关键走廊沿线的公共交通模式共享（人）
3）主动旅游模式分享（人）

表 4.5　推荐部署的关键绩效指标候选名单

识别号码	部署关键绩效指标
R3	事件检测和事件管理覆盖的路网长度和百分比 尽可能按道路类型或区域分别报告
R6	自动速度检测覆盖的路网长度和百分比 尽可能按道路类型或区域分别报告
O1	提供交通和旅行信息的网站/空中服务覆盖的运输/道路网络的长度和百分比。报告分为： 1）出行信息 2）道路交通信息 3）综合交通和旅游信息 4）货物的具体信息 按道路类型或区域分别报告
O3	向公众提供动态旅客信息的城市公共交通站点的数量和百分比 在可能的情况下，则按公共交通方式另行报告
O6	下列路段所覆盖的路网的长度及百分比。报告包括： 1）信息采集的基础设施 2）交通信息服务 3）交通管理计划，包括跨界 TMP 4）交通管理及控制措施/设备 5）网络上启用协作式 ITS 的基础架构或设备 6）为残疾人士和弱势道路使用者提供智能安全服务 7）尽可能按道路类型或区域分别报告
C4	使用自适应交通控制或优先化的信号控制的道路交叉口的数量和百分比。尽可能按道路类型或区域分别报告

（续）

识别号码	部署关键绩效指标
S11	在符合 ITS 指令授权规定的 TENT–T 核心和综合网络上提供智能服务： 1）实时交通信息服务覆盖的 TEN–T 网络的长度和百分比，符合第 xx/2015 号授权法规的要求 2）符合第 886/2013 号授权法规要求的用户可免费获得道路安全相关交通信息服务覆盖的 TEN–T 网络的长度和百分比 3）符合第 885/2013 号授权法规要求的载货车和商用车辆安全停车场信息服务覆盖的 TEN–T 网络长度和百分比
L3	包含以下智能车特性的新车数量和百分比： 1）安全准备 2）自动化操作 3）协作系统 4）公共（112）系统 5）专用 eCall 系统 在可能的情况下，按车辆类型分别报告

表 4.6　推荐的利益关键绩效指标入围名单

识别号码	效益关键绩效指标	与部署关键绩效指标的联系
N1	已实施 ITS 的沿线高峰时段行车时间的变化百分比。尽可能按车辆类型报告	R3、O6、C3、C4、L3、S11
N2	已实施 ITS 的沿线高峰时段交通流的变化百分比。尽可能按车辆类型报告	R3、O6、C3、C4、L3、S11,
N4	在已实施旅行时间变化的路线上的旅行时间变化百分比（以变化系数衡量）。尽可能按车辆类型报告	R3、O6、C3、C4、L3、S11
N9	已实施 ITS 的走廊上的模式份额变化百分比。尽可能报告每种模式的百分比模式共享	O1、O3、O21
S1	已实施该措施的沿线报告事故数量变化百分比。尽可能按事故严重程度报告	R3、R6、L3、L9、S11
E1	实施 ITS 的路线上的年度 CO_2 排放量（吨）变化百分比	
L9	从开始接到公众（112）报警到在公共安全应答点操作员的办公桌上以可理解的方式呈现 MSD 内容所花的时间	L3

利益 KPI 的计算

为了帮助从业人员部署这些 KPI，制订方已编制了一系列模版，以提供有关术语定义、度量计算和建议结果表示的更多详细信息。模版还包括优势、劣势、机会和威胁（SWOT）分析，以确保确定的 KPI 能最大限度地利用现有优势和机会，同时将劣势和威胁降至最低。制订方还提供了有关每个 KPI 的基本原理和范围以及生成每个 KPI 的数据要求的其他信息（图 4.4）。

第 4 章　ITS 评估的影响

KPI 细节：收益	
参考号码	N1
短名称	行程时间的变化
长名称	在已经应用 ITS 的路线上，高峰时段行程时间的变化。如可能，按车辆类型单独报告且按车辆部分分类
定义	1) 高峰期：工作日中流量最大的小时或时段。使用的时间段可能因路线而异，但必须与前后的调查相结合 2) 车型：可提供所有车型（但也可提供按车型分类的车型，如适用，请参阅车辆分类资料） 3) 实施 ITS 的路线：成员国应明确哪些路线将包含在此 KPI 中。这可以基于关联的部署 KPI 中概述的数据来确定，但是在所有情况下都不可能获得足够的数据。如何选择在其间测量行动时间变化的关键点，则应该根据路线上实施的 ITS 的性质来定义，通常为关键节点之间的行程时间
计算	KPI =（实施 ITS 之前的行程时间 – 实施 ITS 之后的行程时间）/ 实施 ITS 之前的行程时间 × 100
介绍	百分比变化前后将与计算中使用的 ITS 部署位置列表一起显示。时间序列数据以折线图形式显示
SWOT 分析	
优势	1) 可以使用标准的运输监控方法进行评估 2) 应将其产生的任何行程时间效益进行量化
劣势	1) 可能需要额外的数据收集和相关费用 2) 需要在实施 ITS 之前和之后收集数据，这可能会在新实施 ITS 或未收集/无法获得过去数据上出现问题
机会	1) 与 ITS 部署保持一致可改善归属和收益 2) 尽管比较来自不同来源的信息可能具有挑战性，但系统生成的数据可能可用于计算系统实施后的 KPI
威胁	除了 ITS 之外，其他因素也可能影响旅行时间，例如，流量增长和无法分解 ITS 的影响可能会导致 ITS 部署受到质疑
基本原理和覆盖范围	
基本原理（来源于白皮书和行动计划）	网络效率和拥塞的度量
对欧盟层面的聚合约束	在某些情况下，这将需要额外的数据收集，但在成员国和欧盟层面的汇总或结果中不应有任何限制
道路类型	所有实施了 ITS 的道路类型
数据需求	
来源	行程时间调查数据，如 ANPR 或蓝牙。随着技术的发展，浮动车辆和人群来源的数据可能用于计算此 KPI，而无需特定的数据收集。样本大小需要根据结果的变化来确定
所有权	数据可能属于道路管理局/收费公路运营商和 PT 运营商
频率	在实施之前和之后或 ITS 改进之前和之后立即收集数据，并在每年的中间月份进行一次持续监视

图 4.4　利益 KPI 预估方案示例

4.3 美国 ITS 计划概述

美国运输部（USDOT）ITS 联合方案办公室（ITS JPO）代表美国运输部和所有主要参与单位进行研究，研究内容是通过现有的电子和信息技术应用来提高运输安全性、流动性和环境可持续性，即 ITS。

4.3.1 任务

USDOT ITS 计划专注于智能车辆、智能基础设施以及智能交通系统的创建。该计划通过对重大研究计划、探索性研究以及包括技术转让和培训在内的部署支持计划进行投资，支持 ITS 的整体发展。

4.3.2 ITS 战略计划

2015—2019 年 ITS 战略计划概述了 USDOT ITS 计划的方向和目标，并提供了一个框架，ITS JPO 和其他部门机构将围绕该框架进行 ITS 研究、开发并展开行动，目的是实现该计划的成果和目标。

ITS 战略计划的框架是围绕 ITS 计划的两个关键优先事项构建的，目的是实现网联车辆的实施和自动化程度的提高。优先事项反映了利益相关者对 ITS 计划的需求的反馈，不仅需要进行研究，还需要帮助部署和实施与网联车辆和自动化相关的特定技术。

4.3.3 研究和技术助理秘书办公室（OST-R）

OST-R 是交通运输部秘书处（OST）的一部分。它包括以前由研究与创新技术管理局（RITA）管理的所有计划办公室、统计和研究活动。2014 年 1 月，美国国会将所有 RITA 计划转移到 OST 中，以提供增强研究合作与协调的机会，同时维护运输统计数据的完整性和公正性。这有助于确保该部门的研究活动和预算资源与该部门的战略目标和主要关注领域完全一致。

OST-R 的任务是通过扩展知识基础来改变运输方式，从而使美国的运输系统更安全、更具竞争力和可持续性。

OST-R 是一种动态的世界级运输资源，具有大量的技术和机构专业知识，是其他地方难以重复的。

USDOT ITS 研究计划的重点是通过对新兴 ITS 技术的投资来实现 ITS 的整体进步，并支持对已部署 ITS 的评估。

4.3.4 USDOT ITS 知识资源

为了支持 ITS 的部署并解决美国运输系统面临的挑战，JPO 开发了一套知识资源。这种基于 Web 的资源集合提供了对信息的即时访问，这些信息支持有关 ITS 的部署和正确的操作决策，以改善运输系统的性能。这些知识资源包含超过 15 年的特定 ITS 实施的收益、成本、经验教训和部署状态的摘要，这些摘要主要来自 ITS 评估研究、研究综述、手册、期刊文章和会议论文等书面来源。

其中的四个知识资源分别是 ITS 收益数据库（http://www.itsbenefits.its.dot.gov）、ITS 成本数据库（http://www.itscosts.its.dot.gov）、ITS 部署统计数据库（http://www.itsdeployment.its.dot.gov）和 ITS 经验教训知识资源（http://www.itslessons.its.dot.gov）。

第五个网站是 ITS 应用程序概述，它提供从每个知识资源网站访问信息的权限。

截至 2016 年 3 月，在 ITS 知识资源数据库中，从美国和世界各地获得的 ITS 收益、成本和经验教训摘要总计 1756 条，见表 4.7。

表 4.7　知识资源数据库的摘要

摘要类型	摘要数目
收益	900
成本	294
经验教训	562
合计	1756

1. ITS 收益数据库

收益根据美国运输部的 6 个目标来衡量 ITS 对运输运营的影响。

1）安全。

2）流动性。

3）效率。

4）生产率。

5）能源和环境影响。

6）客户满意度。

在 ITS 数据库中，以简洁的摘要格式显示了 ITS 评估和其他来源的发现。每个收益摘要包含评估结果综述、背景说明和识别信息。其中，识别信息包含日期、位置和来源，以及描述 ITS 收益如何确定的评估细节和方法。ITS 收益数据库文件代表了 ITS 评估的结果，还包括一些中性影响以及一些在特定目标领域下的具有负面影响的例子。

该网站包括有用的搜索功能，并且还通过几种组织方案（包括 ITS 应用程序区域、ITS目标区域和位置）提供了结果（表4.8）。

表4.8 收益分类表格和主题范围

分类	主题
ITS应用	可替代燃料
	干线管理
	商用车辆运营
	事故预防与安全
	驾驶人辅助系统
	电子支付与定价
	应急管理
	高速公路管理
	信息管理
	货物联运
	道路气象管理
	道路运行与维护
	运输管理
	交通管理中心
	交通事故管理
	旅客信息
	顾客满意度
	效率
ITS目标范围	能源与环境
	可达性
	生产率
	安全性

2. ITS成本数据库

ITS成本数据库是作为ITS部署成本估算的国家存储库而建立的。建立ITS成本数据库的目的是支持领导者做出最优决策。ITS成本数据库包含ITS成本的估算值，可用于在计划过程或初步设计阶段制定项目成本估算，以及进行政策研究和收益成本分析。非经常性的成本和经常性的或运营与维护成本（O&M）将会在该数据库中尽可能地提供。

该数据库还提供三种类型的成本数据：单位成本、样本单位成本和系统成本摘要。三种类型的主要区别在于聚集程度。单位成本是与单个ITS元素（例如用于交通监控的摄像机或动态消息标志）相关的成本。样本单位成本是每个项目中ITS元素的实际或估计成本的汇总，并且可能与未调整的单位成本相关。系统成本汇总是指 ITS 项目或 ITS 项目一部分的成本，例如扩展全地区道路天气信息系统的成本或信号互连项目的详细成本。每个条目都描述了项目的背景，列出了部署的 ITS 技术，并列出了成本以及所涵盖的费用。

3. ITS 部署统计数据库

ITS 部署跟踪项目在全国范围内收集和传播有关 ITS 技术的部署和集成级别的信息。这些信息是通过一系列全国性调查收集的，涉及大城市和农村地区。数据是在 1997 年、1999 年、2000 年、2002 年、2004 年、2005 年、2006 年、2007 年、2010 年和 2013 年进行的一系列国家调查中被收集的。

在 2013 年进行的最新调查中，有将近 2100 份调查分配给了州和地方运输机构。该次调查共分发了 7 种调查类型，针对的是都市交通基础设施中的关键机构：高速公路管理、干线管理、过境管理、TMC、ETC、公共安全－执法和公共安全－火灾/救援（图 4.5 和图 4.6）。

图 4.5　交通控制：ITS 资源视图，资料来源：http://www.itsassets.its.dot.gov

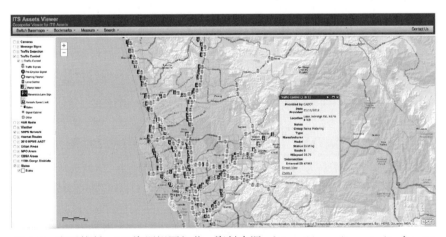

图 4.6　交通控制：ITS 资源视图细节，资料来源：http://www.itsassets.its.dot.gov

部署统计数据库可为 USDOT、州和地方运输机构、研究人员、供应商和公众提供有关 ITS 部署的信息源。

4. ITS 经验

通过经验或学习从而获得知识的过程称为汲取经验，这其中反映了正确的做法、不同的做法以及将来如何提高效率。ITS 的经验知识资源为 ITS 专业社区提供了从其他人经验中收获经验知识的途径。该知识资源可作为资料交换所，以记录和分享运输从业人员在 ITS 的规划、部署、运营、维护和评估中的经验，从而能够就未来的 ITS 项目和计划做出明智的决策。ITS 经验主要从案例研究、最佳实践纲要、规划和设计审查以及评估研究获得。国家运输图书馆、运输研究委员会的运输研究信息服务、国际运输文献数据库（例如运输）和会议记录则是审阅文件的主要来源。主题专家的访谈也被用作新课程的来源。

在许多分类方案中都介绍了 ITS 课程，这些方案捕获了 ITS 专业人士感兴趣的各种主题。表4.9 列出了主要的分类方案和主题领域。

表4.9 分类方案和主题领域

分类	主题
课程类别	设计与调度
	经费
	人力资源
	领导关系与伙伴关系
	法律问题
	管理和运营
	政策和规划
	采购
	技术整合
	可选燃料
	干线管理
	商用车辆运营
	事故预防与安全
	驾驶辅助
	电子支付与定价
	紧急管理

(续)

分类	主题
智能交通系统应用	高速公路管理
	信息管理
	货物联运
	道路天气管理
	道路作业及维修
	交通事故管理
	交通管制
	旅行者信息
智能交通系统目标区域	用户满意度
	效率
	能源与环境
	机动性
	生产力
	安全

5. ITS 应用概述

ITS 应用程序概述可从 http：//www.itsoverview.its.dot.gov 上获得，它可以访问上述四个知识资源网站，这些资源由本节中提到的 ITS 应用程序领域所整合（图 4.7~图 4.9）。该网站还提供有关每个 ITS 应用程序的其他信息，包括：

1) 可从 ITS JPO 获得评估文件。
2) 相关 USDOT 计划和其他计划活动。
3) 可通过《JPO ITS/操作资源指南》获得其他资源。
4) USDOT 内的联络点。

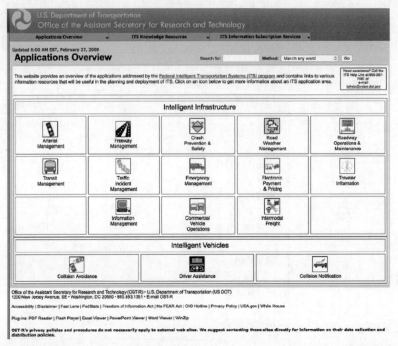

图 4.7　联邦 ITS 项目申请概述，资料来源：http：//www.itsoverview.its.dot.gov

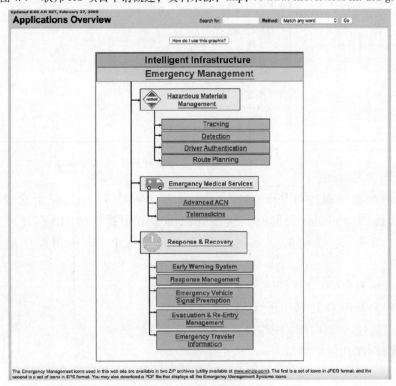

图 4.8　应用程序概述中的紧急管理部分，资料来源：http：//www.itsoverview.its.dot.gov

第 4 章 ITS 评估的影响

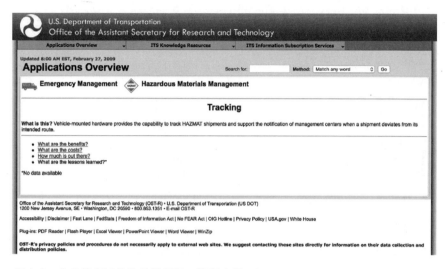

图 4.9 应急管理区危险品管理科，资料来源：http：//www.itscoverview.its.dot.gov

4.4 ITS 工具包和 2DECIDE 项目

为了强调 EC 对 ITS 的评估以及结果和所获得经验概括的重要性，在这里简要介绍欧洲 2DECIDE 项目及其称为 ITS Toolkit 的工具（图 4.10）。

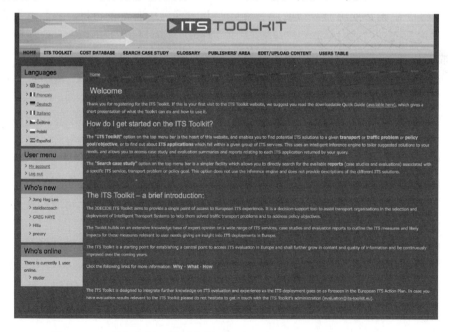

图 4.10 工具包主页，资料来源：http：//www.its‑toolkit.eu/2decide

73

2DECIDE 的 ITS 工具包旨在为欧洲人提供有关 ITS 的单一访问点。这是一项决策支持在线工具，可帮助运输组织选择和实施 ITS，帮助他们处理交通拥堵问题并指导运输政策的制定（图 4.11）。

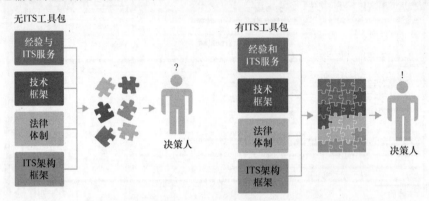

图 4.11 工具包的目标

该工具包基于包含 ITS 服务、案例研究和评估报告的大范围的数据库。

ITS 工具包起源于 2008 年 12 月通过的 ITS 欧洲行动计划。它提供了一个政治框架，以指导 ITS 在公路运输中的发展和普及，包括与其他运输方式的关系。

欧洲 ITS 的合作与协调计划第 6 优先领域中提出的措施之一是创建在线决策支持系统。其主要目的是帮助上市公司、运营商和运输基础设施管理者对 ITS 投资做出更有效、更明智的决策，以解决运输问题并实现运输政策的目标。该目标是通过 2DECIDE 项目（于 2011 年 11 月结束）实现的，该项目由欧盟第七框架研究与开发计划（FP7）资助，该计划开发了 ITS 工具包。

这个为期两年的项目收集了在地方、国家和社区级别进行的 ITS 服务评估的现有结果以及案例研究和良好实践，还开发了研究和分析算法。

ITS 工具包旨在帮助用户找到并了解适合特定情况和环境的 ITS 应用程序和技术。ITS 工具包对每种 ITS 服务、功能和技术进行了概述，以定义每种 ITS 解决方案的典型要求。除了与上下文的对应关系（例如，道路类型、地理范围和/或问题和目标）之外，ITS 工具包还提供了对类似条件下可能遭受影响的价值的估计。在使用 ITS Toolkit 进行的每次研究结束时，用户都将获得最相关的研究报告（如果免费提供），从而可以更深入地分析用户体验。

评估研究和案例研究报告是该工具包的主要内容，是从一系列欧洲项目、国家和地方实施措施以及其他来源（例如专门审查）中收集的。

ITS 工具包面向运输规划和管理的各个领域以及相关领域（例如，环境、安全、可及性方面）。因此，它不仅针对专家，也针对那些对 ITS 知之甚少或一无所知的人。

用技术术语来说，ITS 工具包包含在"知识库"中，该数据库是有关 ITS 服务的所有信息及其评估报告的存储库。该数据库由推理引擎进行分析，该引擎将用户的输入（上下文、问题/目标、ITS 服务）与通过高级搜索机制和特定算法保存的数据相关联。推理让用户可以甄别与需求相关的 ITS 服务（及其描述）。它提供了通过价值或评估表示的影响，这些影响是在上下文中可以预测的。此外，ITS 工具包还包含有关可行性方面（技术、法律、组织方面）以及用户接受程度。除了 ITS 工具包结果的一般部分外，所有信息均来自现有评估报告。

该工具包包括用于欧洲道路网络和公共交通的 ITS（《欧洲 ITS 行动计划》的适用范围）。它不涵盖特定的系统，例如航空、铁路、内河或海上运输（图 4.12）。

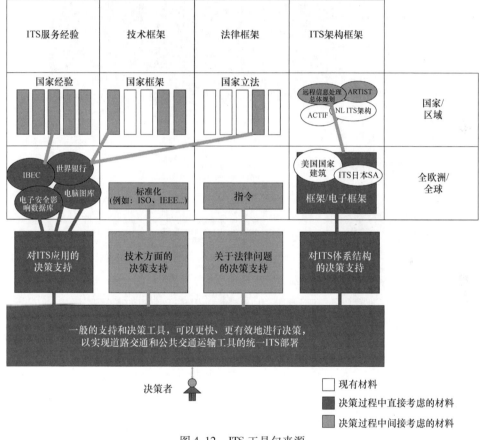

图 4.12　ITS 工具包来源

ITS 工具包的实际应用

该工具包提供了两个主要工具：ITS 工具包和成本数据库。

1. ITS 工具包

ITS 工具包旨在帮助您查找和了解针对给定情况下最适合的 ITS 服务应用程序和部署。

使用此功能时，必须选择的字段是"地理覆盖率"（您要评估的上下文的覆盖范围）和"运输区域"（您的案例中运输部门按人员/乘客、货运或基础设施要素分类）（图4.13）。

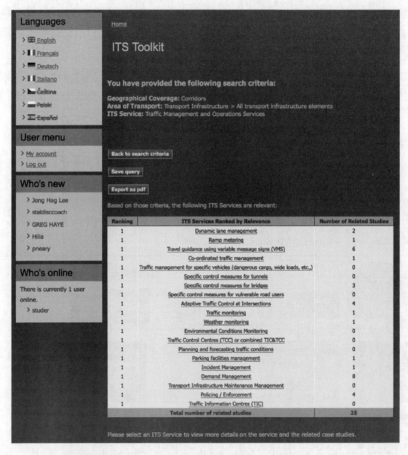

图4.13　根据所提供的标准按相关性排列的服务实例（地理覆盖范围、走廊、运输区域、运输基础设施、服务、交通管理和运营服务），资料来源：http://www.its-toolkit.eu/2decide

此外，需要选择以下之一：
1) ITS 服务。
2) 问题。
3) 一个目标。
该工具包将返回以下信息。
步骤1：输入资料以供使用者输入。
步骤2：根据提供的标准对 ITS 服务进行排名。
步骤3：有关选定的 ITS 服务和案例研究的信息。
步骤4：有关所选研究的信息。

2. 成本数据库

成本数据库的目的是为 ITS 应用程序提供成本估算。成本数据库旨在提供有用的信息，特别是在知识库中包含的研究不提供有关申请成本的信息或知识库中提供的成本数据不完整的情况下。数据库中提到的成本值是对应用程序的实施和操作的一般或可能成本的估计。数据库中提供的成本要素在任何特定的部署情况下均不直接相关，并且它们不能替代通过适当的可行性研究获得的成本估算。当工具包管理器可用时，将使用改进的和最新的数据以及新的应用程序来更新数据库。

ITS 工具包中包含的成本数据库提供了该工具包中包含的大多数应用程序的成本估算。对于每个应用程序，成本数据库提供实现该应用程序所需的估计初始投资、年度运营和维护成本以及年度总成本。由于初始投资可能由经济寿命不同的组件组成，因此估算了该应用程序的年度总成本。

数据库中存在的大多数成本估算是基于与应用程序相关的假设、从美国 ITS 成本数据库获得的成本值、专家意见或有关应用程序的某些已知实现的书面经验。

4.5 ITS 对道路影响的比较和评估

4.5.1 目标

本节分析并比较了某些类型的 ITS 在道路上对机动性的影响。目的是从国家和国际层面进行的众多评估结果中得出一般性结论。

经验的分析和归纳为 ITS 服务评估指标值的变化定义了参考区间。它使您可以充分了解每个 ITS 服务的潜力，直到对新安装或新实施的预期影响进行估算。

这种方法非常重要，因为它可以预测对 ITS 机动性的影响，量化潜在的好处，或者选择最合适的 ITS 解决方案来处理相关各方在其网络上记录的机动性的重要性。

显然，在对结果进行概括以及影响对环境的可传递性时必须特别注意（因此使用了统计分析），这在本地背景和用户反应方面可能会大不相同。

为了获得此结果，有关方面创建了一个数据库以输入大量评估，几个全球权威机构对安装 ITS 产生的影响进行了评估（图 4.4 和图 4.5）。评估考虑了过去几年来收集的大量案例。

本文档包括汇总表，这些汇总表报告了最重要的数值。它们代表了设施的特征、背景和效果。

汇总的数值构成了数值分析的基础，这对于定义参考区间很有用。在这里，信息被分类和分析，也需要特别注意结果和评价所采用的方法。为了获得"可普适化"的结果，此处参考了统计分析：计算平均值以及代表区间的第一个和第三个四分位数，这其中包括一半已分析的案例。

对于所有类型的 ITS，分析着重于：
1）匝道控制。
2）市区道路收费。
3）动态车道。
4）可变限速。

分析的重点是用户的接受程度和对用户的影响，因此也涉及定性方面，该分析的重点是：
1）基于互联网的信息系统。
2）旅途中的信息系统。

该选择显然是局部的，取决于是否需要足够的样本进行统计。

4.5.2 评估之间的比较

以下介绍了 ITS 设施之间的比较结果，这也是分析评估的主题。

对于分析的每种类型的 ITS，报告以下内容。

指标：用来描述和衡量系统有效性的参数；此列表也有助于突出特定 ITS 的最常用性能指标。

数据：它们是所收集信息的非常简短的摘要。几张表列出了所有设施分析及其数值，还报告了对数据的统计分析。

结果：针对每种情况对结果进行严格分析。

1. 可变限速

该系统施加的速度限制可能会因多种因素而变化，例如天气条件、交通拥堵或事故、道路施工。系统实时处理数据以计算理想速度，并通过该部分的可变情报标志将其传达给用户。

该系统可以具有多个目标，例如，在大多数情况下，可以减少交通拥堵对高速公路的影响，最大限度地提高路段的通行能力，防止碰撞的形成并提高道路的利用率。

另一个目标可能是由于不利的天气条件而导致平均速度降低。

（1）指标

考虑了以下指标来分析使用变速限制的系统。

1）流量：表示系统实施后平均流量的变化。流量的增加或减少可能与系统的存在无关，也或者可能是由于系统增加了道路通行能力。

2）安装自主系统的交通流速度：表示在可变限速下获得的平均速度的变化。基于系统的要求，这种变化可以是正的或负的。一些系统旨在降低车辆的速度（例如在交叉路口处），而其他系统则旨在调节车辆的流量，从而避免交通波动及起停现象。

3）遵守速度限制：评估遵守系统施加的速度限制。该参数还评估系统的有效性，即用户在多大程度上接受给出的指示。

4）车头时距：它测量在相同地点当前交通流量下两辆车之间的时间。这是需要考虑的指标之一，因为它与车辆密度、在给定路段上行驶的交通量以及安全性严格相关。对于后者，低速行驶被认为是潜在事故的原因，因为保持短距离行驶的车辆更容易遭受碰撞的危险。

5）行程时间：行驶给定的距离所需的行程时间。根据系统的目的，它可能会根据起动和停止现象的减少或系统施加的平均速度而有所不同。

6）速度标准差：标准差用于测量数据在期望值附近的离散度。通过计算给定路段上速度的标准差，可以计算出其与流动平均速度的差异。换句话说，该值指示在给定路段上行驶的交通流的速度均匀性。特别地，速度标准差可以指出拥塞的可能影响。众所周知，高拥塞水平对应于低服务水平，并伴有起停现象以及标准差增加。

7）安全性：就安全性而言，以下是要考虑的量化指标[3]。

① 事故数量：1968年《维也纳公约》将道路事故定义为涉及静止或移动车辆并造成人员伤亡的事件。

② 受伤人数：在意外中受伤的人数。

③ 死亡人数：在事故发生后立即或在第30天之前死亡的人（直到1998年以前，仅计算在事故发生后7天以内的死亡）。

8）对环境的影响：道路设施对环境的影响涉及很多方面。但主要考虑两个参数。

① 排放：显示有害物质变化的指标。即实施ITS后，车辆在大气中释放的污染物。所测量的参数通常与CO_2排放有关。

② 噪声污染：测量噪声的变化，这是由安装系统后的车辆引起的。

9）经济方面：在可变限速的情况下，可以根据所消耗价值定义一个价格，价格应从系统实施成本和更新的维护成本开始。可变限速的好处是节省了时间（每辆车小时），这要归功于系统的安装，当然还包括由于事故数量的减少而避免的社会成本以及所有可以直接计算的好处。而后将这两个值进行比较并关联（效益/成本比，BCR）。

10）对用户的影响：它表示系统被用户认可和理解的方式。该评估通常通过访谈和调查的方式进行。

数据（4.1）

国家	芬兰		法国	德国	英国		意大利	福格加普	瑞士			荷兰
站点	Selkaharju (6/13)	E18	Orange - Valence (A7)	不来梅港 (A1)	伯明翰 (M42)	乌克斯桥城 (M25)	梅斯特 (环城高速)		Goteborg (E6 - E18)	Aryd - Ronneby	Skottorp - Heberg	Apeldoorn - Deventer
环境	高速公路	高速公路	高速公路	高速公路	高速公路	高速公路	高速公路	高速公路	高速公路	高速公路	高速公路	高速公路
干预范围	交叉点	14km	90km	34km	17.4km	31km	42km	交叉点	—	17km	55km	14km
系统激活条件	交通情况	天气情况	交通情况	交通情况	交通情况	交通情况	交通情况	交通情况	交通情况	天气情况	天气情况	交通情况
流量	增加	—	115000	86800	134000	—	170000	12000	+4%	—	—	55200
交通量	−5.5km/h	—	+10%	—	+7.5%	+1.5%	+6.4%	—	—	−3/5%	—	−11%
系统激活后的速度	—	−4.3km/h	−10km/h	—	—	—	+11.5km/h	−17km/h	增加	−14km/h	−20km/h	—
系统激活后的行程时间	—	增加	−10%	—	−16.5%	不变	−21.65%	不变	−15%	−1.3%	−1.4%	0%
遵守限制	不变	—	80%遵守限制	—	89%遵守限制	+5%	−53.4%	增加	增加	增加	增加	—
车头时距	—	不变	—	—	—	—	—	—	减少	—	—	—
拥堵	—	—	−16%	减少	−7%	−6%	—	减少	减少	—	不变	−29%
速度标准差	—	−3.8%	−4.8%	−5.1%	−31.5%	减少	—	—	−20%	不变	不变	—
事故率	减少	—	−48%	−11.7%	−64%	−15%	下降	—	+5%	−40%	+4%	—
受伤	—	−8%	—	−86%	−255	−55	下降	—	不变	−40%	+4%	—
死亡	—	—	—	—	−55	−0.7dB	—	—	—	+2%	+0.4%	—
排放量	—	—	—	—	−1.6dB	—	—	—	3600	—	—	—
噪声	—	—	700	969	—	57000	—	320	38000	—	—	—
成本（千欧元）	—	—	13000	2257	—	370000	—	731	10.56	1.3	1.6	—
收益（千欧元）	—	—	18.57	2.33	—	6.5	—	2.28	50%	70%	90%	—
收益成本比	—	—	87%	—	30%	60%	—	—				
满意度	95%											

80

(2) 结果

考虑到使用可变限速的多种安装类型及其多种用途,该分析仅用于满足以下条件的可变限速安装。

① 在高速公路上安装。

② 根据路况激活。

③ 具有线性延伸(不包括交叉点)。

1) 干预范围:所分析系统的范围仅仅是描述性参数。该范围排除了唯一异常值("橙色价"部分)以提供对所分析部分长度的更好概述,平均在 17~34km。

2) 日平均流量:此参数也是描述性的。它旨在量化所考虑部分的流量。分析设施的日流量显示每天的车辆数量在 87000 和 134000 之间(第一和第三四分位数)。

3) 日平均流量的变化:系统实施后,几乎所有情况都显示出平均日流量增加(除了 Apeldoorn – Deventer 部分显示出反趋势,因此被排除在分析之外)。该系统实施后,流量平均增加了 4.3%,分析值的一半在 2.1% 和 7.2% 之间(第一个和第三个四分位数)。

4) 行程时间的变化:对行程时间的分析表明,使用可变限速具有积极影响。Apeldoorn – Deventer 和乌克斯桥城部分显示空值,而其他情况显示接近值。经过对评估结果的准确分析,排除了上述两个部分的数据,结果是旅行时间减少的平均值为 8.8%,第一个和第三个四分位数的值分别为 1.4% 和 15%。

5) 堵塞时间的变化:堵塞时间变化的值显示了变速限制系统的效率。除了 Apeldoorn – Deventer 部分外,分析数据的值非常接近,但是不能将其视为异常值。结果是堵塞时间平均减少 14.5%。第一个和第三个四分位数之间的间隔表示拥塞时间减少了 6.8%~19.3%。

6) 速度标准差:在测量速度的情况下,速度的标准差会随着系统的激活应用而减小。结果是记录的变化范围在 4%~32% 之间。

7) 事故:就减少事故而言,应用系统的结果也是极其积极的。样本显示事故的平均减少率为 38.1%,而第一个和第三个四分位数事故减少了 20%~53.4%。

8) 事故中受伤人数:与事故相似,受伤人数也减少了。案例的平均值为 16%(第一个和第三个四分位数为 8.9% 和 22.5%)。

9) 空气和噪声污染的变化:有关污染物排放变化的样本数据显示了相反的值,即变化的间隔范围从减少 5% 到增加 5%。减少噪声污染的数据显示从 0 降低到 1.6 dB。同样在这种情况下,样本的代表性不足以得出任何结论。

10) 遵守速度限制:遵守速度限制显示出了很高的数值,介于 80% 和 90% 之间。但这些数据不具有代表性,因为它们与速度自动控制系统的存在相关联,而减少的可用值数量将使这种操作无效。

11）成本与收益：这里分析了安装成本和收益的价值，但是绝对值难以提供特别重要的信息。此处可以得出的唯一指示性信息涉及安装的平均成本，其中第一个和第三个四分位数之间的间隔在1万~1700万欧元之间。

12）BCR：就设备的BCR而言，情况有所不同。这些数值表明，从经济角度来看，可变限速的影响是积极的。对于第一和第三四分位数，该比率范围从1.9到8.5，平均为6.2。

即使BCR分析是根据制定的可变标准进行的，但有关可变速度限制的BCR仍显示正值。

13）用户满意度：就用户对使用中的系统的意见而言，样本显示的值从30%到90%不等，平均值为68.9%。

2. 匝道控制

由于在加速车道上放置了交通信号灯，匝道控制系统可以调节进入主交通流的流量。传感器（通常是感应回路）收集的数据（放置在主道路和入口坡道上）由计算机处理。通过特定的算法，它可以确定车辆进入主车流的最佳时刻。

这样，一部分流量暂时留在匝道上等待，从而避免了达到临界流量（容量）比。因此，车辆可以最大化通行，且不会导致严重情况。

（1）指标

该系统旨在通过调节进入主要道路的次要道路的流量来改善主要道路的交通状况。主要评估以下内容。

1）主流量变化：安装系统后评估主道路上的流量变化。由于该系统旨在改善交通流动性，因此主流量有望提高。

2）主流量速度：在这种情况下，要考虑属于主车流的车辆平均速度的变化。预期平均值会增加。

3）主道路上的旅行时间：计算主道路上的旅行时间的变化。安装系统后，旅行时间预计会减少。

4）匝道上的旅行时间：与主路不同的是，在入口匝道上行驶的车辆必须等待绿灯亮起。因此，匝道上的旅行时间必然增长。

5）安全：就道路安全而言，对系统的影响进行了评估（事故数量的变化）。

6）经济方面：经济方面主要涉及为系统构建及其收益而付出的成本。在这种情况下，主要收益是通过匝道控制系统为用户节省的总时间定义价格而获得的。

7）结点容量：此值指示结点容量的变化，即结点可以处理的流量增加，且不会超出临界拥塞阈值。

8）事故：评估系统安装后事故数量的变化。

数据（4.2）

国家	地点	匝道数量	主交通流 变化	主交通流 速度	行程时间 主干路	行程时间 坡道	事故	成本效益比	投资回报率	连接能力	拥堵
澳大利亚	Melbourne（Monash）	—	+6.5%	—	−42%	—	—	—	—	—	—
法国	Paris south（A6）	5	—	+11.2%	−4.6%	—	—	—	1.5	—	−17%
德国	Munich（A94）	1	—	—	−7.1%	—	—	—	—	—	—
德国	Grefeld（A57）	2	—	+8.75%	—	—	—	—	—	—	—
以色列	Tel Aviv（Ayalon 高速公路）	16	—	—	−6.7%	—	—	7.6	—	+3.3	—
新西兰	Auckland	3	—	+28.6%	—	—	—	—	—	+4%	—
荷兰	Zoetemeer	9	+3%	+15%	−13%	+20	−38%	—	—	—	—
荷兰	Coentunnel	—	—	+20%	—	—	—	—	—	+1.5%	—
荷兰	Delft–Zuid	—	—	—	—	—	—	—	—	+4%	—
荷兰	Schiedam–Noord	—	—	+16.6%	−6%	—	—	—	—	—	0
荷兰	Barendrecht	—	—	+16.6%	−10%	—	—	—	—	+5%	0
荷兰	Kolkweg	—	—	+3%	−3%	—	—	—	—	0	0
荷兰	Vianen	—	—	+4.1%	0	—	—	—	—	+5%	0
荷兰	Utrecht（A2–A28）	18	—	—	−5.8%	—	—	—	—	—	—
英国	伯明翰（M6）	7	+4%	—	—	+45	−5%	4	—	+3.2%	—
英国	格拉斯哥（M8）	2	+6%	+5.3	−13%	—	−7%	—	—	+6%	−14%
英国	谢菲尔德（M1）	—	+3%	—	−9.1%	—	—	5	—	—	—
英国	伯奇伍德（M6–M62）	4	+5.8%	+32.2%	−29.75%	+63	—	—	5	—	—
英国	Haidock（M6）	3	+1%	+3.9%	−4.9%	+15	—	—	7.1	—	—
英国	维克菲尔德（M1）	3	+3%	+10.3%	−10.5%	+56	—	—	2.6	—	—
英国	Roterhan（M1）	3	+5%	+11.6%	−10.7%	+50	—	—	3.1	—	—
英国	Walsall（M6）north	2	+0.5%	+7.85%	−8%	+6	—	—	7.1	—	—
英国	Walsall（M6）south	2	+19%	−10.7%	−15.7%	—	—	—	—	—	—
美国	双子城	431	+11.5%	+11%	−22%	—	−26%	0	—	—	—
美国	阿比林	—	—	+22%	−13%	—	—	2	—	—	—
美国	阿林顿	5	—	—	−10%	—	—	—	—	—	—
美国	亚特兰大	5	—	—	−10%	—	—	2	—	—	—
美国	奥斯汀	3	+7.9%	+60%	−37.55	—	—	—	—	—	—
美国	丹佛	28	+19%	+46.7%	−31.8%	—	−27.5%	—	—	—	—
美国	底特律	28	+14%	+8%	−7.4%	—	−50%	—	—	—	—

（续）

国家	地点	匝道数量	主交通流 变化	主交通流 速度	行程时间 主干路	行程时间 坡道	事故	成本效益比	投资回报率	连接能力	拥堵
美国	休斯顿	—	—	+29%	−22%	—	—	—	—	—	—
	长岛	60	+3.5%	+15%	−16.5%	—	−15%	—	—	—	—
	洛杉矶	259	—	+23%	−13%	—	−20%	—	—	—	—
	密尔沃基	6	+22%	+19%	—	—	—	—	—	—	—
	圣保罗	—	+24%	+37%	−20.1%	+73	−26.5%	0.3	—	—	—
	菲尼克斯	9	+15%	+7.5%	—	—	—	0.5	—	—	—
	波特兰	16	+25%	+81.2%	−23.2%	—	—	—	—	—	—
	萨克拉门托	9	+4%	—	—	—	−43%	—	—	—	—
	西雅图	22	+74%	+22.5%	−69.3%	—	−50%	0	—	—	—
	特伦顿	9	—	+17.8%	−11%	—	—	—	—	—	—

（2）结果

1）匝道数量：此描述性参数表示一半的设施平均具有 3～9 条匝道。那些安装在长岛、洛杉矶和双子城的部分设施未考虑以上情况，因为它们是针对在不同道路上有大量匝道（在 60～430）的分析，这使它们与其他道路截然不同。

2）主流量速度：通过使用该系统分析主流量的平均速度如何变化，便可以立即了解匝道控制的好处。参考第一个和第三个四分位数的数据，在一半的案例中，平均速度的增长介于 8.2%～22.9%，平均接近 19.5%。

这些值表明，匝道控制对其主要目标（如效率提升）无疑具有积极的影响。

3）主流量的变化：主干道上的流量变化平均增加 12.6%，其中第一个四分位数为 3.6%，第三个四分位数为 18%。同样在这种情况下，结果令人满意。

4）主干道上的旅行时间：与上述类似，主路上的旅行时间平均减少 15.8%，而第一个和第三个四分位数分别为 7.3%～20.6%。

5）拥堵指数：仅在所分析的两个案例中，流量与容量之比超过给定阈值的时间被定义为拥堵指数。

仅考虑了两个不同于零的值，尽管它们的意义不大，但它们的结果具有一定的意义。

6）匝道上的旅行时间：匝道计费具有"副作用"，其增加了在匝道上等待车辆的等待时间。该值的增加以秒为单位。

测量值显示平均为 41s，第一个和第三个四分位数之间的间隔为 19～58s。

7）事故：使用匝道控制减少的事故率相当高，平均为 28%，一半的数据在

17.5%~40.5%（第一个和第三个四分位数）。

鉴于分析的案例数量众多，该结果可以被认为是可靠的。

8）合流容量：在所考虑的设施中，合流点容量平均增加 3.6%，其中有一半案例增加比例在 3.2%~5%。

9）BCR 和投资回报时间：从经济的角度来看，匝道控制具有良好的效果。

除去唯一的异常值（显然比平均值高得多的值），BCR 的平均值大于 8，第一个和第三个四分位数的间隔在 6.7~10。

在估算投资回报年限的情况下，一半的值在 2.7 年~6.6 年，平均为 4.4 年。

3. 潮汐车道

潮汐车道系统灵活地管理可用车道，从而使基础架构管理人员可以根据其需求打开或关闭特定车道。该系统的典型示例是在拥堵的情况下可以在高速公路紧急车道上通行，从而使队列流动得更快。其他类型的潮汐车道是可逆车道，可逆车道在美国更常使用，其方向会根据较高的交通流量的方向而变化。

（1）指标

以下指标被选择用于比较案例。

1）通道数：表示系统激活时可访问的通道数。

2）车辆的平均线密度：它表示平均密度，即每车道每千米的车辆数。

3）车道上的交通分配：它评估车辆流量在车道上的分配方式。该系统的目标之一是通过使分布尽可能均匀来增强分布。

4）速度标准偏差：此指标用于测量速度的变化，从而测量所考虑部分的行驶时间。

5）行程时间：在所考虑的路段上评估平均行程时间，以通过降低拥堵程度来减少行程时间。

6）事故：评估未考虑受伤和死亡人数，仅考虑了事故数量（因此会对人身造成伤害）。

7）遵守限制：此参数指示用户在多大程度上遵守系统给出的指示。

8）高峰时段的拥堵：该指标衡量超出临界阈值（即当给定路段的线密度大于给定值时）所需的时间变化。

9）交通量：潮汐车道系统启动后，道路通行能力将提高。因此可以评估道路可以处理而不会发生拥堵的交通变化（超出临界阈值）。

10）排放：安装系统后评估污染物排放的变化。

11）噪声污染：评估车辆在一段路段上产生的噪声变化。

数据(4.3)

国家	地点	速度偏差	行程时间	事故	限制遵守	高峰时间的拥挤	平均流量变化	流速	排放量	噪声污染/dB	无障碍车道(系统活动)	干预范围/km	流量	车辆平均线密度	车道上的交通分布
英国	阿克斯布里奇(明翰伯M25)	—	减少	−20%	5%	−9%	1.50%	—	−5%	−1.5	4	31	—	—	有所改进
	伯明翰(M42)	−22%	−16.50%	−78%	14%	−7%	7%	—	−5%	−2.1	4	17.4	134000	—	有所改进
意大利	马斯特(环城公路)	−25.50%	减少	−53.50%	89%	−9.40%	7.70%	+15.3 km/h	减少	—	3	42	170000	−36%	有所改进
法国	巴黎(A4/A86)	—	−35%	减少	—	−15%	10%	9%	−4.25%	减少	5	4	280000	—	有所改进
	埃弗丁根	—	—	—	—	−18%	—	0.60%	—	—	3	3.2	—	—	—
	鹿特丹-特布雷松(A20)	—	−4.20	—	—	−12.80%	0.50%	—	—	—	5	3.4	—	—	—
	诺德鲁斯	—	−2.48%	—	—	32.85%	5.60%	—	—	—	4	6	—	—	—
荷兰	泽斯蒂安霍文-德尔夫特祖德(A13)	—	−5.30%	—	—	−10.20%	1.30%	—	—	—	4	5.4	—	—	—
	扎拉丹-普梅伦德(A7)	—	−12.30%	—	—	−71.40%	6.45%	—	—	—	3	10.2	—	—	—
	胡韦拉克-巴尼韦尔德(A1)	—	−4.45%	—	—	−8.05%	2.10%	—	—	—	3	10	—	—	—
	弗里德伯格-法兰克福北部西(A5)	—	—	—	—	−63%	21%	—	—	—	4	18	120000	—	—
德国	奥芬巴赫-奥伯茨豪森(A3)	—	—	−48.50%	—	—	—	—	—	—	4	17	130000	—	—

（2）结果

1）无障碍通道：当系统处于活动状态并且所有通道都打开时，除巴黎之外，其余的可通行通道数均为三或四个。

2）干预范围：具有动态通道的路段范围非常有限，只有42km的马斯特环城公路是个例外。所有其他城市设施显示的值在3.2~31km，平均为14km。

3）日平均流量：每日流量的记录显示每天平均138500辆车，最大流量17万辆。巴黎每天28万辆，因为巴黎是唯一具有五个可访问通道的系统，此值作为异常值被排除。

4）行程时间的变化：在所有情况下，路段的平均行程时间减少了，平均值为11.5%。第一个和第三个四分位数，减少幅度在4.3%~14.4%。

在效率方面，动态车道可达到预设的目标。

5）事故：就事故而言，运行结果也是非常好的。事故平均减少了50%，峰值为78%，最小值不低于20%。第一个和第三个四分位数在41.4%~59.5%。因此，所获数据在安全性目标方面给出了肯定。通过这些干预，安全设备得到了关键性的增强，且可以让交通在没有紧急车道的情况下运转。

6）高峰时段拥堵：高峰时段（即主动系统）拥挤程度的变化作为其中一个参数可以更好地显示出效率的提高。

在这种情况下，分析数据时显示了三个异常值，其中两个异常值远远超出平均值，另一个异常值则显示反趋势。由于有大量可用数据，因此把这些异常值从分析中排除以进行更均匀的评估。

在第一个四分位数与第三个四分位数之间产生一个有限的范围，为8.8%~13.4%，平均值为11.2%。

该结果可以被认为是积极的，尤其是考虑到随着系统的实施，平均流量增加的情况下。

7）平均流量的变化：如上所述，拥塞的减少对应于所分析部分的平均流量的增加，平均值为6.3%，中心间隔（相对于四分位数）为1.7%~7.5%。

该系统在效率方面展现出良好的功能。

8）空气和噪声污染：关于污染的数据非常有限。但是，在空气污染的分析中，记录值非常接近，数据显示平均排放量减少了4.8%。

系统实施后，噪声污染平均降低了1.8dB。

9）遵守速度限制：在这个指标中，可用的数据数量有限且一致性差，因此无法得出任何结论。

4. 市区道路收费

道路收费是一种在给定时间段内或拥挤区域内增加用户出行成本以减少交通流量的系统。道路定价通常通过创建付费访问区域（通常是城镇中心）来发挥作用。该系统允许车辆从装有自动车牌识别系统的卡口进入。通行费的支付与车牌相关联，由此中央处理器可以确定用户是否支付了正确的金额以进入受限的交通区域。

（1）指标

为了比较评估结果，选择了若干城市道路收费的案例。指标包括公众的满意度及其演变指标。以下是已考虑的指标。

1）人口：所考虑城市地区常住人口的指标概述了经营环境。

2）吸引区域：城市收费系统的特点是警戒线结构。该警戒线包含一个给定的区域。该指示也提供有关系统实施环境的信息。

3）卡口数量：指示车辆进出限制交通区域的卡口数量。

4）营业时间：指示安装在一周中的营业时间，区分工作日和节假日。

5）开始日期和结束日期：指示激活系统的日期；如果设施不再活动，则指示停止工作的日期。

6）参考期：表示表中数据所参考的年份。

7）通行通道：表示在实施系统之前和之后通过通行通道进入的车辆之间的差异。

8）每日通过闸门的次数：以绝对值表示通过入口和出口闸门的平均每日通过次数。

9）平均通行费：这是小型车进入收费区域 1 天必须支付的费用。

10）流量变化：表示收费区内的流量变化。该值基于进出卡口的数据处理。

11）拥塞指数：该指数基于流量/容量比率，即考虑比率超过临界阈值时的时间量。

12）事故变化：比较系统实施前后的事故数据。

13）成本/收益分析：该指标从经济角度量化了系统的影响。

① 通行费收入：表示收费站年收入。

② 罚款收入：表示来自对违法者罚款的年收入。

③ 从节省的时间中获利：对应于为用户节省的总时间所定义的价格。

④ 轻微事故减少带来的收益：在这种情况下，也要同样计算出该地区事故减少所产生的社会收益。

⑤ 对环境和健康的好处：量化因减少污染而改善的健康状况所产生的社会效益，并为此确定确切的数值。

⑥ 年度维护成本：表示维护运行中设备的年度成本。

⑦ 投资回报年限：表示为实施系统而摊销投资所需的年限。

14）CO_2 排放量的变化：表示收费区域内 CO_2 排放量的变化。

15）公众舆论：这部分评估居民对系统实施的意见。尤其要搜索系统实施第一年的满意度数据，以将其与当前满意度进行比较。

数据（4.4）

国家	意大利				挪威			瑞典	英国		新加坡
地点	米兰	罗马	博洛尼亚	热那亚	卑尔根	奥斯陆	特隆赫姆	北杰伦	斯德哥尔摩	伦敦	达勒姆	新加坡
人口	1300000	2700000	380000	610000	168000	570000	168000	250000	818000	7550000	43000	4500000
吸引区域 km²	8.2	4.2	3.2	1.5	18	64	50	—	29.5	20	—	7.25
卡口通道数	43	23	10	11	7	19	24	21	18	170	—	50
办公时间 星期一—星期五	7.30-19.30	变量	7.00-20.00	0.00-24.00	6.00-22.00	0.00-24.00	6.00-17.00	0.00-24.00	6.30-18.30	7.00-18.00	10.00-16.00	7.00-20.00
办公时间 星期六—星期天	—	变量	星期天 7.00-20.00	0.00-24.01	6.00-22.00	0.00-24.01	—	0.00-24.01	—	—	星期六 10.00-16.00	7.00-20.00
穿过卡口	-31.1%	-18%	-23%	—	—	—	—	—	-22%	-16%	-85%	—
每天经过卡口	93500	2400	—	—	73000	244000	71000	115000	221000	—	550	290000
平均收费（€/天）	5	1.5	5	7.8	1.25	2.48	1.86	1.2	1.5	11.5	3.2	2
交通变化	-31.10%	-15%	—	—	-6.50%	-3.50%	-10%	—	-22.50%	-21%	-85%	-13%
拥塞指数的变化	-16.20%	—	—	—	—	—	—	—	-33%	-30%	—	—
平均车速	11.80%	4%	—	—	—	—	—	—	40%	37%	—	22%
事故变化	-21.30%	—	—	—	—	—	—	—	—	—	—	—
成本/效益分析 通行费收入（M€/年）	20.30	15	1.05	—	8.68	109.15	15.63	—	71.26	170	—	41
成本/效益分析 罚款收入（M€/年）	—	74.8	—	—	—	—	—	—	—	120	—	—
成本/效益分析 从节省的时间中获利（M€/年）	9.3	—	—	—	—	—	—	—	60.65	182	—	—
成本/效益分析 小事故的获利（M€/年）	8.4	—	—	—	—	—	—	—	12.33	21	—	—

(续)

国家		意大利	挪威			瑞典	英国	新加坡
成本/效益分析	健康/环境获利/(M€/年)	3.3	—	—	—	9.25	4.35	—
	维修费用/(M€/年)	0.155	—	—	—	22.62	130	8.4
	多年的投资回报率	—	—	—	—	4	—	—
	该地区排放量的变化(CO_2)	−9%	—	—	—	−12%	−16%	—
公众舆论	开始时很有利	—	13%	30%	7%	31%	40%	—
	在开始时相反	—	54%	70%	72%	62%	40%	—
	最后很有利	87%	50%	57.50%	14%	52%	48%	—
	最后相反	—	37%	42.50%	57%	40%	35%	—

(2) 结果

为了尽可能对市区道路收费系统的结果进行分析,排除了热那亚、罗马和达勒姆的情况。

1) 卡口数量:系统的卡口数量从 7 到 50 不等(伦敦的卡口数量超过 150),平均为 28。

2) 每天通过卡口的次数:每天平均通过卡口通道的次数数据提供了设备的使用情况。其平均值为每天 11.5 万辆车,中心间隔为 72400~232000。

3) 平均每日通行费:小型车的平均每日通行费显示出了非常相似的值(均相同的幅度),然而伦敦除外,认为伦敦的 11.50 欧元是一个异常值。

该指标的平均值为 2.18 欧元,数据的中心间隔(第一和第三四分位数)为 1.38~2.24 欧元。

4) 每天通过卡口的变化:尽管市区道路收费系统具有不同的特征,但每天通过卡口通道变化却显示出相当相似的数值。

所获得的数据平均下降幅度接近 18.6%,变化范围为 14%~31%。

5) 该地区的交通变化:类似于通过卡口的通道变化(在某些评估中,数据是一致的),收费区域内的流量平均减少了 13.2%,数据中心在 9.1%~16.50%。

由此可见,该系统在效率方面取得了积极的成果。

6) 拥塞指数:不幸的是,尽管该指标的值都显示出下降的趋势,但其数据量很少。该值的范围为 5%~33%,平均为 22.6%。

7) 污染物排放量变化(CO_2):对于这个指标也没有太多的可用数据。

该指标的数据中共有三个非常接近的值,下降幅度在 9%~16%,平均降低 12.3%,第一个和第三个四分位数分别降低 10.5% 和 14%。

8) 平均车速:另一个对测量系统效率有用的参数是通过使用该系统实现的车辆平均速度的提高。车速平均值为 21.9%,数据的中心间隔(第一个和第三个四分位数)在 6.7%~37%。

该指标是市区道路收费的主要目标之一,它也为系统运行效率提供了积极的指示。

9) 舆论:考虑到道路收费设施的特殊性,了解公众对收费区的意见将是十分有趣的。

如图 4.14 和 4.15 所示,反对市区道路收费系统的人数在减少,而赞成的人数在增加。

除特隆赫姆以外,在所有城市的案例中,赞同的人在开始时都是少数,而最后变成了大多数。

5. 互联网信息服务

通过专用网站,可以实时通知用户交通状况。还可以提供其他信息,例如天气状况、最受关注地区的图像、预期的行驶时间、道路施工的存在。

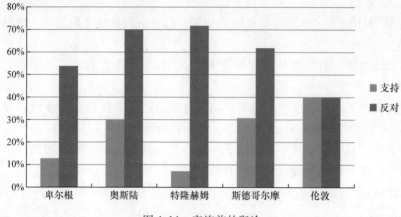

图 4.14 实施前的舆论

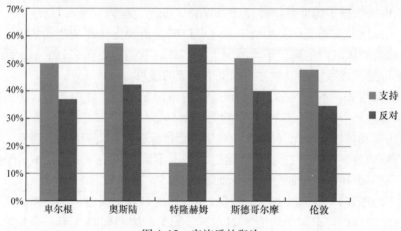

图 4.15 实施后的舆论

(1) 指标

到目前为止,各种给定的案例中尚未评估所考虑的范围(环境影响、安全、经济方面等),因为以往几乎没有评估会考虑这些范围。评估通常会考虑比质量更定量的一般因素。以下是被选择用于比较的指标。

提供的信息:此处列出了通过信息系统分析后提供给用户的信息(交通状况、天气、查看最受关注地区实时图像的可能性)。

访问者数量:它表示在给定的时间间隔内使用 Web 信息服务的用户数量。

在紧急情况下的访问量增加:此参数表示该服务的使用方式,即用户在多大程度上依赖该服务来计划行程或在该时段接收有用信息。

用户满意度:表示用户对所提供服务的满意程度。

修改行程的用户：从系统接收信息后，它将收集修改行程的用户数量。通过它可以了解服务可能在多大程度上影响用户的行为，并可能优化交通状况。

（2）结果

从案例中可以得到最相关的数据，尽管几乎没有可用的数据，但数据来自于根据网站信息而修改行程的用户。

数据（4.5）

国家		丹麦		法国	意大利	英国			
地点		哥本哈根（区域）	富宁（E20）	—	萨沃纳-文蒂米利亚（A10）	伯克郡	布里斯托尔（M5/49）	苏格兰	苏格兰
环境		城区	高速公路	高速公路	高速公路	城区	高速公路	高速公路	高速公路
每月访客		22000	2100	—	8000	1000	5600	1100	—
用户满意度		81%	80%	53%	—	—	54%	高	80%
特殊时期访客增长情况		—	—	—	夏季高	9-11点或16-19点	在夏季增加25%	—	—
用户修改行程情况	路线	72%	—	—	—	72%	—	—	82%
	行程时间	63%	—	—	—	51%	—	—	57%
	交通工具	6%	—	—	—	11%	—	—	6%
	实时监控	●	●	●	●	●	●	●	●
	交通状况	●	●		●	●	●	●	●
提供的信息	天气	●	●		●		●		●
	行程时间	●	●	●	●				
	停车场					●			●
	道路施工情况	●	●		●				●

1）更改行程时间的用户占 72%~82%。

2）那些将出发时间更改了的用户占 51%~63%。

3）那些改变交通工具的用户占 6%~11%。

有趣的是，在城市以外的地区，每月的游客数量在 1100~10000，而在哥本哈根地区，每月的城市旅客数量为 22000。

6. 行程时间指示

了解给定目的地的旅行时间可以减轻用户的压力，尤其是在交通拥堵的情况下。借助自动车辆识别系统（可读取车牌或检测车载设备，例如 ETC），该行程时间指示系统基于该区域的两个站点（一个上游和一个下游）来实现，可以计算出行驶完给定路段的所需时间，然后告知道路使用者到达指定出口所需的时间。该行程时间可以通过可变情报标志或其他信息服务进行广播。

（1）指标

考虑以下这些指标：

1）模式：表示告诉用户行程时间的方式，可以通过可变情报标志、网站或广播等模式进行交流。

2）信息准确性：对于这种类型的系统，信息的时间准确性必须很高。在大多数评估中，该指标都是通过现场调查进行评估的。

3）用户满意度：评估用户对所提供服务的满意程度。

4）修改行程的用户：类似于通过 Internet 的信息服务，它根据计算出的行程时间估计修改行程的用户数。

5）安全和排放：它大致表示了道路安全和污染物排放变化方面可能导致的任何影响。

数据（4.6）

国家		丹麦	丹麦	法国	法国	法国	英国	英国
地点		哥本哈根（E20/E47/E55）	富宁（E20）	奥桑山谷	ASF网络	格拉斯哥	苏格兰	爱丁堡（M90/A90）
模式	网络	—	•	•	•	•	—	—	—
	FM 广播	—	•	•	—	•	—	—	—
	SMS	—	—	—	—	—	—	—	—
	VMS	•	—	•	•	—	•	—	•
信息准确度		—	好	93%	85%	65%	84%	86%	70%
用户满意度		80%	80%	73%	54%	70%	75%	好	好
修改行程用户		13%	—	—	40%	45%	—	—	—
安全		减少	—	增加	—	—	增加	增加	增加
排放		—	—	下降	—	—	—	—	下降

（2）结果

这是从可用数据中得出的信息。

1）行程时间的系统可靠性等级很高（记录的数据中最低可靠性等级为65%，平均超过80%）。

2）用户对此类服务的满意度很高（平均值为72%）。

3）即使给出的数据很少，但根据那些给定的信息修改行程的用户数量却是很重要的，即使此类用户的数量不多。

参 考 文 献

[1] Cullern D., Marsili F., White J., et al. *"Definition of Evaluation KPI for ITS Deployment"*.
[2] Website http://ec.europa.eu/transport/themes/its/road/action_plan/ [Accessed 31 March 2016].
[3] ISTAT, *"Road accidents in 2007 – Methodological Note"*. 2007.
[4] Bankosegger D., Kulmala R., Marchionni G., Studer L., "State of the Art in Europeans ITS Evaluation Research – Where Europe Has Blind Spots". ITS Europe Congress, Lyon, June 2011.
[5] Bunch J., Burnier C., Greer E., et al., "Intelligent Transportation Systems Benefits, Costs, Deployment, and Lessons Learned Desk Reference: 2011 Update [online]". 2011. Available at http://www.its.dot.gov/index.htm [Accessed 1 April 2016].
[6] Cambridge Systematics, Inc., *"Twin Cities Ramp Meter Evaluation – Final Report"*.
[7] Cohen S., *"A Cost Benefit Assessment of a Variable Speed Limits Operation"*. September 2009.
[8] Cohen S., *"Impact of a Peak Hour Lane on Traffic Efficiency and Pollution"*. June 2008.
[9] Commissione delle Comunità Europee, Comunicazione 886/2008, *"Piano d'azione per la diffusione di sistemi di trasporto intelligenti in Europa"*. December 2008.
[10] Comune di Milano, *"Monitoraggio Ecopass Gennaio – Dicembre 2008, Indicatori Sintetici"*. February 2009.
[11] Congestion Charging Division of Transport for London, *"Impacts Monitoring – First Annual Report"*. 2004.
[12] CURACAO, *"Case Study Results Report"*. 2009.
[13] Dalla Chiara B., Barabino B., Bifulco G. N., et al., *"ITS nei trasporti stradali"*. 2013. Egaf.
[14] Department for Transport, *"Understanding the Benefits and Costs of Intelligent Transport Systems: A Toolkit Approach"*.
[15] Desnouailles C., *"Managed Lanes: A French Project to Reduce Congestion on Motorways"*. 2007.
[16] Dirección General de Tráfico, *"Evaluación del Proyecto: Señalización dinámica y gestión del tráfico de los accesos a Cádiz"*. 2009.
[17] Durham City Council, *"Saddler Street Road User Charge Scheme – Monitoring Scheme"*. September 2003.
[18] EasyWay Evaluation Expert Group, *"Multi-modal Traveller Information Service, Trafikken.dk Hovedstaden, Denmark"*. June 2009.
[19] EasyWay Evaluation Expert Group, *"Own Language Information System"*. April 2009.
[20] EasyWay Evaluation Expert Group Document – EEG/11/7 (2011), *"EasyWay Template for Reporting Evaluation Results – Final Version"*. April 2011.
[21] Easyway Secretariat, *"Core European ITS Services and Actions"*. December

2008.
[22] Easyway Secretariat, "*Easyway Template for Reporting Evaluation Results*". May 2009.
[23] Easyway Secretariat, "*Evaluation approach*". October 2008.
[24] Easyway Secretariat, "*Handbook on Evaluation Best Practice*". June 2008.
[25] European Ramp Metering Project, "*Evaluation Results*". March 2004.
[26] Federal Highway Administration, "*International Urban Road Pricing – Final Report*". June 2006.
[27] Federal Highway Administration, "*Lessons Learned from International Experience in PROGRESS, – Main Project Report*". July 2004.
[28] Geistefeldt J., "*Temporary Hard Shoulder Use in Hesse – Effects on Traffic Flow and Road Safety*". 2008.
[29] Gould C., Rayman N., "*Ramp Metering Development in a UK Context*". 2004.
[30] Van Der Loop H., "*Ex-Post Evaluation of Policy Programmes on Traffic Congestion*". 2004.
[31] Stoelhorst H., Schreuder M., "*Dynamic Speed Limits Pilot Programme*". 2009.
[32] Highway Agency, "*Ramp Metering – Summary report*". November 2007.
[33] Highways Agency, "*Integrated Traffic Management at Junction 33 of the M1 – Evaluation Report*". July 2008.
[34] Highways Agency, "*4-Lane Variable Mandatory Speed Limits – 12 Month Report*". June 2008.
[35] Highways Agency, "*Ramp Metering – Operational Assessment*". July 2008.
[36] Hungarian Roads Public Co., "*TEMPO Evaluation of a traffic monitoring pilot project on Hungarian motorway M7 – CONNECT Evaluation results report*". November 2009.
[37] Ieromonachou P., Potter S., Warren, J. P., "*Norway's urban toll rings: evolving towards congestion charging?*" 2004.
[38] ITS America, "*National Intelligent Transportation Systems Program Plan: A Ten-Year Vision*". January 2002.
[39] Jenstav M., "*Congestion Charging in Stockholm – Impact and Lessons Learnt*".
[40] Land Transport Authority Singapore, "*Road Pricing Singapore's Experience*". October 2002.
[41] Marchionni G., Studer L., Maja R., Ponti M., Veronesi E., "*Valutazione di un sistema integrato ITS in ambito autostradale*". 2007. Trasporti e Territorio.
[42] Opus International Consultants, "*SH20 Mahunga Drive Easy Merge (Ramp Metering) Signal*". 2005.
[43] PIARC, "*Australia: Regaining best use of Melbourne Motorways Monash-Citylink-West Gate Upgrade Freeway Management System*". 2009. Available at http://www.piarc.org
[44] Rämä P., "*Effects of Weather-Controlled Variable Message Signing on Driver Behaviour*". October 2001.
[45] Studer L., Gandini P., Borghetti F., Iuliano R., Pastorelli G., "Assessment of areas exposed to damage by dangerous goods transportation: application of

analytic hierarchy process method for land covers weighing". 2015. *IEEE Conference on Intelligent Transportation Systems, Proceedings, ITSC*, October, 2015, pp. 2551–2556, DOI:10.1109/ITSC.2015.410.

[46] Giacone M. O., Bratta F., Gandini P., Studer, L., "Dangerous goods transportation by road: a risk analysis model and a global integrated information system to monitor hazardous materials land transportation in order to protect territory". *Chemical Engineering Transactions*, 2012, 26, 579–584, DOI:10.3303/CET1226097.

[47] Reading Borough Council, *"Reading UTMC 29B Evaluation Results"*. June 2004.

[48] In't Veld R., *"Monitoring the Main Effects of Rush Hour Lanes in the Netherlands"*. 2009.

[49] SERTI Secretariat, *"Informed drivers and efficient traffic management through high performance travel times on the ASF network"*. June 2006.

[50] SERTI Secretariat, *"Travel Time in the Oisans Valley"*. May 2006.

[51] Societé des AutoRoute Paris – Normandie, *"Evaluation de l'expérimentation d'un panneau d'information sur la disponibilité en places de parking PL des aires d'autoroute – Rapport"*. 2008.

[52] Streetwise project, *"Evaluation – Streetwise Guidelines version April 2003"*. 2003.

[53] Studer L., Böhm M., Mans D., "Toolkit for sustainable decision making in ITS deployment". 2010. *17th ITS World Congress*, Busan, Korea, 25–29 October 2010.

[54] Studer, L., Cecchetto, M., Marchionni, G., Ponti, M., "Evaluation of dynamic speed control on the Venice-Mestre beltway". 2009. *16th ITS World Congress*, Stockholm.

[55] Studer L., Marchionni G., Ponti M., Veronesi E., "Evaluation of 3 Italian its projects". 2006. *13th World Congress on Intelligent Transport Systems and Services*, 9–12 October 2006, London.

[56] Studer L., Ponti M., Maja R., Arditi R., "Dynamic traffic management plans in North-Western Italy". 2007. *6th European Congress and Exhibition on Intelligent Transport Systems and Services*, Aalborg, 2007.

[57] Swedish Road Administration, *"Variable Speed Limits – In a Nutshell"*. August 2008.

[58] Swedish Road Administration, *"Variable Speed Limits on E22 in Blekinge – Final Report"*. December 2007.

[59] Taale H., *"Evaluation of Intelligent Transport Systems in The Netherlands"*. 2002.

[60] Taale H., *"Analysing Loop Data for Quick Evaluation of Traffic Management Measure"*. 2006.

[61] Taale H., Middelham F., *"Ten Years of Ramp Metering in the Netherlands"*. 2000.

[62] TEMPO Evaluation Expert Group, *"Traffic controlled variable speed limits, Sweden"*. April 2009.

[63] TEMPO Programme – Evaluation Expert Group (EEG), *"Handbook on evaluation best practice"*. June 2008.

[64] TEMPO Secretariat, "*Analysis of the red light driving on ramp metering systems on the motorway A40*". January 2007.
[65] TEMPO Secretariat, "*ARENA: A System for Reporting Road Accidents*". October 2005.
[66] TEMPO Secretariat, "*Automatic Incident Detection and Fast Alert Evaluation Report*". May 2006.
[67] TEMPO Secretariat, "*Design, Setting Up and Installation of Ramp Metering on Motorways Intersections*". June 2009.
[68] TEMPO Secretariat, "*Euro Regional Evaluation Guidelines*". April 2005.
[69] TEMPO Secretariat, "*Evaluation of Cross-Border Management between Eindhoven and Köln*". February 2004.
[70] TEMPO Secretariat, "*Evaluation of Cross-Border Management between Rotterdam and Antwerp*". February 2004.
[71] TEMPO Secretariat, "*Impacts of an automatic emergency call system on accident consequences*". January 2006.
[72] TEMPO Secretariat, "*Impacts of an Automatic Emergency Call System on Accident Consequences*". January 2006.
[73] TEMPO Secretariat, "*Intelligent Road Evaluation*". September 2005.
[74] TEMPO Secretariat, "*Local Journey Time System Evaluation*", August 2005.
[75] TEMPO Secretariat, "*M25 Controlled Motorway Summary Report*", February 2006.
[76] TEMPO Secretariat, "*M4 Newport Controlled Motorway Scheme, Wales*", February 2009.
[77] TEMPO Secretariat, "*Mobile Journey Time System*", November 2006.
[78] TEMPO Secretariat, "*MS4 On-Road Trial Final Appraisal Report*", February 2006.
[79] TEMPO Secretariat, "*NADICS Journey Time Planner – STREETWISE Evaluation Results Report*". June 2004.
[80] TEMPO Secretariat, "*Probe IT Evaluation Report*". July 2004.
[81] TEMPO Secretariat, "*Queue Warning System on the E6 – Gothenburg, Sweden*". November 2009.
[82] TEMPO Secretariat, "*Road weather controlled variable speed limits, Sweden*". January 2009.
[83] TEMPO Secretariat, "*Special Operation Paso del Estrecho*". March 2006.
[84] TEMPO Secretariat, "*Speed Control Evaluation on the Autoroute du Soleil*". May 2005.
[85] TEMPO Secretariat, "*Telematics-Controlled Truck Parking at the Motorway A3 Service and Rest Area Montabaur*". December 2008.
[86] TEMPO Secretariat, "*The Road Pricing Experiment in Denmark – User Reaction*". May 2005.
[87] TEMPO Secretariat, "*Traffic Information Kiosks Evaluation*". October 2006.
[88] TEMPO Secretariat, "*Traffic Management Applications on the Køge Bugt Motorway, Denmark*". April 2003.
[89] TEMPO Secretariat, "*Traffic Management Brussels-Beaune*". June 2006.

[90] TEMPO Secretariat, "*Traffic Scotland Web Information Services*". November 2008.
[91] TEMPO Secretariat, "*Travel Times Perception on Variable Message Signs*". June 2006.
[92] TEMPO Secretariat, "*TRIM Travel Time – Funen, Denmark*". December 2004.
[93] TEMPO Secretariat, "*UK-M6 Motorway Ramp Metering (1986–1997)*". February 2004.
[94] TEMPO Secretariat, "*UK-M8 Motorway Ramp Metering (TABASCO project)*". February 2004.
[95] TEMPO Secretariat, "*UK-M90 COMPANION Hazard Warning System (TABASCO project & subsequent Scottish Executive research)*". February 2003.
[96] TEMPO Secretariat, "*UK-TMC Service Evaluation 1998-2001*". February 2003.
[97] TEMPO Secretariat, "*Variable speed limits at intersections, Sweden*". September 2006.
[98] TEMPO Secretariat, "*Variable speed limits at T-junction of highways 6 and 13 in Selkäharju, Finland*". December 2004.
[99] TEMPO Secretariat, "*Video Information Highway Trial – STREETWISE Evaluation Results Report 2 (ST2)*". September 2003.
[100] TEMPO Secretariat, "*Pilot Study into the use of Automatic Traffic Counters for Event Monitoring*". June 2004.
[101] U.S. Department of Transportation, "*ITS benefits: Review of Evaluation Methods and Reported Benefits*". 1998.
[102] U.S. Department of Transportation, "*Application Area Definition*". 2016. Available at http://www.benefitcost.its.dot.gov/its/benecost.nsf/BenefitsHome [Accessed 31 March 2016].
[103] U.S. Department of Transportation, "*National ITS Program Plan*", 1995.
[104] U.S. Department of Transportation, "*Intelligent Transport Systems – Integration Projects*". January 2006.
[105] Fastenrath U., "*Floating Car Data on a Larger Scale*". 2008.
[106] VicRoads Road Safety & Network Access, "*Use of variable Electronic Speed Signs to Improve Safety on Metropolitan Freeways*". May 2009.
[107] VIKING Project, "*VIKING Overview of Evaluations MIP2005*". April 2006.
[108] Vong V., "*Monash Citylink-West Gate Upgrade Project: Implementing Traffic Management Tools To Mitigate Freeway Congestion*". 2008.
[109] Washington State Department of Transportation, "*Evaluation of Renton Ramp Meters*". January 2000.

第 5 章
ITS评估——网络视角

5.1 ITS 传统评估方法

智能交通系统（ITS）项目的好处不如传统交通项目那样更容易被人所理解。虽然 ITS 专业人员清楚地知道 ITS 对交通运输业产生的重大影响，但许多决策者和公众，可能会很难理解 ITS 投资如何得以创造巨大的收益。

十多年来，美国和几个欧盟国家已经建立了 ITS 评估框架。然而，对评估 ITS 建设所做出的努力却微乎其微。这种对单个项目的关注，而不是对系统投资建设的关注，是交通规划和总体评估的一个缺陷。

在考虑项目投资或网络规模投资所涉及的具体问题和机会之前，ITS 评估仍存在很多问题。

ITS 评估中的一般问题

1. 可用数据获取难

在交通投资中，小规模的 ITS 项目会存在以下问题。

1）比起交通运输的一般收益，ITS 的绝对收益通常更少。因此一般来说，ITS 所带来的收益很难与交通运输收益分开。

2）尤其缺乏事后评估。虽然经常进行可行性研究，但很少审查实际发生的情况。这也是许多预测没有达到标准的原因之一，通常所预测的交通需求低于实际需求。这是可行性研究中经常会出现的偏差问题，无论是保持低成本还是夸大需求和收益，该问题都会存在。

2. 基础案例确认难

对于已经实施的项目，为"历史"或"基础"案例收集适用数据可能会极其困难。对于拥有较大投资的 ITS 项目来说，也存在这个问题。近年来，几种浮动车数据被开发出来（大多使用 GPS 信息），用于描述快速路和主要干线的交通运行速度。几家公司还提供这些数据集的历史版本，从而可以在逐个路段基础上开发描述速度数据的指标。然而，这些数据没有关于车辆类型和交通量的信息（虽然目前一些公司已经开始收集这些数据，但历史数据需要其他来源，而且这些来源的覆盖范围并不一致）。

3. 评估项目启动迟

一般来说，ITS 评估在总体过程中优先级较低，有时在方案实施后，甚至在系统被激活运行后才需要进行评估。评估应贯穿项目的所有阶段，特别是在早期规划阶段。

4. 重视项目效果，轻视系统建设

对于具有积极协同效应的项目，这个问题导致了效益被低估。这不仅仅是一个技术问题。准确地说，它鼓励低度投资或鼓励对产生区域性利益的项目进行投资。如，单一路段的交通信号协调相当有益，但城市区域级的信号协调系统将帮助每个人，而不仅仅是特定位置的出行者。本章重点关注技术投资的系统或网络建设。

5.2 网络投资简史

交通运输是每个民众每天都在使用的一项公共服务。教育、保健、福利、消防和警察部门都是重要的公共支出，但大多数人只会在少部分时间使用它们。

交通运输也是资本密集型的，且可以持续很长时间。132 年后，布鲁克林大桥仍然是纽约交通网络的重要组成部分，这种长寿命是我们无法忽略基础设施建设的另一个原因。

这一节描述了一些网络规模的投资。这些例子表明了网络规模投资拥有改变交通运输的经济和社会地位的潜力，且对社会的总体经济增长具有积极的协同效应。这些变化还促进了国家或区域经济的结构调整，创造了新的商业和产业，并加速了其他企业的迭代速度。

接下来描述的例子都来自美国，因为本章的作者最了解这个地区。所有这些例子都称不上是 ITS 中的重要角色，主要是因为 ITS 是在很多零零碎碎的基础上实施的。除了诸如应用在加利福尼亚州的圣地亚哥和德克萨斯州的达拉斯的通道集成管理系统（ICM），尽管涉及大量的高深技术配置，这个系统仅适用于特定通道。

美国的经济历史可以追溯到其大规模的基础设施投资阶段。各个年代都有国家或区域级别的投资，这些投资刺激了经济发展和经济变革的大爆发。虽然与今天的标准相比，这些例子都显得科技感很低，然而在当时那个年代却是采用了先进的技术。

在美国刚成立的最初几十年里，美国陆军工程兵团被资助去开发俄亥俄河和密西西比河。这在加速西进运动方面起到了重要作用——当然比丹尼尔·布恩的《荒野之路》更重要。正如上述，这些是"荒野之流"，但这一举措在当时提供了打开美国一半以上市场的机会，并刺激了阿巴拉契亚山脉以外的迅速发展。

在 19 世纪上半叶，技术发展首先剑指运河，然后转向铁路。各州市和私营单位起了带头作用。纽约州的伊利运河将五大湖与美国东部连接起来，由此带来的贸易增长使纽约成为美国的经济中心。

州际铁路是一种大规模的公私合营方式建设的铁路。联邦和州政府主要以土地

赠予的形式提供财政支持。铁路的可达性可以促进附近区域的经济活动，并提高该区域和邻近公有土地的价值。这导致了运输网络的快速发展。乘客和货物可以在几天而不是几周内横跨整个国家。这种现象降低了成本，打开了新的市场——并导致了成本的再次降低。为了帮助加快铁路的应用速度，联邦和州政府将美国大陆8%至10%的土地交给私人铁路公司，帮助他们融资、加快建设进程。

州际公路系统所创造的经济价值在当时是至少20年国家经济的主要推动者。它的收益率随时间而变化，最高的时候是在20世纪50年代和60年代州际公路系统建设过程中——在这将近20年的时间里，这项投资的年回报率远高于50%！这是建立全国运输网络经济价值的一个显而易见的标志，因为它刺激了新的市场，为新的劳动力输入和物质投入提供了支持。这也反映出在第二次世界大战期间及之后，民营企业投资持续走低。在此期间，州际投资占全国生产收益率总增幅的四分之一。

与州际公路相关的一些变化发生得非常快——除去制定一个切实可行的财政计划，以及在20世纪30年代早期规划阶段中产生公共领导力这20年左右的时间。一个稳健的金融机构与国家运输网络相结合，有助于创造深远的经济效益和引起社会变革。虽然州际公路在20世纪40年代后期便得到批准，但直到1956年公路信托基金设立之前，几乎没有怎么建设。这一财政机制提供了一个有保障的资金来源（联邦汽车燃料税在1960年前后从每加仑2美分增加到4美分），且联邦政府承诺将承担至少90%的建设费用。

近年来，公路投资的回报率有所下降（表5.2）。这既反映了回报率逐渐从州际公路翻天覆地的投资阶段变回更为普通的运营阶段，也反映了自那时以来缺乏可比规模的投资。

其他变化包括20世纪60年代和70年代引进商用喷气式飞机，以及马尔科姆·麦克莱恩发明的多式联运货运集装箱。20世纪80年代初，对航空业、铁路和载货车运输业放松管制引发了行业竞争，使得成本降低、服务范围扩大，并在国家范围内开辟了新的市场。

近年来，随着互联网和无线通信的发展，技术发挥了重要作用。

迄今为止，ITS的投资一直以本地项目的形式进行。随着时间的推移，它们可能会为某种特定的技术提供覆盖范围，但单个项目无法达到由地区或国家部署的规模。随着自动驾驶和车联网的发展，这种情况已经开始改变。本章稍后将讨论这种新的网络规模技术的影响。

5.3 网络如何创造经济价值

5.3.1 关键概念

1）网络规模投资。它具有以下几个特征。

① 地理规模——国家或区域级别与单一路段级别的对比。这包括主要的大都市，例如伦敦、巴黎和纽约。

② 部署速度——几十年的增量变化可能很难被注意到。有保障的资金很重要，例如，虽然美国的州际公路系统直到20世纪70年代前期才建成，在建设期间，不受政治风向的影响、有明确的路线图等因素，都确保了项目可以顺利竣工。因此，经济影响在路网建设完成之前就已显现出来。

③ 影响幅度——也就是说，投资应该提供跨越多个产品或经济和社会部门的服务。仅对一种产品或一种服务机构提供的特定网络可能不符合条件，例如国家警察无线电网络，或者天然气管道网络。

2）非线性影响。也就是说，经济和社会影响大于个人利益的总和。如后面所述，这意味着我们将改变生产出的商品和所提供的服务，以及如何做到这些改变。这些变化可以提高整体的经济生产力——也就是生产一定水平的产出所需的劳动力和资本更少。

对交通经济影响的大多数分析都集中在线性变化上——基于这些变化，出行者和消费者获得的直接利益和企业获得的间接利益。这些影响非常重要，而且评估起来相对简单。例如，给定道路的交通信号协调应做到减少平均行驶时间，提高安全性，并提高行驶的整体可靠性。相比于直接衡量不同项目类型产生的个人利益规模和性质，比较其预估的货币价值更为可行。

每个ITS项目都将具有特定的目标或利益类别。这些因项目类型而异。在任何评估中，最重要的一步是确定该过程中的最大利益。然后，评估工作可以着重于这些利益来进行。通常，评估工作围绕五个主要的利益类别构建（表5.1）。

① 安全性。

② 机动性。

③ 效率。

④ 能源和环境。

⑤ 客户满意度。

为每个类别选择特定的评估方法是很重要的。这些方法需要考虑具体项目的相关性或价值、收集主要评估指标的能力，以及与其他评估中所获得的二手数据的相关性。表5.1展示了美国联邦公路管理局对五大类中每个类别的主要评估指标。

5.3.2 经济生产力

比线性变化更重要的是经济生产力的影响。这些涉及非线性变化，因为个人和企业会根据基础设施的改善调整其做法。这些变化与对当地有影响的项目无关（例如，在现有的高速公路上增加一条车道），但却会在很长一段时间内影响国家或地区范围内的投资。

表 5.1　ITS 评估目标及评估指标[①]

评估目标	评估指标
安全性	降低总体碰撞率 降低导致死亡的碰撞率 降低导致受伤的碰撞率 减少二次碰撞
机动性	减少行程延误 减少行程时间可变性
效率	增加高速公路和干线吞吐量 为用户节省成本 为机构节省成本
能源和环境	减少车辆排放 降低车辆能耗
客户满意度	提高客户满意度 与机动性相关的指标

① 美国联邦公路管理局绩效措施，http://www.its.dot.gov/evaluation/defs.htm。

从学术角度来看，这些变化是很有趣的。提升经济生产力是国际竞争力的关键部分——国家能够提高自己在特定资源中的收益，或提高其公民所能生产的产品质量，从而获得相对于其他国家的竞争优势。生产率的提高也使得劳动力与资本的增加成为可能。

简单来说，生产力的提高使得经济增长事半功倍。在现代经济中，资本和劳动力都是稀缺资源，因此必须最大化其价值，即最大化其经济收益率。生产力的获得有很多途径，包括新技术（如改进的计算机和因特网）；改善的物流；更好的劳动技能，当然还有更容易获取劳动力、中间产品和市场规模的途径。

生产力是国内生产总值（GDP）的重要组成部分，生产力的变化表明未来国内生产总值水平的变化方向。简单来说，生产力通常以 GDP 除以给定时间内的总工时来衡量。大多数国家定期统计这些报告，例如在美国，劳工统计局每年报告四次。

总之，劳动生产力的增长是导致一国生活水平持续提高的关键因素。它还在国家间的竞争中起着关键作用。与增长率较低的国家相比，劳动生产力和资本增长良好的国家将更具有竞争优势。创新是刺激生产力的关键因素。多数著作将技术改进作为驱动力，但如上所述，具有网络规模化的交通运输业也很重要，尤其是融入技术的交通运输发展。

下一节将介绍这些变化的各个组成部分，并大致介绍与其相关的一些分析类的著作。大多数例子来自交通运输行业，很大程度上是因为该行业可获得更好的数据。

以下三个相互关联的阶段展示了从线性影响到更广泛的经济影响的变化，包括生产率的提高和经济结构的变化。

1）改进的交通运输系统（提供更大的规模和更高的服务质量）使工业能够以更少的成本创造同样数量的商品和服务。这就是"生产力效应"。请参阅下面的示例，但并不仅限于此。

2）逐步改善的运输系统还使企业和工业能够改变他们使用其他经济投入的程度——劳动力、中间产品和私人资本。由于投资可以代替企业一种或多种传统经济投入，这样的变化将带来更高的效率，这就是"要素需求效应"。

3）前两次变革造成的成本降低将反过来刺激总体需求的增加，因为个人和企业现在可以比以前购买更多的商品和服务。这就是"输出扩张效应"。这与基于经济活动增加的经典乘数效应类似。

企业级生产力案例研究

科利医疗供应公司（1990年）是内布拉斯加州奥马哈市和爱荷华州部分地区六家使用无库存采购系统医院的批发分销商。在医院行业，无库存采购除了向医院运送医疗产品的频率更高外，还提供挑选和包装操作，这比准时制的配送方式更具生命力。科利公司将物品包装在适当的发货单元中，每天多次为医院的器械使用部门运送物资。

运输对这种高频率配送的无库存采购模式来说至关重要。良好的可达性会让制造商到病人的供应链和高频率（一天多次）配送服务更高效。

一家医院裁减了12名分拣员工，并淘汰了运货车。另一家医院改造了储藏室，使之具有更高效的用途。

资料来源："交通运输：美好未来的关键"，由AASHTO[Mudge,1990]出版。

实际上，为了响应交通运输投资，工业会改变生产商品的成本，然后改变生产商品的方式（甚至可能改变生产的商品），最后改变生产量。而需求的增长将进一步刺激更大的工厂和更多资本的投入，生产量的改变势必引起新一轮的生产方式迭代。

总之，当被视为一个网络时，运输会刺激商品和服务的需求以及供给曲线的变化，即提高了经济生产力。这些变化尽管很难精确地量化其优化效果，但在企业层面仍有迹可循。美国的州交通协会和联邦交通管理局都发表了有关的报告。

尽管制造业更容易举出例子，但这些变化涵盖了经济的所有部分，包括服务业和政府。每个行业都受益于更容易获得的劳动力和客户。事实上，在21世纪，企业比过去更加依赖劳动力质量，服务业对更容易获得的劳动力可能更为敏感。

这一系列变化的总体影响是显而易见的——基础设施的改善通过降低成本和刺激需求两种方式使经济活动整体显著增长，这可能引起经济结构的正向变化。技术的变革也会引起类似的变化,如因特网和无线电通信引入。

这些"网络级影响"已被他人分析过。再次说明,大多数示例来自于拥有更多、更好数据的地面运输系统(尤其是高速公路)。每一项定量研究都是事后进行的,通常以某种形式的计量经济模型为基础,以修正其他经济变化(表5.2)。

表5.2 美国高速公路投资收益率

收益率	1960—1969(%)	1970—1979(%)	1980—1991(%)	1960—1991(%)
公路资本	54	27	16	32
私人资本	16	18	17	17
私募股权	11	11	12	12
利率	5	8	10	8

网络级影响分析案例

纽约大学的伊沙克·纳迪里教授完成了迄今为止"最显著"的实证分析,以评估高速公路投资与经济增长的关系[5]。纳迪里研究了从20世纪50年代到90年代中期公路资本变化的影响。他的结论是,20世纪五六十年代的公路投资占公共投资的平均年回报率的50%至60%。对私营工业来说,这种回报率有一半以上是服务业和非制造业提供的——这与货运、物流和车辆制造业收益最大的传统观点形成鲜明对比。虽然近年来绝对收益率大幅下降,但这些研究发现,公共投资的回报率仍将持平甚至超过私人投资的平均回报率[10]。

艾丁顿交通研究所发表的"运输在维持英国生产力和竞争力中的作用",为运输在生产力和经济竞争力中的作用提供了一个更新的国际背景。研究报告指出,运输基础设施投资平均增加10%,国内生产总值增加约2%。该报告还讨论了如何恰当处理和发掘运输投资中经济利益的挑战,指出交通运输投资中尚未报告的高达50%的潜在经济收益[2]。

雷米·普鲁德·霍姆和李昌焕的《规模、扩张、速度和城市效率》比较了欧洲城市,尤其是巴黎和伦敦的生产力。研究人员总结说,"城市的效率是其劳动力市场有效规模的函数"。研究发现,劳动力获得机会增加10%,生产率乃至区域的输出量提高2.4%[12]。

NCHRP报告463中"交通拥堵的经济影响"详细说明了减少交通拥堵的重要性,通过扩大各产业劳动力,从而确保各区域的经济生产力。研究指出,在芝加哥和费城的案例表明,这两个城市的拥堵量减少了10%,将为地区工业提供更多的劳动力。车辆行驶里程(VMT)确实会随着拥堵的减少而增加,但增幅不到2%。由于行驶里程的增加导致的成本增加被区域生产率提高所抵消了,最后的结果是劳动力成本仍呈下降趋势[13]。

纳迪里全系统分析表明,几乎每个经济部门都从公路投资中获得了可观的经济收益。高速公路还使所有行业能够更有效地利用劳动力和中间产品。这是由于各个企业需要获取更多的资源、进入新的市场或更大规模的市场而产生的竞争推动力，还有部分原因则是出于对现有资源更高效的利用[9]。

纳迪里使用一组复杂的成本函数计量经济学模型，来描述公路资产在行业成本变化和产出变化中的作用。他的工作调查了在不同的时间与不同的行业中的变化，纠正了对早期研究的许多技术批评。其中包括：

1）更关注动态变化（即公路的改善降低了成本，进而刺激了需求，进而又增加了成本——该成本与最初受公路影响的成本并不相同）。

2）认识到公路和其他主要经济投入物的替代效应，例如企业根据交通运输质量和数量的变化，使用不同的劳动力、私人资本和中间产品。

3）衡量因果关系而不是简单的相关性。

4）承认高速公路在美国的融资方式——这涉及修正公路使用费的行业成本（收益税）。

5）使用更新和更完整的对私人和公共资本股票估价的方法（见参考文献[10]第15~18页对这些批评的概述，以及纳迪里和马穆尼亚斯如何做出调整）。

5.3.3 网络规模变化的一般特征

网络规模投资的经济和社会影响不同于传统交通运输或技术投资。

网络规模投资的经济和社会影响

一般特征综述

国家（或区域）规模
产生非线性影响
提高以下的可达性：
① 劳动力/工作。
② 市场。
③ 中间产品。
④ 原料。
刺激供给曲线和需求曲线的正向变化反映了一个新的经济体，并且这个经济体由以下要素产生。
① 规模效益。
② 新市场。
③ 新产品/服务。

5.4 自动驾驶车辆：一个可供评估的 ITS 网络

交通正处于一系列深刻的变革之中。出行者们现在的选择早已不是私家车或公共交通出行的经典二选一问题。许多变化得益于新技术的产生，且仍有一些尚未到来的激动人心的变化，如自动驾驶车辆。现在出现了很多新型交通运输服务，例如许多由私营企业家刺激产生的服务。这些变化也响应了市场需求，包括更多人偏好城市生活，以及对一个给企业和个人提供近乎实时信息的移动通信时代的需求。这些变化对传统交通方式（包括私家车、公共交通、步行、自行车、出租车和远程办公）需求的具体影响尚不清楚，但将显著影响我们如何规划、资助和运营区域交通。

虽然"自动驾驶车辆"一词被普遍使用，但实际上有三种类型的自动驾驶车辆：自动化车辆在某些道路上独立运行，网联车辆通过基础设施与其他车辆和驾驶人共享实时信息，自动驾驶车辆兼有自动化和网联化两者特征。美国国家公路交通安全管理局（NHTSA）有一套四级的自动化级别。汽车工程师协会（SAE）也有类似的五级分类。

表 5.3 阐述了驾驶人在 SAE 系统五个级别中的不同作用。简单概括来说，2 级是"脚自由—手留在方向盘上"，3 级是"手自由—驾驶人可以操作其他功能，但需要保持警觉"，4 级和 5 级是"脑自由"。

表 5.3 驾驶人在自动驾驶车辆系统中的作用

级别	系统示例	驾驶人角色
1	自适应巡航控制或车道保持辅助	必须掌控其他功能并监控驾驶环境
2	自适应巡航控制和车道保持辅助 交通拥堵辅助（奔驰或其他车辆）	必须监控驾驶环境（系统不断提醒驾驶人以确保该功能）
3	交通拥堵导航 自动泊车	可以看书、发短信或上网，但要做好在必要时进行干预的准备
4	公路行驶导航 封闭校园的无人驾驶巴士 无人驾驶代客泊车	可以睡觉，并且系统可以根据需要转换至风险最低状态
5	自动出租车（甚至适合儿童） 汽车共享重新定位系统	不需要驾驶人

资料来源：史蒂夫·施拉多弗，PATH。

虽然媒体倾向于专注完全自动化，但部分自动化车辆（NHTSA，2 级）将会被优先部署。特斯拉最近发布了一个简单的 2 级自动化版本。但仅在天气良好，且在特定道路中（主要是快速路），驾驶人双手不离开方向盘或能在几秒钟内接管车辆的情况下适用。其他制造商计划从2016年和2017年开始在某些型号的车辆中加入类似的系统。这些都为测试公众接受度和价格敏感性提供了关键的机会。NHTSA3级车辆将会在近几年,最早于2020年面世。尽管驾驶人坐在驾驶人座位上,他们仍有机会阅读或观看视频。

完全自动驾驶(针对所有道路,所有天气)是最终目标(NHTSA级别4或SAE级别5的车辆)。关于这些车辆何时会在市场上出现,存在着很多推测。例如,PATH(加州大学伯克利分校和洛杉矶分校的研究机构)说在2075年之前完全自动驾驶不会出现。

无法否认,自动驾驶汽车将增加道路通行能力,这是在整个经济活动中提高经济生产力的关键因素。关于自动驾驶对道路通行能力的影响程度存在相当活跃的讨论,有些学者认为将提高四倍,但大多数学者预估涨幅在50%~100%。但考虑到市场渗透率以及这些自动驾驶车辆的部署速度对涨幅水平的影响,这样的争论还在持续中。那么,什么因素会带来这些潜在通行能力的提升呢?

1)交通事故的大量减少——仅这些事故就占交通拥堵的25%。

2)车头时距的减少,有效增加道路通行能力。关于这种影响的程度众说纷纭,一些仿真结果显示,存在四倍的涨幅,谷歌表示通行能力翻倍是最有可能的。一些分析(PATH)显示,由于传统车辆和自动驾驶车辆之间的相互作用,以及为了实现道路通行能力增加的网联技术,将会在短期内加剧拥堵的负面影响。这些通行能力的增加将需要时间让路上的车辆焕然一新(或让成本可被接受的自动驾驶改装套件出现在市场上),而且如果车辆设计发生重大变化,这种增加可能会相当大——也许更窄的车道会被允许建设。自动驾驶车辆也将带来一些重要的边际效应。

① 车辆流动顺畅,对环境显著有利。

② 能源使用量大幅下降。

③ 州和联邦运输机构资助基金水平大幅下降。

3)开车时驾驶人自由时间的附加时间价值。摩根士丹利(MorganStanley)为实现这一点,仅在美国就投入了6000亿美元[6]。虽然他们称这种效应是生产率的提高,但实际生产率的提高来自于经济结构的转变。摩根士丹利还预测,全面部署自动驾驶后,仅在美国每年将获得1.3万亿美元的收益率,若应用于全世界范围,每年收益率将超过5.6万亿美元。这些预测不包括上述由供给和需求曲线变化造成的经济生产力的影响。

任何类似这种道路通行能力的增加都会影响未来的运输投资类型。通行能力的增加还显著地提高了整体机动性——翻倍增加的有效道路通行能力,将带来四倍的就业机会和劳动力的增加。这具有重要的经济和社会影响,劳动力可获得性的提高已经被证明了将对整体经济生产力产生正面影响(见参考文献[7]的摘要),但许多关键问题尚未得到仔细推敲。若要产生这样的高收益,市场渗透率需要达到怎样的水平？10%是否足够？20%呢？现场测试证明，如果车辆不能直接通信，可能会导致有效通行能力的下降。

汽车拥有模式是否会发生变化？这只是当前趋势的延续，还是我们所提供的交通运输方式的巨变？许多交通领域的新参与者（如 Uber、Lyft 和谷歌）似乎将自动驾驶汽车视为向出行即服务（MAAS）转变的关键部分，即大多数人将抛弃闲置时间超过 90% 的汽车拥有模式，转向按需购买出行服务模式。这可能对保险成本、停车需求以及房屋面积和位置产生巨大影响。MAAS 模型的几个仿真声称，车队规模仅需达到现有车辆数量的 10%，就可以提供相同或更好的服务质量，这些模型在高密度区域效果可能会更好。

成本在决定市场增长速度方面起着至关重要的作用。成本下降是否足以使新车具有竞争力？关键技术组件的成本已经大幅下降——激光雷达系统价格从 6 位数金额降至 10000 美元以下。但这些足够了吗？人们愿意为这项新技术支付多少钱？

J. D. Power 对驾驶人的调查发现，消费者愿意为交通堵塞辅助功能（类似于特斯拉现在提供的）支付 800 美元，而为有限的自动驾驶能力支付 2500 美元。尽管年轻群体表现出对车辆新技术具有更强烈的兴趣，但实际上各年龄阶层差异并不明显。

一个有趣的效应作用的例子是，在自动驾驶汽车的世界里，车辆行驶里程（VMT）可能不会被视为负面因素。因为平稳的车流将有利于能源的利用、减少排放量。相较于减少车辆行驶里程，开发出更轻量的车辆对于能源利用的优化可能更有效。

5.5 可能的影响

交通可达性的提升对国家经济具有广泛的积极影响。因为其所造成的生产率提高的价值可能超过州际公路系统所产生的价值，而且应该比仅从稳妥的收益中获得的价值还要高。

虽然很难预测交通可达性变化的具体受益者，但过去的历史和最近的分析表明，产生的效益将十分可观。例如，可达性增加 10%，可使产出再增加 2.4%，这是一个小数目，但却要乘以一个十分巨大的数字——美国 GDP 目前约为 17 万亿美元。如果道路通行能力提高 50%，这意味着整体可达性可以提高 125%。虽然劳动力/就业机会和市场机会的大幅增加将带来巨大的经济效益，但我们不能简单地增加 10% 这个比率来计算获得的更大效益。

除了有关经济评估的技术问题外，这个话题还涉及一系列政策问题。

政策影响

1. 法规

安全效益主导着关于自动驾驶汽车的价值和监管的争论。宏观/网络视角表明了这些优势低估了完全部署后的总体价值。这对潜在法规的任何成本-收益分析都有影响，并能为社会带来切实的经济和金融利益。为了更广泛地了解自动驾驶车辆的全部价值，应鼓励监管机构支持快速部署这些车辆。

2. 商业与个人位置的变化

减少拥堵将允许个人在相同的时间内行驶更长距离。这使人们可以决定住在城市边缘的较便宜（并且可能更大）的房子里，并且仍有机会获得比目前更多的潜在的工作机会。

同时，自动驾驶车辆并不需要人人都拥有自己的私家汽车也能享受出行服务。车辆保有量的降低可以释放更多的停车空间，以用于更有生产力的活动。这也许会促进城市生活方式的转变。

3. 对工作的影响

一定程度上说，自动驾驶车辆的出现会导致某些从业人员的失业，如出租车驾驶人和货车驾驶人。但随着劳动力和市场可达性的增加，供需曲线的正向变化又将增加就业机会，但人们却很少将这种积极效应归根于自动驾驶车辆的出现。这样的现象在过往的交通运输或技术变革时也是存在的。

4. 外展服务

更重要的是，要让公众知道自动驾驶汽车除了拯救生命和帮助有行动障碍的人以外，还拥有更多的优势。虽然上述优势很重要，但自动驾驶车辆需要更广泛的积极影响，用以抵消它对于某些行业的消极意义。

5.6 未回答的问题

需要针对自动驾驶车辆对道路通行能力的影响进行更多的分析。

1）现实中到底有多少快速路、主要干线以及如何构成整个路网结构？

2）如何根据市场渗透率的不同预测道路容量变化？当市场渗透率低时，"软肋"有多显著？

3）这些数字如何根据自动驾驶车辆的类型而变化？在4级和5级完全自动驾驶车辆普及之前，是否会出现显著的收益？

过去网络建设的成功经验回顾表明，网络规模建设的完成情况的可预测性很重要。资金保证比单纯加快部署速度更加重要。州际公路系统在建成之前就产生了巨大的经济收益，很大程度上是由于公路信托基金有可靠的资金来源。因此，这里有三个重要因素：

1）自动驾驶车辆需要具有成本效益才能加快部署速度。

2）自动驾驶车辆的改装套件实用、价格低廉，足以吸引客户。

3）法规不应成为部署的障碍，而应承认这种技术的独特性。

市场渗透的速度可能是多少？不同类型的自动驾驶车辆之间差异有多少？如果4级（SAE级别5）车辆从未占据主导地位，又将损失多少经济利益？如果道路通行能力在主干线上增加效益不如预期，又会导致怎样的结果？

车辆行驶里程（VMT）是增加还是减少？这可能不是问题，因为新的车辆行驶里程（VMT）在能耗、对环境的影响和安全性方面具有更高的优越性。

然而，最重要的是，我们如何解释微小的10%的生产率变化收益可以获得100%或更多的潜在收益？五十年后，我们将有足够的数据来帮助处理事后评估——就像纳迪里为州际公路系统所做的一样。目前在部署的早期阶段，我们又能说什么呢？如果2.4%的涨幅不高，那高出多少才说得过去？

参 考 文 献

[1] C. C. Cantarelli, B. Flybjerg, E. J. E. Molin, and B. van Wee (2010). Cost overruns in large-scale transportation infrastructure projects: explanations and their theoretical embeddedness. *European Journal of Transport and Infrastructure Research*, vol. 10, no. 1: pp. 5–18.

[2] R. Eddington (2006). *The Eddington Transport Study: The Case for Action.* HM Treasury, London, UK.

[3] A. Gallatin (1808). *Report on Roads, Canals, Harbours and Rivers. Report to United States Congress.* United States Treasury, Washington, DC.

[4] K. Koolidge (2015). Automated vehicles and public perception. *Proceedings: Automated Vehicle Symposium.* Available at: http://orfe.princeton.edu/~alaink/SmartDrivingCars/PDFs/2015AV_Symposium/KristinKolodge_JDPowersPublicPerception.pdf (accessed 18 April 2016).

[5] The National Chamber Foundation (2006). *The Transportation Challenge – Moving the U.S. Economy.* United States Chamber of Commerce, Washington, DC.

[6] M. Stanley (2013). *Autonomous Cars: Self Driving the New Auto Industry Paradigm.* Morgan Stanley Blue Paper Report. Morgan Stanley, New York City, NY.

[7] R. Mudge, M. Maggiore, K., and A. Pisarski (2009). *Performance Metrics for the Evaluation of Transportation Programs.* Bipartisan Policy Centre. Washington, DC.

[8] R. Mudge (1990). *Transportation: Key to a Better Future.* The American Association of State Highway and Transportation Officials, Washington, DC.

[9] R. Mudge (2005). *The Rate of Return from Highway Investment. National Cooperative Highway Research Program – NCHRP Project 20-24(28).* Transportation Research Board, Washington, DC.

[10] I. Nadiri and T. Mamuneas (1996). *Contribution of Highway Capital to Industry and National Productivity Growth*. United States Federal Highway Administration, Washington, DC.

[11] I. Nadiri and T. Mamuneas (1998). *Contribution of Highway Capital to Output and Productivity Growth in the United States Economy and Industries*. United States Federal Highway Administration, Washington, DC.

[12] R. Prud'homme, and C.-W. Lee (1999). Size, sprawl, speed and the efficiency of cities. *Urban Studies*, vol. 36, no. 11, pp. 1849–1858.

[13] G. Weisbrod, D. Vary, and G. Treyz (2001). *NCHRP Report 463 Part B: Economic Implications of Congestion*. NCHRP (National Cooperative Highway Research Program), Washington, DC.

第 6 章
现场操作测试（FOT）
——影响评估的最终答案

6.1 引言

在过去的 10~15 年中，各类车型如私家车、客车、载货车和公共汽车等都引入了多项车载新功能，包括碰撞警告、车道偏离警告（Lane Departure Warning，LDW）、盲区预警、自适应巡航控制（Adaptive Cruise Control，ACC）、坡道辅助等。此外，一些帮助驾驶人和其他用户管理交通情况的功能也相继面世，例如导航支持功能、交通信息功能（Traffic Information，TI）与一些提高效率和机动性的功能，以及生态驾驶支持功能。这些新功能通常也被认为属于智能交通系统。

在几个欧盟资助的项目中，这些功能在规模十分有限的条件下进行了测试，结果初步来看非常有前景。然而，在市场推广和一般应用时，这些功能似乎没有达到预期效果。很快便有人质疑：为什么新功能的接受率不太高？后续问题还包括：项目测试是否规模小且不可靠？新功能的普及工作是否做到位？是否还有其他影响因素？

6.2 FESTA

为了解决上述提到的这些问题，第七框架研究方案委员会（Commission in the Seventh Framework Programme of Research）发起了一个项目，即 FESTA。FESTA 是一种处理大样本的潜在用户数据（主要是驾驶人）的方法，这些用户将在实际生活中长时间运用并测试这些功能。理想的样本容量最小为 100 人，测试周期接近一年。尽量减少来自实验机构的干预，测试用户只需如往常一样驾驶自己的车辆。

尽管现场操作测试（FOT）这一词带有欧洲色彩，但还是被市场引入了。FOT 已经在市场中被应用过（特别是在美国），但是欧洲应用的方法却有些不同，主要的不同点为在欧洲 FOT 中，被测试的功能应较为成熟，即已进行市场推广和一般应用。

FOT 的定义如下：

"FOT 是一项在一般操作条件和道路环境下，对一项或多项功能进行研究评估，利用研究的设计内容和结果对其现实应用将产生的影响和效益进行评估。"

一些其他名词定义：

"系统的定义是为能够实现一个或多个功能的硬件和软件的组合，功能的定义是为完成一个指定目标的一组规则的实现。"

将特定功能应用前后对交通的影响进行对比也是非常有必要的。为了实现这一点，研究团队必须控制测试参与者与功能的交互。"正常的操作条件"意味着参与者是在日常中使用这些系统的，且各数据自动进行记录，参与者没有收到任何关于如何开车和开车地点的特殊指示。除了一些特定的情况外，比如车里没有实验人员，或研究周期已经超时了很多周。然而，FOT 必须考虑是否能够找到一个基础状态，在这个状态中，所有安装在标准车辆中被研究的功能都应该关闭。

6.2.1 FESTA V

在测试阶段中共有 11 个不同的步骤（图 6.1），这些步骤可以分为三个阶段：准备阶段、使用阶段和分析阶段。在所有阶段中都包含了道德和法律问题。

准备阶段包括以下步骤。
1) 功能确认和用例确认。
2) 制定研究问题和假设。
3) 定义性能指标（PI）和研究设计。
4) 测量方法和传感器。

使用阶段包括数据采集步骤。

分析阶段包括以下步骤。
1) 创建数据库、数据分析。
2) 问题研究和假设测试。
3) 影响评估。
4) 社会经济成本与效益分析。

6.2.2 FESTA 手册

FESTA 设计了一本《优秀实践手册》（Handbook of Good Practice），为评估人员提供支持与帮助。该手册为在欧盟研究项目中的项目申请人在使用信息通信技术（ICT）方面提供了实用指导，使他们能够开发 FOT 项目。该项目主要的工作是研究已开发的新功能的适用性和日常使用情况。FESTA 手册涵盖了关于 FOT 时间轴和管理的所有问题。从 FOT 最开始的需求分析，一直到数据整合和最后的社会经济效益估算，该手册都提供了有关方面的咨询意见。

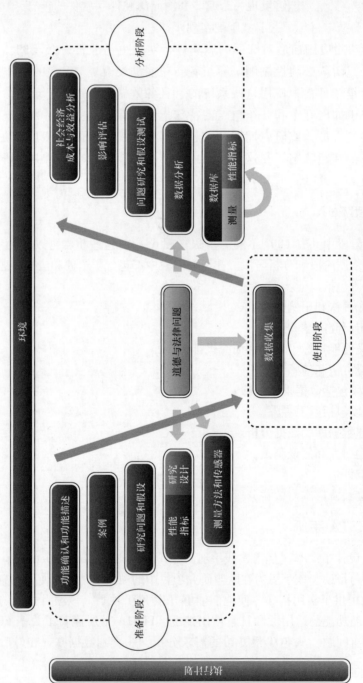

图 6.1 FESTA V：执行 FOT 时通常必须考虑的步骤。大箭头表示时间线[1]

6.3 FOT

到目前为止,在欧洲已经开展了几个 FOT 项目,其中包括 euroFOT 和 Tele-FOT。这两个项目都从 2008 年开始,至 2012 年结束,都在不同程度上遵循了 FESTA V 所描述的方法体系。第三个 DRIVE C2X 项目于 2014 年完成,也采用了 FESTA FOT 的方法。尽管测试的功能在技术上已经成熟,但仍未在市场上推广,因此这个方法具有明显的局限性。

6.3.1 euroFOT 项目

euroFOT 项目的总体目标是从交通安全、效率和环境方面评价不同的车载功能,展现其优越性,以促进 ITS 技术的市场推广[2]。

1. 时间轴

该项目的前两年致力于做准备工作,即明确功能、设计测试程序、制定假设和决定收集数据的类型和方法、选定使用的数据采集系统,并针对不同车型对模型按需改进[2]。第三年,开始正式实验。在德国、法国、意大利和瑞典设立了五个车辆管理中心(VMC),负责向 11 个作业地点(如哥德堡、亚琛、慕尼黑、巴黎和都灵)提供支持与帮助。FOT 共有 980 辆配备了不同类型的先进驾驶辅助系统(ADAS)的车参与实验,包括轿车和货车表 6.1。

表 6.1 车辆数量和类型概述,以及不同 VMC 所测试的功能

VMC	车辆数量和类型	功能测试
德国-亚琛	100 辆客户自备车辆 (轿车和载货车) 2 辆福特自有轿车	FCW、ACC、LDW、CSW
德国-慕尼黑	15 辆租来的车被 3 批驾驶人使用 15 辆租来的车被 4 批驾驶人使用	安全人机交互(HMI)/导航系统 安全人机交互(HMI)/导航系统
法国	40 辆车(5 辆高级配置+35 辆低级配置)	SRS
意大利	533 辆	LDW
瑞典	100 辆公司用车 30 辆重型载货车 50 辆重型载货车	FCW、ACC、LDW、BLIS FCW、ACC、LDW FEA

更具体地说,测试的功能包括:

1)纵向控制功能:前方碰撞预警系统(FCW)、自适应巡航控制(ACC)、由巡航控制(CC)和限速器(SL)组成的速度调节系统(SRS)。

2)横向控制功能:盲点监测系统(BLIS)、车道偏离预警系统(LDW)、损

伤预警系统（IW）。

3）高级应用：弯道速度警告系统（CSW）、燃油效率顾问（FEA）和安全人机交互系统（HMI）。

在 FOT 试验期间，超过 1000 名驾驶人驾驶私家车或租用的测试车，或是货运公司雇用专业的驾驶人参加测试。

第四年为分析阶段，开始确定执行方法。最初，分析侧重于系统性能和用户，尤其是存在事故隐患的场景。其次是对交通安全、效率和环境的影响研究。最后完成成本效益分析。

2. 对该方法的深入研究

在准备阶段便已经确定下来一个常用的方法，但该方法的计划必须适应当地的 FOT。例如，FOT 通常应该持续 12 个月，包括 3 个月（所有功能处于关闭状态）的基础状态阶段和 9 个月的功能处理阶段。然而，并非所有的 FOT 都可以遵循这个计划，一定程度上说，并不是所有情况下驾驶人都能保证在能够再次运行所需功能的前提下完全关闭所有系统功能。该计划还建议，被征聘的驾驶人年龄应在 30～50 岁，以确保同质性，他们的驾驶里程应约为 15000km/年，且事先没有过功能测试经历。招聘驾驶人的过程并非一帆风顺，一部分原因是需要安装修改汽车的数据记录器，还有一部分原因是隐私问题。因此，为达到预期人数，只能放宽年龄的限制，但仍然只有很少女性参与进来，且很多（甚至大多数）驾驶人曾经有功能测试的经历。

研究者又提出了一系列的问题（如 FCW 是否增加了安全?），并制定了相关假设（如 H1：FCW 系统减少了事故数量，H3：FCW 系统减少了急制动次数），然后对这些问题和假设进行了修正和排序。问题涉及用户接受度、使用感、信任度等，以及不同功能特性对用户接受度的影响程度。然后，超过 100 个与不同假设相关的性能指标（PI）被用于描述驾驶行为（例如平均速度、剧烈制动事件）、驾驶人工作量、交通安全、效率和对环境的影响。根据 FESTA V 规定，用例也需要被定义。在 euroFOT 中，VMC 定义了项目用例，例如，系统处于"开"或"关"状态时，记录"车辆正在拥挤道路上行驶"。

数据采集技术的采集范围从问卷调查到数据采集设备的记录报告，在某些情况下，还包括附带视频和传感器的仪器。一些数据采集设备在车辆部件之间是通用的（如中央记录单元和定位系统），但并不是所有的数据采集设备都是这样。通过数据采集设备收集到的数据经由无线网络传输到一个集中的服务器进行存储。由于使用了不同种类的车辆和不同的设备，为确保不同部分和不同进程顺利运行，事先进行小规模的试验是不可或缺的步骤。

影响评估包括假设检验和回答各类基于 PI、情景变量和不同事件的研究问题。例如，假设："自适应巡航控制系统（ACC）减少了事故数量"利用 PI"事故数量"来进行检验，而"事故数量"又由车辆速度、到前车的距离、减速行为等参数决定。假设检验应遵循 FESTA，用户接受度和一些与用户相关问题也应采用适当的方法进行分析。此外，影响评估还包括从微观（FOT）级影响分析到宏观（EU）级影响分析，即扩大人口和地理空间范围进行分析。基于这种分析范围的扩大，对 ACC 和 FCW 的组合使用再进行成本效益分析。

3. 结果

1）ACC 和 FCW 的组合使用表明会对驾驶安全产生积极影响。与不使用该系统时相比，使用该系统时的平均车头时距增加，紧急制动的相对频率降低。根据这些结果，可以得出结论：ACC 和 FCW 的组合使用有利于减少碰撞次数。计算发现，事故数量减少会降低由于事故引起的延误，从而对交通效率产生（间接的）积极影响。除此以外，随着燃料消耗的减少，对环境也产生了积极的影响。

2）LDW 与 IW 结合使用可轻微改善横向控制，并增加转向指示器的使用量。总的来说，驾驶人认为 LDW 是一个有用的功能，但也表明许多警告是不必要的。

3）SRS 和 SL 功能减少了超速和剧烈制动事件，而 CC 减少了剧烈制动却增加了超速行为。虽然这些功能对安全的影响微乎其微，但由于平均速度增大，交通效率也会随之提高。

4）CSW 的影响评估数据来源只有问卷调查。总体而言，驾驶人对该系统持积极态度，认为该系统提高了安全性。

5）对于 BLIS，驾驶人也持有积极的态度。但基于现有的客观数据，该功能对安全的任何影响都没有被证实。

6）关于 FEA，重点分析了它对环境的影响，发现该功能可降低载货车油耗，影响评估没有考虑其他可能的影响。

6.3.2 TeleFOT 项目

TeleFOT 项目（车辆售后市场和可移动设备现场运行测试）的总体目标是评估售后和可移动设备所提供的功能的影响，提高对这些设备潜能的总体认识，并因此促进信息通信技术（ICT）系统的发展，为驾驶人提供支持与帮助。

1. 时间轴

与 euroFOT 一样，TeleFOT 项目的头几年致力于为 FOT 做准备，即确认测试中所包含的设备，设计研究通用方法，制定研究问题和假设，并决定应该收集哪些数据以及如何收集。

试验始于 2011 年，包括 L-FOT（大规模 FOT）和 D-FOT（详细 FOT）。L-FOT 是项目的核心，旨在调查一个或多个功能的日常使用情况，而 D-FOT 则调查了这些功能在更受控的环境中所产生的影响，尤其是对车辆行驶时驾驶舱内的活动带来的影响。FOT 在欧洲南部、中部和北部地区的 8 个试验场进行，更具体地说是在芬兰、瑞典、德国、希腊、意大利、西班牙和英国。在法国的试验场地有一个特别的 FOT，专门用于评估可移动设备（eCall）。约 2800 名参与者参与了 11 个

L-FOT，另有 200 人参与了 6 个 D-FOT（表 6.2）。

在 L-FOT 中，大部分参与者驾驶着自己的私家车。测试的功能包括：静态和动态导航支持（NAV）、绿色驾驶支持（GD）、速度警报（SA）、限速信息（SI）和交通信息功能（TI）。在 D-FOT 中使用了专门配备的测试车辆。除了已经提到的系统外，D-FOT 还测试了车辆的其他系统，如 ACC 和 FCW。

表 6.2　L-FOT 和 D-FOT 位置概况；参与者/车辆的数量及测试的功能

试点		参与者/车辆数量	测试功能
L-FOT 试点	芬兰	140 名驾驶人，私家车	GD、SI/SA、TI
	希腊	148 名驾驶人，私家车	NAV、SI、SA、TI
	意大利	168 名驾驶人，私家车	NAV、SI/SA
	西班牙	120 名驾驶人，私家车 132 名驾驶人，私家车	NAV、SI/SA NAV、GD
	瑞典	54 名驾驶人，公司车 96 名驾驶人，私家车 554 驾驶人，私家车	SA、GD NAV、GD、TI TI
	英国	80 名驾驶人，私家车	NAV、SI/SA
D-FOT 试点	芬兰	143 名驾驶人，15 辆城市巴士	GD
	德国	9 名驾驶人，特别配备的车辆	ACC、FCW、GD、NAV、SI/SA
	意大利	48 名驾驶人，特别配备的车辆	GD、NAV、TI
	西班牙	32 名驾驶人，特别配备的车辆	SI/SA
	英国	40 名驾驶人，特别配备的车辆 23 名驾驶人，特别配备的车辆	FCW、LDW、GD FCW、LDW

最后一年专门致力于各类分析。第一步，对各试验场地的数据进行分析，并就单一和/或组合功能的影响得出结论。第二步，进行了交叉 FOT 分析，即对已经测试了相同类型功能的 FOT 进行检索。第三步，对功能和影响水平进行总结，并得出阶段性的结论。最后，从商业角度完成成本与效益分析[4]。

2. 对该方法的深入研究

在对 FOT 的研究设计中制定了一个通用策略[5]。TeleFOT 是建立在 FESTA 项目和 FESTA 手册内容的基础上完成的，但仍需要适应 FOT 的具体情况。例如，每个 L-FOT 都应提供基准状态或控制条件。主题内的设计应该优先于主题间的设计，并且参与者应该与预期的用户（或客户）群体相一致——这一点已经取得了不同程度的进展。此外，测试功能的试验时间应足够长，以便达到"稳定状态"，即至少 6 个月，但有些试验时间却很短。除此以外，对调查问卷和行程日志进行一般化设计也是策略的一部分，为了确保英文与其他语言的互译，需要完成不少的工作。

对于产生研究问题和假设的过程，TeleFOT 项目通过整合自上而下和自下而上的假设，提出了一个修改后更详尽的过程。自上而下意味着产生的研究问题都基于一个底层的理论框架（图 6.2），而自下而上的方法基于要测试的不同功能用例等。

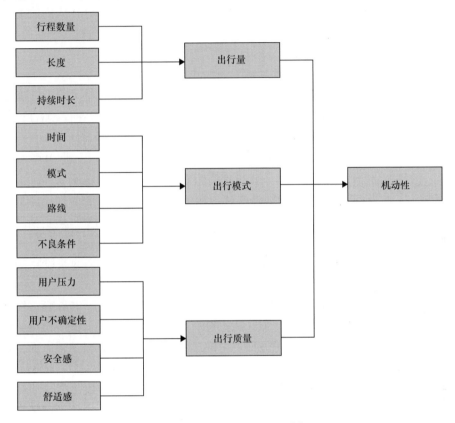

图 6.2　TeleFOT 流动模型[6]

然后，根据以下三个标准选择最终涉及项目的研究问题：①在影响评估方面的重要性；②收集 PI 数据的可行性；③数据收集和假设检验的成本。一旦假设被提出的数量满足最小条件，就可以确定相关的 PI 和数据收集方法等。

数据收集包括收集日志数据、问卷调查和行程日志。由于对测试参与者的私人车辆访问受限，L-FOT 可以收集到的日志数据数量有限。但 D-FOT 弥补了这一点，特殊配备的车辆将提供更为精确的相关数据。所有数据都被传输并储存在基于互联网的服务器中，并通过地图匹配和元数据的丰富，提供了关于每个测试的具体前后细节。在实际试验之前，已完成了所有 FOT 的小规模试验，并检查了实际驾驶和操作情况下数据收集系统的技术功能，确认了包括所有数据采集方法和工具在内的评价过程的可行性。

在分析中，L-FOT 和 D-FOT 数据都被用来回答研究问题和假设检验。用户的接受能力是所有影响的先决条件，因此受到了相当的重视。数据库文件，包含FOT数据、摘要数据和相关元数据（例如，数据格式的详细描述和背景信息管理），利用统计工具进行处理后，用于进一步的处理、分析和解释。对数据进行后期处理后，为每个FOT创建统一的汇总表来提取PI，紧接着，对具体的研究问题和PI进行研究分析，最后推断出不同功能对环境、效率、机动性和安全性的影响。

3. 分析结果

综上所述，不同功能在不同的领域发挥的作用不尽相同。

1）研究发现，使用绿色驾驶支持（GD）会对环境产生影响，因为它会显著降低燃料消耗和二氧化碳排放。在一些FOT中，对速度限制的遵守程度有所增加。驾驶人反映，他们的安全感和舒适感有所增强，压力和不确定性有所减少。

2）由于行程距离和行程持续时间（对于可比行程）缩短，使用导航支持（NAV）会对机动性产生主要影响。参与者认为农村道路的使用有所增加，但记录的数据显示，城市/都市道路，特别是低速限制道路的使用率有所增加。此外，驾驶人说压力和不确定性都有所减少，但在出行次数、避免交通堵塞、燃料消耗或速度方面没有发现任何变化。

3）交通信息功能（TI）的引入导致农村道路（潜在风险更高的路段）的使用量增加，城市道路的使用量减少。同时，行程时间（对于可进行对比的道路来说）缩短，减少了发生事故的风险。因此，TI会对机动性和安全性产生影响。驾驶人说，他们的安全感和舒适感有所增强，压力有所减少。除此以外，没有检测到该功能对出行次数、运输方式、超速等方面产生的影响变化。而在燃料消耗方面，现有数据不足以证明其存在变化。

4）引入速度警报功能/限速信息提示功能（SI/SA）不会导致速度或油耗的变化。尽管如此，驾驶人说，他们的安全感和舒适感有所增强，压力和不确定性有所减少。

所有的测试结果都必须在已被测试了的特定系统、有参与者参与以及功能被激活使用的现实环境中进行解释。一般来说，参与者使用的设备和功能比预期的要少。相当一部分人报告说，他们仅在不到25%的出行中使用了这些功能。但结果显示，GD和SI/SA的使用频率高于NAV和TI。总的来说，NAV和TI在较长的或未知的旅程中使用频率更高，而GD和SI/SA在日常出行中是很有帮助的。

总而言之，参与者对设备和功能有很高的期望，但在最开始时会感到失望，部分原因是这些功能是已经投入市场的成熟系统。随着时间的推移，评估发生了变化并且变得更加积极正面，这强调了测试应维持更长的时间，以保证用户能对测试功能有更深层次的理解。用户的接受能力受到几个因素的影响，包括感知有用性（或益处）、感知易用性（与用户界面设计相关），以及最"关键"的是对有用性的信任。

6.3.3 DRIVE C2X 项目

欧洲一体化项目 DRIVE C2X 于 2011 年 1 月启动，2014 年 7 月结束。该项目建立在之前协同系统的评估和技术测试的基础上，被认为是足够成熟的、基于 FESTA V 方法的 L-FOT。为了测试协同系统，该项目搭建了一个统一的欧洲范围内的测试环境，其中包括芬兰、法国、德国、意大利、荷兰、西班牙和瑞典的七个测试地点。该项目开发了测试方法，并评估了协同系统对用户、环境和社会的影响[13]。

协同系统是基于车车通信（V2V）、车与基础设施通信（V2I）和车路通信（I2V）技术的系统。V2V、V2I 和 I2V 的首要目标之一是促进道路安全。除此以外，协同系统也适用于对环境和效率具有影响的功能。由于协同系统与传统系统在很多方面具有显著差异，将会直接影响 FOT 的规划和执行。

市场上几乎没有任何协同系统。这意味着唯一可以测试的系统是手动安装的原型系统。未来可能会有一个主要基于 V2I 的应用程序功能的初步市场，而 V2V 功能要等到大部分运行车辆都配备了通信系统后才会出现。为了实现这些功能，基础设施的部署是一个最重要的因素。此外，协同系统提供的新功能对于驾驶人来说是未知的，培训教育工作也是十分必要的。协同还意味着，要么在通信范围内存在一辆以上的车辆，要么基础设施必须配备路侧单元（RSU）作为通信网络的一部分。

1. 目标

DRIVE C2X 有四个主要的技术目标。

1）为协同系统创建一个全欧洲范围和谐的测试环境。

2）协调在整个 DRIVE C2X 项目中并行执行的测试。

3）评估协同系统。

4）推进协同驾驶。

为了进行全面的影响评估，选择了 9 个功能进行测试。

交通安全相关功能包括：

1）道路施工警告：驶近道路施工现场的车辆在进入道路施工范围前，会得到适时的警告。该功能适用于固定道路施工和高速公路上的移动道路施工。

2）交通拥堵提前警告：驾驶人在接近拥堵排队队尾时会被警告，以尽可能避免成为排队车辆。

3）汽车故障警告：车辆在接近发生故障的车辆之前，会被警告，以免撞上该车或危及附近人员。

4）天气警告：驶往恶劣天气区域的车辆会收到相关通知，避免车辆以过快速度进入该区域。

5）紧急电子制动灯：在前车紧急制动的情况下，紧随其后的车辆会被警告，以避免追尾和车辆后退。

6）接近紧急车辆警告：紧急车辆会警告周围的驾驶人它们即将到来，以确保紧急车辆即使在非常繁忙的交通状况下也可以快速前进。

7）碰撞后警告：在发生事故时，对靠近车辆发出警告，确保驾驶人减速，不要与事故车辆相撞。

交通效率相关功能包括：

8）车辆内的标识及相关限速的规定：诸如"禁止通行"之类的交通标识信息会传达给车辆，并在仪表板或汽车中控中显示。有关固定和可变速度限制以及建议的最佳速度的信息将传达给车辆，并在仪表板或汽车中控中显示。此功能尤其适用可变的信息标志。

9）绿灯最优速度提示：将红绿灯的灯态推送给车辆，告知驾驶人不停车通过路口的最优速度。

2. 结果

在试验中，在所有相关的交通和气候条件下，超过 200 辆测试车辆行驶了超过 150 万 km。系统和功能的完美性证明了该系统具备在欧洲范围内全面部署的成熟性。DRIVE C2X 功能对安全影响显然是积极正向的。测试证明，驾驶人会对各类信息和警告信号做出及时的反应。

1）速度限制和天气警报（IVS）功能展现出了降低死亡率的最大潜力：假设渗透率为 100%，提供持续不断信息的 IVS 速度限制信息将平均减少 23% 的死亡人数和 13% 的受伤人数。天气预警将减少 6% 的死亡人数和 5% 的受伤人数。

2）预计 2020 年该功能的最高普及率为 12%，2030 年为 76%。就 IVS 速度限制功能而言，这将导致 2020 年死亡人数减少 3%，2030 年减少 16%。

3）假设渗透率达到 100%，道路施工警告可使死亡人数减少 3%，紧急制动灯警告和交通拥堵提前警告可使死亡人数减少 2%。如果所有车辆都配备这些功能，受伤人数将减少 2%。

即使针对相对罕见的事件，DRIVE C2X 功能对安全的影响也是积极的。在减少燃料消耗量和 CO_2 排放方面，这三个功能都实现了环境效益。基于用户的行为和偏好测量，项目的结果清楚地显示了协同系统的巨大潜力[13]。

研究结果还表明该系统对出行的舒适性有积极影响。具体来说，在减少用户出行的不确定性和压力，并让用户感到安全和舒适方面出行质量得到了提高。考虑到经证实的对安全的影响以及舒适度的增加，用户的接受程度并不令人惊讶。

然而，在推出市场之前，还需要对即将到来的协同功能和服务的影响进行研究。协同驾驶应用程序的目的是支持可预见的驾驶行为和及早发现潜在驾驶风险。这是基于通信系统实现的，该系统可扩大驾驶人的视野，并对前方潜在危险发出警告。因此，这些功能的目的是为驾驶人提供调整车速的机会，增加车辆之间的车头间距，从而提高对不可预见危险的态势感知。目前，人们对协同系统的好处已经有了普遍的认识，迄今为止，该系统只在封闭道路上进行小规模的试验。然而，尚没有证据表明对于普通大众在不同公路条件下大规模驾驶这些通信车辆,该系统依然有这些优点。

对于数据收集,DRIVE C2X 正在整合正常的国际间的操作测试期间、国际合作现场操作测试所产生的数据。这些数据为 DRIVE C2X 项目评估提供了基础,但它们只能粗略地表示协同系统将产生的影响。除此以外,这些数据的有效性也被进行了评估,并在可能的情况下将评估结果扩大到整个欧洲范围。同时,DRIVE C2X 对特定功能进行了测试,这些功能的选定旨在实现最大的有效性,并期望给所有成员国带来同等的收益。

6.4 自动驾驶的 FOT

在道路车辆的驾驶环境中,有五个(或六个)自动驾驶等级。表 6.3 总结了 SAE 道路车辆驾驶自动化水平的级别。智能网联信息安全标准 J3016 对这些级别和其中涉及的术语进行了完整的定义。

这些级别是描述性的而不是规范性的,是技术性的而非法律性的。各个元素表示每个级别的最小能力,而不是最大能力。

"系统"是指驾驶辅助系统、驾驶辅助系统或自动驾驶系统的组合(视情况而定)。

表 6.3 还表明了 SAE 等级与德国联邦公路研究所(BASt)开发的标准完全一致,与美国国家公路交通安全管理局(NHTSA)在 2013 年 5 月 30 日关于自动车辆的初步政策声明中描述的标准大概一致。

对于"传统的"FOs 研究中要解决的问题领域和政策目标是预先选定的。对于汽车自动驾驶,一些更广泛的问题如"对生活方式、交通系统、整体经济和社会有何影响?"也必须被考虑。

6.4.1 FESTA 方法

传统上,潜在的系统/功能对驾驶人行为的影响(基于 Draskoczy 等人,1998)如下:

1)系统/功能对驾驶人和驾驶的直接影响。
2)系统/功能对驾驶人的间接(行为适应)影响。
3)系统/功能对非使用者的间接(行为适应)影响(模仿效应)。
4)用户与非使用者(包括易受伤害的道路使用者)之间的互动修正。
5)事故后果的改变(例如,通过改善救援条件)。
6)与其他系统/功能组合的效果。
7)当涉及自动化车辆(AV)时,是否有更多问题需要被考虑?

表 6.3 自动驾驶的五个（或六个）等级

级别	名称	定义	执行转向和加速/减速	驾驶环境监视	动态驾驶任务的应急执行	系统容量（驾驶模式）	BASt 等级	NHTSA 等级
驾驶人监视驾驶环境								
0	人工驾驶	由人类驾驶人负责驾驶车辆	人类驾驶人	人类驾驶人	人类驾驶人	—	仅驾驶人	0
1	辅助驾驶	车辆对方向盘和加减速中的一项操作提供驾驶支持，人类驾驶人负责其余驾驶操作	人类驾驶人和系统	人类驾驶人	人类驾驶人	一些驾驶模式	辅助	1
2	部分自动驾驶	车辆对方向盘和加减速中的一项操作提供驾驶支持，人类驾驶人负责其余驾驶操作	系统	人类驾驶人	人类驾驶人	一些驾驶模式	部分自动化	2
自动驾驶系统（"系统"）监视驾驶环境								
3	条件自动驾驶	车辆完成绝大部分驾驶操作，人类驾驶人需要在适当的时候提供应答	系统	系统	人类驾驶人	一些驾驶模式	高度自动化	3
4	高度自动驾驶	由车辆完成所有驾驶操作，人类驾驶人无需对所有的系统请求做出应答，但限定道路和环境条件	系统	系统	系统	一些驾驶模式	全自动	3/4
5	完全自动驾驶	由车辆完成所有驾驶操作，人类驾驶人无需保持注意力	系统	系统	系统	所有驾驶模式	—	

FESTA 方法主要基于观察影响和放大影响。对于更广泛的自动化影响，我们需要一个替代的方法来进行预测和扩展[15]。

一些新的被影响的领域需要被覆盖：运输需求、时间价值、出行成本、模式选择和权益问题都与出行需求以及与不同模式替代方案的成本相关。自动驾驶的基础设施涉及路网操作和相关成本。在更广泛的范围内，土地使用和城市规划是齐头并进的，从长远看，这都会对运输系统产生影响。

图 6.3 显示了与自动化相关的不同影响区域的时间和空间分辨率。

直接影响涉及安全（避免碰撞和降低严重程度）、机动性（更紧密的车辆跟随、更高效的交叉口性能、车道和交叉口通行能力的增加）和能源/环境（减少尾气排放和能源消耗）。

更长期的影响与可达性（非驾驶人的更多选择）、土地使用（更密集、更蔓延）、交通系统使用（诱导出行）和公共卫生有关。经济效益是由于事故和污染成本的降低以及生产率的提高造成的。

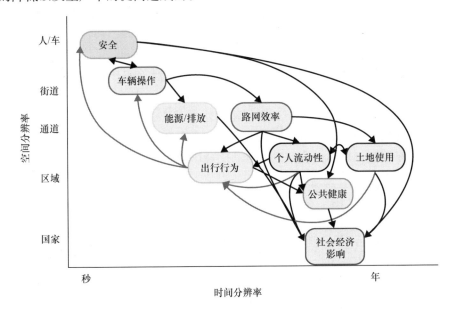

图 6.3 框架元素[16]

6.4.2 运输系统使用情况

自动驾驶对交通运输系统的使用情况影响最大。使用的度量标准可以是总出行次数、行程距离和时间，还包括平均行程时间、速度、模式划分（如汽车、公共汽车、步行、自行车）和各类拥堵指数。以下这些数据是必需的：道路和交叉路口性能（AV 市场渗透率低于 100%）、路网配置（现有道路和交通控制、新配置的车道和 ITS 基础设施）以及出行需求（客运和货运）。数据源来自现有的区域模型及其供求关系。

详细的 AV 建模结果为影响评估提供了更多挑战：适应许多未来可能出现的场景（在这里，"基准"不再是当前的车辆、自动化水平、市场渗透率及包括车辆和行程共享的用户响应）。

连接到现有的区域模式。为了达到这一点提出了以下方法：评估现有最先进区域模型的适用性，包括土地使用率；为初始建模确定数据源和自动化应用程序；研究微观和区域流动模型之间的联系；建立 AV 影响模型（从安全、流动性和环境开始，然后扩展到其他领域）；配合美国和国际评估工作。

6.4.3 研究设计

回到 FESTA 方法，在自动驾驶的背景下提出了几个问题。例如，我们是否知道哪些 PI 将用作新的影响领域，哪些研究问题将导致新的 PI？自动驾驶现场操作测试中将有更广泛的参与群体。除驾驶人外，车上的监控器、乘客、其他道路使用者和一般公众、交通管理人员也将在试验设置中发挥作用。

目前，最基本的问题是什么要被拿来比较，它和什么去比较。另外，还有一个关键的问题是基准的定义。根据自然主义研究的结果，基准是"没有自动化"状态还是"正常驾驶"状态？是更低的自动化水平状态，或是人类驾驶人基准状态，还是拥有不同的自动化渗透水平的状态。或者，我们真的需要一个基准吗？研究设计还将涉及车辆测试具体内容，以及自动化现场操作测试的具体指标。

6.4.4 FESTA 用于自动驾驶

最初的 FESTA 手册侧重于要测试的系统功能，许多的实际问题依旧存在，而且仍然要设计和执行现场操作测试，并分析其结果。在数据收集方面，应该使用系统科学的方法来收集关于自动化效果的可靠依据。

然而，随着用户群体的范围更广，车辆操作有时无需人类干预，而且环境背景肯定与以前 FOT 不同，因此将出现新的关注点。影响问题将得到更多的关注，因为道路自动化，不仅会影响系统功能大规模实施，还会产生对更广泛影响问题的关注。

尽可能多地使用一种通用的方法来研究自动化的影响也是很重要的，并将从已经执行的各种 FOT 中收集的所有信息结合起来。首先，需要明确用多小的数据集来进行比较；其次，与 FOT 社区中的所有参与者共享经验、知识和数据也非常重要。为此，FOT – Net 项目将具有巨大的价值。

6.5 结束语

让我们回到最初引起 FESTA 项目的问题。

为什么新功能的接管没有成功？还有一些后续问题也相继被提出：项目测试是否"规模小"且不可靠？宣传工作是否足够？是否还有其他的原因？

理想的样本容量设置应至少为 100 人，且测试周期应接近一年。参与实验的参与者应该像往常一样驾驶自己的汽车，任何外部实验机构的干预都需最小化。一个主要的问题是测试的功能应该是成熟的，即应该已经被市场推广，且已经被大众所使用。此外，有参与者明确指出，还必须能够将特定功能对流量的影响与基准状态进行比较。

euroFOT 项目的总体目标是评估车辆在交通安全、效率和环境方面的不同车载功能（在工厂预先安装）。相比之下，TeleFOT 项目的总体目标是评估售后和可移动设备所提供的功能的影响。

这两个项目的头两年用来做准备，计划必须适应当地的情况。准备所需的时间往往被低估。假设检验遵循 FESTA 中的两种方法的一种。还采用适当的方法分析了用户接受度和其他与用户相关的方面。

所有测试结果都必须在已被测试了的特定系统、有参与者参与的以及功能实际被激活和使用的环境中进行解释。总的来说，参与者对设备和功能有很高的期望，但在最开始会感到失望，部分原因是因为这些功能确实是成熟的系统。随着时间的推移，评估发生了变化并且变得更加积极正面，这说明为提供对用户更深层次的理解，测试需要持续更长时间是必要的。

DRIVE C2X 是在之前协同系统的评估和技术测试的基础上建立起来的，这些评估和技术测试被认为足够成熟，可以应用基于 FESTA 的方法进行大规模的现场测试。但是，市场上几乎没有任何协同系统。这意味着唯一可以测试的系统是手动安装的原型系统。

在推向市场之前，还需要对即将到来的协同功能和服务的影响进行研究，结果只能大致说明协同系统所产生的影响。目前，人们对协同系统的好处已经有了普遍的认识，迄今为止，该系统已经在小规模试验中进行了尝试，这些试验大多是在封闭的测试道路上进行的。

自动驾驶技术的新发展对汽车的性能测试等提出了新的挑战。在车辆的驾驶环境中，有五个（或六个）等级的驾驶自动化。最令人感兴趣的系统出现在第 4 级和第 5 级。对于汽车自动化，一些更广泛的问题如"对生活方式、交通系统、整体经济和社会有何影响？"也必须被考虑，并且有一些新的影响领域需要被覆盖：运输需求、时间价值、出行成本、模式选择和权益问题都与出行需求以及与不同模式替代方案的成本相关。

回到 FESTA 方法，有几个新问题在自动驾驶的背景下被提出。例如，我们是否知道哪些 PI 将用作新的影响领域，哪些研究问题将导致新的 PI？自动化 FOT 中将有更广泛的参与者群体。除驾驶人外，车上的监控器、乘客、其他道路使用者和一般公众、交通管理人员也将在试验设置中发挥作用。

目前，最基本的问题是什么要被拿来比较，它和什么去比较。另外，还有一个关键的问题是基准的定义。根据自然主义研究的结果，基准是"没有自动化"状态还是"正常驾驶"状态？或者更低的自动化水平状态或独立的驾驶人基准状态，还是拥有不同的自动化渗透水平的状态。或者，我们真的需要一个基准吗？

然而，随着用户群体的范围更广，车辆操作有时无需人类干预，而且环境背景肯定与以前 FOT 不同，因此将出现新的关注点。影响问题将得到更多的关注，因为道路自动化，不仅会影响系统功能的大规模实施，还会产生对更广泛影响问题的关注。

最后，FESTA 方法是建立在严格的科学方法基础上的，但它不能覆盖测试设置的所有方面。FESTA 手册为您在计划 FOT 时提供了一个良好的开端，但是当地的条件以及要测试的系统将影响测试的设置。信息通信技术的新发展将给 ITS 评估带来新的挑战，必须妥善应对。对于这一未来的努力，FOT–Net 项目的支持至关重要。FESTA 启动时提出的最初问题仍然十分重要。

参 考 文 献

[1] FESTA Handbook (2014), Version 5, 28 February 2014, Revision made by FOT-NET project. Available at: http://www.fot-net.eu/library.

[2] Kessler, C., Etemad, A., Alessandretti, G., et al. (2012). Deliverable D11.3. Final report. Deliverable to the euroFOT project. Available at: http://www.eurofot-ip.eu/download/library/deliverables/eurofotsp120121212v11dld113_final_report.pdf.

[3] Benmomoun, M., Pütz, A., Zlocki, A., and Eckstein, L. (2012). EuroFOT: field operational test and impact assessment of advanced driver assistance systems – final results. In *Proc of the FISITA 2012 World Automotive Congress, Lecture Notes in Electrical Engineering* Vol. 197, pp. 537–547.

[4] Gaitanidou, E., Beklaris, E., Chalkia, E., et al.. (2010). D5.3.1. Business Cases, Potential New Functions and Technology Implementation Plan. Deliverable to the TeleFOT project.

[5] Karlsson, M., Rämä, P., Alonso, M., *et al.* (2009). D2.2.1. Testing and Evaluation Strategy. Deliverable to the TeleFOT project.

[6] Innamaa, S., Axelson-Fisk, M., Borgarello, L., *et al.* (2013). D4.4.3. Impacts on Mobility – Results and Implications. Deliverable to the TeleFOT project.

[7] Franzén, S., Karlsson, M., Paglé, K., *et al.* (2012). D2.2.2. Testing and Evaluation Strategy II. Deliverable to the TeleFOT project.

[8] Franzén, S., Karlsson, M., Morris, A., *et al.* (2012). Widening the use of the FOT methodology. Development based on experiences from the TeleFOT project. *Procedia – Social and Behavioural Sciences*. 48 s. Available from https://publications.lib.chalmers.se/publication/160537-widening-the-use-of-the-fot-methodology-development-based-on-experiences-from-the-telefot-project, 1826–1836.

[9] Karlsson, M., Alonso, M., Brignolo, R., *et al.* (2013). D4.7.3. User Uptake – Results and Implications. Deliverable to the TeleFOT project.

[10] Welsh, R., Morris, A., Lenard, J., *et al.* (2011). D4.3.2. Impacts on Safety. Preliminary Results. Deliverable to the TeleFOT project.

[11] Will, D., Schröder, U., Birrell, S., *et al.* (2012). D4.6.3. Impacts on Environment – Results and Implications. Deliverable to the TeleFOT project.

[12] Touliou, K., Brignolo, R., Innamaa, S., Rämä, A., Pagle, K., and Will, D. (2012). D4.5.3. TeleFOT Applications Efficiency Impact. Deliverable to the

TeleFOT project.
[13] Schulze, M., Mäkinen, T., Kessel, T., Metsner, S., and Stoyanov, H. (2014). DRIVE-C2X Deliverable D11.6 Final Report (IP-Deliverable). Available at: http://www. drive-c2x.eu/publications.
[14] SAE International (2013). Information Report J3016, 2013.
[15] Carsten, O. (2016). Presentation at a FOT-NET Data Workshop on a Common Methodology for Road Automation FOTs and Pilots, 3–4 February, 2016.
[16] Smith S., Bellone, J., Bransfield, S., *et al*. (2015). Benefits Estimation Framework for Automated Vehicle Operations. Final Report FHWA-JPO-16-229, US DoT, August 2015.

第 7 章
使用成本收益和多准则分析评估交通措施

7.1 引言

为了评估交通政策措施并将各类措施组合在一起，荷兰研究出了各种方法和工具。这些方法对区域级别的交通政策措施包进行了补充，且得到了利益相关方的支持。荷兰最著名的方法是：

1）可持续交通管理方法（GGB）[1,2]。这个方法可用于在区域级别构建交通管理措施包，且涉及所有利益相关者。

2）可达性解决方法。这是一种快速浏览的方法，旨在对一系列解决方案达成共识，这一系列方案包含需求和供应导向措施的区域可达性方案。

3）成本收益分析支持（KEA）。这是一份说明如何发展、平衡和优化区域项目的指南，成本收益是决定一系列措施的重要标准。

4）Toekan 方法学。这种方法是为临时项目规划各种可达性措施，例如（主要的）道路工程项目。

与这些方法相似的是，还有其他一些关注于优化交通的政策措施。它们大多与一个具体的政策主题（交通流量、安全或可持续性）或一种特定类型的措施（需求管理、通行能力管理）相关。还开展了一些关于对已执行措施和现有措施效果、比率和成本收益比对的研究。Taale 和 Schuurman 概述了荷兰实施交通管理措施的效果。

现有的方法都有自己的目的和功能来评估一系列措施或单个措施的政策，但是仍缺乏一个统一、综合和全面的方法来确定成本收益，或对这一系列办法措施进行社会成本收益分析。一方面缺乏对不同政策目标和不同类型措施的整合，另一方面缺乏对定义、数据和计算方法的统一。本章试图填补这一空白，并介绍了一种综合和统一的方法，称为交通需求和管理评估方法（Assessment Method for Demand and Traffic Management，AMDTM）。

该方法由九个步骤组成。首先，确定措施之间的相互作用，然后确定成本和收益。如果不知道成本和收益，则调查其他可量化的影响。如果无法量化影响，则在第四步中确定不可量化的影响（例如，对景观或舒适度的影响）。然后，各影响目标按照优先级顺序被排列。这些目标可能与可达性、安全性、环境或措施之间的相互作用有关。所有的目标都会被分配一个权重。对所有这些影响信息进行多准则分析，并同时进行敏感性分析。最后，与利益相关者讨论结果并进行调整。

本章讨论了该方法。该方法的应用通过一些案例研究进行了说明，这些案例涵盖了从评估基础设施项目的备选方案案例到确定区域内合适的交通措施案例。

7.2 范围和方面

7.2.1 范围

AMDTM 的作用范围在最广泛的意义上是具有"可达性"。它包括区域和国家的一系列交通措施，并旨在改变和提高机动性。此外，这些措施还包括客运和货运。因此，需要涉及尽可能广泛的范围，包括有可能采取的措施类型和政策目标类型。这意味着该评估方法能适用于广泛的用户，如各地区的决策者和从业人员。还意味着该方法能够权衡不同的方案。一般而言，未来对制定不同方案（或项目备选方案）的需求将会越来越大，这也意味着我们需要根据成本收益对这些政策加以权衡。因此，该方法应作为一种尺度发挥作用，允许以透明的方式对一系列交通管理措施进行权衡，并对这些措施的社会收益进行比较。

这种方法还可以用于在必要时将不同类型的项目（如建筑和扩建项目）与需求管理进行比较。图 7.1 说明了这一目标。

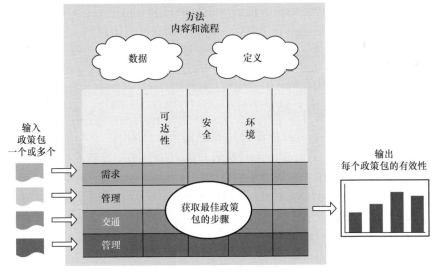

图 7.1 方法评估目标

7.2.2 基本原则

在现有文献的基础上，通过对各类评估专家的调研，提出了开发评估方法的若

干原则。该方法应:
1) 适应现有的流程和现有的常规。
2) 能够进行综合评估。
3) 尽可能多地关注货币化的影响。
4) 关注措施或一系列措施的预期效果。
5) 在考虑因素中为定性方面提供空间。
6) 提供决策支持信息。
7) 使敏感性分析成为可能。
8) 鲁棒性高且易于理解。

这些原则大部分是显而易见的。AMDTM 基于现有方法并对其进行补充,以这种方式构成了一个新的、统一和完整的方法。因此,现有的方法是 AMDTM 的基础,而非被取代。AMDTM 基本上是成本效益分析(CBA)和多准则分析(MCA)的组合。这种组合并不新鲜,但该方法增加了一些与运输和交通管理相关的新规定。在下一节中,将更详细地讨论该方法与现有方法的关系。

前边已经提到,新方法旨在以统一的方式对可达性、宜居性和安全性进行综合评估。这三个方面在措施和更多定性分析指标之间相互作用的可能性上得到了补充。这些措施之间的相互作用包括加强或削弱措施可能产生的影响。要实现某一特定的政策,如果措施是相辅相成的,则是有益的。在评估其影响时,应明确这一点。定性方面是难以量化的,如形象、舒适度、社会凝聚力或阻碍。该方法为可能影响最终结果,但难以评估的内容提供了衡量的机会。这些定性方面经常被提及,但却没有在评估和决策中被充分考虑到。这些方面通常是主观的,但应尽可能多地基于专家和利益相关者的意见和评分。

7.2.3 与现有方法的关系

在更好地利用现有基础设施的背景下,各种将措施或一系列措施进行组合的方法已经被开发出来。除了在前面简介中提到的方法(GGB 和 KEA)之外,还有 Wikken en Wegen 方法,它有助于对与交通和运输相关基础设施的投资决策,并且该方法简单有效,它给出了区域投资的具体指导方针,并描述了可用于讨论问题和开发具有成本收益解决方案的工具。AMDTM 更具有普遍性,且能用于预测非传统交通系统的解决方案,如 ITS 和基础设施创新项目,因此被补充到这些方法中。

最近,荷兰政府发布了《成本收益分析通用指南(General Guidance for CBA)》,该指南逐步介绍了如何为政府项目实施成本效益分析(CBA),并描述了 CBA 各组成部分应达到的标准。本节描述了 AMDTM 与这一指南的关系。

《成本收益分析通用指南》是为计算和评估包括重大基础设施项目在内的各类项目的成本和收益而制定的。该指南定义了系统对可达性、环境和安全的影响,并尽可能用现存的货币指标进行量化。关于范围和方法,《成本收益分析通用指南》

是 AMDTM 的基础，也是计算影响和使用指标的基础。但是，AMDTM 侧重于需求和交通管理，以及与之相关的一些特定方面。因此，下列各点是很重要的。

1) 在评估一系列措施时，应平等对待可达性、生活质量和安全方面的影响。

2) CBA 可能涵盖具有几十年时间跨度的大型基础设施项目。对于用 AMDTM 评估的措施，此时间周期较短，但具体取决于措施的寿命。

3)《成本收益分析通用指南》还包含了不可量化的方面，如形象和舒适性。在 AMDTM 中，我们称之为"定性方面"。通常，这些方面在 CBA 中会被提到（有时用"+""-"或"?"来评分），但在评估时却没有被考虑在内。然而，形象和舒适性等定性因素仍然可以对一系列措施进行区域评估，因此 AMDTM 会考虑这些因素。

4)《成本收益分析通用指南》侧重于在项目备选方案和参考案例之间做出选择。在 AMDTM 中，参考案例是没有被施行任何措施的。在 AMDTM 之前，会形成由几个措施组成的项目备选方案作为评估的起点，并使用在简介中所提到的方法进行评估。尽管在《成本收益分析通用指南》中，对各备选方案的选择有可能会发生改变，但 AMDTM 却更灵活且更侧重于对备选方案进行研究，比如说确定测量结果的敏感性。

7.3 评估方法的九个步骤

7.3.1 简介

AMDTM 旨在确定一系列措施的影响以及成本和收益，并非用于选择适用措施阶段。虽然原则上可以用 AMDTM 完成，但一般选择其他方法完成这一阶段的工作，如前面提到的《成本收益分析通用指南》或前几段中提到的方法（GGB、KEA 等）。好的成本收益分析当然有助于挑选出一套好的措施。为了落实一套好的措施，第一步是确定一个地区的交通运输问题和挑战，进而确定瓶颈和这些瓶颈的解决方案。解决方案可以与利益相关者一起检查和讨论，并可以将其转化为具体的措施。这一套或几套措施是 AMDTM 的起点。一个地区的利益相关者往往由不同部分组成，如地方当局、公交公司、商界和公民。AMDTM 的目的是对提出的措施进行适当的评估，让所有利益相关者参与甄选和评估过程，确保最终结果能够得到支持。

在 CBA 中使用了基础方案和项目备选方案。项目的影响被定义为有项目（项目备选方案）和无项目（基础方案）发展之间的差异。基础方案不是什么都不做，而是在没有新政策的情况下未来最有可能的发展趋势。这可能包括现有策略的延续，但也可能包含其他选择。在 AMDTM 中，各种措施作为一个整体形成项目备选方案。该方法旨在相互权衡所形成的措施包中的各类措施。除此以外，该方法还提供了在交互环境中改变措施包组成内容的可能性,并根据影响和成本及一些潜在的选择(如可用预算、目标和利益相关者对这些目标的重视)挑选出最佳措施包。

7.3.2 九个步骤

AMDTM 包括九个步骤:
1) 确定措施之间的相互作用。
2) 确定措施的成本和收益。
3) 确定措施的其他可量化影响。
4) 确定措施的不可量化影响。
5) 确定措施影响的优先级顺序。
6) 确定不同方面的权重。
7) 执行多准则分析。
8) 执行敏感性分析。
9) 讨论结果并确定最佳措施包。

在本节的剩余部分中,将更详细地讨论这些步骤,并使用了一系列不同类型的措施(包括货运和交通管理措施)的虚构例子对这些步骤加以说明。

步骤 1:确定措施之间的相互作用

第一步,检查措施相互影响的程度。实践表明,措施之间可以相互促进或削弱。相互促进的措施要优于相互削弱的措施。因此,必须首先规划好措施间的相互作用程度,以便在接下来的步骤中考虑这些作用。例如,在一条路段上引入绿波和在同一条路段上增加通行能力,对行程时间都有积极的影响,即行程时间将会减少。如果这是一条繁忙的路线,这两个措施之间的相互作用将是十分显著的。

在该步骤中,无论是否被纳入措施包中,所有措施都将进行相互比较。措施之间的相互作用由利益相关者通过打分来确定,打分范围在 −3 到 +3 之间,分数 −3 表示强烈的负相关关系,而 +3 表示强烈的正相关。表 7.1 给出了一个示例。这些分数是主观的,但如果所有利益相关者都进行打分,就会出现一个相对清晰的结果。此步骤所得到的结果将在步骤 5 中被考虑使用,并反映在后续的步骤中。

表 7.1 交互矩阵示例

	货物	生态运输	绿波	信息	措施 X	措施 Y	措施 Z	总和
货物		2		1	1			4
生态运输	3		1	−1				3
绿波		1						1
信息	1	−1				−3		0
措施 X								—
措施 Y								0

（续）

	货物	生态运输	绿波	信息	措施 X	措施 Y	措施 Z	总和
措施 Z								0
总和	4	2	1	0	1	—	0	5
交互相关得分	10	8	7	3	2	1	3	

步骤2：确定措施的成本和收益

对于措施包中的每项措施，需要确定成本和收益。通常，这一步占用了大部分的工作量，因为它需要收集或计算大量的信息。为了进行统一的评估，需要尽可能地将收益货币化。只有当措施的效果可以量化时，措施才能被货币化。如果能够确定影响的关键指标，如距离、时间和运输成本，以及从关键指标派生出的所有其他指标，如速度、时间损失或排放，就可以通过时间价值成本将措施货币化。在货物运输方面也可以采用同样的方法，但也可以使用固定和可变成本（如工资和燃料），并辅之以其他运输成本，如过路费或停车费来实现。为了将安全和环境指标货币化，可以使用交通中的排放量、伤亡量的转换系数来实现。如果由于某种原因，无法将环境或安全变量进行货币化，则应将其量化，下一步将对此进行说明。

这些措施的成本也应该被确定下来。一般的规则是，所有费用都应包括在成本内，包括未来可能存在的维护费用。此外，还应遵守时间范围和折现率。步骤2的结果是概述每个措施的成本和收益。表7.2展示了步骤2的一个案例。

表7.2 具有货币化影响的矩阵示例

	货物	生态运输	绿波	信息	措施 X	措施 Y	措施 Z
每个措施的成本	1000	500	200	200	300	250	0
出行收益（1000€）	2000		1000	500	25	15	10
排放收益（1000€）	15	20	25	2	3	2	1
安全收益（1000€）	0	1300	900	0	300	0	0
成本与收益的平衡	1015	820	1725	302	28	233	11
可达性相对得分	10	1	5	3	1	1	1
环境相对得分	6	8	10	1	2	1	1
安全相对得分	1	10	7	1	3	1	1
平衡相对得分	7	6	10	3	2	1	2

步骤3：确定措施的其他可量化的影响

如果对安全和环境影响进行货币化不可行，可以对其进行量化。对安全影响来说，事故、伤亡人数都可以被量化。对于环境影响，所有类型的排放和噪声都可以被量化。对安全和环境的影响，需要将每一项措施的部分影响按绝对值加在一起。表7.3展示了一个例子，其中措施X减少了30起事故，其中减少受伤14人，减少死亡 3 人。对于这些措施,从表中可以清楚地知道它们的绝对影响,以及各措施之间的关系。基于各绝对影响之和,可以对这些措施进行排序,当然,除了求和之外,还可以使用其他方法来确定安全性评分。

表 7.3 具有量化影响的矩阵示例

	货物	生态运输	绿波	信息	措施 X	措施 Y	措施 Z
减少排放/t	234	345	445	25	30	15	10
减少交通事故		−20	30		30		
减少受伤人数		−10	16		14		
减少死亡人数		−1	2		3		
环境得分	234	345	445	25	30	15	10
安全得分	0	−31	48	0	47	0	0
环境相对得分	6	8	10	1	1	1	1
安全相对得分	5	1	10	5	10	5	5

步骤 4:确定措施的不可量化的影响

理论上,各个方面的可达性、安全性和环境均可提供定量的结果,但情况并不总是如此。对于定性效果,步骤 2 和步骤 3 将被进行单独分析。定性分析不是将各影响换算成欧元或把绝对值加起来,而是将各影响用评分来进行描述,例如评分范围从 −5 到 +5,0 代表没有影响,+5 代表有很大的正面影以及 −5 代表有很大的负面影响。

这一步在本质上更为主观。这可能会导致一些关于影响是大还是小、正面还是负面的议论。但如果多个利益相关者对这些方面都进行了评分,就会产生一个主观的结果。如有必要,被评分的影响可以公开讨论,以确定带来各影响之间差异的主要原因。

举例来说,该步骤所需的分数是从调查问卷中得来的。每个利益相关者对影响进行评分,然后收集所有利益相关者对影响的估计,并确定平均影响,最后得到对每个措施平均估计影响的概述,例如表 7.4。

表 7.4 具有定性影响的矩阵示例

	货物	生态运输	绿波	信息	措施 X	措施 Y	措施 Z
舒适度	1			2		2	2
形象		3	3	2	1	1	1
阻碍							
景观质量	−3				−2		
感知得分	−2	3	5	2	1	3	1
感知相对得分	1	7	10	6	5	7	5

步骤5：确定措施影响的优先级顺序

从第2步到第4步，可以根据各个影响确定措施的等级。综合考虑每个措施的各个方面（可达性、环境、安全、质量方面和相互作用）及其影响（成本、事故数量、排放、形象等），可以发现与其他措施相比，这些措施的得分情况如何。各方面的分数被汇总起来后，每个措施都仅显示一个分数。措施等级的选择是按比例进行缩放的，因此是数字1~10的连续序列。但是，也可能使用其他方法来确定措施的等级，比例尺的设置需要在案例研究中进行测试研究。表7.5展示了一个影响可以货币化的例子。

表7.5 净货币化影响的矩阵示例

	货物	生态运输	绿波	信息	措施X	措施Y	措施Z
每个措施的成本	1000	500	200	200	300	250	0
出行费用变化（1000€）	2000		1000	500	25	15	10
排放量变化（1000€）	15	20	25	2	3	2	1
事故变化（1000€）		200	300		100		
受伤人数变化（1000€）		1000	2000				
死亡人数变化（1000€）		100	200		200		
平衡	1015	820	3325	302	28	233	11
平衡相对评分	7	6	10	3	2	1	2

这些措施在可达性、安全性、环境、定性和相互作用方面都有一定的影响。关于这一点的一些评论如下。

1）可达性涉及对距离、流量、通行能力、行程时间、出行成本和收入等关键变量的影响，这些影响可被货币化。除了这些变量外，不再需要更多的变量来确定对可达性的影响，因为几乎所有的其他指标都可以从这些变量中得出。

2）环境影响包括对排放和噪声的影响。这些也可以被货币化，虽然这一过程并不是必需的。对排放量（如NO_x和CO_2）的量化可能就足够了。

3）在安全方面，考虑这些措施对事故数量、伤亡人数的影响。出于道德考虑，一般选择将事故、伤害和死亡人数进行量化而非将其货币化。

4）定性的措施会导致产生无法被量化的影响，如情感、舒适度、形象或景观质量。有些情况下，定性措施可能不在少数。

5）措施之间相互作用（措施的相互加强和削弱）的重要性也应包括在对措施的影响评估中。相互加强的措施可以获得额外的分数。

步骤6：确定不同方面的权重

在每个地区，目标和利益的差异可能导致某个方面（可达性、安全性、环境、定性方面或交互作用）的重要性比其他方面更大或更小。在步骤6中，可以对各个方面分配权重，以便达成一套平衡的措施。此外，它衡量了这五个方面对最终结果的贡献程度。权重可以在 1~100 的范围内选择,当然,权重的总和应该是 100。

步骤 7:执行多准则分析

确定权重后,便可以对所有方面执行多准则分析。通过该分析,再基于各方面的加权平均值,孰优孰劣立见分晓。在表 7.6 中,安全和环境方面评价用相对分数取代了货币化衡量。在分析前,执行绿波被认为是最佳措施,但经过分析后,捆绑货物在某种意义上会更好一些。

如果将可达性、安全性和环境方面货币化,我们可以使用权衡后的相对评分(表 7.5)。结果见表 7.7。在这种情况下,绿波是最好的措施,因为它有更低的成本和更好的安全评分。

步骤 8:执行敏感性分析

按照给定的可用预算和各措施成本,通过步骤 2 和步骤 5 可以确定多套不同措施的敏感性。措施的成本可以从步骤 2 中获得,所有方面和影响的平均等级可以从步骤 5 中获得。通过比较,选择预算范围内的可行综合措施。通常,预算会被用尽,但显然预算超出或未充分利用也是有可能的。此外,在收益方面,最佳的一系列措施在获取原始预算时可能需要额外的资金。在这种情况下,应重点关注如何获得额外的资金来源。

步骤 9:讨论结果并确定最佳措施包

整个过程的最后一步是利益相关者之间的讨论,主要内容包括从步骤 8 中获得的措施组合包和从步骤 6 中获得的权重。最初,每个方面的权重基本一致,随着实践的推进,相关利益者会对某些方面更为重视。在步骤 6 中,可以对不同方面的权重进行调整,因此,随着权重估值发生变化,一些措施可能会得到不同的级别。或者,可以从步骤 5 到步骤 8 进行二次迭代,以便根据修改后的权重更改措施包的组成。

措施组合包显示,给定成本和可用的预算,可以在一个包中选择适用措施。利益相关者应就如何选择最佳方案达成一致。

表 7.6 有权重和无权重的等级示例(无货币化)

	捆绑货物	生态运输	绿波	信息	措施 X	措施 Y	措施 Z	权重
可达性	10.0	1.0	5.5	3.2	1.1	1.0	1.0	50
安全	4.5	1.0	10.0	4.5	9.9	4.5	4.5	15
环境	5.6	7.9	10.0	1.3	1.4	1.1	1.0	15
感知	1.0	7.4	10.0	6.1	4.9	7.4	4.9	10
相互作用	10.0	7.5	6.7	3.5	1.8	3.5	3.5	10
总分	31.2	24.9	42.2	18.7	19.0	15.1	14.8	100

	捆绑货物	生态运输	绿波	信息	措施 X	措施 Y	措施 Z
可达性	5.0	0.5	2.7	1.6	0.5	0.5	0.5
安全	0.7	0.2	1.5	0.7	1.5	0.7	0.7

（续）

	捆绑货物	生态运输	绿波	信息	措施 X	措施 Y	措施 Z
环境	0.8	1.2	1.5	0.2	0.2	0.2	0.2
感知	0.1	0.7	1.0	0.6	0.5	0.7	0.5
相互作用	1.0	0.8	0.7	0.3	0.2	0.1	0.3
总分	7.6	3.3	7.4	3.4	2.9	2.2	2.2

表 7.7 有权重和无权重的排名示例（货币化）

	捆绑货物	生态运输	绿波	信息	措施 X	措施 Y	措施 Z	权重
平衡	6.7	5.8	10.0	3.5	2.2	1.0	2.1	80
感知	1.0	7.4	10.0	6.1	4.9	7.4	4.9	10
相互作用	10.0	7.5	6.7	3.5	1.8	1.0	3.5	10
总分	17.7	20.8	26.7	13.1	8.9	9.4	10.4	100

	捆绑货物	生态运输	绿波	信息	措施 X	措施 Y	措施 Z
平衡	5.4	4.7	8.0	2.8	1.8	0.8	1.7
感知	0.1	0.7	1.0	0.6	0.5	0.7	0.5
相互作用	1.0	0.8	0.7	0.3	0.2	0.1	0.3
总分	6.5	6.2	9.7	3.7	2.4	1.6	2.5

7.4 案例研究

AMDTM 已在三个案例研究中进行了测试。案例研究的结果已被用来对该方法进行微调。在选择案例时，我们研究了相关性、数据可用性以及各种政策措施。这些都很好地反映了 AMDTM 在基础设施措施和交通管理措施以及两者相结合方面的适用性。选择的案例包括：

1）Zoetermeer on the move：该案例采用并分析不同交通管理措施。

2）Rijnland connection：该案例主要研究莱顿附近两条高速公路（A4 和 A44）之间铺建的新公路。本案例涉及不同的基础设施备选方案。

3）A15 River land：一个包含几种政策措施的案例，包括基础设施措施和其他措施的组合。由于缺乏成本收益投入，这个案例比较定性。

为了说明该方法在实践中是如何工作的，我们拿出三个案例中的两个作为示例，并对这九个步骤进行了描述。

7.4.1 Zoetermeer on the move 的九个步骤

1. 案例说明

Zoetermeer on the move 项目的目标是减少往来祖特尔梅尔和海牙之间的驾车次

数,包括连接这两个城市的 A12 高速公路和其他公路。为了达到这一目标,2012 年进行的一项可行性研究调查了祖特尔梅尔及其周边商业社区需要达到怎样的规模。根据这些讨论的结果,在该地区有五个项目被实施:

1)更好地利用现有车队:吸引公司员工使用拼车通勤。

2)商业园区的自行车网络:在舒适性和社会安全方面提高自行车线路对商业园区的吸引力。

3)非高峰时段物流:公司采取措施将物流行程重新分配到非高峰时段。

4)Z(x):差异性地工作;组建公司内部的交通管理部门(租赁政策、刺激自行车的使用、引入交通预算等)。

5)避免高峰时段出行:这是一个提倡避免高峰时段通过 A12 的计划,计划中,错峰出行者会获得补贴。

这些项目从 2012 年持续到 2014 年,结果以成本和收益来衡量。此外,专家们还对与商业园区相关的一些方面进行了评分。结果见表 7.8。

2. 措施之间的相互作用

这些措施之间的相互作用是基于专家判断的。从表 7.9 中可以看出,高峰时段避免出行得分最高,自行车网络的改进得分最低。

表 7.8 Zoetermeer on the move 项目结果

		更好的车队管理	改进自行车网络	非高峰时段物流	Z(x) 差异性地工作	避免高峰时段出行
成本	项目成本(€)	91000.00	82000.00	70000.00	109500.00	2800000.00
	每减少一次行程的费用(€)	364.00	182.22	5.60	7.30	40.88
收益	减少的行程次数	250	450	12500	15000	68500
	出行时间收益(€)	557.08	1002.75	133525.00	115745.00	170542.17
	时间价值(€)	9.55	9.55	45.78	33.07	10.67
定性方面	公司可达性	2	3	2	4	2
	交通安全	1	2	2	3	3
	高峰时段的延误减少	2	5	2	5	9
	公司形象	2	8	1	5	5
	员工健康	2	9	1	9	4
	公司成本降低	9	3	9	4	2

3. 成本与收益

在此步骤中,将确定各项措施的成本和收益。在这个案例中,没有可用的环境和安全数值。结果见表 7.10。避免高峰时段出行具有较大的行程时间优势,但收支平衡得分较低。更好的车队管理在行程时间上得分最低。如果只研究成本收益平衡，非高峰时段物流是最好的措施。

表7.9 Zoetermeer on the move 相互作用

	更好的车队管理	改进自行车网络	非高峰时段物流	Z(x)差异性地工作	避免高峰时段出行	总计
更好的车队管理		0	1	2	2	5
改进自行车网络	0		0	1	1	2
非高峰时段物流	1	0		2	3	6
Z(x)差异性地工作	1	0	1		2	4
避免高峰时段出行	1	0	3	2		6
总计	3	0	5	7	8	23
相互作用相对得分	6	1	8	8	10	

表7.10 项目期间的成本和收益

	更好的车队管理	改进自行车网络	非高峰时段物流	Z(x)差异性地工作	避免高峰时段出行
每项措施的成本（€）	91000.00	82000.00	70000.00	109500.00	2800000.00
行程时间影响（€）	557.08	1002.75	133525.00	115745.00	170542.17
可达性相对评分	1	1	8	7	10
环境相对评分					
安全相对评分					
成本与收益平衡（€）	-90442.92	-80997.25	63525.00	6245.00	-2629457.83
平衡相对评分	9	10	10	10	1

4. 其他可量化方面

其他可量化方面不进行评估。需要强调的是，环境和安全并不属于量化指标，而应该采用定性分析。

5. 不可量化的方面

利益相关者对各种不可量化的方面进行了评分，并对环境和安全与其他方面进行了区分。在环境方面，没有使用传统的评估参数，而是使用可持续的商业和员工健康这两个参数。表7.11和表7.12中展示了这些评分。

表7.11 环境与安全相对得分

	更好的车队管理	改进自行车网络	非高峰时段物流	Z(x)差异性地工作	避免高峰时段出行
可持续商业	2	8	1	5	5
员工健康	2	9	3	9	4
交通安全	1	2	2	3	3

(续)

	更好的车队管理	改进自行车网络	非高峰时段物流	Z(x) 差异性地工作	避免高峰时段出行
环境总分	4	17	4	14	9
安全总分	1	2	2	3	3
环境相对得分	1	10	1	8	4
安全相对得分	1	6	6	10	10

表 7.12 其他定性方面的相对分数

	更好的车队管理	改进自行车网络	非高峰时段物流	Z(x) 差异性地工作	避免高峰时段出行
创新	5	0	3	3	2
有吸引力的工作氛围	1	2	1	5	1
定性方面的总分	6	2	4	8	3
定性方面的相对评分	7	1	4	10	3

6. 影响的优先级顺序

如果我们把这五个不同方面的所有分数放在一起，就得到表 7.13。从这个表中我们可以得出结论，"Z(x)差异性地工作"得分最高，"更好的车队管理"得分最低。值得注意的是，此处的可达性仅包括行程时间收益。如果我们将成本和收益平衡考虑在内（表 7.10），则得到表 7.14。同样，"Z(x)差异性地工作"得分最高，"更好的车队管理"得分最低，但这个最低值与其他指标的值相比相差并不大。

7. 多准则分析

将表 7.13 中各因素进行加权计算，可达性占 60%，其他方面各占 10%，得到表 7.15。从这个表中我们可以得出结论，避免高峰时段出行是最好的措施，而更好的车队管理是最差的措施。但是，如果我们将成本和收益平衡纳入 MCA，结果就会发生变化，从表 7.16 中可以看出，由于高成本，避免高峰时段出行是得分最低的措施，而 Z(x)差异性地工作是目前的最佳措施。

8. 敏感性分析

评估结果不仅对输入 MCA 的各个方面敏感，也对权重敏感。如果我们改变表 7.15 的权重，可达性占 50%，定性方面占 20%，其他方面各 10%，将会得到表 7.17。在上述条件下，"Z(x)差异性地工作"得分最高。

第7章 使用成本收益和多准则分析评估交通措施

表7.13 平衡前各方面和措施的评分

	更好的车队管理	改进自行车网络	非高峰时段物流	Z(x)差异性地工作	避免高峰时段出行
可达性	1	1	8	7	10
安全	1	6	6	10	10
环境	1	10	1	8	4
定性方面	7	1	4	10	3
相互作用	6	1	8	8	10
总分	16	19	26	43	37

表7.14 平衡后各方面和措施的评分

	更好的车队管理	改进自行车网络	非高峰时段物流	Z(x)差异性地工作	避免高峰时段出行
成本和收益平衡	9	10	10	10	1
安全	1	6	6	10	10
环境	1	10	1	8	4
定性方面	7	1	4	10	3
相互作用	6	1	8	8	10
总分	24	27	28	45	28

表7.15 没有平衡的 MCA 结果

	更好的车队管理	改进自行车网络	非高峰时段物流	Z(x)差异性地工作	避免高峰时段出行
可达性	0.6	0.6	4.8	4.3	6.0
安全	0.1	0.6	0.6	1.0	1.0
环境	0.1	1.0	0.1	0.8	0.4
定性方面	0.7	0.1	0.4	1.0	0.3
相互作用	0.6	0.1	0.8	0.8	1.0
总分	2.1	2.4	6.6	7.8	8.7

表7.16 使用 CBA 的 MCA 结果

	更好的车队管理	改进自行车网络	非高峰时段物流	Z(x)差异性地工作	避免高峰时段出行
成本和收益平衡	5.7	5.7	6.0	5.9	0.6
安全	0.1	0.6	0.6	1.0	1.0
环境	0.1	1.0	0.1	0.8	0.4
定性方面	0.7	0.1	0.4	1.0	0.3
相互作用	0.6	0.1	0.8	0.8	1.0
总分	7.1	7.5	7.8	9.5	3.3

表 7.17　不同权重的 MCA 结果

	更好的车队管理	改进自行车网络	非高峰时段物流	Z（x）差异性地工作	避免高峰时段出行
可达性	0.5	0.5	4.0	3.5	5.0
安全	0.1	0.6	0.6	1.0	1.0
环境	0.1	1.0	0.1	0.8	0.4
定性方面	1.4	0.2	0.8	2.0	0.5
相互作用	0.6	0.1	0.8	0.8	1.0
总分	2.7	2.4	6.2	8.1	7.9

9. 结果和最佳措施包

对于这个案例，我们比较了几个措施。假设预算限制在 20 万欧元左右，就不会选择避免高峰时段出行这个措施。然而，即使预算足够高，问题仍然存在，即究竟是选择避免高峰时段出行，还是把钱花在其他的项目上。

10. Zoetermeer on the move 案例总结

通过 Zoetermeer on the move 这个案例，可以从 AMDTM 的应用中得出几个有趣的信息。

1）输入的变量没有达到预期。因为在环境和安全方面没有定量信息，只有一些与其相关的子方面的分数。我们通过把这些分数加起来作为总分来解决这个问题，并将此总分用于 MCA。

2）仅使用 MCA 中对可达性的影响或仅考虑可达性成本与收益平衡，这两者有巨大的差异。这是因为一项措施的成本高低并不会直接影响该措施的执行效果，但对收支平衡却有显著影响。

3）由于成本的差异，在成本和收益为负的情况下，某些措施仍然可以得到较高的正数分数（表 7.10）。这是步骤 2 中所要考虑的问题。

AMDTM 在决定实施措施方面，特别是在与措施总成本相比预算有限的情况下，提供了有力的支持。显然，MCA 中的权重对结果很重要。权重的引入可以让我们对结果的敏感性有更深入的理解。

7.4.2　A15 River land 的九个步骤

1. 案例说明

实施 A15 River land 项目的目的是：

1）分析从鹿特丹到德国的 A15 高速公路上（更具体地说，是戈林切姆和瓦尔堡之间）当前和未来的问题，以及该地区潜在的公路网。

2）提供一系列广泛的政策措施来克服这些问题。

在本项目中起草了不同的政策措施。对这一系列政策的选择作为对该案例的研究被输入进来。这些措施的位置如图 7.2 所示。对于大多数政策措施来说，实施的

第 7 章 使用成本收益和多准则分析评估交通措施

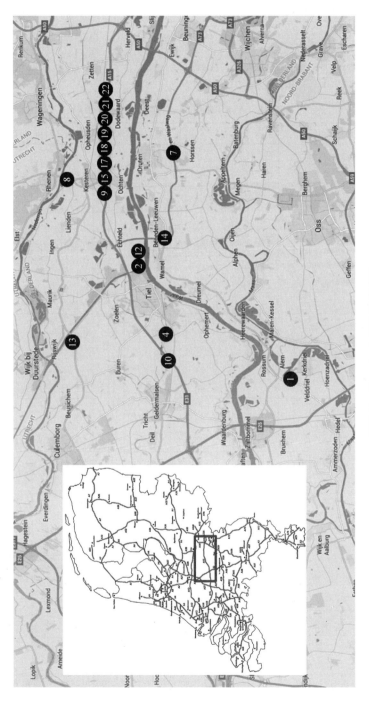

图 7.2 River land 位置及其措施

成本和收益是未知的，因此 AMTDM 没能充分发挥作用。相比之下，MCA 是唯一选择。MCA 的各个输入是通过与不同利益相关方的研讨会收集的。本节概述了 AMTDM 的使用。

2. 措施之间的相互作用

本案例考虑了大约 22 项措施。表 7.18 概述了不同运输措施之间假定的相互作用。

表 7.18　A15 River land 措施间的相互作用

序号	措施	1	2	3	4	5	6	7	8	9	10	11	12	13	14	15	16	17	18	19	20	21	22	总计
1	可达性 Kerkdriel – North																							0
2	更好地接入物流热点 Medel					1				1														2
3	推广电动自行车				1					1														2
4	快速自行车道 Geldermalsen – Tiel			2																				2
5	成捆货物		1				1			1														3
6	重定货物运输安排					1	1																	2
7	改善交通流 N322/N323																							0
8	增加道路通行能力 N233（Kesteren – Rhenen）																							0
9	在 A15 上增加车道									−2	1							2	−1	−1	1	−1		−1
10	高峰时段车道在 A15 公路上 Tiel 和 Deil 间		1																2	1	1	1	1	7
11	自动驾驶							1	1	1	1	1				1					1			7
12	机动性管理 Medel		1	1	1																			3
13	交通安全 N320（Culemborg – Kesteren）																1							1
14	安全交叉口 Maas – Waalweg																1							1

(续)

序号	措施	1	2	3	4	5	6	7	8	9	10	11	12	13	14	15	16	17	18	19	20	21	22	总计
15	在A15上没有广告牌																1							1
16	驾驶行为意识			1								2	1	1	1			1				1		8
17	在A15上更好地设计弯道																1							1
18	在A15上匝道控制	1								1	2									1	1	1	1	8
19	非高峰时段A15的使用											1	1							1		1		4
20	使用实时数据控制A15交通									1	1	1								1	1	1	1	7
21	A15上更长的加速车道									1	1									1		1		4
22	A15高速公路交通管理系统									1	1									1	1			5
	总分	0	4	4	2	1	2	1	1	6	5	5	4	2	1	0	5	1	8	3	3	4	5	67
	相对评分	1	4	4	3	3	3	2	2	4	8	8	5	3	2	2	8	2	10	5	7	6	7	

3. 成本与收益

成本通常以欧元表示,但在项目的该阶段,大多数成本数据无法获得。因此选择通过讨论和评分工具(Meetingsphere)进行分析,成本以评分的方式分为"非常低"到"非常高"不同等级。然后计算相对分数(较高的相对分数意味着较低的成本)。表7.20列出了成本。可以看出,高速公路上增加额外车道的成本得到非常高的评分。其他的成本都比较低,由于成本相差较大,其他各项措施在这方面的得分差异不大。

4. 无法量化的影响

由于这些因素无法用货币量化收益,所有收益都由利益相关方以定性方式进行评估。表7.19显示了关于可达性以及安全、环境和其他定性方面的分数。可以看出,在A15上增加车道在可达性方面得分最高,而其他各项措施的分数较低。

5. 影响的优先级顺序

将不同影响的相对分数加在一起。对每一项措施分数进行求和。在表7.19中,四种运输措施被标记为灰色。高速公路交通管理系统得分最高,为35.2分。成捆货物得分第二高,为32.2分,其次是高峰时段车道(30.8分)和推广电动自行车(25.8分)。

表7.19 不考虑成本时所有方面的评分

序号	措施	成本	可达性	环境	安全	质量	相互作用	总分
1	可达性 Kerkdriel - North		7.4	4.5	5.0	1.9	1.0	19.8
2	更好地接入物流热点 Medel		7.4	6.0	5.0	1.0	4.4	23.8
3	推广电动自行车		3.6	10.0	1.0	6.8	4.4	25.8
4	快速自行车道 Geldermalsen - Tiel		4.2	10.0	4.0	9.2	3.3	30.7
5	成捆货物		5.8	9.5	6.0	7.6	3.3	32.2
6	重定货物运输安排		3.6	7.0	4.5	1.9	3.3	20.3
7	改善交通流 N322/N323		7.9	5.5	4.5	4.7	1.6	24.2
8	增加道路通行能力 N233（Kesteren - Rhenen）		8.4	2.0	3.5	2.8	1.6	18.3
9	在 A15 上增加车道		10.0	1.0	5.5	5.1	3.8	25.4
10	高峰时段车道在 A15 公路上 Tiel 和 Deil 间		10.0	3.0	4.0	6.0	7.8	30.8
11	自动驾驶		3.9	7.5	6.5	10.0	7.8	35.7
12	机动性管理 Medel		4.7	8.5	4.0	5.1	4.9	27.2
13	交通安全 N320（Culemborg - Kesteren）		1.0	5.5	9.5	5.6	2.7	24.3
14	安全交叉口 Maas - Waalweg		1.0	5.5	10.0	5.6	2.1	24.2
15	在 A15 上没有广告牌		2.1	5.5	6.5	4.7	1.6	20.4
16	驾驶行为意识		2.1	7.2	7.5	2.7	8.3	27.8
17	在 A15 上更好地设计弯道		2.6	5.5	7.5	1.9	2.1	19.6
18	在 A15 上匝道控制		5.2	6.6	6.9	1.9	10.0	30.6
19	非高峰时段 A15 的使用		4.7	8.0	6.0	4.4	4.9	28.0
20	使用实时数据控制 A15 交通		5.8	7.5	6.0	6.8	6.6	32.7
21	A15 上更长的加速车道		5.8	6.6	7.5	6.8	5.5	32.2
22	A15 高速公路交通管理系统		5.8	7.5	8.5	6.8	6.6	35.2

表7.20 还显示了这些措施成本的相对分数。添加这些成本并不会改变四个被标记的政策措施的顺序。由于 A15 高速公路增加一条额外车道的成本过大，将会导致其他大多数较低成本的交通措施差异性明显下降。

6. 不同措施的权重

不同措施的权重由利益相关者确定，分为考虑成本和不考虑成本两种情况，见表7.21。

表 7.20　考虑成本时所有方面的评分

序号	措施	成本	可达性	环境	安全	质量	相互作用	总分
1	可达性 Kerkdriel – North	9.5	7.4	4.5	5.0	1.9	1.0	29.3
2	更好地接入物流热点 Medel	10.0	7.4	6.0	5.0	1.0	4.4	33.8
3	推广电动自行车	10.0	3.6	10.0	1.0	6.8	4.4	35.8
4	快速自行车道 Geldermalsen – Tiel	10.0	4.2	10.0	4.0	9.2	3.3	40.7
5	成捆货物	10.0	5.8	9.5	6.0	7.6	3.3	42.2
6	重定货物运输安排	10.0	3.6	7.0	4.5	1.9	3.3	30.3
7	改善交通流 N322/N323	10.0	7.9	5.5	4.5	4.7	1.6	34.2
8	增加道路通行能力 N233（Kesteren – Rhenen）	9.9	8.4	2.0	3.5	2.8	1.6	28.2
9	在 A15 上增加车道	1.0	10.0	1.0	5.5	5.1	3.8	26.4
10	高峰时段车道在 A15 公路上 Tiel 和 Deil 间	6.0	10.0	3.0	4.0	6.0	7.8	36.8
11	自动驾驶	9.8	3.9	7.5	6.5	10.0	7.8	45.5
12	机动性管理 Medel	10.0	4.7	8.5	4.0	5.1	4.9	37.2
13	交通安全 N320（Culemborg – Kesteren）	9.9	1.0	5.5	9.5	5.6	2.7	34.2
14	安全交叉口 Maas – Waalweg	10.0	1.0	5.5	10.0	5.6	2.1	34.2
15	在 A15 上没有广告牌	10.0	2.1	5.5	6.5	4.7	1.6	30.4
16	驾驶行为意识	10.0	2.1	7.2	7.5	2.7	8.3	37.8
17	在 A15 上更好地设计弯道	10.0	2.6	5.5	7.5	1.9	2.1	29.6
18	在 A15 上匝道控制	10.0	5.2	6.6	6.9	1.9	10.0	40.6
19	非高峰时段 A15 的使用	10.0	4.7	8.0	6.0	4.4	4.9	38.0
20	使用实时数据控制 A15 交通	10.0	5.8	7.5	6.0	6.8	6.6	42.7
21	A15 上更长的加速车道	10.0	5.8	6.6	7.5	6.8	5.5	42.2
22	A15 高速公路交通管理系统	9.9	5.8	7.5	8.5	6.8	6.6	45.1

表 7.21　两组不同的权重

	权重		权重
		成本	44
可达性	47	可达性	27
安全	18	安全	10
环境	20	环境	11
质量方面	9	质量方面	5
相互作用	6	相互作用	4
总计	100	总计	100

7. 多准则分析

在不考虑成本的情况下分配权重会使高速公路的额外车道变得更有吸引力。在可达性表现突出的"高峰时段车道"和"增加车道"两个措施得分最高,而可达性较差的"推广电动自行车"则获得最低分。所有分数均显示在表7.22中。

如果把成本考虑在内,增加额外通行能力这一措施就不在排名里了,取而代之的是高速公路交通管理系统得分最高。可达性的相对低权重和成本的较高权重是造成这种情况的原因。表7.23给出了所有措施的相对得分。

表7.22　不考虑成本的MCA结果

序号	措施	成本	可达性	环境	安全	质量	相互作用	总分
1	可达性 Kerkdriel - North		3.5	0.9	0.9	0.2	0.1	5.5
2	更好地接入物流热点 Medel		3.5	1.2	0.9	0.1	0.3	5.9
3	推广电动自行车		1.7	2.0	0.2	0.6	0.3	4.7
4	快速自行车道 Geldermalsen - Tiel		2.0	2.0	0.7	0.8	0.2	5.7
5	成捆货物		2.7	1.9	1.1	0.7	0.2	6.6
6	重定货物运输安排		1.7	1.4	0.8	0.2	0.2	4.3
7	改善交通流 N322/N323		3.7	1.1	0.8	0.4	0.1	6.1
8	增加道路通行能力 N233（Kesteren - Rhenen）		3.9	0.4	0.6	0.3	0.1	5.3
9	在A15上增加车道		4.7	0.2	1.0	0.5	0.2	6.6
10	高峰时段车道在A15公路上 Tiel和Deil间		4.7	0.6	0.7	0.5	0.5	7.0
11	自动驾驶		1.8	1.5	1.2	0.9	0.5	5.9
12	机动性管理 Medel		2.2	1.7	0.7	0.5	0.3	5.4
13	交通安全 N320（Culemborg - Kesteren）		0.5	1.1	1.7	0.5	0.2	3.9
14	安全交叉口 Maas - Waalweg		0.5	1.1	1.8	0.5	0.1	4.0
15	在A15上没有广告牌		1.0	1.1	1.2	0.4	0.1	3.8
16	驾驶行为意识		1.0	1.4	1.4	0.2	0.5	4.5
17	在A15上更好地设计弯道		1.2	1.1	1.4	0.2	0.1	4.0
18	在A15上匝道控制		2.4	1.3	1.2	0.2	0.6	5.8
19	非高峰时段A15的使用		2.2	1.6	1.1	0.4	0.3	5.6
20	使用实时数据控制A15交通		2.7	1.5	1.1	0.6	0.4	6.3
21	A15上更长的加速车道		2.7	1.3	1.4	0.6	0.3	6.3
22	A15高速公路交通管理系统		2.7	1.5	1.5	0.6	0.4	6.8

表 7.23 考虑成本的 MCA 结果

序号	措施	成本	可达性	环境	安全	质量	相互作用	相对得分
1	可达性 Kerkdriel – North	4.2	2.0	0.5	0.5	0.1	0.0	7.3
2	更好地接入物流热点 Medel	4.4	2.0	0.7	0.5	0	0.2	7.8
3	推广电动自行车	4.4	1.0	1.1	0.1	0.3	0.2	7.0
4	快速自行车道 Geldermalsen – Tiel	4.4	1.1	1.1	0.4	0.4	0.1	7.5
5	成捆货物	4.4	1.6	1.0	0.6	0.3	0.1	8.0
6	重定货物运输安排	4.4	1.0	0.8	0.5	0.2	0.1	6.8
7	改善交通流 N322/N323	4.4	2.1	0.6	0.5	0.2	0.1	7.8
8	增加道路通行能力 N233（Kesteren – Rhenen）	4.4	2.3	0.2	0.4	0.1	0.1	7.4
9	在 A15 上增加车道	0.4	2.7	0.1	0.6	0.2	0.2	4.2
10	高峰时段车道在 A15 公路上 Tiel 和 Deil 间	2.6	2.7	0.3	0.4	0.2	0.3	6.6
11	自动驾驶	4.3	1.1	0.8	0.7	0.4	0.3	7.6
12	机动性管理 Medel	4.4	1.3	0.9	0.4	0.2	0.3	7.4
13	交通安全 N320（Culemborg – Kesteren）	4.4	0.3	0.6	1.0	0.2	0.1	6.5
14	安全交叉口 Maas – Waalweg	4.4	0.3	0.6	1.0	0.2	0.1	6.6
15	在 A15 上没有广告牌	4.4	0.6	0.6	0.7	0.2	0.1	6.5
16	驾驶行为意识	4.4	0.6	0.6	0.8	0.1	0.3	6.9
17	在 A15 上更好地设计弯道	4.4	0.7	0.6	0.8	0.1	0.1	6.6
18	在 A15 上匝道控制	4.4	1.4	0.7	0.7	0.1	0.4	7.7
19	非高峰时段 A15 的使用	4.4	1.3	0.9	0.6	0.2	0.2	7.5
20	使用实时数据控制 A15 交通	4.4	1.6	0.6	0.6	0.3	0.3	7.9
21	A15 上更长的加速车道	4.4	1.6	0.7	0.8	0.3	0.2	7.9
22	A15 高速公路交通管理系统	4.4	1.6	0.8	0.9	0.3	0.3	8.1

8. 敏感性分析

敏感性分析已经在与利益相关者的讨论中进行，表明在项目的这个阶段成本的考虑对措施的排名有重大影响。

9. A15 River land 案例总结

在与利益相关者的会议讨论中，根据措施的成本和使用的评估变量（5 个变量），决定最后由谁为措施买单。讨论在一定程度上影响了评分过程以及在各措施之间做出的选择。评价方法的建立是通过引入权重实现对不同措施进行更公平的评价。因此，应该把重点放在影响上，然后根据它们的得分对这些措施进行排序，最后在财政可行性、措施支持和可用信息的基础上分析各措施的最后得分。

评分机制可以让短期内能够应用的措施快速实现并获得成效。对于其他更昂贵的措施，需要获得更多信息以确定成本。在执行这些政策措施之前，需要对其财政可行性有进一步的了解。

最后，本案例表明，差异很大的交通措施很难被考虑，如自行车停放设施和高速公路上的额外通行能力。可以从中得出的结论是，运输措施应在规模和成本方面相互关联。

7.4.3　所有案例结论

基于以上三种案例，我们得出以下结论。

1）评估方法可用于选择不同的政策措施包，包括类似和不相似的措施，如基础设施项目和交通管理项目。

2）在政策制定的早期阶段，AMDTM 在提供政策措施相互影响方面就体现了它的额外价值。在之后的阶段里，当获得更详细的成本收益信息时，也可以应用 AMDTM。

3）当没有实际成本时，可能会出现"谁为该措施买单？"的问题，这可能会干扰分数的评定和措施的选择。

4）高收益的政策措施可能在早期阶段因成本高而被否决，尽管那时尚不清楚可用的预算是多少。因此，在过程推进之前优先考虑措施收益而非执着于措施成本，换句话说，我们应该进行效益-成本分析。

5）在 Rijnland connection 的例子中，由于过于看重成本，加权计算后，效益占比过小，有一个变量实际上并未纳入考虑。AMDTM 的应用表明，该变量可能很有价值，因为它在收益上的得分更高。这显示了 AMDTM 的优点。

6）A15 River land 的案例表明，如果只执行 MCA，政策措施不应有太大的不同。小型和大型政策措施之间的差异（例如停放自行车和发展高速公路）可能会妨碍对项目的良好评价。这些项目应该或多或少地相互一致。一个可能的解决办法是分两步对其进行评估：一个是对一组较小的措施进行评估，另一个是对一组较大的措施进行评估。

案例研究的结论表明，AMDTM 无论在早期还是在后期阶段，都是一种为政策制定过程增加价值的工具。

7.5　结论

如今，由于联合融资方式的出现，基础设施和政策性措施的预算不如以前固定，这也为一些相对昂贵但收益巨大的措施提供了可施行的机会，同时也加强了公众对这类措施的包容性和支持。

AMDTM 尽可能地保持广泛的应用范围,并带来有关政策措施包的创造性解决方案。相比于之前优先考虑成本的做法,我们应该让收益占主导地位,所以是 BC 分析而不是 CB 分析。在可达性、安全性、环境和质量方面,收益应该被首先考虑,然后才是成本,最后才是谁来买单。这使选择过程有了余地,在这个过程中,各种收益都得到平等的考虑。

让收益主导可能意味着对于方法的第二步,会变得只考虑收益而不考虑成本,尤其对成本差异巨大的情况有显著影响。为了避免这种情况,在这一步中可以不考虑成本。到步骤 8 时,再将成本和措施资金来源问题作为变量考虑在内。

这种方式有利于找到最行之有效的措施,即使它们在财务上可行但因成本过高而被忽视,因此只需要考虑这个政策的可行性问题。除此以外,通过透明的方式,它有助于将不同的政策措施分阶段实施,如在某些情况下,用快狠准的政策取代详细制定的措施。

参 考 文 献

[1] Rijkswaterstaat. *Handbook Sustainable Traffic Management*. AVV Transport Research Centre, Rotterdam, the Netherlands, 2003.

[2] Taale, H., Westerman, M., Stoelhorst, H., Van Amelsfort, D. 'Regional and Sustainable Traffic Management in the Netherlands: Methodology and Applications', *Proceedings of the European Transport Conference 2004*, Strasbourg, France, 2004.

[3] Rijkswaterstaat. *Manual for the Accessibility Solutions Method*. RWS Water, Traffic and Environment, Rijswijk, the Netherlands, 2014.

[4] Ecorys. *Assistance for Cost-Effectiveness Analysis*. Report for Rijkswaterstaat, Rotterdam, the Netherlands, 2014.

[5] MuConsult. *Procedure Ex ante CBA Tool Toekan*. Report for Rijkswaterstaat, Amersfoort, the Netherlands, 2011.

[6] Taale, H., Schuurman, H. 'Effects of Traffic Management in the Netherlands – An Overview of 190 Assessments', TrafficQuest, Version 3.3, 2015.

[7] Sijtsma, F.J. *Project Evaluation, Sustainability and Accountability*. PhD Thesis, University of Groningen, 2006.
Assessing transport measures using cost–benefit and Accountability. PhD

[8] CROW. Wikken & Wegen [online]. 2014. Available at www.wikken-wegen.nl. [Accessed 29 Mar 2016].

[9] HU and Ministry of Infrastructure and the Environment. *CORT & Krachtig*. 2014.

[10] Romijn, G., Renes, G. *General Guidance for Cost-Benefit Analysis*. CPB Netherlands Bureau for Economic Policy Analysis, PBL Netherlands Environmental Assessment Agency, The Hague, 2013.

第8章 车载系统性能的技术评估

8.1 引言

信息和通信技术在汽车领域的应用使得开发日益复杂的先进驾驶辅助系统（ADAS）成为可能。最近引入的"车路协同系统"为改善道路安全开辟了新的前景，该系统利用车辆之间以及车辆和基础设施之间交换数据来发现潜在的危险。

然而结果是，由于集成了许多不同的元素，这些系统的复杂性大大增加：从传感系统到通信设备、数据库，再到最重要的处理数据所需的大量软件模块。系统高复杂性意味着整个系统一旦建成，发生故障后将很难找到起因，因此一个能够在早期阶段发现并解决潜在问题的验证程序显得尤为重要。

本章的目的是描述一个用于验证此类系统的方法框架和过程。当然，它不是一个生搬硬套的方法框架，而是应该根据具体情况进行调整运用。事实上，测试和验证耗费了大量的时间和资源，因此需要对方法进行调整，以便在效率、适用性和成本之间找到一种最佳的折中方法。

该方法遵循 ISO 9001 和系统工程 V 形开发流程，并遵循从欧洲项目 PReVAL[1]、CONVERGE、APROSYS 和 SAFESPOT[2,3]中获得的经验。

本章结构如下：

1) 第8.2节提醒人们注意测量中的一些基本原则和原理。
2) 第8.3节调查测试复杂系统的问题。
3) 第8.4节介绍了用于测试和验证的主要工具及其优缺点。
4) 第8.5节是一个用于测试和验证的通用模板的建议。
5) 第8.6节是有关 ISA++驾驶辅助系统（增强的 ISA 系统）的一个案例研究。
6) 第8.7节总结了一些结论。

8.2 测量提醒

在更详细地讨论验证过程之前，有必要给出一些用于技术验证的测量的基本定义。

8.2.1 范围、准确率和精确率

测量装置的测量质量是使该测量设备按照规格要求执行测量的一组特征。这些特征包括范围、准确率和精确率。

1) 范围是测量的可能变化范围。它由最小值和最大值定义。

2) 准确率是测量或计算出的数值与其实际(真实)值的相符程度。准确性与精度密切相关,也称为再现性或可重复性,即进一步的测量或计算显示相同或类似结果的程度。准确性是真实性的程度,而精度是可重复性的程度。

3) 精确率有时可分为:

① 可重复性:这涉及单个人或仪器在相同的项目和条件下,不同测量结果之间的变化。当此变化小于某些被认可的阈值时,则称测量为可重复的。

② 再现性:这涉及不同操作者所获得的测试结果的可变性,测试设备和实验室位置不同,但测量过程相同。它通常被称为标准偏差。

8.2.2 比率:二元分类法的准确性

"准确性"还可以作为一种数据测量方法,以测试二元分类法在正确识别或排除一个条件时的准确性。

参照表 8.1,比率定义如下:

真阳性:

$$\mathrm{TP} = \frac{a}{a+b} \tag{8.1}$$

假阴性:

$$\mathrm{FN} = \frac{b}{a+b} \tag{8.2}$$

表 8.1 二元分类法的准确性

二元分类法的准确性		条件(例如:障碍物探测)	
		真	假
测试结果	阳性	真阳性(a)	假阳性(c)
	阴性	假阴性(b)	真阴性(d)

假阳性:

$$\mathrm{FP} = \frac{c}{c+d} \tag{8.3}$$

真阴性:

$$\mathrm{TN} = \frac{d}{c+d} \tag{8.4}$$

此外,准确性是真实结果(真阳性和真阴性)在总体数据中的比例:

准确性：

$$\alpha = \frac{a+d}{a+b+c+d} \tag{8.5}$$

100%的准确性意味着测试永远不会产生误报和漏检。

以上这些仅在真假总数相等的时候才有效。否则，将采用另一个公式：

$$\alpha = \sqrt{\frac{a^2}{(a+c)(b+c)}} \tag{8.6}$$

这个概念可以延伸到非二元分类法，但仅在所分类数不大时适用。实际上，要将该方法应用于非二元分类法，必须开发与类数一样多的比率表。因此，我们提议将这种延伸应用于欧洲 SAFESPOT 项目的烟雾探测器框架测试中。

8.2.3 采样大小和采样方法

所进行测试的次数应与预期的统计置信度水平相关。例如，如果 N 是测试数，f 是观察到的频率，p 是该现象的概率，则应用下列语句：

$$N=10; \ f=0.9; \ 0.71 < p < 1 \tag{8.7}$$

$$N=100; \ f=0.9; \ 0.84 < p < 0.96 \tag{8.8}$$

以上这些都伴随着95%显著性，即数据有5%的概率超出区间（在 p 分布的假设下）。

测量计划还应保证：

1）完整性：将人力物力集中在最重要的方面以确保数据的精确性和可靠性，最好不要将其分散于统计结果不显著的地方。

2）偏狭性：所有影响因素都要考虑在内。

3）验证过程无干扰：测量计划中引入的意外偏差除外。

这非常具有挑战性，因为传感器的性能取决于多种因素，例如环境条件、传感器相对于道路的定位和方向以及交通环境。在评估时，并非所有传感器的实际安装信息（例如传感器相对于道路的高度和方向）都可用。另外，大多数测试设备只是经过概念验证，在经过第一次测试后，传感算法的更新和性能的优化将导致不一样的结果。

此外，为了得到统计上显著的结果，测试应该是完全可控的和可重复的，即在一组测试中，所有的影响因素都是相似的（天气条件、光度、外部温度）。由于资源限制，无论是在广泛复杂的环境条件下测试系统（如在恶劣天气条件和密集的交通环境中进行测试可能需要复杂的设置来保护原型传感器），还是生成与统计精度相关的大量测试，都是不小的挑战。

另一个问题是，在连续拍摄（以及如果后续图像彼此独立处理）的情况下，"样本"的含义是什么。一个测试是一个图像？还是一个测试是一系列图像？在第一种情况下，成功率根据每个单独的图像计算；那么，在第二种情况下成功率是基于每个事件来计算的吗？在第一种情况下，一个事件对应一整个数据块（因为所有影响参数都是相同的）。

8.2.4 灵敏度和操作限制

每个测量设备都有许多限制。一方面，一些变量会影响测量，另一方面，还有一些变量会影响设备的性能，限制对设备的操作。

前者是没有被测量但可能会影响测量的变量数量，例如温度会影响远距离测量。

操作限制包括不受测量约束或被测变量本身约束的变量。例如，基于对比建模的烟雾能见度距离的测量系统只能在特定的照明条件下工作，或者测量设备无法在给定温度范围条件（例如 $-20 \sim +70°C$）之外工作。

8.3 复杂系统验证

在复杂的系统中，多个组件（或子系统）相互作用。因此，所有的系统组件都要经过技术验证，其目的是验证每个组件是否满足技术规范中规定的技术特性。每个组件可能涉及硬件（例如传感器）、软件（例如数据融合）或被视为硬件和软件组合而成的整体（例如连接到图像处理单元的闭路电视摄像机）。此外，系统确保各元素之间准确交换数据的能力也是技术验证的一个重要组成部分。

8.3.1 系统粒度

这一节突出了定义组件粒度的必要性。例如，如果传感器组件在任何条件下运行数据都可以从制造商的数据表中获得，并以此作为参考比对，那么就不需要再进行重复的测试验证了。相反，由于烟雾感应模块服务于运行能见度距离的估计软件，涉及摄像机和处理器的关联，因此验证步骤是必需的。这个例子可以推广到所有基于相同关联的检测组件。下面将进一步描述系统层次结构和粒度。

8.3.2 传感模块的技术验证

第8.2节概述的测量原则将应用于传感模块的测试。验证过程的目的是验证模块的性能是否符合规格，即它们检测相应物体、事件或条件的能力，及检测结果的准确性、精度和可靠性均在可接受范围内。验证过程还应该：

1）在特定的环境条件（温度、白天、夜间等）下进行。
2）超过指定距离范围（在感应到物体的情况下）进行。
3）指定交通和道路条件（车道数、单行道、双向路、交通密度、车速等）下进行。
4）设置正确的交付格式、时间戳、地理定位（如有必要）以及可能的置信度。

除此以外，若存在限制条件，必须清楚说明系统正常工作所需要的特定环境或条件，例如，某检测器仅可保证在 −20 ~ +50℃ 的温度范围内正常工作。

8.3.3 DF 模块的技术验证

为了达到驱动辅助系统所需的高可靠性水平，通常需要在传感级别引入数据冗余。数据冗余可以基于传感器和算法的相似性或多样性获得。例如，基于车道检测系统的横向车辆控制系统可以采用不同方式的数据冗余：在运行相似或不同检测算法的两个摄像机之间选择，或者在完全不同的传感器（例如摄像机和激光扫描仪传感器）间进行数据融合。

在任何情况下，数据融合的目标都是提高可用数据的质量。因此，验证过程必须能够证明该措施能够显著增强可靠性。

子系统的数据融合利用传感系统的数据冗余和/或互补性：

1）利用冗余提高测量对象某些属性的置信度，即提高其测量特性。

2）利用互补性来增加对象的已知属性的数量，即有关对象的信息。

在图 8.1 中，传感器 S1 提供了属性 a1 和 a2，而传感器 S2 提供了 a1、a3 和 a4，传感器 S3 提供了 a2，S4 提供了 a1 和 a4。所有这些属性都涉及同一个对象。

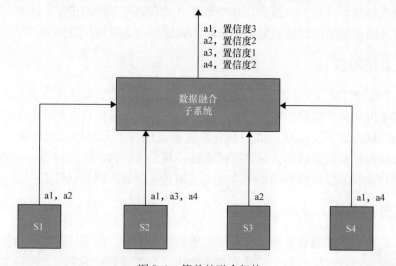

图 8.1 简单的融合架构

数据融合旨在提供以下好处：

1）a1、a2 和 a4 的测量特性得以改进（冗余原理）。

2）当 a1、a2、a3 和 a4 的属性组合在一起时，对象的信息更加完整（互补性原则）。

因此，为了验证融合模块，建议在同一测试过程中使用基于比较的方法，无论

对象是否融合。它包括:
1) 将融合框输入和输出中不同属性的测量特征与参考值进行比较。
2) 验证由于互补性而获得的新属性,其测量特性没有因融合过程而降低。

8.3.4 延迟时间

对整个系统延迟时间的预估是一个非常复杂的过程。事实上,对车辆执行器(在主动系统中)或向驾驶人发出警告消息(在咨询系统中)是一系列细化和传输过程的结果。如果延迟性能不满足约束条件,将会加大在这一系列过程中寻找延误原因的难度。

到目前为止,经验表明人们很少事先对总体的系统延误时间进行预估,大多都是在测试和验证过程中直接测量的,并直接与规范中规定的延迟上限进行比较。

要对延迟时间进行估计,必须将串联的工作细分出来。以下两个因素使这一过程变得更复杂,需要加以考虑。
1) 在组件级别执行的各项任务有时按顺序运行,有时并行或异步运行。
2) 某些组件的延迟时间是非确定性的(例如,控制器局域网总线技术消息传输延迟)。

需要注意的是,由于车路协同系统(包括 V2V、V2I)通信的出现,延误时间的估计将变得越来越复杂,因为在这个系统中,我们考虑的并不只是单一车辆,而是两个或者更多的车辆。在实际中,车辆 A 的感应系统检测到的事件可以在车辆 B 上生成警告消息(例如,事故危险警告系统)。

因此,为了估计全局延迟时间,有必要为每个事件绘制从数据源到接收者(即执行器或仪表板)的完整数据链。

图 8.2 说明了数据链原则:
1) 路上发生了一件事。
2) 时间 t1(或者 t2)后,图像传感器 S1(或者 S2)检测到它。
3) 时间 t3(或者 t4)后,图像由图像处理组件 IP1(或者 IP2)采样。

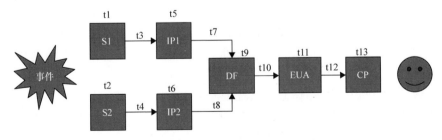

图 8.2 整个系统数据链。S1,S2:传感器;IP1,IP2:图像处理;DF:数据融合;EUA:终端用户应用程序;CP:控制面板

4) 时间 t5(或者 t6)后,图像处理组件提供结果。

5) 时间 t7（或者 t8）后，结果传至 DF 组件。

6) 时间 t9 后，DF 组件提供了一个增强的结果。

7) 时间 t10 后，终端用户应用程序对结果进行采样。

8) 时间 t11 后，终端用户应用程序提供要显示到仪表板的消息。

9) 时间 t12 后，仪表板对消息进行采样。

10) 时间 t13 后，消息将提供给驾驶人。

处理时间如 t1、t2、t5、t6、t9、t11、t3 最有可能是确定的。相反，根据模块之间使用的传输介质，t3、t4、t7、t10、t12 的时间可能是不确定的。

为了精确估计延迟时间，数据链建模可以以数据流的形式或使用硬件描述语言进行图形化处理，在编译后，该语言将自动提供时间表形式的延迟时间。在 SAFESPOT 项目中，有人尝试使用 VHDL 语言进行类似建模。

8.4 测试设施

有各种各样的设备和方法可用于进行测试。每一个都有优点和缺点。它们都不是完美的，但有些设备彼此之间互补。为了进行详尽的测试，测试者将会使用几种不同的方法。

8.4.1 真实或虚拟方法

真正的测试有助于验证硬件和软件系统，这包括测试台、受保护环境中的测试轨道和公共道路上的交通。它们提供了在各种情况下进行测试的机会。然而，在进行可重复性测试时，环境条件难以控制，这可能会导致一系列的问题。

虚拟测试用于验证软件系统。它们包括建模工具，如 MATLAB、Simulink、驾驶模拟器和虚拟研发实验室、来自 TNO 的 VEHIL[4] 以及来自 IFSTTAR 的 PRO - SIVIC - RECHERCHE[5,6]（图 8.3）。所有这些都允许在绝对可重复性条件下执行试验。然而，由于实验条件的限制，这些测试与现实的关联性弱于真实情况下的模拟测试。为了使结果更具代表性，测试需要对它们所取代的硬件组件（传感器、执行器、车辆动力学等）进行精确建模。

例如，在建立一个准确复原检测器中使用的摄像机（包括存在的失真效应）和雾的模型的前提下，烟雾探测器完全可以在虚拟条件下进行测试。同样，要测试冰检测器，则需要为相机、偏振过滤器和冰反射率建立模型。

虚拟测试的一个重要优点是，无需等待特定环境条件的发生以进行测试：雾或冰感应模块可以在夏季或冬季的任何时间进行测试验证。

8.4.2 硬件在环（HIL）

介于真实和虚拟之间的是 HIL。图 8.4 展示了 HIL 模型的结构。只有当组件链

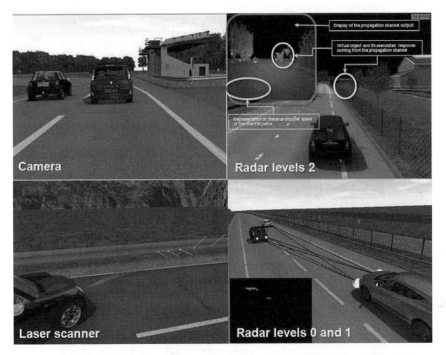

图 8.3 使用 IFSTTAR 的 PROSIVIC – RECHERCHE 软件对车载系统（即摄像机、激光扫描仪和雷达系统）进行虚拟原型设计和测试。© 2008 SAFESPOTConsortium。经 J. Ehrlich 等人许可转载。节选自 2.5.1，SAFESPOT 项目，SP2 – INFRASENS 基础设施平台 – "测试和验证活动计划"。SAFESPOTConsortium，2008 年 11 月

中包含执行器、驾驶人本人或两者结合的反馈（驾驶人 – 车辆连接系统）时，HIL 测试才有意义。

一个典型的例子是基于车道标记检测的车道保持函数测试。车辆被集成在跑步机上的模拟器中，或被提起来再放下，用于测试道路 – 轮胎接触的相关性能。图 8.4 显示了真实元素（中度灰色）和虚拟元素（浅灰色）的分布。

1）将虚拟场景应用于前视摄像头，前视摄像头的输出信号应用于车道标记检测软件。

2）该软件计算车辆横向间隙和车头间距，并为驾驶人提供警报和/或对执行器进行修正。

3）警报和/或指令直接由 HMI 或方向盘的电动机控制。最后，这样做的效果是缩小车辆横向间隙和车头间距。

在此组件链中，摄像机或执行器元件可以是真实的，也可以是虚拟的，具体取决于所执行的测试类型。HIL 测试在代表性测试和环境条件控制之间提供了一个很好的折中方法：事实上，在 HIL 中，环境条件是完全重复的，而传感器和执行器是真实的，从而避免了由于传感器和执行器模型的偏差而造成的错误。

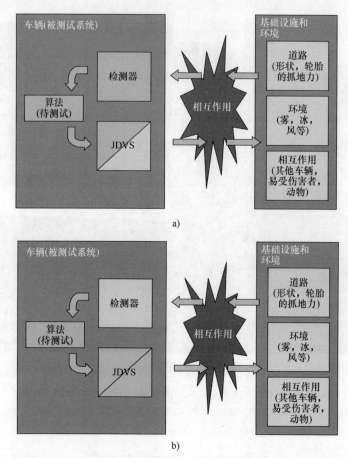

图 8.4 用于车道保持的 HIL 模型
a) 配备真实传感器和虚拟执行器的 HIL　b) 配备虚拟传感器和真实执行器的 HIL

8.4.3 测试和验证工具

表 8.2 列出了测试方法及其优点、缺点和主要应用领域。

表 8.2 测试工具

工具	优点	缺点	目标
仿真（MATLAB®，Simulink）	环境受控	远未实现	主要用于组件设计
环境模拟器［例如，PRO-SIVIC-RECHERCHE (IFSTTAR)，VEHIL (TNO)］	环境受控	精确传感器模型的可用性	组件或系统的设计、测试和验证
HIL	环境受控	主要适用于带执行器的自动数据采集系统（Automatic Data Acquisition System，ADAS）	组件或系统的测试和验证

(续)

工具	优点	缺点	目标
缩小规模测试台	环境半受控	规模效应，不完全真实	组件的测试和验证
实际规模测试台	受控但真实	仅专注于一种情况	组件或系统的测试和验证
轨道测试	半受控、真实和安全	未被完全控制	组件或系统的测试和验证
开放式道路	真实、多变性	不受控制的，随机的，有时是危险的	系统测试和验证

1）与其说 MATLAB/Simulink 仿真是一个测试工具，不如说是一个建模工具。它在开发过程（即研究阶段）的早期就已经开始使用。它允许研究人员快速开发和测试模型。与任何仿真工具一样，它的优点是提供了一个非常可控的环境，但由于测试环境过于简单，与现实相去甚远，它并不满足我们对于测试的需求。

2）虚拟实验室提供非常可控的环境和传感器建模，因此非常适合组件或完整的系统验证。然而，拥有一个现实的传感器模型非常困难。当追求情况的可变性或复杂情况时，虚拟实验室本身可能是不够的，这时必须在轨道上或开放的道路上进行测试。

3）HIL：这是代表性测试和环境条件控制之间的一个很好的折中测试方法。HIL 非常适合测试由执行器和/或驱动程序提供反馈的 ADAS。

4）小规模测试台：例如 LIVIC（IFSTTAR），用于烟雾检测和能见度距离估计的小规模测试台。它是一个鱼缸，里面有一条 1:20 的道路，在那里可以注入人工雾并复制照明条件。该系统对环境条件的控制相当好，但引入了由于规模效应而产生的偏差。因此，它可以用于开发阶段或用来演示，但不能用于测试。

5）实际规模测试台：这既提供了逼真的测试条件，也提供了可以被良好控制的环境条件，在该测试环境下，场景几乎不会变化，因为它们通常侧重于一个测试场景。因此，它非常适合测试组件。

6）轨道测试：轨道测试提供逼真的测试条件，它具有良好的可变性，但无法控制测试过程的环境条件。轨道测试非常适合组件或系统的验证，是驾驶模拟器或虚拟实验室的一个很好的补充环境。

7）开放式道路：提供超逼真的测试条件，以及大规模的可变场景，但无法控制环境条件。由于测试是在真实的交通中进行的，因此可能会对测试人员或其他道路使用者造成危险。该测试环境适用于具有高可靠性的最终测试系统。

8.5 用于技术验证的通用模板

在本节中，我们提出了用于技术验证的通用模板。它由一个 Excel 工作表组成，该表专为各种系统组件的测试而设计。

显然，简单的 Excel 工作表不足以清楚地表述该如何执行测试。因此，必须为每个组件定义一个测试过程，并为负责过程实现的人员提供所有必要的信息。表 8.6 描述了该过程。

建议模板分为五个部分，如下所述。

8.5.1 指标、工具和程序

1. 指标

在本节中，定义了描述系统特性的性能指标。必须根据系统层次结构中的级别，并参考系统技术或功能规范来定义这些指标，以验证系统的有效性。

2. 验证程序

对于每个指标，都必须定义一个测量过程。在相同条件下，这个测量过程应易于应用和复制，如获得具有统计学代表性的数据。该过程必须依赖于各个参照值，这些参照值被认为是被测试组件的"正确"指标。

在人工条件下，该过程可以通过为车辆配备特殊传感器等来实现。

某些环境变量可能会影响系统性能。如果这些变量在规范中被定义，则测量过程应分别在正常条件和不利条件下执行，且在同一时间内只能改变单一条件。

3. 工具

模板中必须说明实现该方法所需的工具，包括：

1）测试设备：模拟器、HIL、测试台、测试轨道、校准区域、小型模型。
2）参照物：标准或精确的测量设备（例如，位置、距离、能见度测量）。
3）目标：以形状、反射率、温度等为特征。

8.5.2 结果

本部分将介绍通过应用验证程序获得的结果，这些结果包括范围、准确性和延误时间，将用于与参考规范的预期结果进行比较。

必须限制用于计算准确性的重复试验次数。

如果在说明书中详细描述了测试运行的正常使用条件和不利条件，将会分别提供在这两种条件下运行的结果。

8.5.3 分类比率

对于离散变量［布尔（Boolean）变量或多状态变量］，我们将在本节中提供如第 8.2.2 所述的比率表（TP、TN、FP、FN）。

与上一节相比，比率是在所有的混合环境条件下计算的。因此，为满足环境条件的多样性，比率的计算需要在时间间隔足够长的情况下进行。

例如，要测试冰雪感应模块，测量时间应足够长，以满足干燥、潮湿和结冰道路的昼夜情况。

8.5.4 系统限制

在本节中，我们将指出在设备正常工作的条件下，某些变量的使用范围限制（温度、相对湿度、电源范围等）。

本节不涉及特定的指标，而是将整个组件视为一个整体。实际上，如果其中有一个指标表现异常，那么组件整体将会失效。

8.5.5 对规格的反馈（或链接）

如上所述，本节将组件作为一个整体讨论，而不是一个特定的指标。这是为了验证在正常和不利条件下，组件的技术和功能规格是否满足要求。

除了每个规格的 ID 号以及所考虑的每个环境条件以外，字母 Y（是）或 N（否）表示规格是否满足要求。

8.6 案例研究：ISA + +

由于速度被认为是造成交通伤害事故的主要原因，因此速度管理是公共部门的当务之急。传统的限速方法作用有限。使用驾驶辅助技术，可以通过车速管理程序［通常称为智能速度适应系统（Intelligent Speed Adaptation，ISA）］来加强速度的强制执行情况。ISA 系统监控车辆的位置和速度，将其与规定的（合法的）限速进行比较，并执行纠正措施，例如通知驾驶人和/或限制加速踏板的作用。ISA 系统对降低速度和改进安全这两方面的影响已得到广泛认可。

8.6.1 系统分析

1. 要测试的系统

从技术角度看，大多数 ISA 系统依赖于能产生精确坐标的定位系统（GPS、里程表、陀螺仪）（图 8.5a）、与数字地图相关联的导航系统（图 8.5b），以及将规定限速与路段相匹配的数据库（图 8.5c）。

在本案例研究中，建议对改进版的 ISA 进行测试与评估研究，即 ISA + +，改进版本引入了两种附加技术对原版本进行增强：①限速标志识别；②雾能见度估计。为了实现这一目标，在车辆前风窗玻璃后配备了两个摄像头，并与以下图形处理算法相结合。

1）两种与摄像机耦合的路标识别算法。它们将分别计算出两个速度限制值，只有当这两个速度限制值大致相同时，投票算法才会提供计算得到的法定限速值。

2）一种与两个同步摄像机耦合的立体视觉图像处理算法，这种算法可提供雾能见度距离的估计值。

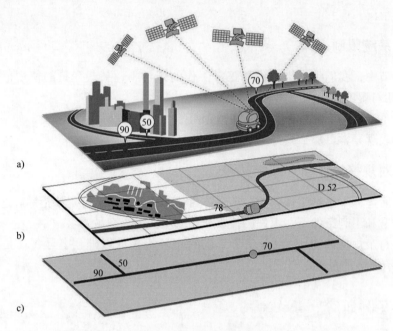

图 8.5 ISA 基本操作布局

a）第 1 步—现实世界：车辆通过 GPS 接收器在道路定位　b）第 2 步—数字地图：将车辆位置绘制在车内数字地图上，该地图依次提供车辆行驶的当前路段号　c）第 3 步—速度数据库：请求车辆内的速度数据库，并向数据库提供当前路段号，数据库回复并附上该路段的当前限速

因此，速度限制的最终值计算结果如下。

1）同导航系统耦合的速度数据库产生的限速与路标识别系统相结合的方式，可提供具有更高置信度的速度限制值。

2）若雾能见度距离估计转换为速度限制（考虑到与障碍物碰撞的时间），这样得到的限速值将会比 1）中提及的速度更低。

图 8.6 显示了此类 ISA + + 系统的功能架构。

2. 系统需求

只有当测量的关键性能指标与预期值进行比较时，系统评估才有意义。这些值通常由系统需求提供。表 8.3 是从可交付的速度预警项目（Speed Alert Project）[9] DEL22 派生的 ISA + + 系统需求的简化形式。然而，为了限制本研究的范围，我们将排除那些不受驾驶情况影响的需求，例如，速度数据库与地面真实值之间的完美匹配关系。

3. 故障原因

对于上述的每个需求，必须确定可能发生故障的原因。表 8.4 提供了一个简化的故障分析，该表仅侧重于可能导致故障的一些驾驶情况，并不包括组件故障。该过程的目标是开发包含此类驾驶情况的用例。

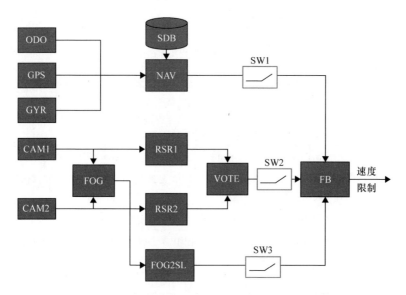

图 8.6　ISA＋＋系统的功能架构。ODO：里程表（距离传感器）；GYR：陀螺仪（方向传感器）；GPS：GPS接收器（定位传感器）；CAM1（2）：前视摄像头1（和2）；FOG：雾中能见度距离估计的图像处理组件；RSR1（2）：用于路标识别的图像处理组件1（和2）；VOTE：两个路标识别之间的投票算法；FOG2SL：基于能见度距离的限速计算；FB：各种限速源之间的融合盒；SW1、SW2、SW3：开关（仅用于测试）

表 8.3　简化的 ISA＋＋系统需求

序号	需　　求
1	ISA＋＋必须提供所有道路类别中的95%道路的法定限速
2	系统提供的95%的道路限速值必须与实际限速（在路标上显示的）相匹配
3	提供给驾驶人的限速位置与实际位置（路标上的）之间的差值必须小于6m
4	必须检测到能见度小于或等于50m的95%的有雾的情况
5	在检测到的95%的有雾的情况（见要求 No.4）中，能见度距离的相对准确性必须超过10%
6	当雾中的能见度距离低于50m[①]时，必须降低速度限制

① 在法国，能见度为50m的法定速度在白天为50km/h。

表 8.4　简化的故障分析

需求	故障	描　　述
需求1	F1	GPS故障：GPS不向导航系统提供车辆位置。这通常发生在狭长的"城市峡谷[①]"或隧道中。由于方向和距离传感器的融合，短时间内的GPS位置缺失不会影响系统对位置的判断

(续)

需求	故障	描 述
需求2	F2	GPS故障：GPS为导航系统提供错误的位置信息。这通常发生在GPS卫星相对来说不是最佳位置的时候，且该位置影响几何精度因子（GDOP）系数的值。需要注意的是，可以使用复杂的（但有时是十分昂贵的）仿真工具预测给定位置的GDOP值
	F3	地图匹配故障：由于车辆行驶的道路与另一条道路非常贴近，导航系统将车辆错误定位于另一条路上。这通常发生在高速公路或高速公路出入口处、立交桥或地下通道交叉口或两条紧密相邻的平行公路上
需求3	F4	GPS故障：由于F1（城市峡谷或隧道）或F2导致的位置不准确
	F5	延迟时间：由于各种系统组件引入的延迟时间（图8.6），在驶过路标之后才通知速度限制。需要注意的是，位置误差随车速的增加而增加
需求4	F6	图像处理故障：相机眩光。此类事件通常发生在日落或日出时，太阳在地平线上
需求5	F7	摄像机的视场范围内（在测量范围内）缺少目标对象（例如车道标记）
	F8	图像中缺少地平线
需求6	F9	由于得到了错误的能见度距离（F7）的估计值，导致速度限制错误

① 城市峡谷是指街道两侧都是高大建筑物的地方，这为GPS电波的传播制造了障碍，导致暂时的定位不准确。

4．单一和集成测试

由于ISA++的体系结构高度模块化，因此有必要采用分层方法进行测试：首先进行单一的测试以验证各个组件，然后进行集成测试以验证整个系统。

以下是一些需要强调的要点。

1）在真实条件下执行单一测试时，某些组件之间可能存在相互影响，系统必须能够实现这些组件的断连。例如，测试导航系统及其速度数据库时，需要断开融合路标识别算法和雾检测算法（图8.6中的开关SW1、SW2、SW3）。

2）由于难以进行包括GDOP变化的逼真的GPS仿真，该功能的单一测试主要在实际驾驶条件下进行。

3）相反，由于在实际驾驶条件下难以获得雾能见度距离的参考值，因此该功能的单一测试主要在模拟器、测试室、测试台上进行，可以由标准气象仪器估计能见度距离。

表8.5总结了要为ISA++进行的单一测试。

5．用例

因此，根据上述需求和故障分析，可以对包括所有被确定为可能导致系统故障的情况进行用例定义。

8.6.2 示例：FOG传感模块的测试和验证

FOG传感模块结合了相机和图像处理算法，目的是检测雾的存在和估计能见度距离。为明确起见，本节仅对白天的情况进行验证。

1. 指标

选定的指标包括：

1）雾的存在：如果能见度距离低于 400m，则布尔值（Boolean）为 TRUE，否则为 FALSE。

2）能见度距离：5~400m 范围内的整数。

3）能见度范围：雾感模块将能见度距离划分为四个等级。1 级：200~400m，2 级：100~200m，3 级：50~100m，4 级：小于 50m。

4）检测事件发生的延迟时间。

5）检测事件消失的延迟时间。

表 8.5 为 ISA++ 进行单一测试

测试	方法、工具
导航系统与速度数据库耦合	在不同道路网络（包括城市峡谷、隧道、立交桥、平行道路、桥上桥下交叉口等）的实际驾驶条件下进行测试
路标识别算法 — 步骤 1	在模拟器上模拟各种路标的实际位置以及道路场景，包括夜间场景测试
路标识别算法 — 步骤 2	在各种道路网络（包括夜间测试）的实际驾驶条件下测试
能见度距离估计器 — 步骤 1：验证	在模拟器上进行测试，该模拟器可基于合成的雾图像或在真实的能见度未知的场景中收集到的视频，重复回放各类有雾场景
能见度距离估计器—步骤 2：限制在雾室规模内的定量验证（例如：位于 Clermont-Ferrand 的 30m 规模的法国雾室）	人工雾室的静态测试，提供稳定且可控的雾的密度
能见度距离估计器—步骤 3：验证在自然雾中估计的能见度距离	测试台上的静态测试（图 8.7b），用于测试和校准
能见度距离估计器—步骤 4：验证在雾消散的情况下估计的能见度距离	在开放道路上长时间使用静态路侧单元进行测试（直到有雾发生）
能见度距离估计器—步骤 5：在各种条件下对整个系统进行定量验证	在开放的有雾的道路上进行测试，车辆配备参照传感器和要测试的系统

2. 工具

测试者可采用不同的工具来测试和验证基于摄像机的雾检测算法和能见度范围的估计算法，并检查它们是否能够满足 ISA++ 的需求。每个工具都有优缺点。除了数值模拟测试外，由于参照传感器在很多场景下无法使用，因此很难获得真实的地面数据。即使在有参照光学传感器的情况下，由于时间和空间可变性的存在，与基于图像方法获得的数据进行比较仍是非常困难的事情。

第1步：未校准的视频序列

测试人员收集了白天时段不同天气条件下，同一城市交叉口拍摄到的能见度未知的视频序列。通过此过程可以得到1h的雾状态视频（由专家认定标记）和1h的其他天气状态的视频（多云、阳光明媚、强阴影……）。

第2步：PRO – SIVIC – RECHERCHE 虚拟实验室

PRO – SIVIC – RECHERCHE 是一个实时模拟器，它可在虚拟3D世界中重现汽车或视频传感器的行为。它有助于系统设计人员开发 ADAS。为了测试白天雨雾的识别算法，测试人员为该模拟器设计了特定的交通方案，并在方案中模拟了不同的雾密度。

第3步：人工雾室

法国 Clermont – Ferrand 的雾室长30m，宽5.5m，高2.7m，由一个小型气候室组成，在这个气候室里，用水滴来模拟形成空气中的雾[14]。雾密度的变化由一个具有28m基底的透射仪进行长期监测。为了验证雾组件，雾室配备了人工光源，以模拟公共照明装置（图8.7a）。

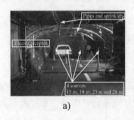
a)

b)

c)

图8.7 用于测试和验证雾的性能以及验证基于摄像机的雾检测和能见度范围估计算法的工具

a) Clermont – Ferrland 人工雾室。©2010IEICE。经 GallenR.，HautièreN.，DumontE 许可转载。"利用图像对夜间雾中能见度距离的静态估计"。信息和系统处理，E93 – D（7）：1780 – 1787 b) 校准测试台。©2006IEICE。经 Hautière N.，Labayrade R.，Aubert, D 许可转载。"利用立体视觉估计能见度距离：一种通用方法"。信息和系统处理，E89 – D（7）：2084 – 2091，2006 c) 开放式道路测试：静态采集

第4步：校准测试台

为了进行定量评估，测试轨道安装了五个大型特定目标。其目的是在恶劣天气条件下拍摄这些目标的照片，并根据它们的对比度衰减估计气象能见度距离。这种静态测量可以将相同图像上的参照值结果与图像处理技术的结果进行比较（图8.7b）。

第5步：开放式道路测试：静态采集

为了在大雾天气中抓拍照片，一辆面包车配备了气动杆，以安装所需配置的摄像机。Versailles 的试验台抓拍到了一个雾中日出的画面（2008年2月4日）。在这个视频序列中，雾在日出时逐渐消散，能见度范围逐步增加（图8.7c）。

第6步：开放式道路测试：动态采集

最后，一辆装配了摄像机和激光雷达模型的实验车，专门用于能见度估计。这样，就可以从理论角度比较来自激光雷达和相机图像处理的两个估计结果。但是，由于测量原则不同（摄像机测量全局物理特性，而激光雷达测量局部物理特性），因此如何比较算法的性能仍然具有挑战性。

3. 详细过程

表 8.6 总结了测试 FOG 传感模块的方法、工具和目标。

表 8.6 用于测试 FOG 传感模块的方法、工具和目标

指标	方法	测试条件	场景条件	工具和目标	参照
FOG 是否存在	方法 1：仅用于能见度测量距离小于等于 400m 的情况下 方法 2：在距离摄像头 400m 的地方放置一辆黑色汽车，并验证在大雾天气下能见度只有 5% 时，该汽车是否可以被检测到 方法 3：使用有雾时和无雾时获取的视频序列。雾密度是由专家估计的	雾消散阶段，提供 350 ~ 450m 范围的能见度距离	白天/晚上。有或没有雨	校准测试台黑色和白色目标 黑色汽车	里程表。用于能见度距离测量的参照设备
能见度距离	建议场景包括使用轨道上的测试工作台来估计白天的能见度距离	雾消散阶段，提供 5 ~ 400m 范围的能见度距离	有或没有雨	黑色汽车	里程表。用于能见度距离测量的参照设备
能见度范围	同上	同上	同上	同上	同上
检测到事件发生的时间	检测到雾/雨/夜状态与通知事件之间的经过时间。由于在真实条件下很难准确地确定事件发生的时间，在模拟环境中进行虚拟测试似乎是最合适的。测试将在提前订好的时间点上模拟该事件，并同时启动计时器。一旦被测试的事件收到了 UDP 消息，计时器就会停止	当所测试的事件类型为雾、雨、白天/晚上时，条件与上述相同	虚拟场景	虚拟实验室（PRO – SIVIC – RECHERCHE）	软件定时器。事件发生时间戳。UDP 消息时间戳

4. 结果

本部分介绍了 ISA + + 系统中的 FOG 传感模块在白天的性能。它们的目的是解释上一节中介绍的过程是如何与 FOG 组件的需求产生联系的。

（1）白天雾的存在

为了评估此组件，测试者使用了同一城市交叉口的未校准视频序列。使用上述视频序列进行测试时，取得了非常好的效果。结果在表 8.7 中进行了总结。可以看到，系统准确性等于100%，这意味着由人类专家标记出的雾100%都被系统检测出来了。

表8.7 二元分类法中雾检测的准确性

		条件	
		有雾	没雾
测试结果	有雾	25000	0
	没雾	0	30000

（2）气象能见度距离估计

为了评价气象能见度估计方法的准确性，测试者使用了试验台。对于每个抓取的图像，比较从目标获得的能见度距离参考值和从图像处理中获得的气象能见度距离。表8.8给出了地面真实值和测量值之间的误差估计。拟议方法的准确性超过了10%。

表8.8 能见度距离准确性

平均误差/m	6.3
绝对整体误差/m	9.3
相对整体误差/m	8

（3）能见度范围估计

在静态条件下，在开放式道路测试中采集到的图像应用了能见度范围估计算法。测试开始时，能见度距离小于100m（图8.7c）。40min后，能见度距离在400m以上，这意味着雾已消散。根据能见度距离的估计，可以推断出能见度传感器要求的能见度范围。它们如图8.8所示。从中我们可以看到，在时间$t=$00:52:00出现了一个分类错误。这个错误分类与摄像机的曝光时间设置有关。由于

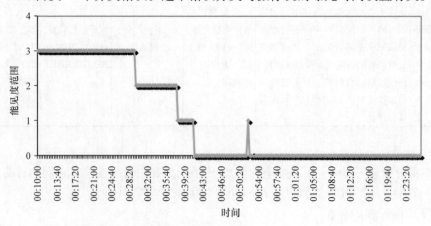

图8.8 晨雾期间的能见度范围，2008年2月4日

日出时光线水平一直在增加，因此相机的曝光时间也在变化。在 $t=00:52:00$ 时，图像曝光过度，造成远处物体的对比度降低，能检测到的能见度范围也降低了。随后，相机调整其设置以适应新的照明条件，并修正了能见度范围。此外，若地面上有积雪的话，会造成图像过亮，增加相机自动设置的调节难度。

（4）检测到事件发生的时间

为了估计 FOG 检测模块的延迟时间，必须估计事件发生到被检测到之间的时间。然而，雾的出现是一个渐进的事件，这使得这种检测在真实环境中很难进行。因此，在没有过渡阶段的情况下，测试者模拟了雾的产生过程。因此，环境条件立即从无雾状态变成有雾状态。在实际应用中，我们使用 PRO–SIVIC–RECHER-CHE 来测试系统的延迟时间，该方法通过仿真从无雾状态切换到浓雾状态。系统的延迟小于 1s。

通过与系统需求进行比较，FOG 传感模块符合系统的需求。然而，系统的完整测试仍然缺失——这是最后一步。这主要是由于参照数据很难在动态情况下获得，从而阻碍了 ISA++系统的进一步发展。

8.7 结论

本章提出了用于验证车载复杂系统的方法框架和过程。这一方法以 V 形方法为基础，并通过在欧洲各种项目中取得的经验逐步加以改进。然而，这种方法不应被视为一个生搬硬套的框架，而更应被视为未来工作的灵感源泉。为了说明这一点，我们设计了一个原始的驾驶人辅助系统。所谓的 ISA++系统旨在根据车速标志检测、车辆的地图匹配以及因雾存在造成的低能见度距离检测来确定驾驶人必须遵循的速度限制。在确定了系统需求后，推荐的验证方法已应用于 ISA++系统，特别是 FOG 传感子系统，该系统旨在检测雾的存在，并使用位于汽车风窗玻璃后面的摄像头估算能见度距离。子系统开发人员可支配的不同验证工具具有各自的优势和不便。在单一测试中得到的子系统的性能结果与需求相比是令人满意的，但仍然缺乏对系统在动态情况下进行贴近现实的相关测试。最后一步可以看作是鸡生蛋还是蛋生鸡的问题，因为真实的地面传感器是必需的，但却尚不存在。在这种情况下，最好的方法是使用放置在路边的固定气象传感器，这些传感器使用无线通信向过往的车辆发送测量结果。由于车辆无法孤立存在运行，车辆和基础设施之间复杂的协同系统确实是解决危险情况的关键。然而，对它们的技术评估仍然是一个挑战。

更普遍的是，由于自然驾驶环境的多样性，驾驶辅助系统的验证变得越来越复杂。本章没有讨论的一个开放问题是测试情况的代表性问题。我们是否可以说，所进行的测试已经足够详尽，足以使系统应对所有驾驶情况？谷歌汽车坚持行驶数十万千米，经过这数十万千米的测试路程后，我们就可以认为该系统是可靠的吗？对于研究人员来说，这是一个极具挑战性的研究领域，但其光明的前景足以振奋人心，值得我们期待。

参 考 文 献

[1] J. Sholliers, J.-M. Blosseville, H. Karsten, M. Netto, V. Antilla, S. Leanderson, "D16.3 proposal of procedures for assessment of predictive and active functions", in *PREVENT Consortium, Sixth European Framework Program*, 2007.

[2] J. Ehrlich, A. Spence, N. Hautière, *et al.*, Deliverable 2.5.1, SAFESPOT Project, SP2 – INFRASENS Infrastructure Platform – "Plan for testing and validation activities", November 2008.

[3] J. Ehrlich, A. Spence, N. Hautière, *et al.*, Deliverable 2.5.2, SAFESPOT Project, SP2 – INFRASENS Infrastructure Platform – "Final report: guidelines and best practice for infrastructure sensing", May 2009.

[4] F. Hendriks, M. Tideman, R. Pelders, R. Bours, X. Liu, "Development tools for active safety systems: PreScan and VeHIL", in *2010 IEEE International Conference on Vehicular Electronics and Safety*, QingDao, China, 15–17 July 2010.

[5] D. Gruyer, S. Glaser, R. Gallen, S. Pechberti, N. Hautiere, "Distributed simulation architecture for the design of cooperative ADAS", in *FAST-ZERO (Future Active Safety Technology) 2011*, Tokyo, Japan, September 5–9, 2011.

[6] D. Gruyer, S. Glaser, B. Monnier, "SiVIC, a virtual platform for ADAS and PADAS prototyping, test and evaluation", in *Proceeding of FISITA'10*, Budapest, Hungary, 30 May–4 June 2010.

[7] J. Ehrlich, "Towards ISA deployment in Europe: state of the art, main obstacles and initiatives to go forward", *2009 Road Safety Research, Policing and Education Conference,* Sydney, 10–13 November 2009.

[8] J. Ehrlich, F. Saad, S. Lassarre, S. Romon, "Assessment of LAVIA systems: experimental design and first results on system use and speed behaviour", in *13th World Congress and Exhibition on Intelligent Transport Systems and Services,* London, 8–12 October 2006.

[9] M. Landwehr, W. Kipp, A. Escher, Deliverable 2.2, Speed Alert Project, WP2.2, "System and service requirements", February 2005.

[10] F. Moutarde, A. Bargeton, A. Herbin, L. Chanussot, "Robust on-vehicle real-time visual detection of American and European speed limit signs, with a modular traffic signs recognition system", in *Intelligent Vehicles Symposium, IEEE*, 2007, 1122–1126.

[11] N. Hautière, R. Labayrade, D. Aubert, "Real-time disparity contrast combination for onboard estimation of the visibility distance", *IEEE Transactions on Intelligent Transportation Systems*, 7(2): 201–212, 2006.

[12] N. Hautière, J.-P. Tarel, J. Lavenant, D. Aubert, "Automatic fog detection and estimation of visibility distance through use of an onboard camera", *Machine Vision and Applications Journal*, 17(1): 8–20, 2006.

[13] N. Hautière, D. Aubert, E. Dumont, J.-P. Tarel, "Experimental validation of dedicated methods to in-vehicle estimation of atmospheric visibility", *IEEE Transactions on Instrumentation and Measurement*, 57: 2218–2225, 2008.

[14] M. Colomb, K. Hirech, P. Andre, J. Boreux, P. Lacote, J. Dufour, "An innovative artificial fog production device improved in the European project FOG", *Atmospheric Research*, 87: 242–251, 2008.

第 9 章
ITS评估：新普及技术时代的机遇与挑战

9.1 引言

智能交通系统（ITS）的一个特点是，可以将各种固定技术和设备（匝道控制、可变信息标志、车道编组等）连接组合起来，因此在实践中出现了大量可能的配置。最近出现的支持 web2.0 的普及技术（如智能手机），使 ITS 方案的覆盖面更加广泛。这些个人技术和其他所谓的新一代技术（如蓝牙和互联传感器、"物联网"）在记录（或连接）个体的运输选择和/或为运输系统的运行提供数据时，都成为 ITS 的有效组成部分。ITS 现在被定义为一个固定的基础设施旧系统（如负责管理高速公路网络的区域交通控制中心）加上一个互联和普及各类技术的网络（例如个人设备、物联网和通过网络社交媒体建立联系的个体，图 9.1）。

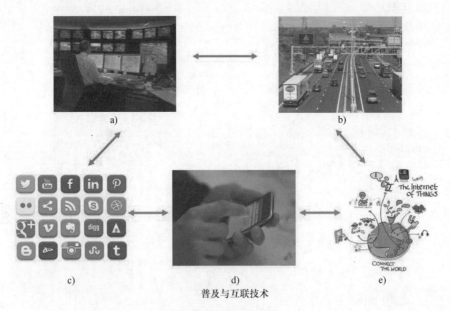

普及与互联技术

图 9.1 使用普及和互联技术扩展了 ITS 的范围
a) 交通控制 b) 高速公路管理 c) 社交媒体 d) 个人设备 e) 物联网
资料来源：b) Highways England，c) Yoel Ben-Avraham，d) r.g-s，e) Wilgengebroed。

普及和互联技术的加入增加了数据的多样性和粒度，这些数据可用于运输系统的战术和战略管理，并为出行的公众提供更明智的选择。然而，它们也为评估方法带来了两个不同的挑战。

1）新的数据形式如何有助于评估各种已建立起来的 ITS 基础设施方案。

2）如何评估基于新技术的 ITS 方案的影响，以及所需的方法是否不同于现存 ITS 基础设施方案的方法。

第一个挑战是新的互联技术为收集不同粒度、质量和范围的数据提供了机会，这些数据涉及出行选择、交通状况、系统性能以及基于固定技术的数据流。例如，社交媒体上的帖子可以迅速传播用户提供的事故和交通状况信息，这些信息是对线圈和摄像机数据的补充。在以早期研究为基础的文献中，这一领域引起了一定的关注。了解新数据形式的优点、缺点和潜力是十分重要的（参见参考文献 [1]）。

第二个挑战是本章的重点，也是迄今为止发表的研究相对较少的一个领域。近年来出现了一批新的交通运输政策与干预措施。某些措施是基于运输系统中用户精确定位，并直接与交通参与者进行双向数据交换时处理信息流的能力。为了鼓励用户改变其出行行为，这些政策将促进更复杂的定制定位服务以及更有说服力的鼓励机制的发展。有些措施更为关注向出行个体单向提供近乎实时的动态出行信息，使他们能够在出行前和出行中更好地了解出行选择。此外，政府还推出了一系列措施，侧重点是关于在社交网络中实现出行个体间交通相关资源（如运输系统和车辆的信息资源）共享的相关政策。对这些新政策影响的了解，能帮助我们更好地解释这项技术的投资合理性，这些开支还应包括对工作人员进行关键技能的培训以及一直存在的"维护"费用（如为出行者改变行为提供奖励的费用）。识别和列举这些影响对决策者来说也很重要。由于这类方案相对比较新颖，几乎没有现存的评估方法能够对这些方法的影响或成效进行准确的评估。因此，本章的目的是总结在评估此类方案时所遇到的问题，提出对两种主要方案类型的概要评估方法，并将其与固定基座 ITS（Fixed-Based ITS，FB-ITS）的现有评估方法进行总体比较。

本章的其余部分安排如下。第 9.2 节将描述在新技术浪潮驱动下，普及 ITS 的主要特点，其中有两种特定类型的 ITS（新出行方案和社会创新方案）将在第 9.3 节和第 9.4 节得到进一步阐述。在这些章节中，我们将更详细地介绍这些方案各自的特点，强调评估方法面临的挑战，并提出评估方法概要。在第 9.5 节中，我们将对现有的 FB-ITS、新出行方案（NMS）和社会创新（SI）方案的评估进行比较概述。本章最后就新技术产生的数据商品化总结了一些未来需要考虑的问题。

9.2 交通领域的普及技术

ITS 在一些文献（例如文献 [2，4]）中被描述为一把"伞"，因为它涵盖了各种信息通信技术（ICT）系统和各种运输基础设施的多种组合，以提供"智能"

服务。ITS 的智能要素本质上是一种能力，这种能力在应对当前运行条件变化时，能够协助运输系统的某些部分进行运营或战略上的决策。虽然部分城市路网覆盖了智能交通系统（ITS），但它在高速路上的应用似乎更为广泛。参考文献［5］将一些 ITS 称为谨慎的隐形中介（不明显的服务或公众未察觉到的服务），因为它们的作用是为交通控制中心提供数据，而交通控制中心可能位于较远的地方，因此对出行的公众来说是不可见的。ICT 连接的基础设施包括高架吊杆、路边车辆管理系统（VMS）、速度指示器、交通信号、感应线圈、自动车牌识别系统、摄像头、中央控制室、路边监控站等。ITS 方案的典型示例如下。

1）在 VMS 中，各类交通消息显示在龙门架上方或路侧屏上，例如前往主要目的地的估计行程时间、事件信息或拥堵相关信息。

2）通过安装在车内的电子标签收费，包括道路使用费和停车费[6,7]。

3）利用龙门架将车辆进行车道编组，引导到合适的车道上，以避免车辆在最后时刻变道或在路口附近进行危险操作。

这些可以归类为已经建立起来的 FB-ITS。因为检测和通信的主要频道位于交通系统中的固定位置上，车辆在系统中移动时产生的数据又会被基础设施检测到。这些例子在运输系统中有不同的运作目标（如通知出行者、拥堵收费和提高运作效率），因此，评估这些例子的影响时，应包括不同的影响范围，并提供特定的指标和数据。

这些 FB-ITS 形成了一套支持新技术的基础设施体系，这些基础设施既可以补充现有的 ITS，也可以提供替代的运输服务和功能。有些较小规模、较普及的新技术可能拥有联网功能，但不具备运输基础设施的基本功能。例如（但不限于）智能手机、平板电脑、笔记本电脑、蓝牙、智能卡、电子标签（条形码）、射频识别（RFID）和加速器。这些技术通常会收集大量微观层面的数据，反映出行个体在出行前、出行中、出行后（或与出行无关）的选择、偏好和活动。支持 web2.0 的技术与那些涉及单向被动数据流技术（如刷卡出入的智能卡）有很大差别。现存的社交媒体（如 Twitter、Facebook 和 Instagram）和一些定制应用程序（Apps）都涉及支持 web2.0 的相关技术，这些专门为交通运输设计的定制软件无论是否具有与运输相关的功能（如出行者信息），都能够反映用户的出行模式（如健康/运动程序）。从这些新技术中获取的数据和信息对运输系统的战术、运营和战略方向所做出的贡献，以及对 FB-ITS 评估所做出的贡献不在本章的讨论范围之内，但读者可以查阅参考文献［1］获取相关信息。

除了数据对 ITS 评估的贡献外，伴随着新技术的出现，尤其针对运输的新一轮政策和干预措施也在制定中。与 FB-ITS 一样，大量可用的技术配置和功能意味着这些措施的重点和范围存在相当大的差异。大致分类如下。

1）更明智的出行选择：提供出行信息、个性化出行规划［例如，在希腊、德国和西班牙的 My-Way 项目、IndiMark 和 Travelsmart[8]、Personal Journey Plans

（个人出行计划）[9]]。

2) 采购、金融折扣和交易：公共交通折扣卡套餐、停车和收费套餐（例如，英国曼彻斯特的 M－ticket）。

3) NMS：用激励措施来改变出行行为。包括"峰值规避"奖励[10]、反馈和自我监控，以及一些其他的奖励（例如荷兰、英国和瑞典的 SUNSET 项目[11]）。如果这些激励伴随着个体的移动性分析（跟踪与追踪功能，指示个体在行程中移动的位置），则这些措施称为 NMS。

4) SI 方案：包括步行巴士、汽车共享倡议、通过社交网络进行出行者与出行者之间的反馈、通过社交网络或专用网站（公众参与方案）共享信息［例如，比利时、法国、瑞典、印度、墨西哥、美国和其他地方的"绿色通行"（Commute Greener）网］。

在实践中，这些类别之间存在相当大的重叠部分，许多应用程序提供了多种功能，这些功能类型之间具有软区别——例如，社会共享方案也可以作为出行行为改变的积极激励措施，因为个体在同伴的支持下会更愿意去尝试各种新模式。提供动态的出行信息也可被视为一种改变出行行为的措施。为了考虑评估这些方案影响的方法，我们将在本章的其余部分中重点介绍两个案例：NMS 和 SI 方案。

在运输行业，NMS 和基于 SI 的方案正变得越来越普遍。然而，对这类方案的影响评估，还缺乏一套实践标准和方法，而这些方法有助于从业人员、决策者和学者对运输行业方案进行评估和设计。对这类新技术方案的准确评估，将帮助从业人员和决策者在运输行业和跨政策部门制定和实施这些方案和政策，以改善经济发展和公共卫生，减小拥堵影响、碳排放和其他污染物排放。

9.3 技术驱动的 NMS 评估

在本节中，我们将重点讨论支持 ICT 的新出行方案（New Mobility Schemes，NMS）所需的评估框架范围。首先，我们概述了 NMS 的一些主要特征和组成部分，并确定了说明性示例。随后，我们讨论了它们所带来的评估挑战，并提出了评估方法的主要内容。

9.3.1 NMS 的组成

NMS 的目标是利用普及的个人设备和交互软件应用程序，鼓励用户重新考虑他们的交通出行选择。NMS 的总体目标广泛涉及覆盖运输系统的长期可持续性、本地网络的效率或战术道路/路线管理。NMS 的基本组成部分包括支持 ICT 的技术组件、数据库、信息源以及一个由运输和其他利益相关方（负责提供运输服务、激励奖励、旅行时间表等）组成的联合体。NMS 的基本技术组成如下：

1) 基于软件应用程序（App）的方案，个体将软件下载到个人设备上，如智能手机或平板电脑。该软件的主题可以是出行信息/出行助理、奖励方案、游戏、购物设施、活动挑战等。它还可以支持 SI 计划的社交媒体或社交网络功能（见第 9.4 节）。

2）具有"运营控制面板"的应用程序，可设计运输相关信息、挑战、激励政策和/或奖励，并直接向用户发布。

3）移动监测设施，通过使用个人设备的感应功能可以（在获得许可的情况下）检测个体的出行选择和移动。这些出行选择可以转换为整个行程和移动配置文件，由控制面板操作员匿名化、存储和访问，用以实现通信个性化并影响未来的交通选择，逐步形成可持续的模式。

负责提供运输服务、奖励、出行时间表和其他服务的利益相关方联盟是该计划的一个关键要素，因为仅靠技术和软件是无法实现 ITS 的。这些运输服务的独特之处在于，它们是"基于位置的"，通常根据个体情况（例如过去的出行选择、家庭位置或其他特征）量身定制。因此，需要一个控制面板操作员定期发布信息，一个"帮助台"来处理使用者的问题，以及一个可持续的业务模式来提供动态的出行信息、激励和奖励。就如管理高速公路需要交通控制中心进行整体协调，NMS 也需要一个中央协调中心来实现功能并保证有效性。

9.3.2 评估 NMS 的挑战

为了解评估 NMS 成功可能的挑战性，我们应该清楚这类方案的影响是个体在微观层面上的选择和变化积累的结果。如果只是在宏观层面对交通运输网络进行一段时间的观察，不太可能直观得到方案带来的变化和影响。这是因为各类干扰或交通指标（例如路段行驶时间）的变化太大，个体出行者层面所发生的变化无法被察觉到。

因此，影响评估应基于检测和监测个体（自愿参与）在行程时间、出行方式和路线方面的选择之间的变化。这些个体变化可扩大至人口规模，用于估计（通过建模）整个方案的总影响，例如减少的车辆千米数、增加的公共交通载客量、更改的路线或其他与方案有关的改变。

在所提出的方案可以成功实现之前还存在更多的挑战，因为对特定的优惠、挑战或奖励的响应时间可能会比预期的要晚，或者对这些优惠、挑战或奖励的响应，可能会对距离实施地区较远的路网或运输系统产生影响。例如，如果个体非常习惯驾驶私家车出行或负责开车接送家庭成员，那么打折的公交或火车票可能不会立即得到响应。鼓励个体因为拥堵问题、事故甚至污染地点而避开特定路线或路段的信息激励，可能会导致个体选择在其他的路线上改道绕行。因此，影响评估的挑战在空间和时间上都是复杂的。

评估 NMS 的实施效果还涉及让一批不同的利益相关者承担远超出交通运输指标范围的成本与收益，而非让传统上参与交通基础设施计划的人承担。例如，为本地休闲或娱乐活动提供折扣机票等优惠措施的第三方供应商，会长期受益于再次购买他们服务的回头客（尽管他们并不在计划中）的隐性增长。

根据参考文献［11］，NMS 的评估框架应理想地满足高级别要求。

> **NMS 评估框架应满足的高级别要求**
>
> 允许该方案与"传统"ITS 或其他运输方案相比
> 根据技术配置的特定目标获取性能
> 能够反映影响的动态特性
> 能够反映长期成本和收益
> 能够有针对不同方案/环境的灵活性，特别是在其有众多特性的时候
> 能够将部分或全部影响货币化（使之与标准评估方法有可比性）
> 将不同的利益相关方分类输出（考虑参与此类方案的不同利益相关者集合）
> 能够反映"无形资产"和更广泛的社会经济影响
> 在测量和数据需求方面具有实用性

最后的要求可以作为评估方法的决定因素——虽然 NMS 可以预见广泛影响的潜在存在，但是如何在实践中衡量这些影响且获取必要数据仍然是具有挑战性的。

9.3.3 支持 ICT 的 NMS 评估方法的建议

作为一项一般性建议，我们提出了以下的 NMS 评估方法。这是在荷兰、瑞典和英国实施的欧盟资助的 SUNSET 项目[11]中所采用的方法。

> **NMS 的评估方法**
>
> 其总体结构和主要类别遵循在 FB-ITS 方案基本评估中使用的结构和主要类别，这也是评估其他类型的运输基础设施方案的基础。类别涉及如下：成本、资金流动、效率、安全、环境、社会、公平和其他影响。遵循这种结构的目的是与其他运输方案的评估保持一致。
>
> 但是，对于 NMS，每个类别的组成部分将大不相同。"成本"需要包括方案运营商的 ICT 集成成本，例如，捕获、存储和处理大量的个体移动数据等。激励也是一个成本组成部分，包括提供和培训具有社交媒体技能的工作人员和设计实施奖励办法的工作人员。营销成本也可能会增加，因为此类方案需要个体主动参与（例如下载应用程序），不像基于龙门架的车道编组方案那样有实际的"存在"形式。
>
> 利益相关方群体通常按成本和收益分类，且这些群体的组成应该是可以扩大或替换的，应包括参与提供基于位置的信息或其他服务的第三方，以及激励或奖励提供者、数据或 ICT 服务提供者。

评估中经常包括的影响类型和指标可以省略不计。例如，与特殊车道使用相关的一套高速公路战术管理指标可以被省略，因为 NMS 可能无法准确地检测到所需的数据，该计划方案不会产生影响。

还需要对方案产生的特定类型影响进行更深入的分类，包括应用程序中所有社交媒体或社交网络功能所产生的影响（这些影响将在第 9.4 节中进一步讨论）。同样，值得注意的是那些尚未引起具体行为改变的交通选择态度的转变，虽然他们并未引起当前出行行为的变化，但这些出行者已经有改变的倾向。这个影响趋势代表了在经典的坐标轴中，行为改变与个体态度存在着正向相关关系。

评估需要考虑个体或群体完整的出行轨迹，并分析各个方案给出行的不同阶段所带来的各种影响，例如，个体步行到公共汽车总站，再搭乘公共汽车，然后步行完成最后的行程。与 FB–ITS 只关心路网中的检测部分不同，NMS 会利用社会调查以进行更大范围的方案影响分析。

总之，NMS 的评估扩展了（并在一定程度上远远超出了）ITS 评估范例的传统界限。然而，这种传统的 ITS 评估范例是 NMS 的基础，我们认为保留一些共同的影响类别和结构会有许多好处。虽然 NMS 已被欧洲城市和国际上的城市广泛接受和使用，但是能够用一种与被替代的（更传统的）方案评估方式一致的方式清楚地确定收益能力才是使公众接受的关键。第 9.5 节概述了各种评估方法之间的比较。

9.4 技术驱动的 SI 方案评估

本节的目的是概述一个评估框架，该框架将克服运输行业评估基于社会创新（Socia lInnovation, SI）的方案时所固有的一些挑战。我们首先给出 SI 方案的定义，并确定一些案例。随后，我们确定了在评估这些类型的方案时面临的挑战，并提出了评估方法。

9.4.1 交通运输行业中 SI 的定义

SI 的定义在不同的研究领域有所不同，许多术语可以互换使用，例如，"社会企业家（Social Entrepreneurship）"，"社会企业（Social Enterprise）"，"共享价值创造（Shared Value Creation）"和"共享经济（Sharing Economy）"，这些现象导致了 SI 的脱节和研究不足[12]。围绕 SI 的讨论一般强调三个要素：第一个要素是"寻找解决方案"，第二个要素是对社会有益或满足社会需要，第三个要素是指社会组织。参考文献［13］将 SI 定义为"以满足社会需求为目标而开展的创新活动和服务"，同样，2008 年斯坦福 SI 中心也提出以下定义："一种比现有社会问题的解决方案更有效、更高效、更可持续、更公正的新解决方案，它所创造的价值主要应用于整个社会而非个体[14]"。

运输行业的 SI 方案意味着对"共享过的经济"或"共享中的经济"方案的关注。这主要是因为这些形式的"协作消费"被定义为强调"获取"或"共享"而不是"拥有"的经济模式[15]。在运输行业有许多这类方案的例子，例如：

1）汽车共享：Zipcar，COMMUNAUTO，CityCarShare，eGOCarShare。
2）点对点（P2P）汽车共享：Getaround，Relay rides，GoMore。
3）拼车：Carma（之前为 Avego），Nuride，Carticipate，Piggyback，EnergeticX，Commutr，Zimride，Ville Fluide，GoLoCo，Car2gether，Flinc，Carriva，Covoiturage，Uber。
4）共享单车：Publibike，Citibikes。
5）其他信息交换方案：Hollerback，Walkit.com，Waze，Harassmap.com。
6）其他性能共享方案：Strava，mapmyrun。

这些方案有的由大型企业（有时是跨国企业）拥有和管理，有些则由小规模企业或非营利组织拥有和管理。其他不太正式的方案，更可能是小规模的或由社区激励和运行的，包括 Bike Buddy 系统、为弱势出行者提供的 Travel buddy 方案和 Walking School Buses。新普及的技术带来了新的通信方式和社会组织形式，这种组织形式的范围和多样性正在迅速发展（例如，UBER 引起了人们对创新商业模式的兴趣）。

9.4.2 评估交通运输中 SI 方案的挑战

在普及技术中，SI 方案的评估面临许多挑战。第一个挑战是解决如何处理"时间"的问题，即找到评估基于 SI 方案的恰当时间。这个问题可以被部分解决，具体取决于如何启动 SI 方案。如果它从地方当局或类似的组织开始，那么很可能有一个明确的开始日期，从而确定评估日期。如果 SI 方案是自由发展的，这种情况下开始时间难以确定，评估时间的确定更是难上加难。

类似地，随着这些基于 SI 方案的成长和成熟，人们期望它们可以发生改变和发展（这是可能实现的）。这再次加大了确定评估日期的难度。显然，人们可以争辩说，适当的评估日期可以基于"曝光"来确定。若要采用上述方法，则在基于 SI 的方案中所涉及的个体将会需要"曝光"的定义以及决定其参与程度。在基于 SI 的方案中，个体可以是长期参与者，也可以是"潜水的人"或未积极参与该计划的人。

这就给我们带来了与基于 SI 方案相关的第二组挑战，即如何采集每个个体的参与类型以及部分个体的总和如何创造社会价值。如上文所述，一些参与者可能仅仅通过观察其他人的参与（例如对共享单车方案表现出的利他感）获得"价值"，或者他们使用其他人生成的信息，例如用户在没有直接参与或提供相关信息的情况下，仍然可以获取 Waze 的拥堵估计信息。因此，评估的挑战在于采集方案"创造的价值"和参与者的参与情况。

另一个挑战是如何采集基于 SI 的方案中参与者的作用。这些参与者可以是影响者、推动者、早期采用者和"潜水的人"。这是因为个体参与者的实际活动以及他们之间的关系可能是基于 SI 方案能否成功的决定因素。面临的挑战在于如何确定那些最具影响力的参与者，他们通过自己的行动或与社交媒体的接触影响他人加入某个方案或参与特定活动，从而产生"雪球"效应，例如，使拼车成为开车上班的可行选择。确定参与个体的特定组合以及在特定时间内具体行为的影响程度也颇具挑战，此外，还需确定所有基于 SI 方案（尤其是属于"共享经济"的方案）的"临界人数"。例如，纽约的共享单车方案似乎低估了偶尔使用或一次性使用车辆的用户群体（如游客）数量。

在运输行业中最受关注的基于 SI 方案的增长和多样性的技术发展是：基于位置的服务（Location Based Services，LBS）、社交媒体的使用和建立信任的战略。后一项发展是"共享经济"方案和政策发展（如"移动即服务，MaaS"）的整体关键。在评估基于 SI 的方案时，最大挑战之一是对"信任"的衡量。

9.4.3　交通运输中 SI 方案的评估建议

因此，SI 方案的评估建议可以决定我们到底侧重于评估的过程还是评估的结果或者是两者的结合。

1）结果指标必须侧重于出行行为选择和与交通有关的选择。出行选择（如模式、路线和距离）的前后变化可以转换为能源、碳、股票、健康、安全以及其他方面对该方案产生的影响。

2）侧重过程实际上是侧重于识别导致方案成功或失败的各个因素。方案的成功与否取决于实施方案后的出行选择是否涉及共享模式、使用公共设施（如共享单车）或参与同伴支持的出行。

运输行业内任何基于 SI 的方案的评估架构，都需要利用普及技术中的 LBS 来估计出行行为，例如步行千米数、乘客千米数或骑行千米数。

SI 方案的具体挑战是确定某人何时驾车出行，何时使用拼车，或何时使用其他汽车共享方案。确定多种改进 LBS 的方法是有必要的，这可以帮助识别车辆的出行是否属于汽车共享或拼车方案。第一种方法是利用蓝牙和移动电话技术中的唯一标识符来协调汽车共享或拼车方案中的汽车与个体之间的关系，实现自动追踪汽车共享和拼车方案内的车辆和个体，有助于协调和识别乘车或拼车的车辆使用情况。这种形式的数据收集需要目标个体同意他们的移动轨迹被记录下来并在后续的分析和输出中被使用。

另一种方法更具互动性（和潜在侵入性），它利用个体所拥有的社交媒体账号，例如 Twitter、Instagram 或 Facebook，来访问个体的出行情况。使用这一方法时再次用到了"追踪"功能，但也应探索和利用协调功能和自动生成功能，以便根据"追踪"功能的阈值及所生成的指标，利用社交媒体技术自动向出行者发送相关问题。

"追踪"功能在一定程度上解决了评估的准确"时间"问题,因为它可以允许数据在一段时间内生成,对受访者的成本影响或工作量的负担相对较小。但是,使用 LBS 的"追踪"应用程序必须由参与者下载,并且必须获得参与者的主动同意才能进行跟踪。然而,如果有足够的信息和远见,应注册一个社区供方案中的用户和车辆或自行车(视情况而定)使用,以便收集个体在该社区会员资格期内的数据。这一举措可以为评估提供大量数据集。

使用"追踪"功能时,还需要考虑其他复杂方面,特别是是否需要结合基于路线的信息和时间戳。与地理位置功能相关的误差仍然存在,以后应该会随着全球定位系统精度的变化而减少,从而能够使个人实际位置预测的精度提高到几米以内。

获取参与者的操作数据和角色数据需要使用其他的工具和技术。为此,我们建议未来的评估框架应去探索社交媒体分析软件(如 HootSuite 或 Radian 6)的潜力。这类软件侧重于分析 Facebook 或 Twitter 上帖子的文本数据,甚至包括情绪分析。情绪分析可以帮助我们理解每个人发布的内容背后的感受。然而,这类数据存在一些根本性的问题,包括:①它不一定是同期的数据;②对包括缩写在内的词汇进行必要理解是繁琐的。此外,现有用于分析文本数据的软件,尚未达到可以分析视频的程度,但是越来越多的社交媒体内容以图像和视频的形式出现,这是这类分析方法的一个缺点。最重要的问题是,对社交媒体的存在和内容甚至轨迹(如果你喜欢的话)的分析,并不一定可以揭示他们在 SI 方案中的行为,除非这些行为被特别报告出来。它没有揭示出个体、行为与时机的重要性或偶然性之间的联系,除非个体主动发布一篇博客来反映这一点。

评估者还需要先进的数据采集和分析技术来揭示个体在 SI 方案内的行为,并足以支撑对该方案的影响进行评估。现有的技术,如社交网络分析,可以用来发现个体在社交网络中的影响。社交网络分析能够证明诸如密度和社会网络中的中心性这样的因素,从而凸显个性的重要性。"追踪"、社交媒体内容分析、情绪分析和社交网络分析之间的任意组合都可以被实施,且不会给参与者带来额外的负担,但需要征得参与者知情与同意,并且分析结果可以揭示个体的日常活动,反映了一个敏感的数据流。然而,社交网络分析并不是探索或发现个人角色和行为的确切方法,也很有可能需要额外的社会调查方法来对其进行补充。

评估基于 SI 方案的建议中的最后一个要素是开发收集"信任"数据集的新技术。包括首先探索使用现有数据的潜力,如 UBER 使用的"给我的驾驶人打分"或"给我的乘客打分"等功能,以及利用现有的社交媒体分析软件,如 GoogleAnalytics 或 HootSuite。

综上所述,评估方案的主要建议首先是识别和利用现有数据集,其次是遵循使用现成的分析软件包的原则,将这些软件包与定制调查相结合。主要是为了弥补社会数据的缺乏：活动、社会角色和"信任"。因此，一个隐含的原则是允许混合使用定量和定性数据集的生成方法。

9.5 概述和简要说明

新普及技术的出现使得新的ITS方案得以开发，这些新的ITS方案通常基于个人设备，并且采用社交功能和更侧重于运输的功能。与成熟的FB-ITS一样，技术配置和功能的排列可能是巨大的。在本章中，我们重点介绍了两种特定类型的评估方法，用以说明评估方法应该如何发展——NMS和SI方案。

在表9.1中，提供了这两种新方案与已建立的ITS的汇总比较，得到了它们的主要特点和不同之处。

表9.1 FB-ITS、NMS和SI方案主要影响类别的比较

FB-ITS影响示例	相应的NMS示例	相应的SI方案示例	总结比较
成本：高速公路当局/利益相关者投资成本，财务、运营和维护费用	成本：个体出行者在技术上的投资、交通运输当局/第三方成本和收益（例如提供奖励）、投资和维护"城市控制面板"、用于支持/客户关系管理（Customer Relations Management, CRM）的员工资源	成本：建立和维持一个社会论坛以促进共享和同伴支持的投资。拥有和经营特定模式的成本，由个人或社区所有者/公会共同承担	成本从FB-ITS的集中投资转变为NMS的个人和地方/区域成本。需要新的业务模式来评估价值链和对第三方的影响，例如在数据供应、激励、建立社区/社会论坛方面的新业务模式
效率：行程时间、行驶时间可靠性	效率：个体行程时间和行驶时间可靠性。特定的NMS侧重于路线变化和出发变化，这意味着需要对时间和空间维度进行监测	效率：个体行程时间和行驶时间可靠性。特定的SI方案侧重于通过共享减少总的出行需求，这反映在大规模实行SI方案后，拥堵相关的指标降低了	通过NMS和SI进行移动分析，可以观察到个体在整个行程中的出发和到达时间。效率影响可以分布/重新分布在比直接观测到的区域更大的空间区域。FB ITS的效率影响仅适用于有基础设施的部分行程或有基础设施的部分区域
安全：事故、超速/符合法规	安全：通过模式选择和路线选择，对事故进行曝光，进而影响个体安全	安全：通过模式选择和路线选择，对事故进行曝光。通过曝光出行轨迹和社区论坛的信息共享产生对个体安全的影响	NMS中的双向信息流允许收集环境感知的安全性数据和低级/未报告的安全事件数据。通过在社交网络论坛上发布个人信息或与同事/朋友联系曝光相关危险，这两种方法相比个体主动报告和感知危险来说更难监测

（续）

FB–ITS 影响示例	相应的 NMS 示例	相应的 SI 方案示例	总结比较
环境：当地环境（排放）+ 全球（气候变化），栖息地破坏	环境：个体碳当量、能源 + 不同模式转换的 ICT 碳成本/收益	环境：个体碳当量、能源 + 不同模式转换和共享的 ICT 碳成本/收益。需要评估列举的共享级别	FB–ITS 采用路边排放观察和交通状况建模的组合方法来评估影响。NMS 和 SI 仅根据模式选择和车辆特征假设或用户输入的车辆信息来进行建模/进行排放估计
系统/操作：吞吐量、车道行为（交织运行和俯冲运行）、路口排队跳跃、未经授权的硬路肩行车	系统/操作：在 NMS 中很难生成或有效检测这些影响	系统/操作：在 SI 方案中很难生成或有效检测这些影响	速度影响可以通过 NMS 的位置跟踪来检测，属于微观层面的变道行为最好通过 FB–ITS 来检测
社会和其他：宜居性（居民），驾驶人负担/压力	社会和其他：公平、健康、舒适、同伴/社区身份、社区内其他包含物	社会和其他：公平、健康、舒适、同伴/社区身份、社区内其他包含物	根据方案定义和地理环境，NMS 和 SI 可能会受到广泛的附加影响

这种比较的目的还在于突出与标准评估模式（通常是成本–效益方法模式，辅之以环境和安全评估）的衔接、影响的转变以及传统评估方法的扩展方式。

最后要考虑的一点是，这是一个越来越了解数据有用性和商品化的时代。越来越多的用户意识到自己所产生的数据价值，对数据的共享也越来越敏感。在评估研究中，将用户的这种变化纳入对道德实践的考虑变得越来越重要。任何希望使用记录个体日常活动的移动性"跟踪"应用或社交媒体的输入内容生成的数据集评估框架，都有义务质疑个体可以在何种程度上"拥有"或使用以及访问由他们自己的活动和操作所生成的数据集。此外，有义务探讨用这种形式"追踪"的"分享"可以在多大程度上构成个体包含并参与研究的基础。

参 考 文 献

[1] Grant-Muller, S.M., Gal-Tzur, A., Minkov, E., Kuflik, T., Nocera, S. and Shoor, I. (2014). Enhancing transport data collection through social media sources: methods, challenges and opportunities for textual data. *IET Intelligent Transport Systems*. doi:10.1049/iet-its.2013.0214.

[2] Cottrill, C.D. (2009). Approaches to privacy preservation in intelligent transportation systems and vehicle-infrastructure integration initiative. *Transportation Research Record* 21(29): 9–15.

[3] Žilina, U. (2009). Present and future challenges of ICT for intelligent transportation technologies and services. *2009 1ST International Conference on Wireless Communication, Vehicular Technology, Information Theory and Aerospace & Electronic Systems Technology*. 112–115.

[4] Lee, W.-H., Tseng, S.-S. and Shieh, W.-Y. (2010). Collaborative real-time traffic information generation and sharing framework for the intelligent transportation system. *Information Sciences* 180(1): 62–70.

[5] Deakin, E., Frick, K. and Skabardonis, A. (2009). *Intelligent transport systems. ACCESS* 34(Spring). 1–126.

[6] Levinson, D. and Chang, E. (2003). A model for optimizing electronic toll collection systems. *Transportation Research Part A: Policy and Practice* 37(4): 293–314.

[7] Boyles, S.D., Kockelman, K.M. and Travis Waller, S. (2010). Congestion pricing under operational, supply-side uncertainty. *Transportation Research Part C: Emerging Technologies* 18(4): 519–535.

[8] Brög, W., Erl, E., Ryle, J. and Wall, R. (2009). Evaluation of voluntary travel behaviour change: experiences from three continents. *Transport Policy* 16: 281–292.

[9] Halden, D. (2008). *Personal Journey Plans – Raising the Benchmark in Travel Information and Provision.* DHC, Edingburgh.

[10] Palm, H. and van der Muelen M. (2014). Reward for avoiding peak period in Rotterdam, Netherlands, 2014, TRB Annual Meeting, USA.

[11] Grant-Muller, S., Thomopoulos, N., Carlson, R., et al. (2013). Sustainable social network services for transport deliverable D6.2 evaluation methodology and measurement approach. Available at: http://www.sunset-project.eu/pdf/SUNSET_D6.2_Evaluation_Methodology_and_Measurement_Approach.pdf

[12] Phillips, W., Lee, H., Ghobadian, A., Regan, N. and James , P. (2015). Social innovation and social entrepreneurship: a systematic review, *Group and Organization Management* 40(3): 428–461.

[13] Mulgan, G. (2006). The process of social innovation. *Innovations: Technology, Governance, Globalisation* 1: 145–162.

[14] Phills, J.A. Jr., Deiglmeier, K. and Miller, D.T. (2008). Rediscovering social innovation. *Stanford Social Innovation Review* Fall. Available at: http://ssir.org/articles/entry/rediscovering_social_innovation#sthash.5JWJ5aQc.dpuf

[15] Shaheen, S.A. (2013). Introduction shared-use vehicle services for sustainable transportation: carsharing, bikesharing, and personal vehicle sharing across the globe. *International Journal of Sustainable Transportation* 7(1): 1–4, DOI:10.1080/15568318.2012.660095

第 3 部分　智能交通系统评估结果

第10章 评估协作式ITS

10.1 引言

10.1.1 协作式 ITS

协作式智能交通系统（C–ITS）是 ITS 的一个子集，它涉及 ITS 站与站之间的通信和信息共享。这些 ITS 站包括个人设备、车辆、路边基础设施和后台。C–ITS 的目标是"提供建议或采取积极行动，以提高超出独立系统范围的安全性、可持续性、效率和舒适性"[1]。C–ITS 也被称为"互联车辆系统"，并且它需要一个庞大的价值链来提供服务，包括汽车制造商、车载产品开发商、电子公司、应用程序开发商和移动网络运营商。

这种系统目前正在城市走廊地带试用，最初是向乘车者提供实时信息和娱乐，并收集位置数据（浮动车辆数据），以协助交通管理。一般来说，这些功能是通过智能手机和车辆之间的连接以及 3G 或 4G 等无线连接来实现的，但也可以选择使用其他不同的服务和技术，因此评估不同的实现方式并了解它们对不同利益相关者的好处非常重要。

10.1.2 术语

大多数作者在分析项目前瞻性时往往使用"事前评估（assessment）"一词，而当评估基于实际数据而不是预测的影响（effects）时则更常用"事后评估（evaluation）"。重大影响（impact）也是一个更常用于事后评估的术语。

欧洲项目 EVA[2] 确定了三种事前评估类型。

1) 与系统技术性能相关的操作分析。

2) 社会经济评估，与参考案例或其他备选方案比较评估，ITS 的部署会给社会带来的收益或损失；这些评估通常研究一个系统在未来时间范围内所带来的影响。这种前瞻性的研究使用事前影响进行评估，通常基于文献综述、仿真工作和专家评估。它们的范围往往很全面，但很少甚至不涉及真实条件下的数据。

三种主要使用的社会经济分析是：成本效益分析（Cost–Benefit Analysis, CBA），其中所有成本和影响都被赋予一个货币价值；成本效用分析（Cost–Effectiveness Analysis，CEA），强调评估成本以实现特定影响；多准则分析（Multi-Criteria Analysis，MCA），评估了所有相关影响的重要性，但不为之赋予货币价值。

3）战略评估，即对整个 ITS 应用进行长期的政治分析。影响分析或类似的术语，也常被用于政府的战略评估（即使用预先指定的流程、计算、模板和报告），以便通过评估可能的政策选择的潜在影响，为决策者说明备选政策的利弊提供依据。欧盟委员会（European Commission，EC）的影响分析就是这样一种方法，本章对将其进行介绍。

10.1.3 结构和范围

C-ITS 是一个相对新颖的概念，因此缺乏对其效果进行全面事后评估的实地试验结果。我们这里不讨论 C-ITS 性能的技术评估，而是集中讨论更有前瞻性的事前评估与实地试验规划这两个方面。

本章的结构如下：第 10.2 节简要回顾了 CBA 与 C-ITS 的关系；第 10.3 节提出了在实地试验期间对 C-ITS 进行事前评估规划的六步法；第 10.4 节讨论了与 C-ITS 有关的数据收集、分析和报告的关键方面；第 10.5 节涉及对 C-ITS 的战略事前评估与事后评估；第 10.6 节讨论了 C-ITS 事后评估中的一些挑战和限制。

10.2 CBA

10.2.1 简介

CBA 是将一项措施（在本例中为 C-ITS 服务）的成本与资源节约（如安全性提高和旅行时间缩短、燃料消耗和污染）成本进行比较的一种既定方法。少数情况下，CBA 由各个利益相关者利用相关成本和收益（例如，协助制定商业案例）进行分析，但通常情况下 CBA 是在社会层面上进行的。这种成本效益分析（CBA）的前提是认为资源的节约会成为社会福利的一部分（即福利经济学），假定节约下来的资源可以用在具有同样或更高生产力的地方。

越来越多来自欧洲项目的文章报道了 CBA 在其中的应用，如 HEATCO[3] 和 eIMPACT[4]。CBA 可在 C-ITS 试点项目开始之前使用，它可根据其他地方的相关数据、关于影响的假设和"专家判断"建议的估算来确定投资优先级。包括 CODIA[5]、eCall[6] 和 SAFESPOT[7] 在内的几个欧盟研究项目以及本章中提到的其他项目都对 C-ITS 服务进行了事前评估。CBA 还可用于对已实施的项目进行事后评估，以便将事后评估与事前评估进行比较，并提供有助于未来部署的数据。

10.2.2 CBA 方法

CBA 通常用于比较两种可能的未来场景。

1)"基本情况"或"不执行任何方案"场景,假定该场景没有实现 C – ITS 服务。

2)"使用服务"或"执行了某些方案"场景,该场景中实现了一些 C – ITS 服务。

CBA 可以用来评估某段时间内 C – ITS 对道路环境的潜在影响。通常,所考虑的影响(效益)被认为与安全、流动性和环境有关,因为这些指标最容易采用标准化的单位成本费率进行货币化。此外,还必须对 C – ITS 服务成本进行评估,例如投资成本、运营成本和维护成本。图 10.1 提供了 CBA 方法的概述。

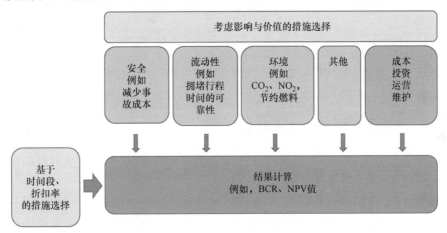

图 10.1　CBA 对 C – ITS 的社会经济评估

每个标准的财务价值都是通过在一个确定的期间(如 10 年)内计算成本和收益来估算的。比较经济效益和成本可以使用几种方法,重要的是要弄清楚每一种方法如何计算以及如何使用财政贴现(如果有财政贴现的话,计算过程考虑到未来效益价值和未来成本);这些通常是国家金融投资政策的问题。公共部门对新技术投资的适当贴现率可能高于公共道路基础设施决策的公认贴现率,但仍远低于用于商业决策的贴现率。

更完整的贴现方法是使用年值。将所有需要考虑的年度成本和效益汇总,然后通过贴现率把实施 C – ITS 的起始数据转换为一个实际的社会效益值,并将这个数值用效益 – 成本比(Benefit – Cost Ratio,BCR)表示,或者从总收益中减去总成本得到净现值(Net Present Value,NPV)。如果 BCR 大于 1 或 NPV 为正,则可以认为单个服务或一组协同服务是有益的。

通常,预先选择一个或多个目标年份并计算这些目标年份的"快照"BCR。在这种情况下,成本将被转换为年值(使用贴现率),并与目标年度收益进行比较。这两种方法都是可行的并且都属于良好的做法,优先选择使用哪种方式取决于信息需求。

在许多 C-ITS 研究中，特别是在服务具有通用性的情况下，通常认为使用"快照"这种更简单的方法是合适的。它反映了全线配备这种技术的车队具有的稳定性，这种稳定状态意味着全年效益的实现，并且每年的装配成本仅在新车登记的时候才会被使用。在给定的评价期内，相比于更精细的分阶段实施方法，这种方法往往会产生更高的 BCR。在某种程度上，被忽视的成本可以通过目前系统成本值的使用或初始系统成本值的估计得到补偿，并且不考虑这些成本随时间推移的减少。

10.2.3 敏感性分析

CBA 通常由敏感性分析来补充，敏感性分析会改变 CBA 计算的重要参数（例如，对安全性、效率、车载成本和基础设施成本的影响）。根据数据的不确定性，各参数可能会变化 10% 甚至 50%。记录值（如 BCR）也应按相对价值计算以显示其影响程度。

10.2.4 大型 EC 项目的成本收益

欧盟委员会已为主要的投资项目发布了一份 CBA 指南[8]，该指南可以在战略层面上应用于 C-ITS 服务投资。

该文件基于以下因素解释了开展 CBA 的理由：在某些情况下（例如市场失灵，包括信息不对称、外部性不对称和公共产品不对称），基于利润动机和价格机制做出的投资决策会导致社会不良后果。但是，如果用社会机会成本来衡量投资项目的投入、产出（包括无形产出）和外部影响，则计算出的收益能够合理衡量项目对社会福利的贡献。开展 CBA 也需要有相对长远的眼光，时间跨度应超越大部分个体商业机构的规划范围。例如，道路工程项目的 EC 参考期为 25~30 年。

在 2012 年设立的 EC 连接欧洲基金（Connecting Europe Facility，CEF）是一个直接管理基金，用于加速跨欧洲网络领域的跨境投资，最大限度地发挥运输、能源和电信政策之间的协同效应，确保公共和私营部门的资金支持。它侧重于具有高欧盟附加值的项目，并基于对运输需求（包括乘客和货运）的严格评估，使项目与国家运输计划中所确定的需求密切相关。虽然 CEF 主要侧重于基础设施网络的发展，但也支持了包括整个欧洲的 C-ITS 走廊在内的项目。

CBA 将带有项目的场景与不带项目的"反事实"基线场景（也称为"一切照旧"）进行比较，并使用七步流程进行分析。

大型 EC 项目的七步流程

1) 环境描述
2) 目标定义
3) 项目确定

4）技术可行性和环境可持续性
5）财务分析
6）经济分析
7）风险评估

10.3 C-ITS评估规划

本节介绍了一种基于英国交通运输干预方法[9]评估C-ITS的六步方法,如图10.2所示。

10.3.1 明确评估背景

这一步骤涉及了解评估需求和总体目标。这可能包括衡量特定的影响、引入特定的服务或让特定的利益相关方参与。以下四个问题有助于说明评估背景。

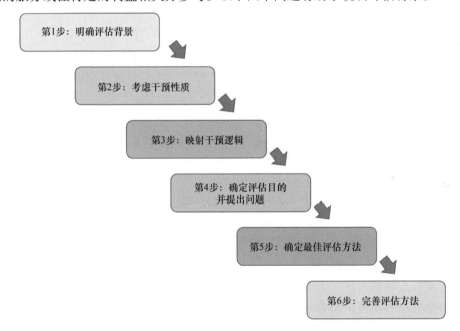

图10.2 评估C-ITS的六步方法总结

1. 谁将使用这些结果

确定利益相关方,如政府、道路运营商和商业企业。

2. 对结果的期望是什么

由于C-ITS服务尚未广泛建立,缺乏测量数据,所以事先确定一份全面的CBA通常不切实际。事实上,试验的目的往往是使业务案例得以开发,以便今后推出相应的服务。因此,试验需要精心设计,并确保拟议的试验方法能够提供所需的信息,以确定其潜在影响及影响的潜在规模。必须确保所使用的指标能够尽可能一致地货币化,并根据环境使用适当的地方、国家或区域价值标准。

对 C–ITS 最重要的影响包括减少道路交通事故（Road Traffic Accidents, RTA）;减少拥堵,节省行程时间,改变驾驶人的行为,对环境及社会产生有益的影响,例如减少噪声和降低废弃排放,以及为设备和服务提供商带来商机。

3. 怎样才能最有效地利用结果

可选择一个特定的试点地区或走廊作为代表,为估计一系列的干预措施成本、效益以及影响提供有力的证据。在这样一个具有代表性的研究领域收集到的证据,也许可以在其他领域采取这种措施时,帮助做出更好的决定。

4. 有哪些资源可供评估

资源在很大程度上决定了评估过程。典型的资源类别包括财政资源（例如装备齐全的车辆和路边单位）、人力资源和其他资源,其他资源包括监测设备（例如空气质量监测工具、噪声监测仪和车载记录仪）。

10.3.2 考虑干预性质

此步骤有助于明确将要提供的 C–ITS 服务,以及这些服务的预期优势、受影响的用户组和可能的接受规模。除了选择服务外,还需要对这些服务进行足够详细的（包括其预期优势和内在限制）定义。然后,还需要定义评估中所考虑的一些确切用例。这些用例是一些该服务适用的具体情况,有助于定义目标服务的边界条件。对于 C–ITS 来说,这一点尤其重要,因为不同的体系结构和通信选项可能能够提供相同的服务。

虽然需要进行试验来量化实际中的潜在影响,但仍有必要事先了解其可能的影响程度或影响规模,以便设计一种敏感度适中的评估方法。首先,可以利用拟设试点地区的数据建立模型,以估算交通试点地区或走廊主要社会影响的货币化总成本,这是估计拟设服务潜在成本节约的起点。

需要注意的是,虽然理论上碰撞次数可以减少到零,但就行驶时间和油耗而言,在所有车辆均在自由流条件下以安全和交通管理的最佳速度行驶情况下,将会达到一个理论基准值,而 C–ITS 不会降低该值。这些干预措施主要针对非最优交通流引起的额外油耗和延误,因此只能影响总成本的一小部分。尽管如此,通过更好的交通管理减少 1% 的出行时间还是值得的。

理想情况下,应估算全部的"目标规模",即与非自由流（拥堵）相关的旅行、燃料和排放成本。

10.3.3 映射干预逻辑

这一步涉及探讨所提供的服务之间的因果关系、预期结果和长期影响,确定预期和非预期的结果,以及如何对这些结果进行衡量。通过建立干预逻辑图,以图解方式说明干预与预期影响之间的关系。

该过程涉及定义四个组成部分的内容：①投入，投入的资源和活动；②产出，如所要接触的目标群体、所安装的车载装置、用于生成消息的软件；③结果，短期和中期结果，如交通流量变化或特定点的速度变化、行程时间、减少的驾驶人不确定性；④影响，长期结果，如提高安全性和环境效益。

制定表格并按顺序考虑每个服务的这四个组成部分会很有帮助。

10.3.4 确定评估目的并提出问题

在此步骤中，确定了上述用例的主要和次要影响，并提出了与这些用例相关的研究问题。然后，确定适当的定性和定量指标，并得出可以使用这些指标进行测试的与研究问题相关的假设。

研究问题是相对普遍的，需要通过编译和测试相关的具体假设来回答。研究问题都是以问号结尾的真实问题，假设只是一种陈述，既可以为真也可以为假。这些可以通过统计手段进行检验。

10.3.5 确定最佳评估方法

这一步骤涉及选择最适当的方法以提供控制或基线，并可以与 C – ITS 的影响进行比较，以确保这些方法是真实的，得到的结果也可以归因于所实行的干预措施。

有两种主要方法可供使用（尽管也可以将其组合）：①试验设计，这需要在试验之前和之后进行设置，或在几个可供比较的区域进行设置，C – ITS 仅在其中一个区域实行。②基于理论的方法，包括观察和测量 C – ITS 的影响，但不进行试验控制。这种方法通常有更多的利益相关方参与，并将持续更长的时间。

10.3.6 完善评估方法

该步骤对方法进行审查并确定最终方案。如有必要，可能需要对首选指标进行一些完善，以便与所选方法兼容。

10.4 试验数据采集分析和报告

10.4.1 数据采集介绍和设计

虽然有许多方法可以评估 C – ITS，但最常用的方法是"现场操作测试（FOT）"。预期用户可在预期环境中对服务进行严格评估，这种大规模、长时间的评估足以得出统计上可靠的结论。

作为试验设计的一部分，数据收集方法通常会进行详细的制定。评估 C – ITS

所需的数据通常包括定量测量、定量评估（如等级表）和定性数据（例如利益相关方的反馈和重点小组的报告）。从分析的角度来看，关键问题是明确命名数据、标记数据和安全存储数据，并遵循所有道德和法律要求。除了收集用于 C-ITS 影响评估的数据，还可以收集元数据，包括：①C-ITS 的技术性能（例如传感器故障、可用性）；②服务交付监测和车辆可用性的监测。

为了支持 FOT 的设计、操作和结果分析，欧盟委员会资助了一种 FOT 方法，该方法被称为现场操作测试支持行动（Field opErational TeSt support Action，FESTA）。最初的 FESTA 项目于 2008 年 8 月完成，并为欧洲 FOT 的设计和实施编制了最佳实践手册。它随着项目经验[10,11]不断更新积累。该手册描述了一些需要解决的关键问题，包括：①规划和运行 FOT；②法律和伦理问题（要测试的功能的选择、用例的定义、与这些功能相关的研究问题和假设）；③性能指标；④实验流程（包括参与者选择、研究设计、研究环境和小规模试点测试）；⑤数据采集；⑥数据库和分析工具；⑦数据分析和建模；⑧社会经济影响。

FESTA 描述了使用 C-ITS 进行现场试验所涉及的一些具体问题[12]，包括：①将 C-ITS 集成到车辆中；②需要对驾驶人进行 C-ITS 使用培训；③需要配备装备齐全的车辆、基础设施和合适的日志记录设备；④确保足够高的渗透率，以观察相互作用效果。

它还就数据采集、数据库和分析工具、数据分析和建模提供了一般性的建议（并非仅针对 C-ITS）。

10.4.2 数据分析

C-ITS 试验数据的收集、初步评估、汇总和处理通常遵循以下简要总结出的常规方法。

数据收集、初步评估、汇总和处理方法

1. 初始数据评估和汇总
1）动态数据评估——在收集数据时对数据进行"感知检查"。
2）数据质量检查（例如完整性、正确单位、可行范围内的数值）。
3）在适当的时间范围内汇总原始数据。
4）将汇总后的数据合并到先前确定的指标中（根据标准的统计实践，报告数据的置信度限制）。

2. 核心分析
1）使用流量建模和流量判断来确定用于结果估计和建模的输入参数（相对于基本案例）。
2）测试先前制定的干预逻辑假设。

3）使用建模来估计未来完善后的 CBA 效益和成本，建模参数包括未来的交通流量、事故率、交通组成和服务渗透率。

4）评估风险和敏感性。

3. 进一步分析

1）对数据集进行机会性的数据挖掘，并使选定的数据集在项目之外可用。

2）评估更广泛的结果，如对其他服务（遗留服务）和模式分布的影响。

3）评估收益和结果对不同利益相关者（包括工业、道路运营商和道路使用者）的分配影响。

4）使用适当的比例系数来估计服务的国家收益。

5）利用"价值网络"为服务的可持续性发展建立模型，以反映服务的主要利益相关者（提供者或使用者）之间的服务流动、收益和非货币化价值。

6）进行财务分析和利益相关者分析（例如，为数据支付的意愿，这些数据可为潜在需求的发现提供信息），以研究服务交付的业务案例。

10.4.3 报告

从广义上讲，C-ITS 的现场试验报告了三类信息：①技术性能；②数据描述和质量统计；③关键结果，如安全、交通流量和环境改善。

关键指标报告的一致性将有助于更广泛地比较不同试验。表 10.1 总结了欧洲 C-ITS 评估项目 COBRA 所报告的指标[13]、RICARDO 对欧洲 C-ITS 平台的研究[14]以及 AECOM 关于道路交通 ITS 的关键绩效指标（Key Performance Indicators，KPIs）的报告。

报告的内容可能不局限于影响范围，以便提出建议，例如，系统服务的推出、服务捆绑、评估方法和其他服务。

表 10.1 三项研究中 C-ITS 指标的比较

COBRA	EC C-ITS 平台 WG1	欧洲 KPI 报告
道路安全—死亡人数 道路安全—重伤人数 道路安全—轻伤人数 道路安全—伤害事故的损伤成本 行程时间—出行的总时间，也就是理论上的最小行程时间（如果车辆以限速行驶）与车辆损失时间的和	安全，即配备 C-ITS 服务的车辆的事故率变化百分比（按死亡、重伤、轻伤和物资损毁分类） 交通效率，即配备 C-ITS 服务的车辆的平均车速变化百分比	实施 ITS 的线路上报告的事故数的变化百分比。有可能的话按事故严重程度报告 实施 ITS 的线路上高峰时段行程时间的变化百分比。按车辆类型报告 实施 ITS 的线路高峰时段流量的变化百分比。按车辆类型报告 实施 ITS 的线路上行程时间的变化百分比，以变化系数来衡量。按车辆类型报告

（续）

COBRA	EC C-ITS 平台 WG1	欧洲 KPI 报告
油耗—汽油开支（增值税）	油耗，即配备 C-ITS 服务的车辆的油耗变化百分比	
排放—CO_2 排放—NO_x 排放—$PM_{2.5}$	污染排放，即配备 C-ITS 服务的车辆的 NO_x、CO、VOC 和 PM 排放量的变化百分比	实施 ITS 的线路上年度 CO_2 排放量（吨）的变化百分比 实施 ITS 的走廊上模式共享的变化百分比。为每个模式单独报告模式共享的百分比 从启动公众（112）eCall 到在急救中心的操作员办公桌上以可理解的方式呈现 eCall 数据所用的时间

10.5 评估的战略方法

10.5.1 简介

战略事前评估比"纯"CBA 更为复杂，并且可以帮助识别评估的目标和问题的多样性。战略事前评估中的定性因素通常包括：①分配和公平；②环境因素；③可负担性和财务可持续性；④实用性和公众可接受性。

这里需要隐式或显式的部署场景。一种方法是，在不同的渗透水平下，提出 C-ITS 服务的社会经济影响，或在假设的渗透增长率情况下，提出 C-ITS 服务对未来的社会经济影响。另一种方法是根据技术性能、法规及成本的假设，提出特定的可供选择的未来场景。

本节首先简要描述了多标准评估技术，然后总结了不同国际论坛使用的战略方法。

10.5.2 MCA

多标准评估将 CBA 作为某个过程中的一个输入，该过程尝试以平衡的方式考虑 ITS 项目的多重影响。MCA 提供了一种处理交通运输项目的定性多维效应的灵活方法，可以从不同利益相关者群体的角度对项目进行排名。

MCA 有许多差异，但几乎所有 MCA 的共同点都是需要确定以下条件：①一组备选项目（通常情况下包括"不做任何改动的项目"）；②一组在评估中要考虑的标准；③标准相对重要性的排名或权重。

BCR 或其他定量的财务衡量可能只是其中的一个标准。或者，成本和收益也可能分别促成多个标准。欧洲 ADVISORS 项目构建了一个不同标准的等级树[16]，以评估不同驾驶辅助系统的好处，以及更广泛的经济影响，例如，遗留系统和替换，对生产力、增长和就业的影响。

在 MCA 中，根据矩阵内每个标准给出的部分评估结果对每个备选方案的总体可行性进行评估。此外，影响会被赋予不同的权重，各影响对应的权重值取决于它们对于达成不同利益相关者目标的相对重要性和优先级。评判标准及其重要性可能来自于利益相关者分析。

MCA 可以将个人成本和收益或单独的 CBA 研究与一系列不易货币化的其他相关影响相结合。结合方法允许所有影响，无论是定性的还是定量的，都在相同的基础上，由不同的利益相关方群体考虑。MCA 的主要缺点是，一个解决方案很少能在所有利益相关者群体中占据主导地位，因此仍然需要妥协和判断。在 ITS 评估中，如何结合成本和收益开发更强大的 MCA 是未来所要面临的挑战。

10.5.3 美国和英国案例

为评估 ITS 的影响，美国交通运输部已经根据其战略 ITS 计划[17]制定出了一份简短的清单，清单中列出了所谓的"少数好的措施"。影响包括碰撞、伤亡、延误、行程时间可靠性和客户满意度、容量、成本、排放和能耗。

在英国，主要的政府交通项目（包括 C‑ITS）采用国家交通运输分析指导方法[18]，其中包含一个电子表格汇总表（见表 10.2）。这些目标反映了英国政府的运输目标。这些目标尽可能用定量指标来衡量，但是许多因素仍要按 7 分制进行评级。

10.5.4 EC 影响评估

最新的《更好的标准指导》（Better Regulation Guidelines）[19]载有关于委员会服务如何影响评估的指导，并附有一个工具箱[20]，为委员会工作人员提供具体影响评估内容的补充指导。该指导适用于有关合作服务条例的引入，例如，在制定 eCall Directives 之前需要进行影响评估。

表 10.2 基于英国交通运输分析指导的评估汇总表

目标	子目标
经济	业务用户和运输提供商
	可靠性对业务用户的影响
	再生
	更广泛的影响
环境	噪声
	本地空气质量
	温室气体

(续)

目标	子目标
环境	景观
	城市景观
	历史资源遗产
	生物多样性
	水环境
社会	通勤和其他用户
	可靠性对通勤和其他方面的影响
	身体活动
	行程质量
	事故
	安全
	服务可达性
	可支付性
	遣散费
	替代选项和不使用服务选项
公共账户	广泛的运输预算成本
	间接税收

影响评估（Impact Assessments，IA）提出了将问题、其根本驱动因素、目标和一系列解决问题的政策选择联系起来的逻辑推理。它们展示了这些选择可能产生的影响，谁将受到它们的影响以及如何受到影响。初始影响评估（Inception Impact Assessment）描述了问题、辅助性的相关问题、目标、政策选择以及对这些不同的政策选择产生的相关影响的初步考虑，还允许利益相关者提供反馈，而影响评估可以作为以利益相关者和证据为目标的更广泛的咨询战略的一部分。

影响评估根据经济、社会和环境影响（尽可能量化）比较不同的政策选择。虽然影响评估分析可能很复杂，但影响评估报告却适合非专家读者阅读。一般来说，主要报告共30~40页，附有附件，含有更详细的技术资料和分析。

影响评估报告中所载的具体内容

1）对环境、社会和经济影响的描述，如果其中任何一项被认为是不重要的，应明确说明。
2）清楚地描述谁将受到计划的影响以及如何被影响。
3）对中小型企业的影响。
4）对竞争力的影响。
5）对咨询策略和结果的详细描述。

影响评估分析根据基线参考来评估保留政策备选方案的相关优缺点，并确定如何处理任何不利后果。为此，有必要确定提案对相关人群的影响，因此，需要在经济、社会和环境政策领域审查各种可能的影响（包括间接影响），评估范围远远超出那些显而易见的后果。不论我们是否能够精确地评估它们，所有潜在的重要影响都应该被确定。尤其需要欧盟委员会（EC）进行影响评估，以审查各个备选办法对基本人权的影响。

积极影响（即收益）和消极影响（即成本或不利的环境和社会影响）都应该被确定下来。对一方的正面影响对另一方来说可能是负面的。因此，确定相关人群受到的具体影响很重要。

C-ITS相关政策与对信息技术（IT）系统和网络的考虑息息相关，这些系统和网络用于自动化业务流程、发布/交换信息，以及通过基于Web的门户交付在线服务。对于C-ITS，必须审查新系统的实施情况或对现有信息和通信技术（ICT）解决方案的适应情况，并在工具箱中提供"数码显示屏"工具。

在分析结束时，根据预期的影响程度和可能性以及受影响的具体当事方，将可能产生的正面和负面的潜在影响绘制成图。

潜在影响的分类

1）广泛性质：经济、社会和环境。
2）具体性质：如业务合规成本变化、市场效率变化、竞争力变化、创新变化；对健康、环境质量、应对气候变化、教育和培训水平、基本权利、就业和技能、社会包容和贫困的影响。
3）由直接影响引起的行为变化导致的间接（或第二轮）影响。
4）受影响的各方、团体或区域。
5）频率和确定性：长期/短期、一次性、经常性；确定的或可能的（风险）。

考虑到影响的预期总体规模、与特定利益相关者（特别是中小企业，SME）的相关性以及与欧盟委员会政策的兼容性，应明确说明为进行更深入的评估而选择保留的影响的合理性。

如果可能的话，应对所有相关影响进行定量评估以及定性评估。同样，应尽可能将影响货币化。每当假设特别重要或不确定时，应使用灵敏度分析来检查更改假设是否会导致明显不同的结果。欧盟委员会影响评估没有具体说明量化影响的方法，但希望该选择能够在影响评估报告中被清楚地解释并证明合理性。

就定量和定性分析而言，必须记住，应当根据基准场景来评估变化，并应使用适当的折现来考虑费用和收益随时间的分布情况。影响评估从整个社会的角度来评估影响，尽管考虑了对个别当事方的影响分布和负担累积，但要注意避免重复计算（例如，当成本从一个利益相关方转移到另一个利益相关方时）。

根据对各种影响的评估及其在受影响的利益相关方之间的分布，影响评估应比较各种选择的有效性、效率和一致性，以及它们是否符合比例性原则。CBA、CEA、合规成本分析和MCA是比较不同选择最常用的方法。

影响评估将结果汇集在一起，对各种备选方案进行明确的比较，以便于确定最佳的备选方案。它不需要确定一个首选方案，但应客观地尝试将各种备选方案与通用标准进行比较，尤其需要注意：不同备选方案在何种程度上能够实现目标（有效性）、效益与成本（效率），以及每个备选方案与欧盟政策总体目标的一致性。

在考虑到整个政策周期的情况下，影响评估应确定监测安排和事后评价安排，以跟踪政策措施是否真正带来预期结果，并为今后的政策修订提供信息。

10.6 挑战与局限

本节确定了事前评估和事后评估 C–ITS 时固有的一些挑战与局限。在这里，我们关注 C–ITS 独有或成效显著的问题，而不是广泛考虑评估 ITS 时所面临的挑战，例如成果的货币估值以及利益相关者之间的利益分布影响。

10.6.1 影响的大小

评估 C–ITS 服务影响的一个关键挑战是 C–ITS 服务可能产生的影响类型及其大小。以前的几个国家和欧洲项目根据服务/服务组合的不同定义和不同的评价方法，对 C–ITS 的潜力进行了预先评估。事前评估以稀疏数据、与该服务相关来源的估算和专家意见为基础，然后扩大规模，对国家或地区的影响进行估算。

COBRA 项目[13]调查了三个服务包，每个包都包括以下几个协同功能：

1) 本地动态事件警告：危险位置通知、道路工程警告（Road Works Warning, RWW）、交通堵塞提前警告和碰撞后警告（eCall）。

2) 车内速度和标志：车载标志、动态限速和智能速度适应。

3) 出行信息和动态路线指南：交通信息和推荐路线、多式联运信息以及货车停放信息和指引。

表 10.3 显示了 100% 的车辆均配置服务时的预测结果。

欧盟委员会的一份研究报告显示（欧洲 C–ITS 平台（WG1）[14]中），基于与 COBRA 大致相同的数据和假设的情况下，得出的影响范围与表中大致相似。因此，我们可以预测，即使所有车辆都受益于协同服务，我们试图衡量的影响大小（例如行程时间或车辆碰撞）也仅小于 10%，通常小于 5%。

在试点和现场试验中，一个城市或走廊中一般有几百甚至几千台车辆同时实验。车辆总数提供了一个"注意点"，但出于评估目的，一个更重要的指标是在给定时间段内试验区域的车辆行驶里程数。每一可衡量的影响都将取决于试点车队对路网的使用情况，特别是取决于车队在任何时间和地点的密度。因此，一个重要的问题就是，需要多少的配置车辆密度才能达到 C–ITS 服务的效果，同时还要牢记在哪些时间段内（例如，在拥堵/事故期间），C–ITS 服务是受限制的，或在路网中的哪些特定点上，服务是受限制的。

表 10.3　COBRA 项目三个服务包的预测结果

影响指标		服务包1（%）	服务包2（%）	服务包3（%）
道路安全	死亡人数	-7	-7	-4
	非致命受伤人数	-8	-5	-5
	受伤事故数	-7	-5	-5
行程时间	行程时间	+0	+4	-11
油耗	汽油和柴油	-1	-4	-10
排放	CO_2	+2	-4	-9
	NO_x	-10	-9	-5
	$PM_{2.5}$	-1	-10	未找到

计算说明了走廊上的密度要求：可实现的最大流量约为 1500 辆车/h/车道，但更佳的可持续流量是 500~1000 辆车/h/车道。例如，要在网络的单一车道上实现 5% 的车辆密度，可能需要 25~50 辆/h，目标状态的实现将取决于车辆的数量及分布情况。这样的理想密度在某次理想实验中实现，但对于现实的道路而言，不太可能让正常运营的车队全部装配该系统来达到这样的要求。

对于向驾驶人提供信息的服务，需要通过行为的改变来衡量影响，因此，通常不太可能从流量计数器的流量数据（例如 2min 平均流量数据）中"看到"任何大流量级别的变化。类似的论点也适用于环境数据和安全数据，如车辆碰撞。

因此，要衡量效果，必须监测个别车辆/驾驶人的行为，并将其与所提供的资料联系起来。这可以通过询问驾驶人（例如问卷、日志）或询问车辆（例如通过数据记录）来实现。如果影响得以衡量，则需要对行为变化如何转化为对交通流量和安全等的影响进行一些假设和建模。因此，在所衡量的影响和预期的影响之间存在着一长串值得商榷的假设链。

10.6.2　捆绑单个服务的影响

对单个 C-ITS 服务的影响可在初期考虑（或在试验中衡量），也可以将两个或多个服务包捆绑在一起考虑或实现。实际上，部署方案一般由协同生效而非相互孤立的服务组成。

只有在各个功能的影响不重叠时，影响的简单相加才是合理的。但对于同一捆绑包中，大多数功能都会存在重叠部分，例如，当交通堵塞源于危险位置时，危险位置警告和交通堵塞警告会重叠。因此，一般而言，有必要在评估期间确定不同服务的重叠部分和综合影响。

10.6.3　与现有基础设施重叠

C-ITS 可以提供一些全新的服务，因此影响范围一般是明确的；然而，C-ITS 也可以取代或补充非协同服务，因此比较起来会更加困难（事实上，C-ITS 可以完全改变某些商业模式，因此可能产生范围更广的结果）。

当 C-ITS 的功能与现有技术重叠时，也需要将这些现有技术的影响与 C-ITS 的影响一起考虑。例如，假设某段高速公路已经配备了排队保护系统，即使用感应线圈检测队列并通过可变消息标志（Variable Message Sign, VMS）警告驾驶人前面有排队。如果协同系统提供相同或类似的"前方有排队"服务，那么它对已经配备现有基础设施路段的影响可能并不大。它可能会提供额外的好处，但这将取决于系统的功能和设计。表 10.4 说明了一些示例。

表 10.4　C-ITS 服务与其他 ITS 服务潜在重叠之处

C-ITS 服务示例	潜在重叠
浮动车数据	线圈、蓝牙、车牌匹配
车载标志（静态和动态）	静态标牌、可变消息标牌
道路施工警告	静态和动态标志、收音机报告
货车停车场	标牌、车队管理信息系统、与基地或同事的无线电/电话联系
货运车厢可用性	车队管理信息系统
eCall 自动碰撞通知	视频监控和处理、静态车辆传感器

另一个例子是要考虑车载动态路线导航与路边路线信息相比，会产生多少额外的效益。这是一个值得挑战的问题，因为它引入了车载路线导航是否能提供利他信息的概念，即优化推荐路线不一定以个人最优为目标，但有助于提高整个交通系统的效率。

10.6.4　"热点"和可转移性

如上所述，某些 C-ITS 服务可能只与网络中的特定点相关。同样，某些服务可能只与某些类型的道路、车辆、驾驶人或出行目的相关。因此，在将一个区域或走廊上测量的影响上升至国家级别时，必须小心谨慎。扩大规模将需要获取与已有效益有关的更多数据，但这些数据一般无法直接获得，在缺乏数据的条件下对现有假设进行估算，将会增加影响估计的不可靠性。

10.6.5　装载车辆和路网的比例

部署变量包括装载的车辆数量、道路基础设施通信相关服务、配备通信设备（例如蜂窝或无线信标）的道路网络的比例。

对于大多数从路边接收信息的 C-ITS 服务来说，可以假设其部署水平与整体影响之间的关系是线性的，即每增加一辆装备车辆所带来的效益是均等的。事实可能并非如此；它的收益并非一成不变，拿两个例子来说明。

1）道路施工警告（Road Works Warning, RWW）可能导致大量车辆改道而行，而实际上，让大多数车辆留在原来的道路上可能是更优选择。因此，随着信息服务的普及，它需要考虑可能根据建议采取行动的车辆数量。

2）导致车辆减速的信息服务（如 RWW 或绿灯优化）也可能降低其他交通流的速度，尤其是在超车机会有限的情况下。

对于涉及车辆间信息交流的 C-ITS 服务，这种关系肯定不是线性的；在非常低的渗透率下，很可能根本没有任何影响。只有当装备的车辆数量达到一定阈值时，才会受到影响。此阈值取决于 C-ITS 服务，但也取决于其他因素。与现有基础设施的"热点"假设类似，在更繁忙的交通条件下，一定范围内有装备的车辆数量会更多。

10.6.6 驾驶人的接受度和遵守度

一辆车可配备车载单元，并沿有装备的路段行驶，但用户可以选择关闭服务。在其他情况下，用户可以选择打开服务（或可以永久打开服务），但忽略该服务提供的任何信息。这显然会对 C-ITS 服务的影响程度造成影响。

尽管在一些重要问题上已经达成了普遍共识，但是这个领域中，针对 C-ITS 服务的研究相对较少[21]。

关于驾驶人接受度和遵守度的一般共识

1）接受度是一个复杂的概念，它同许多方面有依赖关系。
2）接受度是基于个人判断的，因此需要以驾驶人为中心来衡量或预测个人层面的接受程度（评估社会接受度需要更宽广的视角）。
3）接受新技术的两个关键决定因素是有用性和易用性。
4）接受度取决于个人，因此性别、年龄、文化和个性等问题可能很重要。
5）使用环境也很重要，包括支持性的基础设施（从最广泛的意义上说）、技术使用是否是自愿的、以及更广泛的社会/文化影响。
6）驾驶人不需要真的喜欢某个技术/系统才能接受它（但喜欢它可能会增加对该技术的使用）。
7）接受应被视为连续变量，而不是一个二元的概念。
8）接受不是不变的；它可能会随着新技术使用的具体时间/背景以及随着技术的发展而改变（甚至对于一个个体来说）。

10.6.7 评估的时间范围

评估 C-ITS 的具体挑战之一是确定适当的时间范围。这一直是评估中的一个问题，但 C-ITS 涉及三个组成部分（设备、车辆和基础设施），它们的使用寿命不同。道路基础设施的预期使用寿命可能为 30 年，而车辆通常在 5~10 年内更换，移动电话等 IT 设备的典型更换频率为 1~2 年。因此，如何为 C-ITS 服务确定时间范围是有争议的，而且取决于利益相关者的观点。

10.7 结论

事前评估和事后评估 C-ITS 存在许多挑战，从最初定义服务，到衡量效果和表达有意义的结果都存在着挑战。在某种程度上，这些挑战是在引入任意的 ITS 时出现的，更广泛地说，是在进行任意交通运输干预时出现的。但是，评估 C – ITS 服务带来了一些独特的挑战，因为 C – ITS 服务相对新颖，并且涉及不同的硬件组件、系统架构和利益相关者。

市场趋势表明，未来的车辆将逐渐实现互联，并能够相互交换信息且与道路基础设施中的设备交换信息。为了理解这种连通性的含义，帮助利益相关者从获益的角度管理这种服务的发展，良好的评估是一个必不可少的工具，这对进一步完善我们对 C – ITS 评估的理解和实践是值得的。本章正是对这一进程的贡献。

参 考 文 献

[1] ISO/TR 17465-1: Intelligent transport systems—terms, definitions and guidelines for Cooperative ITS standards documents—Part 1: terms, definitions and outline guidance for standards documents.

[2] EVA consortium (1991). Evaluation process for road transport informatics. EVA manual. Funded by the Commission of the European Communities DGXIII. Carried out by the EVA consortium Project V1036 Programme DRIVE.

[3] HEATCO (2006). Developing Harmonised European Approaches for Transport Costing and Project Assessment. Contract No. FP6-2002-SSP-1/502481. Available from: http://cordis.europa.eu/result/rcn/45028_en.html [Accessed 29 March 2016]; http://heatco.ier.uni-stuttgart.de/ [Accessed 29 March 2016].

[4] Assing, K., Baum, H., Bühne, J.-A., *et al.*; eIMPACT (2006). Methodological Framework and Database for Socio-Economic Evaluation of Intelligent Vehicles Safety Systems, eIMPACT Deliverable D3.

[5] Kulmala, R., Leviäkangas, P., Sihvola, N., *et al.*; CODIA (2008). CODIA Deliverable 5: Final Study Report. CODIA Co-Operative systems Deployment Impact Assessment. VTT Technical Research Centre of Finland. Submitted to European Commission DG-INFSO. Available from: http://bookshop.europa.eu/en/codia-deliverable-5-pbKK0414583/ [Accessed 29 March 2016].

[6] eCall (2009). Impact assessment on the introduction of the eCall service in all new type-approved vehicles in Europe, including liability/legal issues. Final Report Issue 2. DG-INFSO. SMART 2008/55. Available from: http://bookshop.europa.eu/en/impact-assessment-on-the-introduction-of-the-ecall-service-in-all-new-type-approved-vehicles-in-europe-including-liability-legal-issues-pbKK0214699/ [Accessed 29 March 2016].

[7] SAFESPOT (2010). Report on socio-economic, market and financial assessment. SAFESPOT Integrated Project – IST-4-026963-IP, SP6 – BLADE – Business models, Legal Aspects, and DEployment, Deliverable No. D6.5.1. Version 12, 21/10/2010.

[8] Sartori, D., Catalano, G., Genco, M., *et al.* (2014). Guide to Cost-Benefit Analysis of Investment Projects – Economic appraisal tool for Cohesion

Policy 2014–2020. European Commission. Directorate-General for Regional and Urban Policy. Available from: http://ec.europa.eu/regional_policy/sources/docgener/studies/pdf/cba_guide.pdf [Accessed 29 March 2016].

Evaluating cooperative ITS 255.

[9] Guidance for Transport Impact Evaluations: Choosing an Evaluation Approach to Achieve Better Attribution. The Tavistock Institute. March 2010. Available from: http://www.tavinstitute.org/projects/report-new-guidance-for-evaluation-in-the-transport-sector/ [Accessed 29 March 2016].

[10] FESTA Handbook Version 4 (2011). Available from: http://www.its.leeds.ac.uk/festa/downloads/FESTA_Handbook_V4.pdf [Accessed 29 March 2016].

[11] FESTA Handbook Version 5. Available form: http://wiki.fot-net.eu/index.php/FESTA_Handbook [Accessed 29 March 2016].

[12] Regan, M.A. and Richardson, J.H. (2009). Planning and implementing field operational tests of intelligent transport systems: a checklist derived from the EC FESTA project. IET Intelligent Transport Systems, 3(2), 168–184. DOI: 10.1049/iet-its:20080083, Print ISSN 1751-956X, Online ISSN 1751-9578.

[13] Ball, S., van Noort, M. and Nitsche, P. (2013) Costs and benefits of cooperative ITS for road authorities: the COBRA decision-support tool. Proceedings of the 9th ITS European Congress, Dublin, Ireland, 4–7 June 2013, Paper ID: TP0081. Available from: http://www.itsineurope.com/its9/index.php/programme/proceedings [Accessed 29 March 2016].

[14] C-ITS Platform Final Report January (2016) European Commission (Includes reference to RICARDO study for WG1). Available from: http://ec.europa.eu/transport/themes/its/doc/c-its-platform-final-report-january-2016.pdf [Accessed 29 March 2016].

[15] Key Performance Indicators for Intelligent Transport Systems Final Report (2015) AECOM Study for European Commission. Available from: http://ec.europa.eu/transport/themes/its/studies/doc/its-kpi-final_report_v7_4.pdf [Accessed 29 March 2016].

[16] Macharis, C., Stevens, A., de Brucker, K. and Verbeke, A. (2006). A multi-criteria approach to the strategic assessment of advanced driver assistance aystems. In: Towards Better Performing Transport Networks, Ed. by: Jourquin, B. Rietveld, P., Westin, K. Routledge: Taylor and Francis. ISBN 0-415-37971-7.

[17] Department of Transportation website on evaluation guidelines 'few good measures'. Available from: http://www.its.dot.gov/evaluation/eguide_resource.htm [Accessed 29 March 2016].

[18] UK DfT Transport Analysis Guidance (TAG). Available from: http://www.gov.uk/government/publications/webtag-appraisal-tables [Accessed 29 March 2016].

[19] Better Regulation Guidelines (2015). Available from: http://ec.europa.eu/smart-regulation/guidelines/toc_guide_en.htm [Accessed 29 March 2016].

[20] Better Regulation Toolbox (2015). Available from: http://ec.europa.eu/smart-regulation/guidelines/toc_tool_en.htm [Accessed 29 March 2016].

[21] Regan, M., Horberry, T. and Stevens A. (2014). (Eds) Driver Acceptance of New Technology: Theory, Measurement and Optimisation. Farnham: Ashgate. ISBN: 978-1-4094-3984-4.

第11章
面向自动驾驶的演进——影响的分类、对自动驾驶功能评估的回顾、评估的挑战

11.1 引言

近年来,自动驾驶的概念吸引了各界人士的极大兴趣,包括汽车行业及其供应商、IT和电信行业、公共机构和道路运营商。这种兴趣导致人们为之做出了各种努力(本节提供了实例参考,但不以案例的完整性作为主要目标)。

1)确定自动驾驶的研究需求[1]。
2)确定跨部门路线图以缩小研究差距[2]。
3)开展必要的研究工作,并将各项目网络化[3]。
4)制定国家和欧洲的自动驾驶战略[4-6]。
5)建立足够的基础设施,以测试自动驾驶功能[7,8]。
6)成立协调机构并进行协调安排,为实现更高的自动驾驶水平做好准备[9,10]。

11.2 自动驾驶级别

自动驾驶分为不同的级别。最常用的级别是 SAE 分类中指定的级别(图 11.1),SAE J3016《与公路机动车辆自动驾驶系统相关的术语的分类和定义》对此进行了描述[11]。这些级别也对应于 BASt[12] 的级别。

虽然 0 级系统没有自动驾驶功能,但它们可以配备警告系统,提醒驾驶人注意危险,使驾驶人可以更早地做出更有效的应对措施。

1 级驾驶人辅助系统可提供车辆自动速度控制或自动转向,但驾驶人需要继续执行其他控制功能。从 20 世纪 90 年代后期开始,1 级系统在市场上就以电子稳定控制(ESC)和自适应巡航控制(ACC)的形式被提供。

2 级部分自动化系统最近已在高端汽车中应用,并将在未来几年内被引入到更多制造商的高端汽车上。1 级和 2 级系统均提高了驾驶的舒适性和便利性,但它们要求驾驶人持续监控驾驶环境是否危险,并准备好在系统遇到无法处理的情况时立即恢复手动控制[13]。

3 级有条件自动化系统允许驾驶人暂时将注意力从驾驶转向其他活动,为驾驶

级别	名称	定义	执行转向和加速/减速	驾驶环境监视	动态驾驶任务的应急执行	系统容量（驾驶模式）
驾驶人监视驾驶环境						
0	人工驾驶	由人类驾驶人负责驾驶车辆	人类驾驶人	人类驾驶人	人类驾驶人	—
1	辅助驾驶	车辆对方向盘和加减速中的一项操作提供驾驶支持，人类驾驶人负责其余驾驶操作	人类驾驶人和系统	人类驾驶人	人类驾驶人	一些驾驶模式
2	部分自动驾驶	车辆对方向盘和加减速中的一项操作提供驾驶支持，人类驾驶人负责其余驾驶操作	系统	人类驾驶人	人类驾驶人	一些驾驶模式
自动驾驶系统监视驾驶环境						
3	有条件自动驾驶	车辆完成绝大部分驾驶操作，人类驾驶人需要在适当的时候提供应答	系统	系统	人类驾驶人	一些驾驶模式
4	高度自动驾驶	由车辆完成所有驾驶操作，人类驾驶人无需对所有的系统请求做出应答，但限定道路和环境条件	系统	系统	系统	一些驾驶模式
5	完全自动驾驶	由车辆完成所有驾驶操作，人类驾驶人无需保持注意力	系统	系统	系统	所有驾驶模式

图 11.1 道路车辆自动化水平的 SAE 分类[11]

人提供更高水平的舒适性和便利性，但驾驶人仍需要在系统达到极限能力并发出通知的几秒钟内重新夺回控制权[13]。

4 级高度自动化系统包括各种需要单独考虑的功能集合。这些系统可以完全取代驾驶人（不需要驾驶人干预）。4 级系统只能在特定的限制条件下运行，这些条件可能因系统而异。4 级系统包括自动代客泊车系统、专用运输通道上的自动公交、专用载货车车道上的自动载货车、自动低速穿梭车、有限通道高速公路上的自动客车[13]。

5 级完全自动化车辆能够在任何地方和任何人类可操控的驾驶条件下进行自动驾驶。这是一个通过全面的"电子驾驶人"服务抓住公众想象力的概念[13]。

4 级和 5 级应用可以通过减少出行时间、将停车位置与出行者的始发地和目的地脱钩、促进车辆共享和拼车、打破公共和私人交通之间的界限，为出行行为和城市形态带来革命性影响。在第 4 级，这些影响可能局限于能够支持最高自动驾驶能力的区域，但在第 5 级，这些影响可以适用于整个城市地区，甚至全国[13]。

11.3 自动驾驶的潜在影响分类

自动驾驶将带来许多利益——有些是直接的，有些是间接的。这些利益源于个体层面，来自于驾驶人和出行者在驾驶行为和机动性方面的变化，最终通过整个运输系统和社会的变化作用在社会层面上，而且，目前的许多规划和运营模式也很可能会通过自动驾驶而改变。自动驾驶也可能有不利之处，特别是在社会层面上，例如在出行强度方面，可能会导致更多的拥堵和自然资源的使用，但也可能出现相反的后果。例如，我们不知道这对公共交通的影响：无人驾驶公交可以提供一种低成本的服务，但自动驾驶汽车的可用性可能会导致更多的汽车出行，从而牺牲集体性的交通运输服务[14]。

11.3.1 近期和中期

在这一时期，大多数变化可能是渐进的，更高级别的自动化将会被逐步引入，尤其是在私人车辆上的应用。此外，城市"豌豆小型车（pods）"可能会在有限的甚至是隔离的环境中运行。

1. 利益

（1）个体

信息娱乐的获取、工作或休闲的可能性、驾驶时的互联也许是个体追求高度自动驾驶的主要动机。这可能使得他们的生活方式发生重大变化，生活质量也有所改善。自动驾驶还可以使长途通勤的汽车更具吸引力，从而可选择更广泛的居住地点。

根据参考文献 [15]，一名驾驶人平均每年开车 235h，且必须 100% 集中精力驾驶。在一辆自动驾驶的汽车里，驾驶人可以将行程时间用在任何他们想用的地方，工作、看书、上网、看电影或只是和其他乘客面对面聊天。有人认为，多任务进行的自由度是模式选择中的一个重要因素[16]。可以说，这种多任务执行能力受益者不仅是个体，而且还包括他的雇主。

一些国家需要进行监管改革，以允许驾驶人在驾驶时使用信息娱乐。自动化水平和进行与驾驶无关的活动之间的相互作用是一个特定的问题。参考文献 [17] 发现，驾驶人非常愿意从事与驾驶无关的活动，特别是在驾驶时观看视频，即使是在系统只提供自动车道保持功能的 1 级自动化水平下。毫无疑问，该研究是在驾驶模拟器上进行的，但可以肯定的是，即使在自动化级别较低（1 级和 2 级）的情况下，驾驶人也会希望使用这种支持，以更有回报的方式利用他们的时间。

对许多个体来说，降低因违反交通法规而产生罚款的风险是一个很有吸引力的受益。这也适用于目前关于在驾驶时使用手机和其他设备的规定。在某些情况下，可能需要修改立法以适应自动驾驶条件下与驾驶无关的活动。

驾驶的舒适性可能是近期最主要的卖点之一。车辆将能够为枯燥的任务提供越来越多的自动化功能，例如车辆能够在高速公路上长途行驶，包括在一些车道保持系统与 ACC 联合支持的公路上。

另一个个人利益点可能是潜在的成本节约，因为随着系统的安全性提升，与之相关的保险公司保费将相应降低。

自动化对老年人来说很有吸引力，除非老年人觉得它太复杂而无法使用，否则他们可能会更快地采用自动化。因此，制造商可能会通过设置一系列的使用限制，来减少老年人承担的责任。一个主要的问题是公众对这些系统的接受程度，因为自动驾驶可能会限制驾驶人的自由，当他们从事驾驶以外的其他任务时，会受到各种系统警告提示。

在较低级别的自动化下，由于驾驶人需要随时做好控制车辆的准备，自动化优势仍然有限。

(2) 安全

在过渡时期自动驾驶对安全的影响取决于自动化的特点、具有自动驾驶能力车辆的渗透率以及各种系统的使用程度。由于高度自动化车辆反应速度快，在高速公路上可能会避免一些碰撞。自动驾驶车辆有可能解决与疲劳相关的碰撞，但另一方面，由于驾驶过程无聊且无需对车辆进行控制，驾驶人的嗜睡风险可能会增加。然而，还存在误用或滥用自动化系统的可能性。例如，驾驶人在需要监督注意车辆的驾驶情况时（如在第2级和第3级的自动化中）脱离驾驶操作；驾驶人可能在不应该使用自动化系统的情况下使用自动化系统。良好的系统设计应该减少此类问题出现的可能性，但此类滥用的例子已经有过相关报道，例如，在特斯拉自动驾驶中，后排座位上可以进行在线视频的操作。

3/4级车辆将配备一系列传感器和防撞系统。这些技术也将为手动驾驶和低自动化水平驾驶（1级和2级）的驾驶人提供支持和避免碰撞。因此，可以预期这些车辆在一般的操作中会更安全。但也可以预见，车辆的自动化仅能提供很少的额外效益。驾驶人支持系统的一般安全影响已经在许多研究中进行了估计。eIMPACT研究了12种不同的驾驶人支持系统［ESC、全速范围ACC（Full Speed Range ACC，FSR - ACC）、紧急制动、易受伤害道路使用者的碰撞前保护、车道变换支持（警告）、车道保持支持、夜间警告（Night Vision Warn）、驾驶人嗜睡监控和警告、eCall、交叉口安全、无线本地危险警告和SpeedAlert（即ISA（Intelligent Speed Adaptation）咨询）］，并估计其降低死亡率的可能性在1.4%到16.6%之间[18]。据估算，将所有12个驾驶人支持系统合并在一起，可降低约50%的死亡率。但上述影响取决于驾驶人支持系统对车队的渗透率及其相对使用情况[14]。

(3) 效率和通行能力

自动驾驶有望减少变速和碰撞，从而提高道路的通行能力和效率。然而还有其他因素会造成与之相反的情况。内侧车道或中间车道的较长排队会成为换道的阻碍，从而抑制超车。外侧车道的较长排队会使车辆很难从入口匝道合并至主车道，并可能阻碍车辆进入出口匝道。用于自动驾驶车辆的专用车道可能会降低手动操作车辆的通行能力。在城市地区，任何用于自动驾驶车辆的专用空间都可能以牺牲其他车辆的通行能力为代价。如果自动驾驶车辆需要完全隔离的空间，行人和骑行者也可能因街道空间的丧失而受到负面影响。车车通信可以减轻对非排队车辆的负面影响，但这需要 V2V 系统高度渗透到所有车辆中，以及操作规则已达成共识或制定一套法规，这样连贯的车队可以被分开，以满足其他车辆对道路空间的需求。对于在交织路段（特别是道路进出口）较长排队条件下的操作，可能还需要更广泛的协议或条例来限制。其他可能需要限制的路段包括上坡、车道数量减少或受限路段[14]。

（4）环境

任何自动驾驶都比手动驾驶更省油，因为自动控制比手动控制更顺畅，并且不易出现人类驾驶人经常表现出的反应延迟情况，也就是说，它将以预期的方式进行驾驶，这是生态驾驶的核心。在高速公路驾驶中遵守限速，也会节省燃油。根据参考文献［19］所述，在英国高速公路上，即使并非所有车辆都严格遵守112km/h的限速，也将会减少6%的燃油使用和二氧化碳排放。自动控制下的车辆可以永久地采用一种更精细的生态驾驶模式。然而，在渗透和使用水平较低时，环境效益可能不会很大。由于通勤时间可以被有效地利用起来，这间接鼓励了长途汽车出行和长途通勤，但这种方式对环境并不友好。这一点也可能会促进城市扩张，尽管在低水平的渗透率下，这种影响也很小[14]。

2. 成本

社会经济影响还包括与自动驾驶造成的额外投资相关的成本。根据利益相关者在自动驾驶中的不同作用，这些成本如下所示。

（1）个体

特别是在中等自动化水平下，驾驶人培训和道路使用者教育可能需要额外的投资。其次，需要对教育方案进行修改，以确保人们能够使用自动驾驶车辆，并充分意识到其局限性及其对驾驶人造成的后果。驾驶人需要了解在哪些情况下他们可以脱离对车辆的控制，以及重新获得车辆控制的时机和方式。如果研究、试验或首次使用经验表明这些是有作用的，则可能需要设置操作自动车辆的特殊驾照或许可证。

例如，3级自动化要求驾驶人在特定短时间内恢复对车辆的控制，这对于某些驾驶人来说可能要求过高。

（2）车主

对于车主来说，自动化是要付出代价的。现如今，导航、信息娱乐和安全（包括 ACC、车道保持辅助、盲点检测和紧急制动）为2级自动化提供了包含基本要素的"技术包"，价格在3000美元以内[20]。为保障自动化系统的可靠性，需要一定程度上的安全关键型系统/组件的冗余，这可能会使价格超过这个范围；然而，受到市场因素的影响，给客户呈现的标价更不容易预测。

参考文献［21］发现，2011年接受调查的驾驶人中，约有半数愿意为驾驶人支持系统（ESC、盲点监控、车道支持系统、高级紧急制动系统、速度警报或自适应前照灯）付费。有趣的是，愿意为此类系统付费的人口比例比2009年增加了

42~5个百分点。愿意为系统付费的意愿中值在300欧元到500欧元之间。一个专门的研究小组[22]发现，消费者愿意为自动驾驶能力支付15%的溢价。

（3）基础设施所有者/运营商

自动驾驶可能需要道路和信息通信技术（ICT）基础设施所有者和运营商的投资。

高度和全自动驾驶可能需要专用车道或道路，直到它们全面部署后，才能从自动驾驶中获得全面的安全和效率效益。如果自动驾驶车辆需要与人工操作的车辆和易受伤害的道路使用者交互，则保证安全的必要功能将大大降低自动车辆的机动性和车流效率。在全面自动化的过渡阶段，建造专用道路或车道，或为自动驾驶车辆预留专用车道，必然导致道路投资、运营和维护费用增加。因此，只有存在足够数量的自动车辆时，才会提供专用车道服务。另一方面，现有的专用车道，可以在特定时间段内更改其车道属性或更改其设计供自动车辆使用。

自动车辆的安全和高效运行还需要道路标记和交通标志。如果道路标记和标志在全球范围内达成一致，车辆将更容易正确理解它们。这将导致与升级标记和标志以及协调过程本身有关的额外成本。保证道路标志标记的良好状态和可见性也会导致额外成本。例如，在道路经常被冰和/或雪覆盖的国家，如果想要使自动驾驶车辆在任何时候都可使用，则需确保路面上没冰雪覆盖，这样一来，冬季维护成本可能会加倍[23]。

在道路标记不存在或不可见的情况下，可能有必要使用路边设备来标记道路线路以服务于自动驾驶。这适用于砾石路，狭窄的铺装道路，暂时被积雪、冰、泥等覆盖的道路，以及由于浓雾、浓烟等导致能见度低的道路等。

即使卫星定位相当准确，也无法避免定位漂移的情况。因此，可能需要在数字地图上准确定位固定物体，以保持车辆在道路上的准确位置。这意味着，如果道路运营商希望随时方便在道路上自动驾驶，他们可以在道路旁设置特定的地标，如固定标记柱或标记杆，那么这些地标可以在自动车辆使用的数字地图中被准确标记[24]。这相当于在道路两侧放置反光镜柱或冬季维护指示杆，为恶劣条件下的驾驶人提供视觉帮助。当然，安装、保养和准确定位这些地标、柱子和杆将给道路运营商带来额外成本。

I2V和V2I基础设施可能会提高自动驾驶对交通效率的影响。通信基础设施取决于通信设备以及道路和交通环境。DSRC信标应在适当的距离间隔内提供，以确保特定路段的完全覆盖。在城市地区，由于电力和I2I通信设备目前已有一定的基础，在十字路口安装I2V/V2I通信系统可能是最佳的选择。在其他地方，DSRC的供应可能要昂贵得多而且可能仅限于"热点"地区。这些地方，解决交通问题依赖于I2V/V2I通信的可用性。基于蜂窝网络的I2V/V2I通信可能是路网上其他部分的基本解决办法。从中期来看，未来5G蜂窝网络在通信基础设施方面不会有大的变化，但在现有的和新兴的4G网络中，可能有必要对软件和硬件进行一些修改[14]。

为了抵消基础设施成本的增加，可能需要建立成本回收机制。在公共基础设施方面，可以通过对车辆的拥有权或使用权进行征税或对燃油进行征税来实现。此外，亦可设立不同的道路使用者收费方案，以涵盖与基础设施有关的投资、保养及运作成本，从而促进基于"使用者自付"原则的自动驾驶。矛盾的是，出于政策原因，可能希望对手动驾驶的车辆征收更高的费用，以鼓励采用自动驾驶。动态的道路使用者征税（例如通过距离税）将会变得相当经济高效，因为必要的数据收集、记录和通信设备在自动车辆中随时可用。事实上，人们可能期望这种税收被内置在使用费中，就像现在出租车服务一样[14]。

（4）服务提供商

为了满足自动驾驶的需求，各种服务提供商（如数字地图提供商）将有助于更高级别的自动化发展。局部动态地图可以作为中心点，收集各类决策信息。数字地图信息将用作附加传感器，为自动驾驶车辆提供"电子视野"，而地图信息在支持车辆定位方面非常重要。因此，高精度的数字地图，包括基本道路特征（车道及其宽度、物理和标线特征）数据、道路畸形（如坑洞和车辙）数据、为实现类似人类的自动化从人类驾驶人处获得的信息（轨迹中值、平均速度配置文件、首次分断的中位点等）数据、用以提高定位精度的街道中的特定地标（标杆、路缘形状、减速带等）数据、帮助做闪避决策的信息（相邻车道的性质、护栏、弯道等）数据，将有助于自动驾驶。此外，车辆还将就地图数据中检测到的差异向地图提供商提供反馈服务[24]。

提供高质量的实时交通信息也会增加成本。对于超出车辆传感器范围的事件、事故和拥堵信息需要事先查看时，信息必须是高质量的[25]。与当今的交通信息服务相比，自动驾驶可能要求提供更准确的信息。这尤其关系到事件的及时性、事件的覆盖率以及消息的位置准确性。

（5）汽车行业

由于需要提供自动驾驶的基本要素，即精确定位、V2X连接、扩展的环境感知、需要保护驾驶人/乘客隐私以及确保安全，车辆的制造成本可能会增加。随着自动化车辆的大规模生产，这些成本可能会随着时间的推移而降低，但自动化车辆的相对平均成本可能会随着自动化水平的提高而增加。

此外，至少在向完全自动化过渡期间，还会产生与标准化、车辆经销商培训和车辆维修相关的额外费用。在引入更多自动化之前，可能需要进行远程诊断和远程软件更新。由于自动车辆能够检测磨损、故障和失能，车辆维修成本也会受到影响。由于车辆系统容错能力降低，将会导致维护成本上升[14]。

除了特许经销商之外，其他各方是否有能力维修自动车辆也令人担忧，这有可能对维修成本产生影响。欧盟有关获取维修和维护信息（RMI）的立法要求制造商承诺在不歧视的基础上向官方经销商和独立维修商提供维修信息，并且某些基本的信息必须作为车辆认证的一部分包含在网站上。自动车辆可能特别复杂，并且广泛使用专有的技术，因此制造商可能不希望第三方对自动车辆进行维修。他们可能担心如果编程代码泄漏，将侵害他们的知识产权，或被不法分子利用，并侵入自动车辆[15]。

目前，随着车辆老化，对车上更复杂和昂贵的系统进行维修可能会变得不经济。如果自动化系统出现问题，此类车辆仍可在手动模式下使用。维持安全是至关重要的，但与此同时，最好避免过早报废车辆。这将损害可持续性，并对那些买不起新车的人产生不利影响[15]。

如果驾驶责任从驾驶人/车辆乘客转移到从 3 级开始的自动化级别较高的车辆制造商，则与保险相关的成本可能会对汽车制造商造成很大影响。当然，这种影响将被驾驶人方的保险变化抵消。保险成本的总体变化将主要取决于车辆自动化对事故数量和严重程度的影响，以及由此产生的相关保险索赔[14]。

（6）当局

当局可能需要制定有关自动车辆的法规，这将需要在法规、研究和跨界协调方面的资源和投资。

虽然自动驾驶的部署可能会降低与道路安全相关的总体风险水平，但它可能导致所涉利益相关者之间发生重大责任转移。关于自动驾驶车辆，最常见的问题是，在发生碰撞时，谁应该承担责任？可能有许多不同的人或机构承担或分担交通事故的责任，即车辆驾驶人、车主、经营者、制造商和供应商/进口商以及服务提供商、数据提供者和道路运营商。根据场景的确切情况，每一个当事方都可能被认为在民事上（或在某些情况下是刑事上）负有或多或少的责任[15]。责任问题的解决需要大量的努力和相关的支出。

自动化车辆也存在数据保护和隐私问题。在能够识别个体的情况下，对自动车辆收集的数据的任何处理都应遵守数据保护规则。数据由车辆自己的电子控制单元、事件数据记录器和车辆上的不同传感器收集。此信息可能通过互联网从车辆发送到远程服务器存储。为了遵守数据保护法例的公平处理要求，驾驶人及车辆的注册保管人应了解其车辆正在收集的数据及数据可能的用途[15]。

自动化车辆产生的（大量）数据的所有权问题亟待解决，因为这些数据即使在短期内也可以提供重大商机。

与非自动化车辆一样，为了防止车辆被盗和"黑客入侵"，自动化车辆也需要采取防盗窃和安全措施。鉴于车辆可能收集的数据，如全球定位系统（GPS）数据和摄像机录像，也有人担心关于车辆移动或其位置的信息可能在未经授权的情况下被提取。这将对隐私问题产生影响，并可能助长犯罪活动[15]。

应该为更高级别的自动化车辆开发认证和道路性能测试。在欧洲，这些车辆需要经过类型审批，为了覆盖所有级别的自动化车辆，审批架构需要进行优化。但是，通过软件更新进行自动驾驶功能的升级和添加可能会使当前类型的审批流程过时，需要对当前的认证做法进行更改。

在文献［26］中讨论了类似当前的渐进式驾驶证（Graduated Driver Licensing, GDL）系统的车辆许可流程，该系统是为年轻新手驾驶人设立的。

车辆性能（加速、制动、车头时距、响应延迟）、警告信号和提示驾驶人需要收回控制权的音调的标准化都是需要解决的问题。提出这些建议是为了避免公众在更换车辆时产生混淆。

一项关于基础设施需求的全球协议，将有助于明确规定在更高层次上促进自动驾驶所需的条件。

11.3.2 长期

从长远来看，随着许多实质性的技术障碍得到解决，能够实现门对门服务的全自动汽车将有望获得完全的行动自由。各种各样的交通工具都可以实现自动化——私家车、个人交通（个人和共享）和货物运送的吊舱以及公共交通工具（公共汽车和有轨电车）。

1. 转化潜力

正如前面指出的，全自动驾驶将构成一种全新的运输方式，其影响难以预测。正如在20世纪初，庞大的汽车拥有量和大规模公路货运对社会、经济和公路货运每个方面的影响都难以预测。

通过自动化的集体运输实现的车辆共乘，可以减少单人使用，大幅度减少车辆出行。但前提是可以消除对个人安全和隐私的担忧，否则人们很可能不愿意使用这种服务。而以可承受的成本提供门到门运输，可能会对环境造成严重的负面影响，因为汽车使用量的增加会以减少步行、骑自行车和使用集体公共交通工具为代价。这也将对公众健康甚至预期寿命造成负面影响。除此以外，还可能会在出行时间方面产生不利影响，这种影响和工业化国家过去大规模使用汽车以及现在高机动化所产生的不利影响一样：在早期，使用者的行程时间缩短，随后随着城市地区车辆使用量的增加，拥堵和出行速度的降低将大大增加出行时间[14]。

确保人身安全的措施将会变得越来越重要，因为与陌生人在无人监管的条件下共乘可能是不太容易接受的。

无人驾驶车辆为货物运输和交付提供"最后一千米"服务，这对物流的影响可能相当大。无论是货运运输还是个人运输，都会对就业产生影响。出租车驾驶人、送货驾驶人、电车和公共汽车驾驶人这类职业将来可能会受到威胁。从中期来看，货运业务将不再受到驾驶人工作时间的约束，车辆的使用会更加频繁，甚至可能是24小时运营。几乎可以肯定的是，这需要某些提供完全自动化的道路区域[14]。

全自动车辆在市区可能需要专用的道路空间，这对其他交通工具（汽车、自行车、行人、公共交通等）的剩余空间也有影响。

由于增加了车辆共享和行程共享，汽车拥有量将会减少，这使得城市地区的土地使用更加集中，停车所需的土地很可能会减少。据估计，目前在美国，每辆车最多有8个停车位[27]。

无人驾驶车辆可以提供更多的就业机会，特别是对于低收入家庭，他们目前买不起私家车（或可能是家庭的第二辆车），而且由于公共交通不足而缺乏各种就业机会。自动车辆的出现将通过减少失业和就业不足产生积极的社会影响。然而，无人驾驶车辆可能会鼓励长途通勤，从而造成住宅分散，这也可能会对环境造成负面影响[14]。

载货车车队，甚至有限规模的自动驾驶，可能会降低公路运输成本，从而鼓励更长距离的货运。这可能对环境和对铁路等其他模式造成影响，从而产生更深远的含义。

2. 效益

（1）个体

人们希望，在人们的驾驶能力因疲劳、疾病、药物、酒精、毒品或其他原因受损时，最高水平的自动驾驶技术可以促进"驾驶"的安全性。

最高级别的自动化也为没有汽车或驾驶执照的人，或有身体障碍的人提供了个人机动性。其中包括老人和儿童，还有其他可能根本不想开车，或者担心自己开车能力的人[15]。

自动化对个体的效益将取决于自动功能的适用频率。对于许多享受手动驾驶并以此为一种技能的驾驶人来说，自动驾驶在正常情况下可能并不具有吸引力。因此对于这些个体来说，自动驾驶的效益是有限的。

随着时间的推移，自动驾驶的效率将会提高。人们将更确定、更直接地到达目的地，因为在完全自动化的情况下，人们将直达目的地，无需寻找停车位。

较高级别的自动驾驶将给个体的机动性带来各种好处。人们可能不太有兴趣拥有一辆汽车，但会选择不同的按需服务进行汽车或乘车共享。个体出行可能变得更加可负担得起。人们可能更倾向于将出行作为一项服务，而不必花时间在车辆购买、车辆维修、车辆保险等方面。服务提供商会提供各种车辆，根据特定的用途（通勤、家庭度假、休闲活动等）进行定制。随着服务提供效率的提高，每千米汽车使用成本预计将会降低[14]。

对于公共交通用户而言，自动驾驶车辆和大众运输工具将提供更顺畅的出行体验，从而提高了出行期间工作和休闲活动的可能性。此外，由于无人驾驶操作缩短了服务间隔，站点的等待时间和行程时间也会缩短。但如果车辆与易受伤害的道路使用者使用相同的空间，则行驶时间可能会增加[14]。

（2）出行时间的使用

随着高度自动驾驶的出现，更有效地利用时间带来了社会效益，因为可以更有效地使用在开车上班上花费的时间，而不会因分心而造成安全风险。这将对出行时间的价值产生更广泛的影响,交通经济学家已经对此进行了研究。出行者为乘车时所节省的时间支付费用的意愿可能会降低,因为驾车出行的成本将会由于乘车时间的有效利用而变得很低。

(3) 安全

随着自动化程度的提高,道路的安全性也随之提高。在实现完全自动驾驶后,可能造成事故的人为因素被完全排除,这将有助于消除严重交通事故的发生,尽管在能否与非自动车辆的驾驶人和易受伤害的道路使用者(行人、骑行者和两轮机动车辆的驾驶者)进行互动方面仍存在着重大挑战。目前,不仅在提供具有极低故障率的系统方面[14],并且在解决如何实现人工操作和自动化系统之间的安全协作设计工作方面,也面临重大挑战。

在高速公路驾驶中,自动驾驶车辆具有始终保持全神贯注的优势(它们不会分心、疲劳或因酒精和毒品而受损),而且比人类驾驶人的反应速度更快。在自动化条件下,车辆将遵守静态和动态限速等规定,车辆跟驰和车道保持都将得到加强。但是,传感器限制可能妨碍在限定条件下(如下雪天气)的自动操作[14]。

可以通过以下方法进一步提高安全性[14]:

1) 实现车对车通信,实现协同 ACC 和智能排队控制。对于目前仍存在的造成严重伤亡的多车碰撞重大事故,上述措施将有助于消除撞击波和避免二次碰撞、消除在能见度低的情况下(如雾天)的碰撞事故。

2) 协助换道,克服盲区车辆检测失败的问题。同样,这将通过 V2V 的合作能力得到加强,以提供协同的车道变更。

3) 基础设施与车辆通信,以通知车辆在可见范围之外发生的事件。

自动公交的乘客认为他们的交通安全性因自动化而提升。安全是自动公交乘客关心的问题之一,尤其是在夜间服务期间[28]。

然而,在汽车人机接口(Human – Machine Interface,HMI)方面,还有非常真实的设计挑战需要克服。即使在高度监管和专业运营的民用航空环境中,类似的设计挑战也十分严峻。在汽车驾驶领域只会更难。HMI 需要精心设计,在需要时提供适当的信息级别,并剔除冗余信息。为保证驾驶人操作的有效性,系统可能需要进行操作监视。在模式错误的情况下,驾驶人可能会误解自动化水平或当前系统的功能和能力,特别是在驾驶人更换新车并遇到他们不熟悉的功能和 HMI 时。这些问题很可能因汽车制造商坚持品牌特定的设计方案而加剧。在民航业只有两大制造商,而在公路汽车生产中则有数十个制造商,每个制造商都希望自己设计独特的产品,从而使驾驶人了解相关功能变得更加困难,甚至会使问题复杂化。

(4) 效率和通行能力

自动驾驶被认为可以大大提高效率和道路通行能力,但这种影响实际上取决于不同的车头时距设置。车头时距越小,道路通行能力就越高。在低等和中等自动化水平下,较小的车头时距可能会增加碰撞风险,因为在接管情况下需要驾驶人做出非常快速的反应。

对效率和通行能力的影响还取决于不同自动化级别车辆的混合程度以及自动车辆是否配备 V2X。有了 V2X，自动驾驶将带来更小的撞击风险和更短的车头时距。在参考文献［29］中，有这样一个比较乐观的表述："一个完全自动化的车队有可能使高速公路的通行能力提高五倍。"然而，在自动化程度较低和与手动驾驶车辆相互作用时，可能产生负面影响。例如，手动驾驶的车辆改变车道（例如超越慢速行驶的载货车）的能力可能会受到自动驾驶车队的阻碍。这意味着可能需要"管理"自动控制的行为，并提供车辆对车辆的通信，以使非自动车辆能够改变车道。入口和出口匝道也必须以类似的方式管理，以使排队不会阻挡其余车辆的通行[14]。

自动化促进更好的车道保持，令自动驾驶车辆可以使用较窄的行车线，并在同一行车道上加设更多车道，从而增加道路通行能力。然而，这只有在自动驾驶专用车道上才能实现。除此以外，还需要考虑与摩托车交织，因为在如此狭窄的车道之间进行分流基本不可能。

如果车辆共享的使用率增加导致车辆行驶的里程数减少，那么也会带来更高的效率。这将减少交通拥堵，并有助于抵消人口增长对出行需求的影响。车辆也有很大的潜力被更密集地使用。这一点在参考文献［26］中提出。他们认为，对美国出行数据的分析表明，由于出行在时间和地点上没有重叠，家庭内部共享车辆的潜力很大。因此，如果车辆具有"自动返家"能力，家庭内对多辆车的需求就会减少。他们的结论是，每户家庭的车辆拥有率可降低43%，单个车辆的使用率（车辆千米/年）可增加75%。

此外，还有提高运营效率的潜力。使用无人驾驶巴士和有轨电车可以降低公共交通成本，从而对低占用率的门到门车辆的使用起到制衡作用。同样，随着长途公路列车的出现（这将提高劳动效率）和使用自动化的小型车进行当地运输，货运成本也可以降低[14]。

（5）环境

在自动控制下行驶的车辆被认为可以因平稳行驶而节省能源和排放，例如，与手动驾驶相比，自动驾驶将不会产生急制动和猛加速的现象，在车辆行驶时减少加速踏板控制的颤振。这种影响的限度取决于制造商的车辆控制算法，取决于制造商是否愿意设计以节能为主要目的而非性能至上的系统，以及车辆用户对生态驾驶的容忍度。车辆标准化可以确保这些好处。此外，根据已经在荷兰高速公路上实施的积极排放管理方案，还有可能利用 I2V 通信有效管理能源消耗和排放，以节约能源。除此以外，事故引起的网络拥堵会随事故减少而消除，从而减少能源消耗。

汽车共享将通过减少车辆制造过程中的能源消耗而大幅节省能源。除此以外，车辆保有率下降会导致停车需求的下降，因此分配给停车的土地空间也随之减少。不过，为了满足全天和每周不同的需求模式，空车在路网上的移动将抵消部分节约。在伦敦和巴黎等城市的城市共享自行车计划中，人们已经注意到了使空的"车辆"来回移动穿梭的必要性。

国际交通论坛估计[30]，由于全自动的"出租车机器人（TaxiBots）"的出现，仅用10%的汽车几乎可以实现相同的流动量，而汽车出行的总量可能会增加，高通行能力的公共交通 TaxiBot 系统将使车辆的行驶里程数比现在增加6%以上，这意味着传统公交服务也将被取代。减少停车需求将腾出大量的公共和私人空间。

总之，由于每辆车的能源节约、排队、个体机动性的变化、车辆共享和其他因素的综合影响，环境效益将会是积极的[31]。

(6) 服务提供商

总体而言，随着汽车出行的消费转变为服务的使用而非一辆或多辆车的所有权，新的服务提供商可能会获得巨大的经济机会。Uber 提供的服务可能是这一变革的前兆。其他类型的新服务可能也会出现。我们已经看到一些大型公司（例如谷歌、苹果和 HERE）对这种潜力的兴趣，某些程度上是因为，用于互联和自动化车辆的软件服务，包括提供信息娱乐系统，可以构成一个非常大的市场。安装在基础车辆平台上的软件，尤其是对于无人驾驶车辆而言，可能是另一个巨大的市场。

3. 成本

社会经济影响还包括与自动驾驶造成的额外投资相关的成本。根据利益相关者在自动驾驶中的作用，这些成本如下所示。

(1) 个体

当自动化程度达到最高水平并得到应用时，非自动车辆的驾驶者、骑行者、行人和自动车辆外的其他出行者如果知道自动驾驶车辆的行为，情况会更好。可能还需要开展宣传活动和提高认识的措施，以确保用户可以接受和使用以及非用户也可以接受。

(2) 车主

全自动车辆的价格可能远远高于手动驾驶车辆的价格。然而，随着车辆共享的增加和使用强度的提高，车辆使用成本可能会降低。事实上，车辆的实际拥有量可能会减少，购买车辆服务的数量可能会增加。共享所有权可能会增加一些管理车辆使用、停车和维护的额外成本。另一个可能的选择是，可以租赁自动车辆而不是将其出售给公众，从而使制造商能够保留控制权并提出条件，例如要求仅由制造商自己进行维修或服务，或由他们指定其他机构进行维修服务[15]。这可能会增加"拥有"车辆的成本。

从长远来看，如果所有或大多数车辆都是完全自动化的，城市机器车或吊舱可能会比现在的汽车更轻、更简单，从而降低车辆拥有和使用的成本[14]。

(3) 基础设施所有者/运营商

自动驾驶可能需要道路和 ICT 基础设施所有者和运营商的大量投资。随着路网覆盖更加广泛，对特殊车道或自动汽车和/或人工驾驶车道、道路标线、交通标志、路测设备和 I2V/V2I 基础设施（即使是 3 级自动化车辆也适用）的投资将会持续增加。此外，由于车道变窄、车道保持功能更加严格以及道路基础设施发生其他变化，道路铺设和重新铺设的成本也发生了变化，这产生了一些新的投资需求。

道路铺设和重新铺设可能会因自动驾驶而面临重大变化。更严格的车道保持功能允许更窄的车道宽度，从而在同一道路上可以容纳更多的车道，以提高道路通行能力。这也意味着车辆的车轮将在道路横截面的同一个地方压过，从而导致路面上形成磨损和车辙变形。车辙也可能更宽，这取决于车轴宽度比普通汽车宽的载货车所占的比例。这些车辙需要重铺的周期缩短大约 20%。否则道路铺设材料需要改变，使车辆车轮运行的窄条具有更好的材料耐磨性。这种材料具有更高质量的骨料，更好的耐磨性，使用起来可能要贵 10%～15%。此外，铺路设备可能面临重大变革，以方便在道路上铺设"虚拟轨道"。无论如何，路面铺设和重新铺设的成本都会受到影响[32]。此外，4 级和 5 级自动化要求沿路提供"安全港"，如果系统出现故障或其他必要情况，车辆可以在那里停靠。

促进自动驾驶可能还需要更高的资产管理标准来进行操作和维护，例如有关路面状况的考虑。

此外，由于存在自动驾驶车辆，道路基础设施可能需要进行其他改变。例如，建模研究发现，特别是在车流量大的情况下，对于具有 V2V 通信的自动驾驶车辆而言，环岛比交通信号更有效[33]。因此，从长期来看，信号交叉口将逐渐被环岛取代。如果要建立仅限于自动公共交通以及行人和骑行者的城市地区，可能需要大量投资。

（4）服务提供商

对于 4 级和 5 级自动化，数字地图和交通信息的质量必须处于非常高的水平，需要相关服务提供商承担高额的维护和运营成本。

与非自动车辆一样，需要提供故障服务，以处理故障车辆或停止运行的车辆。自动驾驶车辆可能需要更高的服务级别，从而导致成本增加。另一方面，I2V 通信和准确的车辆定位可以使服务更有效率[14]。

（5）汽车行业

行业可能会发生巨大变化，因为使用的车辆将会减少（可能减少维修收入），但车辆的使用将更加密集。与服务提供商的关系可能比与个体的关系更重要。权力平衡有可能转向服务提供商，正如移动电话使用和电视服务（IPTV）等市场也曾出现过类似的情况[14]。

（6）当局

在短期和中期阶段已经处理的责任、安全、协调和标准化问题，在面对完全自动化时，需要做出更多的努力。例如，包括使用无人驾驶车辆犯罪和作为武器的安全问题。

Desouza 等人认为[34]，许多城市和州政府从与驾驶相关的违法行为中获得收入的来源将大大减少，因为自动驾驶汽车将永远遵守现有的交通规则和条例。

11.4 评估自动驾驶功能的方法和途径

3~5级的自动驾驶大多处于原型或试验阶段，这在一定程度上限制了其评估方法，如图11.2所示。

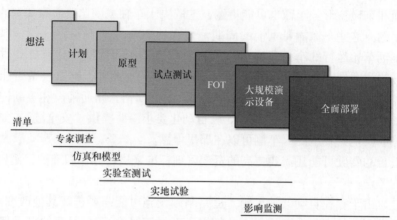

图11.2 系统生命周期中不同阶段的评估设置[35]

FESTA手册[36]详细记录了现场操作测试（FOT）的相关指引，基本适用于各种实地实验。目前，欧盟–美国–日本公路运输自动化工作组（EU–US–JP Automation in Road Transportation Working Group）[37]正在努力统一道路运输自动化影响评估流程，预计将对所使用的评估方法做出最新说明。因此，此处没有提供这些方法的汇编，因为更完整的方法汇编将在2016年或2017年提供。

下面列出了具体评估目标和数据源的一些示例，仅供说明。

11.4.1 技术性能评估

技术评估的典型目标是传感器、通信系统、数据质量以及整体功能和子功能（成功率、故障率等）。

11.4.2 HMI评估

驾驶模拟器和测试轨道是评估车载HMI质量（包括可用性、工作量、可接受性和可理解性）的一般测试环境。HMI在自动驾驶中的一个重要特点是，它能够在驾驶人接管车辆之前，充分了解当前车辆操作以及驾驶情况的复杂性。这种理解通常被称为"情景感知"[38]，这引出了一个问题：情景的哪些方面是至关重要的。这些方面会因驾驶情景而异——道路类型、交通状况、天气、路面状况，甚至出行类型（例如通勤还是长途旅行）。

11.4.3 用户接受度和自动驾驶使用情况评估

用户接受度研究将采用传统的调查、访谈和焦点小组讨论等方法。自动驾驶功能的使用也可以通过上述方法进行调查，但考虑到隐私的限制，也可以使用相关功能从系统日志中自动收集使用指标，这种日志可用来识别误用和滥用的情况。

11.4.4 影响评估

影响评估是自动驾驶最感兴趣的评估领域，因为个体出行行为和驾驶人行为的预期变化非常深远，所以目前的理论很可能不再适用。

Smith 列出了一些指标[39]，用于自动驾驶功能的影响评估。

1. 安全
1）死亡，受伤。
2）暴露、预防和致死率。

2. 车辆机动性
1）车辆车头间距。
2）可接受间距。
3）车道保持功能的性能。

3. 区域流动性
1）路段和交叉路口性能（速度/流量、通行能力）。
2）走廊上平均行程时间和95%的行程时间。

4. 能源/环境
1）尾气排放：温室气体、其他污染物。
2）每车－距离、每人－距离和每人的能源消耗。
3）公路运输化石能源（汽油、柴油、压缩天然气、液化天然气）总消耗。
4）燃料支出。

5. 可达性
1）主要活动（就业、医疗等）x 分钟内的人口百分比。
2）共享车辆的平均等待时间。
3）有效的系统容量。

6. 交通运输系统使用情况
1）总行程、出行距离和时间。
2）平均行程持续时间、速度。
3）各种拥堵指数。
4）每户出行次数。
5）车辆占用率。

7. 土地利用
1）住房和交通负担能力指数。
2）混合土地利用。

8. 数据源
1）自然驾驶数据。
2）测试轨迹研究。
3）模拟研究。
4）自动车辆系统的测试。
5）路上或路侧传感器。
6）车辆探测器。
7）事故数据。
8）能源和排放建模。

11.4.5 社会经济评估

社会经济评估也很令人感兴趣，特别是关于时间的价值，在运输投资效益方面，时间通常是一个相当主导的因素，但是自动驾驶可以允许驾驶人和乘员更有效地利用时间，这将在时间成本计算上引起重大变化。此外，车辆所有权和出行即服务（MaaS）、拼车服务和汽车共享服务的变化也将引起社会经济评估模式的重大变化。由于新的利益相关者将随着自动驾驶进入交通领域，我们也有必要比现在更多地关注利益相关者的收益和成本的分配。

11.5 自动驾驶功能评估综述

11.5.1 知识库

在过去十年中，数项研究评估了先进驾驶辅助系统在改善道路安全、提高交通效率和减少交通对环境影响方面的潜在效益。相关研究包括 SEiSS、INVENT、eIM-PACT 和 euroFOT[40-45]。最近的一项 TRL 研究综合介绍了现有的知识[46]。关于驾驶人援助制度对保险索赔的影响专题分析见参考文献[47]。

这些研究的共同点是对日益完善的驾驶人辅助功能进行影响分析，而自动化在遥远的未来仍是主要的目标，对此未作进一步说明。参考文献[44]提供了此观点的一个示例，说明了不同驾驶人辅助系统之间的功能依赖关系。

表 11.1 列出了关于不同因素的研究。

1）研究目标（使用应用示例的方法研究、基于事前影响评估的效益评估、基于 FOT 中衡量影响的效益评估）。

2) 已研究的功能 [ACC、拥堵辅助、FSR – ACC、ACC + 正向碰撞警告（FCW）作为一个功能包]。

3) 地理范围（德国、欧盟）。

4) 参考年份（2010 年、2020 年）。

5) 已研究的影响（道路安全、交通效率、油耗、环境影响）。

一般而言，具体的研究问题和功能定义可以证明不同研究设计的合理性。例如，研究拥堵辅助的影响仅集中于所有交通状况中的特定部分及其相关影响。这意味着，尽管有类似和以最佳做法为导向的影响评估程序，研究结果并不完全具有可比性。

研究背景始终与结果的解释相关。

表 11.1　已审查的研究特征

研究特征		SEiSS[40]	INVENT[41]	eIMPACT[42]	eIMPACT[43]	euroFOT[45]
研究目标	应用实例的方法研究			×		
	事前影响评估		×		×	
	基于 FOT 的影响评估					×
已研究的功能	ACC	×		×		
	拥堵辅助		×			
	FSR – ACC				×	
	ACC + FCW					×
地理范围	德国	×	×	×		
	欧盟	×			×	×
参考年份	2010	×	×	×	×	×
	2020		×	×	×	
已研究的影响	道路安全	×	×	×	×	×
	交通效率		×	×	×	×
	燃料消耗和环境影响		×	×	×	×

11.5.2　结果概要

以下将根据影响类别对各个研究的结果进行总结。除非另有说明，结果适用于德国。

1) 关于道路安全影响，方法论研究的一个重要假设是 ACC 对事故数量和严重程度存在综合影响。在危急情况下，更快的系统反应证明了这一假设是正确的。影响模型基于事故严重程度的级联模型，在这个模型中，一部分死亡最终转变为严重伤害，部分严重伤害最终转变为轻伤。

2) 考虑到事故数据库（上面提到的研究通常在 2002 年到 2005 年之间），道路安全方面和参考年份（2010年、2020年）的技术进步以及所估计的车队渗透率（2010年低于5%，2020年约为10%），对该项研究的评估显示，对伤亡人数的减少潜力按量级排序大概为减少了约100死亡人数、约1000重伤人数和约2500轻伤人数。

3）对拥堵辅助的影响评估显示，在类似的渗透率情况下，该功能在降低事故率方面具有很大的潜力。这是因为经拥堵辅助处理后，车辆行驶速度较低，因此也降低了事故后果。评估的减少潜力为约20个严重伤害和约1000个轻伤。

4）ACC + FCW 的影响评估基于深层事故数据库（例如 GIDAS、STATS 19、STRADA）以及基于 FOT 的事故分类，减少潜力约为 42~88 的死亡人数、5000~10000 的重伤和轻伤人数。这些潜在数量适用于欧盟 27 国。

5）确定交通影响方向（正/负）的一个重要参数是使用 ACC 的车辆与前一辆车的时间间隔。较大的时间间隔（1.5s、2.0s）会对吞吐量产生负面影响，并增加总行程时间。小的时间间隔（约 1.0s）有助于调动道路基础设施的容量储备，并缩短总行程时间。高渗透率通常有助于交通的畅通。在这种背景下，当估计的车辆渗透率低于车队的 10% 时，交通影响几乎可以忽略不计，这并不奇怪。

6）在 INVENT 中研究的拥堵辅助明确针对交通流量中断或处于不稳定状态的情况。因此，交通流量仿真可以显著减少行程时间。这个削减幅度大约为 5%~10%。总行程时间缩短估计在 5000 万~1.4 亿个车辆小时之间。

7）euroFOT 的影响评估使总行程时间小幅增加了 0.2%。就绝对数而言，这相当于整个欧盟 27 国增加了 500 万个车辆小时。这种影响是微不足道的。

8）由于车速、油耗和 CO_2 排放之间的影响关系，对行驶时间影响较大的研究也估计了对油耗和 CO_2 排放的巨大影响。INVENT 拥堵辅助的节省潜力是大约 1.5 亿~5 亿 L 燃料，40 万~120 万 t CO_2。

9）表 11.2 概述了所评估的影响产生的效益。它们显示了 2020 年不同研究的社会经济影响评估结果。潜在效益估计在数亿欧元范围内。当系统被指定，且可以预见对交通流量产生的影响时，效益可增长到超过 10 亿欧元。

11.5.3　结果解释

早期影响评估研究在影响方向上相当一致，而结果的范围相当广泛，至少就某些影响而言是这样。关于高级驾驶人辅助系统收益的研究结果揭示了自动驾驶功能的潜在优势。当然，评估自动驾驶的影响将成为 ITS 评估界即将开展的重要任务，IBEC 成员在其中发挥着至关重要的作用。

对德国高度自动化驾驶潜在社会经济效益的初步估计显示[48]，在引入期间，每年可带来 150 万至 300 万欧元的效益（0.1% 的高度自动化车辆），在完全部署后，每年可带来 40 亿至 140 亿欧元的效益（100% 的高度自动化车辆），见表 11.2。关于功能和数据框架（渗透率等），它再次肯定了上述分析的数量级。

研究目标对研究的设计和实施有显著影响。这与所提出的影响、建模的宽度和深度、影响带宽评估以及社会经济影响评估的单位费率有关。即使使用标准化的方法和程序（FESTA V[36]、国家和欧洲评估指南，如 BVWP 或 WebTAG[49,50]），收益也在相当大的范围内变化。因此，上面介绍的结果可以解释为相当一致。

表 11.2　公路交通高级驾驶人辅助系统优势概要

效益（百万欧元）	ACC[40]	拥堵辅助[41]	ACC[42]	FSR – ACC[43]	ACC + FCW[45]
道路安全	334	78	227	828	810
交通效率	—	1419	—	—	-65
燃料消耗和环境影响	—	473	37	70	450
总计	334	1970	264	898	1195

研究中的影响评估以不同的方法为基础。事前影响评估通常基于理论模型，将经验数据应用于该理论模型以估计可处理的影响以及影响的程度。这些估计往往显示出一种固有的乐观偏见：专家高估了潜在的影响。另一方面，FOT 的结果暗示了一种固有的悲观偏见，因为只有最好的（衡量的）影响才会被带到影响评估中。不同的偏见也在一定程度上解释了影响的范围。

11.6　自动驾驶环境下的影响和社会经济评估面临的挑战

自动驾驶的出现也为影响评估和社会经济评估带来一些明显的挑战。本节的目的是列举要面临的一些挑战，但并不打算全面介绍问题的情况。

高度自动化使驾驶人不再完全参与驾驶任务成为可能，这会产生重要结果。首先，驾驶人的概念将随着驾驶人任务的演变甚至革命而发生显著变化。这意味着，驾驶人行为理论及其对道路安全、交通流量、整体移动性以及整个运输系统的影响需要更新甚至重新起草。这将需要在基础研究方面做出大量努力，通过模拟器、自然驾驶测试、其他现场测试和试点测试来利用和分析驾驶人在自动驾驶中的行为。

其次，在车上的时间可以用来做其他的事情，例如检查、规划和监察各种与业务有关的私人问题，或只是放松一下。解放时间意味着生产力提高的巨大潜力，是人类历史上不断创新的重要推动力。时间节约在运输相关投资的成本-效益分析中，往往是决定性因素之一。因此，时间节省的潜力是巨大的。随着成本效益分析在新古典主义经济学中找到了自己的根基，假定节省下来的生产资源至少在相同的生产率下可以得到再利用，那么如何利用空闲时间变得比以往任何时候都更为重要。但是，即使是一次"非生产性"的突破（按照经济学教科书的逻辑来看）也可能成为出行后提高生产率的基础。从更长远的评估角度来看，随着自动化车辆的普及和相关时间的节省，出行一小时所需的单位成本，将如人们所希望的那样大幅下降。

与协作式智能交通系统（ITS）领域一样，自动驾驶也带来了跨部门合作的挑战。一个行业或公共机构不能再自行组织其供应链。根据在价值网络中履行的特定角色和职责，投入和产出之间存在相互依赖性。例如，谁将支付改善道路的车道标线的费用，谁来赚取收益？当合作伙伴从中得到"好处"时，他们将为这种合作做出贡献。除了定义和同意价值网络中的作用和职责外，自动驾驶的发展还面临将成本和收益分配给贡献和受益的参与者的挑战。虽然从社会角度进行的经典成本–收益分析遵循了既定的概念，但侧重于成本和效益影响的分析并不常见。与社会规划者的观点相比，这种分析需要深入了解数据和信息对于参与协作的利益相关者的价值。必须探讨这种办法的局限性，并至少可以根据参与者的偏好对这种局限性加以克服。

除了更复杂的成本效益评估之外，评估本身的数据输入也增加了复杂性。应在带有可能性的范围内提供敏感参数，而不是使用固定值或中心值。当然，它将扩大结果的带宽，但在理想情况下，它也将提供结果最有可能的估算范围，这将提高结果的可靠性。

上述因素都指向更复杂和更耗时的分析。尽管评估过程高度自动化，但安排输入数据仍需要人力、技能和时间。当承认事前评估和事后评估是项目或测试的一部分，并且资源有限（就可用资金和时间而言）时，这可能是在经济评估本身实现经济性的一种方法。这将指向评估中涉及的更多的经验法则元素。

参 考 文 献

[1] Gasser, T.M., Schmidt, E.A., Bengler, K., *et al.*, Report on the need for research, Round Table on Automated Driving – Research Working Group, Bergisch Gladbach, 2015, http://www.bast.de [Accessed 31 March 2016].

[2] ERTRAC, Automated driving roadmap, version 5.0, 2015, http://www.ertrac.org [Accessed 31 March 2016].

[3] Brizzolara, D. and Flament, M., Report on VRA network, VRA Deliverable D2.2, 2015, http://vra-net.eu/ [Accessed 31 March 2016].

[4] Die Bundesregierung, Strategy for automated and connected driving, 2015, http://www.bmvi.de [Accessed 31 March 2016].

[5] Ministry of Transport and Communications, Robots on land, in water and in the air. Promoting intelligent automation in transport services. Publications of the Ministry of Transport and Communications 14, 2015, http://www.lvm.fi [Accessed 31 March 2016].

[6] Department for Transport, The pathway to driverless cars, summary report and action plan, 2015, http://www.gov.uk [Accessed 31 March 2016].

[7] Federal Ministry of Transport and Digital Infrastructure, Dobrindt launches digital motorway test bed, Press release 084/2015, 2015, http://www.bmvi.de [Accessed 31 March 2016].

[8] Finnish Transport Safety Agency (Trafi), Aurora to become the first Arctic testing ecosystem for intelligent transport, Press release, 2015, http://www.trafi.fi [Accessed 31 March 2016].

[9] European Commission, Launch of a high level group for competitiveness and sustainable growth of the automotive industry in the European Union (GEAR 2030), C(2015) 6943 final, Brussels, 2015.

[10] EU NL – Dutch EU Presidency, Declaration of Amsterdam, Cooperation in the field of connected and automated driving, 2016, http://english.eu2016.nl/documents/publications/2016/04/14/declaration-of-amsterdam [Accessed 31 March 2016].

[11] SAE, Taxonomy and Definitions for Terms Related to On-Road Motor Vehicle Automated Driving Systems. Standard J3016, 2014. Society of Automotive Engineers.

[12] Gasser, T.M., Arzt, C., Ayoubi, M., *et al.*, Legal consequences of an increase in vehicle automation, BASt reports F83, Bergisch Gladbach, 2012, http://www.bast.de [Accessed 31 March 2016].

[13] Shladover, S.E. and Bishop, R., Road transport automation as a public–private enterprise. Commissioned White Paper 1. In: Towards Road Transport Automation: Opportunities in Public–Private Collaboration – Summary of the Third EU-U.S. Transportation Research Symposium. Conference Proceedings 52, Transportation Research Board, Washington, D.C., 2015, pp. 40–64.

[14] Carsten, O. and Kulmala, R., Road transport automation as a societal change agent. Commissioned White Paper 2. In: Towards Road Transport Automation: Opportunities in Public–Private Collaboration – Summary of the Third EU-U.S. Transportation Research Symposium Conference Proceedings 52, Transportation Research Board, Washington, D.C., 2015, pp. 65–76.

[15] Department for Transport, The Pathway to Driverless Cars: A detailed review of regulations for automated vehicle technologies. Department for Transport, London, 2015. 191 p. https://www.gov.uk/government/uploads/system/uploads/attachment_data/file/401565/pathway-driverless-cars-main.pdf [Accessed 31 March 2016].

[16] Mokhtarian, P. Will rising trip productivity change travel choices? CTS Catalyst. Centre for Transportation Studies, University of Minnesota, Minneapolis, 2015.

[17] Carsten, O.M.J., Lai, F.C.H., Barnard, Y., Jamson, A.H. and Merat, N. (2012). Control task substitution in semi-automated driving: does it matter what aspects are automated? Human Factors, 54(5): 747–761.

[18] Wilmink, I., Janssen, W., Jonkers, E., *et al.* (2008). Impact assessment of Intelligent Vehicle Safety Systems. Deliverable D4 of eIMPACT (Socio-economic Impact Assessment of Stand-alone and Co-operative Intelligent Vehicle Safety Systems (IVSS) in Europe). http://www.eimpact.info/download/eIMPACT_D4_v2.0.pdf. [Accessed 31 March 2016].

[19] Carslaw, D.C., Goodman, P.S., Lai, F.C.H. and Carsten, O.M.J. (2010). Comprehensive analysis of the carbon impacts of vehicle intelligent speed control. Atmospheric Environment, 44: 2674–2680.

[20] J.D. Power (2014). U.S. Automotive Emerging Technologies Study. McGraw Hill Financial. http://www.jdpower.com/sites/default/files/2014057_US%20_Auto_ET.pdf [Accessed 31 March 2016].

282 Evaluation of intelligent road transport systems: methods and results

[21] Öörni, E. and Penttinen, M. (2014). Study on users' awareness and demand for iMobility technologies. iMobility Challenge Deliverable 2.3, Version 1.0, 2014. 57 p. http://www.imobilitychallenge.eu/files/studies/iMobility_Challenge_D2.3__User_Awareness_and_Demand_for_iMobility_systems_version_1.0.pdf [Accessed 31 March 2016].

[22] KPMG (2013). Self-driving cars: are we ready? https://www.kpmg.com/US/en/IssuesAndInsights/ArticlesPublications/Documents/self-driving-cars-are-we-ready.pdf [Accessed 31 March 2016].

[23] Innamaa, S., Kanner, H., Rämä, P. and Virtanen, A. Automation lisääntymisen vaikutukset tieliikenteessä (The impacts of increasing automation in road transport). Finnish with English abstract. Trafi Research reports, Helsinki, 2015. 84 p.

[24] Dreher, S. and Flament, M., iMobility Forum WG automation in road transport, digital infrastructure subgroup. Presentation in Antwerp, 8 May 2014. 14 p.

[25] Försterling, F., Automated driving – key application of ITS and networked car. Presentation at the ITS World Congress Board of Directors' Meeting, Bordeaux, 13 May 2014. 12 p.

[26] Sivak, M. and Schoettle, B., Should We Require Licensing Tests and Graduated Licensing for Self-Driving Vehicles? Report No. UMTRI-2015-33, University of Michigan Transportation Research Institute, Ann Arbor, Michigan.

[27] Chester, M., Horvath, A. and Madanat, S., Parking infrastructure: energy, emissions, and automobile life-cycle environmental accounting. Environmental Research Letters, 5(3), 2010. doi:10.1088/1748-9326/5/3/034001.

[28] CityMobil2, Vantaa ex-post evaluation report. CityMobil2 Deliverable D25.3, 2015. 75 p.

[29] US DOT, Beyond Traffic: US DOT's 30 Year Framework for the Future. Draft. US Department of Transportation, Washington, D.C., 2015.

[30] International Transport Forum, Urban Mobility System Upgrade. How shared self-driving cars could change city traffic. OECD Corporate Partnership Board Report, 2015.

[31] Yagci, O. and Clewlow, R., Estimated energy impacts of automated vehicles: implications for policy makers. Presentation given at the Transportation Research Board 95th Annual Meeting, Washington, D.C., 10–14 January, 2016.

[32] Törnqvist, J., Telephone interview of senior research scientist Jouko Törnqvist, a specialist in road engineering at VTT Technical Research Centre of Finland, 2015.

[33] Azimi, R., Bhatia, G., Rajkumar, R. and Mudalige, P., V2V-intersection management at roundabouts. SAE Technical Paper No. 2013-01-0722, 2013.

[34] Desouza, K.C., Swindell, D., Smith, K.L., Sutherland, A., Fedorschak, K. and Coronel, C., Local government 2035: strategic trends and implications of new technologies. Issues in Technology Innovation, 27, 2015.

The evolution towards automated driving – Impacts and assessment 283

[35] Kulmala, R., Assessment Methods in ITS Lifecycle. Powerpoint picture. Finnish Transport Agency, 2013.

[36] FOT-NET, FESTA Handbook version 5. Revised by FOT-Net (Field Operational Tests Networking and Methodology Promotion). 2014. 242 p. http://fot-net.eu/?kcccount=http://2doubmisw11am9rk1h2g49gq.wpengine.netdna-cdn.com/wp-content/uploads/sites/7/2014/06/FESTA_HBK_rev5_ref3-2.pdf [Accessed 31 March 2016].

[37] US DOT, EU-US-JP Automation in Road Transportation Working Group (ART WG). Harmonisation of impact assessment framework for automation in road transport. AGENDA & slides modified during the meeting. Telco, GoToMeeting. European Commission, MLIT Ministry of Land, Infrastructure, Transport and Tourism, U.S. Department of Transportation, 2015.

[38] Carsten, O. and Vanderhaegen, F., Situation awareness: valid or fallacious? Cognition Technology and Work, 17(2):157–158, 2015.

[39] Smith, S., Estimation of Benefits for Automated Vehicle Systems. Powerpoint presentation. U.S. Department of Transportation, 2015. 33 p.

[40] Abele, J., Baum, H., Geißler, T., *et al.*, Exploratory Study on the Socio-Economic Impact of the Introduction of Intelligent Safety Systems in Road Vehicles (SEiSS Study). Teltow Cologne, 2005.

[41] Grawenhoff, S., Socio-economic impact assessment of advanced driver assistance systems – methodology fundaments and empirical analyses for congestion assistance and lateral assistance (German), PhD study, University of Cologne, 2006.

[42] Assing, K., Baum, H., Bühne, J.-A., *et al.*, Methodological framework and database for socioeconomic evaluation of Intelligent Vehicle Safety Systems, eIMPACT Deliverable D3, 2006, http://www.eimpact.info. [Accessed 31 March 2016].

[43] Baum, H., Geißler, T., Vitale, C., and Westerkamp, U., Cost-benefit analyses for stand-alone and co-operative Intelligent Vehicle Safety Systems, eIMPACT Deliverable D6, 2008, http://www.eimpact.info. [Accessed 31 March 2016].

[44] Malone, K., Wilmink, I., Noecker, G., Galbas, R., Roßrucker, K., and Alkim, T., Final report and integration of results and perspectives for market introduction of IVSS, eIMPACT Deliverable D10, 2008, http://www.eimpact.info [Accessed 31 March 2016].

[45] Geißler, T., Bühne, J.-A., Dobberstein, J., Gwehenberger, J., and Knieling, M., Overall cost–benefit study, euroFOT Deliverable 6.7, 2012, http://www.eurofot-ip.com [Accessed 31 March 2016].

[46] Hynd, D., McCarthy, M., Carroll, J., *et al.*, Benefit and Feasibility of a Range of New Technologies and Unregulated Measures in the Fields of Vehicle Occupant Safety and Protection of Vulnerable Road Users. Final report, Luxembourg, 2015.

[47] Gwehenberger, J. and Borrack, M., Influence of driver assistance systems on insurance claims (German). Automobiltechnische Zeitschrift, 10, 60–65, 2015.

[48] Cacilo, A., Schmidt, S., Wittlinger, P., *et al.*, Highly automated driving on motorways – industrial policy conclusions (German). Study for the Federal Ministry of Economics and Energy, 15/14, 2015.

[49] PTV *et al.*, Methodenhandbuch zum Bundesverkehrswegeplan 2030, Draft version, March 2016, http://www.bmvi.de [Accessed 31 March 2016].

[50] Department for Transport, Transport analysis guidance: WebTAG, last updated: 10 November 2014, https://www.gov.uk/guidance/transport-analysis-guidance-webtag [Accessed 31 March 2016].

第12章 与用户相关的ADAS和自动驾驶评估

12.1 引言

新开发的先进驾驶辅助系统（Advanced Driver Assistance Systems，ADAS）和自动驾驶功能为驾驶人在驾驶任务中提供了支持。除了驾驶舒适性外，这些系统还有望显著改善安全性。但是，只有当驾驶人以预期方式使用系统时，预期中的积极安全效果才可实现，他/她会遵循系统给出的建议，并且在感知到安全性提高时，不会加快驾驶速度或分散注意力。技术开发项目的资助者（例如欧盟委员会）越来越意识到驾驶人在感到安全改进时可能出现的行为适应现象，因此他们越来越重视与用户有关的其他新技术的评估，因为只有通过用户，才能够使一个能达到预期的新系统成型。

与用户相关的 ADAS 和自动驾驶应用程序评估涉及各种问题［如控制源、信任、系统的心理表征、情境感知（Situational Awareness，SA）、心理和生理负载、反馈、压力和接受度］，确定这些问题并将它们定义为与用户相关的评估重点非常重要。与用户有关的评估进程的第一步，应概述与这些问题有关的研究问题，并在此基础上提出拟订的假设和确定的评估指标。为了测试假设，可以使用各种各样的评估方法和工具。

本章的目的是列出和描述与 ADAS 和自动驾驶应用相关的用户评估问题，提供假设和评估指标的例子，以及描述现有的评估方法和工具，并讨论相关的研究设计问题。

12.2 与用户有关的评估中的相关问题

Stanton 和 Young[1]提出在实证评估中，应该考虑与车辆自动化相关的心理问题。这些问题包括控制源、驾驶人对自动化系统的信任、驾驶人的 SA、驾驶人对自动化系统发展的心理暗示、与自动化相关的心理和生理负荷、反馈、驾驶人压力及其影响。下文将更详细地介绍这些问题与其他问题的相关性。

12.2.1 与行为有关的问题

人们根据道路 – 车辆 – 用户系统的变化调整他们自己的行为[2]。注意力的重新分配是一种对变化的智能反应[3]。适应过程根据驾驶人与自动化系统交互的经验，随时间动态发展[4]。

12.2.2 对自动化相关问题的了解

驾驶人对自动化系统开发的不充分和/或错误的心理暗示可能会增加用户出错的风险[5]。Jenness 等人[6]在一项对车载技术早期采用者的调查中发现，系统所有者往往不了解系统的局限性和制造商的警告信息。

12.2.3 与信任和依赖有关的问题

对自动化依赖过度或不足都有可能对自动化结果产生重要影响。用户更依赖他们信任的自动化[7]。过度信任可能导致自动化滥用，继而导致驾驶人没有在必要情况下接管系统，而信任不足可能导致在没有必要情况下接管系统[8]。用户之间存在着差异，年轻用户和年长用户对自动化的依赖程度不同[9]。Merritt 等人[10]发现用户对自动化的信任受到隐性和显性态度的影响。他们要求参与者完成信任倾向的自我报告测试和对自动化隐性态度的隐性关联测试（Implicit Association Test），并发现显性的信任倾向和对自动化的隐性态度并不相关。他们的结论是，隐性态度对自动化信任有重要影响，用户可能无法准确报告他们为什么体验到了一定程度的信任。用户的隐性态度脾气和情绪可能会影响他们对自动化系统的信任。由于隐性和显性因素没有具体相关性，"隐性偏好可能提供无法通过传统显性测试获得的预测能力"[10]。为了理解为什么用户信任或不信任自动化，必须同时测量隐性和显性预测变量。

12.2.4 控制源

控制源意味着从驾驶人手上脱离控制对车辆/驾驶人实体性能的影响程度。控制源是指个体认为自己能够控制影响他们的事件的程度。具有内部控制源的驾驶人认为，他们的车辆性能主要来源于自己的行为，而具有外部控制源的驾驶人则认为车辆的行为是自动化系统产生的[11]。Stanton 和 Young[1]的意思是，当车辆处于自动模式时，一些驾驶人可能会认为他们仍然能够对车辆进行整体控制，而另一些则不会。根据他们的说法，研究结果显示，具有内部控制源的人通常比具有外部控制源的人表现得更好，这可能归因于个人的任务参与程度。内部控制源可能使得驾驶人承担主动角色，而外部控制源则可能使驾驶人在自动化系统中承担被动角色。Stanton 和 Young[1]发现，当自动系统发生故障时，被动驾驶人无法进行干预，而主动驾驶人将接管控制。

12.2.5 恢复控制

恢复驾驶控制是自动化中的一个重要问题。Merat 等人[12]研究了高度自动化

（3级）车辆中控制权转移的不同方法如何影响驾驶人恢复驾驶控制的能力，并发现"比起驾驶人将视觉注意力移至道路中心时，车辆就马上脱离自动驾驶模式的方法来说，在注意力持续固定6min后再转移控制权，驾驶人的总体表现会更好"。

12.2.6 技能退化

由于对驾驶任务自动化的过度依赖，驾驶人以往不断参与驾驶行为决策所产生的系统强化作用将不复存在，随之而来的是驾驶技能的退化[13]。Endsley 和 Kiris[14]还有 Shiff[15]发现，"尽管最初接受过人工培训，但在模拟控制任务过程中作为自动化监督控制员的受试者，与仅在手动模式下操作的受试者相比，掌握系统控制的速度更慢且更低效"。如果驾驶人只学习如何使用自动驾驶系统控制车辆，缺乏丰富的驾驶经验，那么他们将无法培养出在特殊情况下接管车辆的能力，包括人工操控和判断接管时机[14]。

12.2.7 精神负荷

自动化监控可能导致驾驶人的精神负荷增加。在监控自动化时，人类的效率很低[16-19]。过度依赖自动化是造成这种效率低下的原因[8]。Banks 等人[20]在一个案例研究中得出结论，随着自动化水平的提高，驾驶人需要同时执行的任务数量似乎会增加。在中等级别的自动化中，驾驶人的决策仍然是必要的（只有在完全自动化时才能完全不需要此决策）。但由于驾驶人必须时刻了解系统状态及其操作，添加太多的子系统监视将会增加他们的任务负荷，自动化对不同用户（年轻或年老）的工作负载有不同的影响[9]。

12.2.8 压力

压力是影响驾驶人工作负载和安全的一个因素[21]。Funke 等人[22]对压力和车辆自动化进行了研究。他们通过让驾驶人体验失控，探索了压力和车辆自动化对驾驶人操作性能的影响，并发现压力和自动化都会对个体的感受产生消极影响，在很有压力的驾驶条件下，痛苦程度更高，在自动速度控制的条件下，痛苦程度较低；然而，这两个因素之间并没有相互作用。Reimer 等人[23]使用心率测量和自我报告评分的方式，评估了车辆泊车辅助系统对驾驶人压力的影响程度，发现参与者表现出较低的平均心率，并且在使用辅助泊车系统时，他们报告的压力水平较低。

12.2.9 无聊

低任务负载环境中的无聊可能会导致驾驶人分心[24]。根据 Farmer 和 Sundberg[25]的说法，"无聊是一种常见的情绪，也是一种倾向，有重要的个体差异"。Stark 和 Scerbo[26]发现无聊的倾向、工作量和产生自满情绪之间存在显著的相关性，这可能表明无聊的心理状态可能是导致自满的一个因素[27]。此外，Sawin 和

Scerbo[28]在他们的警觉任务研究中发现无聊倾向和警觉表现之间也有联系。

12.2.10 疲劳

疲劳可能对驾驶表现产生负面影响[29],据报道,疲劳在交通事故中占比很大[30]。长时间驾驶可能导致各种疲劳症状,如嗜睡、无聊、烦躁、身体不适和白日梦[31]。Matthews 和 Desmond[32]发现疲劳会诱导各种主观疲劳和压力症状,增加驾驶人的工作负载,增加航向误差,减少必要的转向行为,降低对二级检测任务的感知敏感性。他们的研究结果表明,任务引起的疲劳与"负荷不足"的表现评估受损有关,"干预应着眼于增强驾驶动机,而不是减少对驾驶人的注意力需求"。他们的结论是,"被动疲劳(与需要监测环境但不需要频繁响应的任务有关)随着控制权从驾驶人转移到车辆,在智能车辆高速公路系统中可能越来越普遍,值得进一步研究"。

12.2.11 SA

驾驶人的 SA 与驾驶环境和系统的运行状态密切相关。自动化程度的提高可能会增加转移驾驶注意力的趋势[33]。Endsley 和 Kiris[14]研究了导航任务的自动化,发现自动化条件下的 SA 低于手动条件下的 SA,而较低的 SA 与系统故障后驾驶人决策时间的异常表现减少相对应。根据对早期研究的回顾,Stanton 等人[34]得出结论,"情景感知的丧失与系统性能不佳有关"和"失去情景感知的人可能更迟缓地发现他们所控制的系统的问题,并且在最终发现问题时需要额外的时间来诊断问题和进行补救活动"。Stanton 等人[34]建议,"了解情景感知错误的本质有助于制定有效的应对措施"。他们讨论了 SA 的各种理论,并得出结论。Endsley[35]提出的"三级模型"似乎是在措施和干预方面最为有效的方法,它是一个功能模型,以实际方式评估不同程度的洞察力。根据 Endsley[35]的定义:"情景感知是指在一定的时间和空间范围对环境要素的感知、对其意义的理解以及对其在不久的将来的状态的预测"。Endsley 的 SA 模型分为三个层次结构:①对环境要素的感知;②对当前情况的理解;③对未来状态的预测。Endsley 建议从模式感知、空间感知和时间感知的角度对 SA 进行讨论。

12.2.12 "搞不清情况"表现

"搞不清情况"表现问题使驾驶人在自动化故障情况下的接管能力受到影响,这归因于情景感知的丧失和技能的降低,从而导致驾驶人表现下降[14]。世界上不存在无故障系统[36]。如果可靠性低于70%,那么最好不要使用自动化[37]。随着自动化可靠性的变化,自动化故障检测效果更佳[16]。当遇到自动化故障时,驾驶人在较低的自动化水平下表现更好[38,39]。自满和过度依赖可能会导致 SA 丢失,从而在自动化失败时导致错误[4]。

12.2.13 自满

当驾驶人必须同时执行手动任务并监督自动化时,可能会出现与自动化相关的自满情绪。它可以用注意力分配策略来描述,在这种策略中,驾驶人可能会以牺牲自动任务为代价处理手动任务,尤其是在任务负载较高[4]时。Wiener[40]将自满定义为"一种以低怀疑指数为特征的心理状态"。Parasuraman 和 Manzey[4]得出结论,"将注意力从与自满相关的自动任务中分离出来,不仅会导致定位失败,还会导致注意力消散"。自满可能导致系统故障、异常状况、故障缺失或反应延迟[4]。Parasuraman 等人[16]报告了与自动化自满相关的影响驾驶人表现方面的显著个体差异。此外,Prinzel 等人[27]研究了不同个体之间自满潜力、无聊倾向与自动化自满之间的关系,发现个体的个性差异与个人是否会屈服于自动化引起的自满有关。

12.2.14 自动化偏差

自动化偏差反映在决策辅助工具不完善时,驾驶人的遗漏错误(用户未能对危急情况做出响应,因为自动化辅助工具未能通知他/她)和委托错误(遵循错误的建议)上[4]。根据 Mosier 和 Skitka[41]的说法,自动化偏差的特点是,运营商使用决策辅助工具作为一种寻求和处理警惕信息的启发式替代,委托错误可能是在计算机生成的线索存在的情况下没有寻找确认或非确认信息或忽视其他信息来源的结果。自动化偏差可能会导致驾驶人所做出的决定不是基于对所有可用信息的透彻分析,而是基于决策辅助建议进而存在偏差,在出现自动化故障时,这可能会严重影响驾驶人表现[4]。自动化偏差的另一个原因是,用户倾向于将更大的权力赋予自动化辅助设备,而不是其他的建议来源[4]。用户相信自动化辅助工具是一个具有卓越功能的强大代理,他们将赋予辅助工具比任何人都大的权利,使得他们高估了辅助工具的性能[4]。自动化偏差的另一个促成因素是责任分散现象。当与自动辅助(或群体中的其他人员)共享监视和决策任务时,与单独处理给定任务相比,人类可能会减少自己的工作量。同时也可能认为自己对结果负责较少,因此减少了自己监测和分析其他可用信息的努力[42]。

12.2.15 自满和偏见

Parasuraman 和 Manzey[4]在回顾关于人类与自动化和决策支持系统交互中的自满和偏见的实证研究时发现,自满和偏见是自动化引起现象的不同表现,其中注意力起着核心作用。此外,他们发现,无论是新手还是老手,都会出现自满和偏见,而这是无法通过培训或教学来预防的。Parasuraman 和 Manzey[4]提出的自满和偏见综合模型表明这些问题是由个人、情境和与自动化相关特征的动态交互造成的。

12.2.16 可用性

产品的可用性对于成功吸引潜在用户至关重要。可用性有多种定义,但如

Harvey 等人[43]所表述的，"在界定可用性标准时，考虑使用的环境至关重要，这对于每个被调查的系统来说都是不同的"。

12.2.17 接受度

接受度是车辆中的新技术能被预期使用的关键因素[44]。然而，正如 Adell 等人[45]所说，"尽管人们认识到接受度的重要性，但对接受度没有既定的定义，而且衡量接受度的方法几乎与研究人员试图所做的一样多"。Adell 等人[44]提出了一项通用的接受度定义，侧重于系统实现其预期效益的潜力；即驾驶人是否将技术纳入其驾驶中："接受度是个体将系统融入他/她的驾驶的程度，或者如果该系统不可用，驾驶人已经开始期望能使用它"。

12.3 研究问题、假设和评估指标

基于上述与车辆自动化相关的问题，可以提出研究问题和假设。下文列举了与个体问题有关的假设和评估指标的例子。

有关驾驶人行为和表现问题的假设示例如下。

1）系统给出与用户相关的预期结果。检验此假设的相关指标应针对要测试的系统进行，并且应反映系统所设计方案中的预期结果。评估指标的例子有：安全合法地驶进/驶出/变道/合并/超车；安全及合法地通过十字路口/环岛；车道位置；行驶速度；潜在的危急情况下的速度适应；前后距离；可接受的车间距；到障碍物或易受伤害道路使用者的侧面距离（这些的分布、均值和标准差）。

2）当系统运行良好时，驾驶人的行为与不应用系统时没有区别。评估指标的例子包括行驶速度、对潜在危急情况的适应速度、处于"不安全状态"的频率和持续时间、与前方车辆的距离、车道选择、变道、车道保持、超车、停车、让路、遇到红绿灯后的行为、与其他道路使用者的互动。

3）驾驶人在系统可用的情况下都使用系统。评估指标的例子包括在相关情况下，系统使用时间占总驾驶时间的百分比。

4）驾驶人使用系统建议的功能设置。评估指标的例子包括在建议的系统设置中行驶占某个建议系统设置总时间的百分比。

5）在使用该系统时，驾驶人的行为没有长期的变化。评估指标的示例包括行驶速度、对潜在危急情况的适应速度、处于"不安全状态"的频率和持续时间、与前方车辆的距离、车道选择、变道、车道保持、超车、停车、让路、遇到红绿灯后的行为、与其他道路使用者的互动。

有关自动化对驾驶任务影响的假设示例如下。

6）驾驶人的 SA 不受系统影响。评估指标的一个例子是情景感知全球评估技术（Situation Awareness Global Assessment Technique，SAGAT）的分数[46]。

7）驾驶人压力不受系统影响。评估指标的示例包括心率测量和短期压力状态问卷（Short Stress State Questionnaire，SSSQ）的分数[47]。

8）驾驶人的精神负载不受系统影响。评估指标的一个示例是原始任务负载指数（Raw Task Load indeX，RTLX）的主观评分[48]。

9）长时间使用系统驾驶后，精神工作负载不会发生变化。评估指标的一个示例是 RTLX[48]的主观评分变化。

10）控制权转移不受精神负载的影响。评估指标的一个例子是驾驶人做出控制权转移决策的时间。

11）与没有系统的驾驶过程相比，驾驶人在使用系统驾驶时不会参与更多的次要活动。评估指标的一个示例是驾驶人从事次要活动的驾驶时间百分比。

12）使用手动驾驶模式和自动驾驶模式的驾驶人在安全关键事件发生后做出决策的时间没有区别。评估指标的示例包括 RTLX[48]、与任务相关的厌倦量表（Task-related Boredom Scale，TBS）[49]、自动化故障检测概率、检测自动化故障的反应时间（Reaction Time，RT）以及次要任务的检测错误数和均方根误差（Root Mean-Squared Error，RMSE）。

13）驾驶人在自动驾驶时不会自满。评估指标的一个示例是从安全关键事件发生直到驾驶人采取行动的时间。

14）使用自动化时，驾驶人驾驶技能不会随时间而降低。评估指标的示例包括速度的标准差、对潜在危急情况的适应速度、处于"不安全状态"的频率和持续时间、与前方车辆的距离、车道选择、变道、车道保持、横向位置的标准差、超车。

关于接管情况和重新获得控制权的假设示例如下。

15）从长期来看，驾驶人的接管行为没有变化。评估指标的示例包括在接管情况下的驾驶人反应类型和 RT。

16）驾驶人确实检测到自动化故障。评估指标的一个示例是已注册的自动化故障比例。

17）驾驶人不会因为系统未能通知他们而对危急情况没有响应。评估指标的一个例子是驾驶人对系统未通知的所有紧急情况的答复数量。

18）系统发生故障后，驾驶人采用适当的措施。评估指标的一个示例是驾驶人对系统故障的响应类型。

19）驾驶人没有遵循错误的建议，而是警惕地进行信息查找和处理。评估指标的一个例子是在危急情况下，系统给出错误的建议后，驾驶人的反应类型。

20）在系统故障后，驾驶人对决策的正确性充满信心。评估指标为问卷回答。

21）具有内部控制源的驾驶人与具有外部控制源的驾驶人的干预时间无差异。评估指标的一个示例是从安全关键事件发生直到驾驶人执行操作的时间。

关于驾驶人对系统的理解、信任、意见和接受的假设示例如下。

22）驾驶人对系统具有正确的心理表现。评估指标为问卷回答。

23）驾驶人对系统没有信任过度或信任不足。评估指标的一个例子是在自我报告信任量表上的得分[7]。

24）驾驶人将自动驾驶体验作为对他们驾驶过程的改进。评估指标为问卷回答。

25）驾驶人对这个系统有不同的看法。评估指标为问卷回答。

26）驾驶人认为这个系统有用和令人满意。评估指标的一个例子是有用性和满意度表[50]。

27）自动化故障不会影响驾驶人对系统的态度。评估指标为问卷回答。

28）驾驶人有兴趣拥有这个系统并为此付费。评估指标为问卷回答。

12.4 与用户有关的评估方法和工具

为了在使用功能良好的 ADAS 驾驶或自动驾驶时调查与行为相关的问题，记录驾驶数据、观察驾驶人行为和反应，与被测试驾驶人进行面谈，测试应在驾驶模拟器上或具有分阶段场景和/或实际交通的测试轨道上进行。所选测试环境的类型取决于：

1）相关情景的临界性。
2）系统的预期反应（警告/干预）。
3）系统处于活跃状态的时间点（警告/干预时发生碰撞的关键时间点越多，出于安全原因越适用于模拟器环境测试）。

表 12.1 介绍了用于调查与车辆自动化有关的用户相关问题的适当测试环境。

表 12.1 适合各种与用户有关的评估问题的研究环境

测量问题	驾驶模拟器	测试轨道	实际交通场景
驾驶人行为	√	√	√
驾驶人表现	√	√	√
了解系统	√	√	√
信任和依赖	√	√	√
控制权转移	√	√	—
心理负载	√	√	√
压力	√	√	√
感觉无聊	√	√	√
疲劳	√	√	√
SA	√	—	—
系统故障表现	√	—	—
自满	√	—	—
可用性	√	√	√
接受度	√	√	√
感知到的好处	√	√	√

驾驶模拟器和测试轨道的受控制环境具有防止对人员或物体造成损害的优点。实际交通场景中的测试，由于涉及其他道路使用者，因此特别需要考虑安全因素，但测试环境无法完全还原实际情况。因此，安全措施需要集中在测试车辆、功能和测试车辆中的驾驶人上。应用的测试工具应能够安全、高效和准确地评估相关 ADAS/驾驶自动化功能。

从立法方面来看，测试驾驶人应拥有合适的驾驶执照。此外，必须存在第三方保险和个人伤害保险。保险的范围应至少达到法律规定的程度。还必须获得测试车辆和测试区域的道路测试批准。

从道德方面来看，测试驾驶人可以被识别出来，并且这些信息存在被误用的可能。测试过程中要确保测试驾驶人的匿名性和隐私性，以及驾驶相关数据的保密性。测试驾驶人应了解以下事实：只有在测试期间，负责分析收集数据的工作人员才能了解测试驾驶人的身份信息，并且驾驶人在参与研究之前，需要签署知情同意书。

测试车辆/驾驶模拟器需要配备日志设备。在测试期间，除了 CAN 数据外，日志设备还应记录相关视角的视频数据（例如前视图、后视图、侧视图）。

12.4.1 测量驾驶人表现

驾驶人的表现可以通过评估驾驶人对潜在危险的关注（即检测精度）、车辆控制精度（即横向位置的可变性）和平均速度变化（反映对增加的负载的补偿）来衡量。Matthews 和 Desmond[32] 的研究结果表明，在低要求条件下，驾驶性能的损失应该通过航向误差或精细转向回正指数来评估。

不管是驾驶模拟器、测试车辆、测试轨道还是实际交通，驾驶数据日志都可以生成各类指标，例如行驶速度、与前方车辆的距离、横向位置、到侧方障碍物的距离、可接受的距离间隔、处于"不安全状态"的频率和持续时间、从安全关键事件发生到驾驶人采取行动的时间、在相关情况下使用系统占总驾驶时间的百分比，以及在某个建议功能/系统设置的总时间中，使用建议功能/系统设置行驶的百分比。

12.4.2 行为观察

为了观察驾驶人的行为和可能的变化，可以采用最初由 Risser 和 Brandstatter[51] 开发的车内观察方法（Wiener Fahrprobe），旨在观察学习驾驶人行为。该方法还可用于研究真实交通中的驾驶人行为。观察由两名观察者执行，他们与驾驶人一起坐在汽车上，其中一名观察者（称为编码观察者）研究标准化变量，如速度行为、让路行为、变道和与其他道路使用者的互动。另一个观察者进行"自由观察"，如冲突、沟通和难以预测的特殊事件，不考虑标准化变量。当 Risser 和 Brandstatter[51] 发现观察到的危险行为与事故之间存在相关性时，该方法得到了验证。其他验证工作由 Hjälmdahl 和 Várhelyi[52] 完成，他们表明，有观察者坐在车里时驾驶人的速度水平与驾驶人单独驾驶汽车时的速度水平没有差别。他们还表明，可以训练观察员考察过程的客观性和可靠性。

在驾驶模拟器、测试轨道或实际交通中，行为观察可以产生各类指标，例如潜在的危急情况下的车速适应、车道选择、变道、车道保持行为、超车行为、停车行为、让路行为、在红绿灯处的行为、与其他道路使用者的交互和沟通。

12.4.3 对系统的了解

用户使用系统后，可以通过公开访谈问题来调查用户对系统局限性的理解。这个问题是，测试人员是否可以描述系统如何帮助他/她驾驶汽车，或者描述驾驶人能否意识到系统存在的缺陷且将其描述出来。

12.4.4 信任和依赖

Merritt 等人[10]得出结论，用户并不完全理解为什么他们在自动化系统中体验到了一定程度上的信任。当被问到他们为什么信任或不信任一个系统时，用户能够描述系统对他们显性态度的影响，而不是隐性态度。因此，访谈、调查和焦点小组可能不完全了解影响用户信任的因素。为了更好地了解用户信任自动化的原因，必须使用精心构造的隐性技术来测量隐性态度。

Merritt[7]证明了自动化受情感过程的影响，"这表明这种决策过程可能比先前承认的更理性也更情绪化"。她发现，信任和喜欢预示着对系统的依赖，以及除了"信任倾向"以外，情感变化（如脾气和情绪）对信任来说也很重要。

使用 Merritt[7]编制的 6 项自我报告量表可以评估"对某个系统的实际信任程度"，使用同样由他编制的 5 项自我报告量表可以评估"对某个系统的喜爱程度"。两种量表都采用 Likert 式的 5 分制，范围从 1（非常不同意）到 5（非常同意）。

Merritt 等人[10]衡量测试人员对自动化依赖程度的方法是，把测试人员的响应次数（也就是将他/她最初的意见更改为与系统建议相一致的意见的次数），除以他/她有机会这样做的测试次数。测试次数取决于测试者最初意见与系统建议相悖的次数。当测试人员最初的意见与系统的建议相符时，他们无法改变响应以与系统相一致。

12.4.5 控制权转移

要测量驾驶人恢复驾驶控制的能力，可以使用以下变量：速度的平均值和最小值以及标准偏差、车道位置的标准偏差（Standard Deviation of Lane Position，SDLP）、每分钟 1°的转向回正次数、高频率控制的转向（0.3~0.6Hz 波段），以及通过"距道路中心距离百分比（Percent Road Centre）"[12]的眼动跟踪值测量的视觉注意力。为了研究精神负载是否影响车辆与驾驶人的控制权转移，在驾驶模拟器研究期间，驾驶人应从事次要任务。

12.4.6 精神负荷

利用 Byers 等人[48]提出的 RTLX 方法,可以评估驾驶人的精神负载。根据这种方法,受试者对六个不同的负载方面进行了评价,即心理需求、身体需求、时间压力、表现、努力和挫折程度。评价过程使用从 0（非常低）到 100（非常高）的连续刻度,衡量每个测试者在系统开启或关闭时驾驶车辆负载的差异。为了调查长时间接触系统后,精神负载是否发生变化,应在自动化系统使用前、开始使用时和长时间使用后,对驾驶人进行观察。

12.4.7 压力

为了测量对驾驶人压力的影响,可以使用心率作为客观的生理唤醒标准[23]。市场上有各种心跳检测器。

为了根据主观度量来评估驾驶人压力,可以使用压力状态问卷。Helton[47]提供了来自邓迪压力状态调查问卷（Dundee Stress State Questionnaire, DSSQ）[32]的短期多维压力状态自我报告问卷（SSSQ）的验证证据。因素分析区分了主观压力的三个方面（类似于 DSSQ）:任务参与、压力和焦虑。SSSQ 似乎是一个测定压力状态的可行方法[47]。它由 24 个项目组成,有 5 个答案选项,范围从 1（非常不同意）到 5（非常同意）。参与测试的驾驶人应在驾驶测试前后完成 SSSQ。

12.4.8 无聊

为了评估驾驶人所感受到的无聊,可以使用 TBS[49]。TBS 涉及八个导致无聊感的因素:压力（stress）、刺激（irritation）、放松（relaxation）、嗜睡（sleepiness）、警觉（alertness）、集中（concentration）、时间的流逝（passage of time）和满足（satiation）。此外,受访者还被要求对他们的总体无聊感做出评估。无聊总分是通过将所有的子量表相加计算出来的。

12.4.9 疲劳

为了量化驾驶人疲劳,可以采用客观和/或主观测量的方法。客观测量包括速度的标准偏差、横向位置的标准偏差、方向盘极大转动的频率（>N10°）、压线频率和 RT[53]。模拟驾驶中,通常会要求受试者执行苛刻的次要任务以诱发疲劳,在这种条件下获取实验数据。Ting 等人[53]使用简单的 RT 测试来评估驾驶人在整个驾驶任务中的持续注意力:每 2km 在屏幕上随机显示两个红色圆形图像（半径为 25cm;水平角度为左侧 11°~23°）。当视觉刺激出现时（持续时间为 3.6s）,受试者被要求通过关闭特定的指示器来对刺激做出反应。系统自动记录各个 RT。如果在 3.6s 内未做出响应,则启动新的 RT 测试。平均 RT 的变化用来评估驾驶人的警惕性。

Matthews 和 Desmond[31]开发了主观疲劳状态（Subjective Fatigue State, SFS）

的多维测量。疲劳量表包括24个项目，涉及疲劳的四个方面：①视觉疲劳；②肌肉疲劳；③无聊；④不适。受试者被要求用0~5的数值量表评估他们经历24项疲劳症状的程度。

12.4.10 SA

Endsley[46]开发了用于空战场景的SAGAT。在汽车驾驶环境中，SAGAT以下述方式测量驾驶人的SA：①驾驶人在驾驶模拟器和给定场景中以给定的自动化方式驾驶汽车。②在某些随机时间点，模拟停止，仪表板和显示器被清空。③向驾驶人提出一系列问题，以确定他/她对当时情况的了解。SAGAT查询是在计算机上进行的，以便快速输入和存储信息。由于不可能在一个给定的站点中向驾驶人询问所有这些SA要求，所以每次都会随机选择一部分SA问题并询问。④根据模拟中实际发生的情况，将问卷答案与从模拟器中收集的数据进行比较评估。真实情景和感知情景之间的比较反映了驾驶人SA的客观衡量标准。然后确定一个综合SAGAT分数。⑤对于每个驾驶同一系统的驾驶人，重复这样的随机抽样过程若干次，以获得统计显著性所需的观察次数。然后，可以将任何系统设计的SAGAT分数与其他系统的SAGAT分数进行比较。

12.4.11 "搞不清情况"表现

为了调查自动化是否会对"搞不清情况"表现问题产生影响，应该进行驾驶模拟器实验，将自动驾驶与手动驾驶进行比较。主要的自变量应该是手动驾驶与模拟系统制动的自动驾驶。因变量应该是SA、选择的决定、驾驶人做出决定的时间、驾驶人对其决策正确性的信心以及心理负载。

12.4.12 自满

Singh等人[54]开发了一个由20个项目组成的量表，即"自满潜力评估量表"（Complacency Potential Rating Scale，CPRS），它衡量了驾驶人对自动化的态度，反映了发展自动化导致自满情绪的可能性。通过因素分析，他们指出了与自满潜力相关的四个方面：信任、信心、依赖和安全，这些因素的高分值将与自满有关。尽管CPRS已被证明是验证驾驶人自满潜力的良好指标[27]，但它无法衡量可能影响自满情绪发生的因素，如负载、无聊或认知失败。因此，还需要采取其他措施来评估自动化引起的自满情绪。

Prinzel等人[27]研究了自满可能性、无聊倾向和自动化自满的个体差异之间的关系，他们发现，在可变自动化可靠性条件下执行监控任务的驾驶人的表现，明显优于在恒定自动化可靠性条件下的表现，这表明恒定的高自动化可靠性（87.5%的故障由自动化检测到）削弱了驾驶人在多任务环境中监控自动化系统偶发故障的能力。因此，在评估自动化引起的自满情绪时，应使用具有较高自动化可靠性水平,但仍存在偶发故障的系统(高于 87.5%)。

12.4.13 可用性

可用性评估可以用来评估一个系统的人机接口(HMI)在特定的使用环境中符合可用性标准的程度[43]。Harvey 等人[55]研究了 70 多种车载信息系统(IVIS)的可用性评估方法,并将每种方法与 13 种可用性标准相匹配,其中六个主要因素包括双重任务环境、用户范围、环境条件、培训提供、使用频率和领会频率。

为了评估用户对被调查系统的看法,可以采用系统可用性量表(System Usability Scale,SUS)的主观方法。SUS 由 10 个陈述组成,根据这些陈述,参与者在 5 个等级的 Likert 量表上对他们的同意程度进行评级,从 1(非常不同意)到 5(非常同意)[56]。根据这些等级计算单个系统的可用性分数,从而可以比较不同系统的用户意见。通过将各项得分相加得出总得分。总 SUS 分数范围介于 0(非常低的可用性)和 100(非常高的可用性)之间。

12.4.14 接受度

van der Laan 等人[50]提出的实用性和满意度方法是广泛用于评估驾驶人辅助系统接受度的方法之一。根据该方法,受试者评估了与有用性和满意度有关的九个组成部分:"好 – 坏""愉快 – 不愉快""有效 – 多余""美好 – 烦人""令人愉快的 – 令人愤怒的""有用 – 无用""有帮助 – 不值得""合意 – 不合意""提高警觉性 – 诱导睡眠"。

最近,Adell[57,58]提出了另一种模型,基于信息技术领域[59]的接受度和技术使用统一理论(Unified Theory of Acceptance and Use of Technology,UTAUT),用于分析驾驶人辅助系统的接受度问题。Adell[60]提出的模型初步测试结果很理想。用于评估"行为意图""表现期望""努力期望""社会影响"的 17 个项目被 Venkatesh 等人[59]采用。其中一些被修改以适应驾驶人辅助系统环境。每个项目的评分为 7 分,范围从 1(非常不同意)到 7(非常同意)。

12.4.15 可感知到的好处

在给定的项目条件中,驾驶人被要求回答是否会使用该系统,并陈述该系统将带来多大程度的好处或缺点:"你认为这个系统能给你在日常工作中带来好处或坏处吗?"驾驶人需要从给定的连续量表中选取答案,范围从"非常不利""两者皆不"到"非常有利"。

12.5 研究设计

代表驾驶人群体的参与者(实践中有 20~30 人,尽管科学家们讨论了这个相对较低的数字是否足够），按性别和年龄分组，被分别观察。他们应在测试路线上完成两个驾驶阶段，包括测试系统感兴趣的交通场景下的不同道路类型。各种车内观察研究的经验表明，在真实交通环境中，40~50min 的驾驶过程能够提供足够令人满意的事件来评估与用户相关的问题（参见参考文献［52,61,62］）。在驾驶模拟器中，只需要较短的试驾时间，因为可以在模拟器中设置具有所需频率的相关场景，测试驾驶人像他们自己在控制车辆一样进行测试（在主题设计内）。驾驶顺序应以这种方式保持平衡：驾驶人先在系统关闭的情况下在某一主题中驾驶，然后再将系统打开，对同一主题进行重复测试。然后对于接下来需要被测试的主题，驾驶顺序颠倒。这种做法无法消除偏置变量（例如习惯于测试路径或观察者和测试情况）的影响，但能够保证这种影响均匀分布于各种情况。

在开始试驾之前，驾驶人应被告知有关系统及其局限性（就像汽车经销商告知购车者一辆装有该功能的新车一样）的各类信息，并明确试驾目的是关于该系统的，而不是关于他们驾驶人的。他们还应该被告知要像往常一样开车，并且可以提出在研究过程中可能遇到的任何疑问或问题。在测试前应让他们进行 10min 的练习，以熟悉系统和测试情况。

一方面是要测试驾驶人在第一次认识系统时如何对新系统做出反应，另一方面是要观察当他/她习惯了系统时，他/她会怎样做。一些研究可以表明，驾驶环境（基础设施或车辆）的变化使驾驶人的初始行为变化显著，但这一初始变化在适应新情况后减弱。Hydén 和 Várhelyi[63] 评估了在瑞典瓦克斯霍大规模实施环岛的影响。Várhelyi 等人[64] 在评估了隆德市加速踏板的长期影响后发现，在长期（4~6个月）接触系统后，相对最开始行驶速度，显著下降趋势有所减弱。因此，还应评估使用新的 ADAS 或自动驾驶系统的长期影响。

一个有趣的问题是，非系统用户在混合交通环境中驾驶时会如何反应，因为类似系统的全面普及还需要很长一段时间。未装备系统车辆的驾驶人可能会模仿装备系统车辆的驾驶人的行为，在某些情况下，这种行为可能严重威胁交通安全。当然，只有在配备了系统的车辆开始在路网上行驶，并且与其他驾驶人互动一段时间后，才能评估这种影响。在评估对非使用者的影响时，需要查看的重要变量是行驶速度、对潜在危急情况的速度适应、处于"不安全状态"的频率和持续时间、与前方车辆的距离、车道选择、变道、车道保持、超车、停车、让车、交通信号灯处的行为、与其他道路使用者的交互和沟通。

12.6 结论

对 ADAS 和自动驾驶应用的用户相关评估问题有一个良好的概述是很重要的。

然而，由于与用户有关的评估资源往往有限，并非所有这些问题都可以被纳入评估中。但是，在决定哪些问题可以被纳入以及使用哪些方法和工具时，必须做出明智的决定。此外，还必须遵循一个系统化的评估过程，从制定研究问题、假设并确定指标和合适的数据收集方法和工具开始。

假设装配系统车辆的行为与观察结果一致，以驾驶人行为效应形式进行的用户相关评估结果，将成为交通仿真的重要依据，以评估在不同渗透率下的路网影响。交通模拟的输出将为有关系统的社会经济评估提供输入。

参 考 文 献

[1] Stanton, N.A., Young, M.S. Vehicle automation and driving performance. *Ergonomics*, 1998 41, 1014–1028.

[2] Smiley, A. Behavioural adaptation, safety, and intelligent transportation systems. *Transportation Research Record*, 2000 1724, 47–51.

[3] OECD. *Behavioural Adaptations to Changes in the Road Transport System*. Chicago, MI: University of Chicago Press. 1990.

[4] Parasuraman, R., Manzey, D.H. Complacency and bias in human use of automation: an attentional integration. *Human Factors*, 2010 52(3), 381–410.

[5] Preece, J., Rogers, Y., Sharp, H. *Interaction Design: Beyond Human Computer Interaction*. New York, NY: John Wiley & Sons. 2002.

[6] Jenness, J.W., Lerner, N.D., Mazor, S., Osberg, J.S. Tefft, B.C. Use of Advanced In-Vehicle Technology by Young and Older Early Adopters: Selected Results from Five Technology Surveys. Report No. HS 811 004. Washington, DC: US Department of Transportations, National Highway Traffic Safety Administration, USA. 2008.

[7] Merritt S.M. Affective processes in human-automation interactions. *Human Factors*, 2011 53, 356–370.

[8] Parasuraman, R., Riley, V. Humans and automation: use, misuse, disuse, abuse. *Human Factors*, 1997 39(2), 230–253.

[9] McBride, S.E., Rogers, W.A., Fisk, A.D. Do younger and older adults differentially depend on an automated system? Paper presented at the Human Factors and Ergonomics Society 54th Annual Meeting, San Francisco, CA. 2010.

[10] Merritt, S. M., Heimbaugh, H., LaChapell, J., Lee, D. I trust it, but I don't know why: effects of implicit attitudes toward automation on trust in an automated system. *Human Factors*, 2012. doi: 10.1177/0018720812465081.

[11] Halpert, R., Hill, R. 28 measures of locus of control. 2011. http://teachinternal control.com/uploads/LOC_Measures__1_.pdf [Accessed December 10, 2015].

[12] Merat, N., Hamish Jamson, A., Lai, F.C.H., Daly, M. Carsten, O.M.J. Transition to manual: driver behaviour when resuming control from a highly automated vehicle. *Transportation Research Part F: Traffic Psychology and Behaviour*, 2014 27(B).

[13] Trimble, T. E., Bishop, R., Morgan, J. F., Blanco, M. Human Factors Evaluation of Level 2 and Level 3 Automated Driving Concepts: Past Research, State of Automation Technology, and Emerging System Concepts. Report No. DOT HS 812 043. Washington, D.C.: National Highway Traffic Safety Administration. 2014.

[14] Endsley, M.R., Kiris, E.O. The out-of-the-loop performance problem and level of control in automation. *Human Factors*, 1995 37, 381–394.

[15] Shiff, B. An experimental study of the human–computer interface in process control. Unpublished thesis, University of Toronto, Department of Industrial Engineering, Canada. 1983.

[16] Parasuraman, R., Molloy, R., Singh, I.L. Performance consequences of automation induced 'complacency'. *International Journal of Aviation Psychology*, 1993 3(1), 1–23.

[17] Singh, I.L., Molloy, R., Parasuraman, R. Automation-induced monitoring inefficiency: role of display location. *International Journal of Man–Machine Studies*, 1997 46, 17–30.

[18] Sheridan, T.B. *Humans and Automation: System Design and Research Issues*. Santa Monica, CA: Wiley. 2002.

[19] Strand, N. When driving automation fails. Drivers experiences and interactions. PhD thesis, Chalmers University of Technology, Gothenburg, Sweden. 2014.

[20] Banks, V.A., Stanton, N.A., Harvey, C. Sub-systems on the road to vehicle automation: hands and feet free but not mind free driving. *Safety Science*, 2014 62, 505–514.

[21] McDonald, A.S., Davey, G.C.L. Psychiatric disorders and accidental injury. *Clinical Psychology Review*, 1996 16(2), 105–127.

[22] Funke, G., Matthews, G., Warm, J.S., Emo, A.K. Vehicle automation: a remedy for driver stress? *Ergonomics*, 2007 50(8), 1302–1323.

[23] Reimer, B., Mehler, B., Coughlin, J.F. *An Evaluation of Driver Reactions to New Vehicle Parking Assist Technologies Developed to Reduce Driver Stress*. Cambridge, MA: New England University Transportation Centre, Massachusetts Institute of Technology. 2010.

[24] Cummings, M.L., Mastracchio, C., Thornburg, K.M., Mkrtchyan, A. Boredom and distraction in multiple unmanned vehicle supervisory control. *Interacting with Computers*, 2013 25(1), 34–47.

[25] Farmer, R., Sundberg, N.D. Boredom proneness – the development and correlates of a new scale. *Journal of Personality Assessment*, 1986 50, 4–17.

[26] Stark, J.M., Scerbo, M.W. The effects of complacency potential and boredom proneness on perceived workload and task performance in an automated environment. Presented at the Human Factors and Ergonomics Society 42nd Annual Meeting. Chicago, October 1998, Vol. 42(23), pp. 1618.

[27] Prinzel, L.J., De Vries, H., Freeman, F.G., Mikulka, P. Examination of Automation-Induced Complacency and Individual Difference Variates. NASA/TM-2001-211413. 2001.

[28] Sawin, D.A., Scerbo, M.W. Effects of instruction type and boredom proneness in vigilance: implications for boredom and workload. *Human Factors*. 1995 37(4), 752–765.

[29] Brown, I.D. Prospects for technological countermeasures against driver fatigue. *Accident Analysis & Prevention*, 1997 29(4), 525–531.

[30] Maycock, G. Driver Sleepiness as a Factor in Car and HGV Accidents. TRL Report No. 169, Crowthorne, Berkshire, UK. 1995.

[31] Matthews, G., Desmond, P.A. Personality and multiple dimensions of task-induced fatigue: a study of simulated driving. *Personality and Individual Differences*, 1998 25, 443–458.

[32] Matthews, G., Desmond, P.A. Task-induced fatigue states and simulated driving performance. *Quarterly Journal of Experimental Psychology Section A: Human Experimental Psychology*, 2002 55(2), 659–686.

[33] Carsten, O., Lai, F.C.H., Barnard, Y., Jamson, A.H., Merat, N. Control task substitution in semi-automated driving: does it matter what aspects are automated? *Human Factors*, 2012 54(5), 747–761.

[34] Stanton, N.A., Chambers P.R.G., Piggott J. Situational awareness and safety. *Safety Science*, 2001 39, 189–204.

[35] Endsley, M.R. Toward a theory of situation awareness in dynamic-systems. *Human Factors*, 1995 37(1), 32–64.

[36] Perrow, C. *Normal Accidents: Living With High-Risk Technologies*. New York, NY: Basic Books. 1984.

[37] Wickens, C.D., Dixon, S.R. The benefits of imperfect diagnostic automation: a synthesis of the literature. *Theoretical Issues in Ergonomics Science*, 2007 8(3), 201–212.

[38] Nilsson, L. Safety effects of adaptive cruise controls in critical traffic situations. In: *Proceedings of the Second World Congress on Intelligent Transport Systems*, Yokohama, Japan, 9–11 November, 1995, pp. 1254–1259.

[39] Vollrath, M., Schleicher, S., Gelau, C. The influence of cruise control and adaptive cruise control on driving behaviour – a driving simulator study. *Accident Analysis and Prevention*, 2011 43(3), 1134–1139.

[40] Wiener, E.L. Complacency: is the term useful for air safety? In: *Proceedings of the 26th Corporate Aviation Safety Seminar*. Denver, CO: Flight Safety Foundation, Inc. 1981, pp. 116–125.

[41] Mosier, K.L., Skitka, L.J. Human decision-makers and automated decision aids: made for each other? In: Parasuraman, R., Mouloua, M. (Eds.), *Automation and Human Performance: Theory and Application*. Mahwah, NJ: Lawrence Erlbaum Associates. 1996, pp. 201–220.

[42] Domeinski, J., Wagner, R., Schoebel, M., Manzey, D. Human redundancy in automation monitoring: effects of social loafing and social compensation. In: *Proceedings of the Human Factors and Ergonomics Society 51st Annual Meeting*. Santa Monica, CA: Human Factors and Ergonomics Society. 2007, pp. 587–591.

[43] Harvey, C., Stanton, N.A., Pickering, C.A., McDonald, M., Zheng, P. A usability evaluation toolkit for In-Vehicle Information Systems (IVISs). *Applied Ergonomics*, 2011 42(4), 563–574.

[44] Adell, E., Várhelyi, A., Nilsson, L. The definition of acceptance and acceptability. In: Regan, M.A., Horberry, T., Stevens, A. (Eds.), *Driver Acceptance of new technology. Theory, Measurement and optimisation.* Ashgate. 2014, pp. 11–22.

[45] Adell, E., Nilsson, L., Várhelyi, A. How is acceptance measured? Overview of measurement issues, methods and tools. In Regan, M.A., Horberry, T., Stevens, A. (Eds.), *Driver Acceptance of New Technology. Theory, Measurement and Optimisation.* Surrey, UK: Ashgate. 2014, pp. 73–89.

[46] Endsley, M.R. Situation awareness global assessment technique (SAGAT). In: *Proceedings of the National Aerospace and Electronics Conference.* New York, NY: IEEE. 1988, pp. 789–795.

[47] Helton, W.S. Validation of a short stress state questionnaire. In: *Proceedings of the Human Factors and Ergonomics Society 48th Annual Meeting*, New Orleans, Louisiana, USA. 2004.

[48] Byers. J.C., Alvah, J., Bittner, C., Hill, S.G. Traditional and raw task load index (TLX) correlations: are paired comparisons necessary? In: Annual International Industrial Ergonomics and Safety. Cincinnati, OH: Taylor & Francis. 1989.

[49] Scerbo, M.W., Rettig, K.M., Bubb-Lewis, C.L. A validation study of a task-related boredom scale. In: *Proceedings of the 2nd Mid-Atlantic Human Factors Conference.* Washington, D.C. 1994. pp. 135–136.

[50] Van der Laan, J.D., Heino. A., de Waard, D. A simple procedure for the assessment of acceptance of advanced transport telematics. *Transportation Research Part C*, 1997 5, 1–10.

[51] Risser, R., Brandstatter, Ch. *Die Wiener Fahrprobe. Freie Beobachtung.* Wien: Literas Universitatsverlag. 1985.

[52] Hjälmdahl, M., Várhelyi, A. Speed regulation by in-car active accelerator pedal – effects on driver behaviour. *Transportation Research Part F: Traffic Psychology and Behaviour*, 2004 7(2), 77–94.

[53] Ting, P.H., Hwang, J.R., Doong, J.L., Jeng, M.C. Driver fatigue and highway driving: a simulator study. *Physiology & Behaviour*, 2008 94, 448–453.

[54] Singh, I.L., Molloy, R., Parasuraman, R. Automation-induced 'complacency': development of the complacency-potential rating scale. *International Journal of Aviation Psychology*, 1993 3, 111–121.

[55] Harvey, C., Stanton, N.A., Pickering, C.A., McDonald, M., Zheng, P., Context of use as a factor in determining the usability of in-vehicle devices. *Theoretical Issues in Ergonomics Science*, 2011 12(4), 318–338.

[56] Brook, J. SUS: a 'quick and dirty' usability scale. In: Jordan, P.W., Thomas, B., Weerdmeester, B.A., McClelland, I.L. (Eds.), *Usability Evaluation in Industry.* London, England: Taylor and Francis. 1996. pp. 189–194.

[57] Adell, E. The concept of acceptance. In *Proceedings of the 20th ICTCT-Workshop*, Valencia, Spain. 2007.

[58] Adell, E., Várhelyi, A., Nilsson, L. Modelling acceptance of driver assistance systems: application of the unified theory of acceptance and use of technology. In: Regan, M.A., Horberry, T., Stevens, A. (Eds.), *Driver Acceptance of New Technology. Theory, Measurement and Optimisation.* Surrey, UK: Ashgate. 2014. pp. 23–35.

[59] Venkatesh, V., Morris, M.G., Davis, G.B., Davis, F.D. User acceptance of information technology: toward a unified view. *MIS Quarterly*, 2003 27(3), 425–478.

[60] Adell, E. Driver experience and acceptance of driver support systems – a case of speed adaptation. PhD thesis, Lund University, Sweden. 2009.

[61] Várhelyi, A. Kaufmann, C. Persson, A. User-related assessment of a driver assistance system for Continuous Support – a real-life field study. *Transportation Research Part F: Traffic Psychology and Behaviour*, 2015 30, 128–144.

[62] Adell, E., Várhelyi, A., Dalla Fontana, M. The effects of a driver assistance system for safe speed and safe distance – a real life field study. *Transportation Research Part C*, 2010 19 145–155.

[63] Hydén, C., Várhelyi, A. The effects on safety, time consumption and environment of large scale use of roundabouts in an urban area: a case study. *Accident Analysis and Prevention*, 2000 32(1), 11–23.

[64] Várhelyi, A., Hjälmdahl, M., Hydén, C., Draskóczy, M. Effects of an active accelerator pedal on driver behaviour and traffic safety after long-term use in urban areas. *Accident Analysis and Prevention*, 2004 36, 729–737.

第13章 连贯的ITS成本效益分析——瑞典交通管理中ITS应用的效果和评估回顾

13.1 引言

将智能交通系统（Intelligent Transport Systems，ITS）和智能交通服务（Services）[1]投资的成本和效益与传统基础设施投资的成本和效益进行比较是很有必要的[2]。这种比较需要量化的数据。然而，部分采用 ITS 措施的影响难以量化[3]。

瑞典交通运输管理局（Swedish Transport Administration，STA）负责国家运输系统的长期规划，以及根据瑞典的国家运输政策建设运营和维护公共基础设施，因此他们需要明确建设 ITS 设备对社会的影响。

多年来，STA 为制定评估道路基础设施投资的标准做出了巨大努力，催生出了一系列具有量化影响评估的出版物，旨在界定投资之间的关系及其对社会的影响。这些规定能为所有类型的道路投资（包括 ITS 投资）提供成本效益分析（CBA）。尽管数次的尝试为评估 ITS 的影响建立了一个基础，但这些努力并没有形成完整的 CBA 模型。

STA 的一个长期目标是促进 ITS 的评估和后续工作，以便可以对此类投入进行汇总，这能让人们对 ITS 影响的认识和理解更加深入。这样一来，能够对比得到 ITS 和传统基础设施的实际效果。

为了调查和量化 ITS 措施的影响，STA 在瑞典开展了若干项目，其中部分项目与北欧合作伙伴共同完成。其中包括 TEMPO/Viking（用于评估 ITS 内欧盟项目的具有通用实践性和原则性的评估策略）（2003 年）、STEGLITSCONTRAM – IDAS – VIKING（ITS 评估指南，目的是为评估、报道以及在瑞典 ITS 信息的传播建立通用的实践基础）（2008 年）和 SEVITS［一个由 STA 和挪威公共道路管理局使用的，挪威交通经济研究所（TØI）开发的基于 Excel 的计算工具］（2013 年）。通过这些项目得出以下结论：采用 ITS 所产生的影响很多时候受制于特定的情况，因此其经济影响往往难以估计。而且 ITS 本质上是动态的，意味着系统需要不断响应流量的变化，而这使得估计影响变得更加困难。

由于以往瑞典现有的 CBA 工具中引入 ITS 的尝试基本上都是零散的，本章的目的是通过总结 ITS 在瑞典交通管理中的应用方法和结果，促进连贯 CBA 的建成。本章基于对四种 ITS 的影响评估和汇总：可变限速控制系统、匝道控制系统、行程时间和事件信息系统、高速公路控制系统（Motorway Control Systems，MCS）。目前，正以经济角度评估这些措施的效果。

不过，CBA 不足以描述基础设施对社会的全部影响。其中，有些影响可以量化，但从经济角度来说无法估价，而其他影响也很难量化。为了做出公正的判断，对 CBA 补充了非货币影响的判断。在瑞典，将其产生的影响（货币化影响和非货币化影响）和在社会层面上的分配影响结合起来，来判断运输政策的落实情况，以确保公民和社会机构的经济效益和为他们提供长期可持续的运输条件。

目标

本研究旨在为 ITS 的 CBA 与传统投资的可比性提供依据。进一步来说，本研究通过结合几项研究的结果，采用系统的方法，对 ITS 的影响进行研究。其目的还在于了解适用的研究可以为 STA 规划和决策过程中与传统基础设施进行比较提供何种程度的依据，其中包括如前文所述的对货币化影响、非货币化影响和其他影响的评估。这些研究在瑞典一直受到重视，因此需要对瑞典的情况进行适用性研究，并且为与瑞典最好的记录结果有关的指标建立可比性提供依据。瑞典的铁路和公路交通都由 STA 负责。而铁路的 ITS 往往庞大而复杂，不包括在本研究范围内，本研究只讨论公路基础设施的 ITS。

13.2 方法

该研究分三个步骤进行。
1) 文献研究（数据收集）。
2) ITS 措施的选择。
3) 专家研讨会（研究结果的验证）。

13.2.1 文献研究/数据收集

研究人员开展了一项包括研究相关出版物的文献研究。在该过程中没有收集新的数据；相反，该研究只是对可适用研究的概述。材料的研究顺序如下。
1) 瑞典的评估。
2) 瑞典的聚合。
3) 北欧的研究。
4) 欧洲的聚合。
5) 其他国际研究（相对较少）。

总之，这项研究是在严格的边界条件下进行的，其目的是针对瑞典在道路建设、交通密度、人口因素、规划原则、立法和其他 ITS 影响措施方面得出相关结果。优先级较高的研究往往由 STA 进行或委托进行，且重点放在可适用的路况上。

其次是对北欧国家的研究，因为它们在路况和规划原则方面有相似之处。在分享评估过程经验方面，北欧国家的公路当局之间也有合作的传统，即对彼此或联合研究中使用的评估方法都有一般的了解。接下来是欧洲的汇总研究。瑞典与欧盟在有关的评估研究（如 EasyWay 和 TEMPO 等）中也有着长期的合作、参与和观察传统。虽然这些项目在分享经验和传播知识方面有一定价值，但它们的评估结果来自许多不同地方，是在更一般的层次上汇总而成的。这导致该研究的适用性有限。最后，简要查阅了其他国际研究，以供参考。不过我们认为这些材料对这项工作的用处有限，因为其研究方法和适用条件往往与瑞典的情况相差很大。此外，也缺乏对相关 CBA 所需影响类型的说明。应该指出的是，对于斯堪的纳维亚以外的研究（non-Scandinavian），只涉及其英文文献。在这项工作中所有原始材料都来自瑞典（尽管国际研究已用于核实）。很重要的一点是，选定的研究需要具有可用精度的数据，因为影响过于广泛将导致分析无法进行比较。

13.2.2 ITS 措施的选择

只考虑先前用适当的方式评估过的 ITS 措施。此外，这些措施还必须由 STA 负责审议。而且，选定的系统也需要在瑞典运作，并考虑进一步的实施。由此，需要对高速公路相关系统保持关注。这也意味着忽略了诸如市政当局管理的停车指导系统之类的 ITS。

研究人员还对优先措施进行了研究，目的是估计各个 ITS 措施的影响，以及现有的评估汇总材料对制定连贯的 CBA 基础能提供的帮助。所有选定的措施都缺乏一个已完全建立的用于在现行 STA 准则范围内判断它们的经济影响的基础。

13.2.3 专家评估研讨会

专家研讨会作为这项研究的一部分，共举办了两次。首次研讨会在 2015 年 6 月举行，共有 15 位来自学术界、STA 以及从事 ITS 和/或 CBA 分析的咨询公司的人员参与。与会人员是根据他们的专业知识和职业精心挑选的。已将文献研究的结果汇编分发给参与者作为讨论的基础。研讨会的议程是讨论这些具体措施的需求、评估和影响。

研讨会目的是：①收集关于 ITS 措施的影响和经济评估的投入及交流经验；②讨论已知影响和评估有多少可用于经济评估，以便与非 ITS 措施进行相关比较；③讨论关于适用各类交通状况的基本要求/先决条件，以使相应的 ITS 措施行之有效；④促进有关 ITS 影响的知识传播。

根据这些活动中收集到的投入可得出一份咨询文件，其中就前面提到的四个 ITS 应用提出了影响评估建议。为核实结论及确认调查结果，举行了最后的审查研讨会。与上一次研讨会一样，大会由大致相同类别的与会人员组成，但通过公开邀请的方式进行了比较广泛的选择。此外，最后结论由一位外部高级 STA 专家独立审查。

13.3 结果

STA 决定将这些结果纳入现有的指导性文件,并将于 2016 年 4 月进行修订,确定的价值和实践将用于 STA 未来的分析。

调查结果和采用的价值,按衡量标准衡量。

13.3.1 行程时间/事故信息

1. 描述

ITS 可以为道路使用者提供行程时间和事故信息服务,让驾驶人在交通拥堵和发生事故时选择替代路线,从而减轻了交通压力,提高了出行效率[32]。

相关路况和行程时间的信息可以以不同的方式传达,信息对道路使用者的影响因信息的传达方式而异[33]。本研究中考虑的行程时间和路况信息是为已经开始形成的道路使用者服务的。此外,信息是通过路侧可变消息标志(VMS)传递的。

2. 根据所研究的评估和研讨会的投入产生的影响

所审查的资料来源[4-10]包括对一些具有不同特征的不同措施的评估。所有措施的一个共同特征是,都旨在告知与交通相关的事件,并促进模式转换或路线选择的更改。实现这一目的的手段各不相同;许多信息沟通策略都被采用了。这意味着很难创建行程时间/路况的统一视图。其中一项挑战是估计道路使用者根据信息实际在多大程度上改变了她/他的行为,以及这种适应将如何发生。似乎有一些研究试图从道路使用者的角度评估信息的有效性[33]。

行程时间/事故信息可能会缩短行程时间并提高交通安全性,因为更少的驾驶人会选择发生事故的路线。对行程时间和交通安全的影响程度取决于许多因素,例如,事件类型、事件发生的时间和替代路线的可用性。但由于影响范围大,而且影响因素很多,这里并没有给出出行影响的建议。然而,本研究中综合这些方面得出的结论是,从道路使用者的角度来看,一件事故发生时的信息价值是 SEK20/每人每次出行[11,12],对于减少行程时间在 ±10min 以内(行程不确定时间在 10min 以内)的事故信息来说是 SEK4/每人每次出行[7,11](SEK 为瑞典货币单位)。在关于事件信息的影响和对行程时间信息的非货币行驶时间积极影响的结论中,可以添加行程时间影响和交通安全影响作为非货币影响。

3. 采用值

表 13.1 ~ 表 13.4 中的值在经过关于行程时间和事故信息研究的系统分析以及研讨会的讨论后,供 STA 实施采用。

表 13.1　行程时间信息价值

行程时间信息		
参数	建议值	单位/先决条件
信息价值	SEK4，大约相当于 €0.4（2016年3月）	每人每次出行，减少行程时间在 ±10min 以内

表 13.2　行程时间信息价值

行程时间信息	
参数	非货币影响
出行效率	减少行程时间

表 13.3　事件信息价值（事件持续时间应至少为 30min）

事件信息		
参数	建议值	单位
信息价值	SEK20，大约相当于 €2.1（2016年3月）	每人每次出行每次事故

表 13.4　事件信息价值

事件信息	
参数	非货币影响
出行效率	减少行程时间
道路安全	减少事故数

4. 应用举例

除了愿意为与路况相关的信息付费之外，在行程时间反复出现不确定性的路段上，关于行程时间的信息也具有价值。出行者的行程时间一般为 5～10min，但在中断较大的情况下，行程时间的信息价值几乎等同于 SEK4[7,11]。此值单位是每人每次出行，作为确定在有 10min 重复随机时间变化的路段上行程时间信息价值的基础。

应使用 SEK20 每人每次行程作为计算基础，以便确定交通中断时事件信息的价值。使用此值时，中断的持续时间应至少为 30min。此外，还假定出行者被提前告知事件的原因、程度和后果。

13.3.2　匝道控制

1. 描述

在交通拥堵的高速公路上，通过入口匝道进来的车流可能会导致主干道的通行能力崩溃。通过匝道控制，可以调节进入的交通流量，以促进更顺畅的交通互动，避免高速公路上的通行能力崩溃，从而更好地利用交通系统的通行能力。匝道交通信号灯以短的红-黄-绿间隔打断连贯的交通流。这种类型的系统在美国和许多欧洲国家很常见,但在瑞典相对稀缺,只有少数地方安装了。

2. 根据所研究的评估和研讨会的投入产生的影响

匝道控制会影响高速公路和高速公路入口坡道上的行驶时间。如果设计不当,将导致与高速公路相连的地面公路网的交通受阻。红灯也会降低系统效率。在不同的研究中,红灯的影响大小在一定程度上是不同的[13-23]。关于瑞典实施情况的评估涉及斯德哥尔摩的 E4 Essingeleden[18,19]。当地评估的缺失是因为瑞典正在运行的系统数量有限(在进行本研究报告时有 4 个)。国际评估研究显示出与瑞典对主要道路平均速度的研究存在相似的影响。许多研究表明,在类似情况下,平均速度增长了约 10%[13-18,20]。匝道控制对交通安全有积极的影响,但影响程度不确定。然而,可以将交通安全影响作为一种积极的非货币影响添加到关于影响的综合结论中。此外,环境影响也被视为一种积极的非货币影响。

3. 采用值

表 13.5 和表 13.6 中的值在经过关于匝道控制研究的系统分析以及研讨会的讨论后,供 STA 实施采用。

表 13.5　匝道控制价值(一)

匝道控制		
参数	建议值	单位
主要道路平均速度	+10%	通过匝道后的平均速度增加值

表 13.6　匝道控制价值(二)

匝道控制	
参数	非货币影响
环境影响	减少排放
道路安全	减少事故数

4. 应用举例

匝道控制的影响在很大程度上取决于现场特定的交通状况。因此,详细的影响计算必须基于动态流量模拟模型。然而,为了对行程时间的影响进行参考性的计算,研究人员确立了一种近似方法。

该方法采用了一种简化的方式,其结果显示,当交通流量超过最大主干道通行能力的 80% 时,匝道控制可以将平均速度提高 10%。假设从入口匝道进入的车辆扰乱了主干道的交通,将导致速度比正常情况下低。而在使用匝道控制时,根据当前流量,平均速度会在正常速度的基础上增加 10% 直至达到正常速度。当前路段的相关速度/流量关系用于解释使用和不使用匝道控制的平均速度。

图 13.1 中的示例适用于郊区 6 车道道路,限速为 80km/h,最大通行能力

（Q_{max}）为4700辆车/h。行程时间（T）减少的计算方式如下：

$$T = Q_{max} ts \left(\frac{1.1}{v} - \frac{1}{v} \right) \tag{13.1}$$

式中，t 是当流量超过最大通行能力 80% 的时间段（小时数）；s 是路段长度（km）；v 是饱和流量速度（最大通行能力点）。

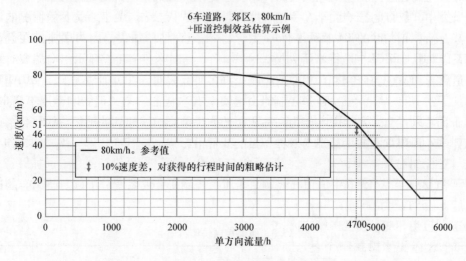

图 13.1 瑞典激活和未激活匝道控制系统的速度和通行能力之间的关系图

采用 1.5km 路段上的 6 车道道路进行示例，流量超过饱和流量 80% 的时间为 2h，这使得每天减少 28h 的行程时间[4700×2×1.5×(1.1/51 - 1/51) = 28h]。

在计算中考虑与附近高速公路路口的距离，以及受该措施影响的高速公路部分的距离，是非常重要的。

此外，计算中使用路段的时间段和长度亦须清楚列明及注明。且只有假设通行能力限制与特定的流量交汇处的通行能力无关时，计算才是有效的。这意味着，应该在这种情况下考虑附近的交通交汇处及其对总交通状况的影响。

13.3.3 可变限速控制

1. 描述

在许多不同的情况下，可变限速可能很有用。例如，速度可以随天气条件、交通安全、交通强度或其他参数变化。从瑞典的角度来看，对可变限速影响最大的因素之一是交通管制。对于延伸的道路（通常是高速公路）来说这非常有效，而且可以改善交通流量条件，实现均质化影响以及提高交通安全性。因此，限速变化的控制参数是交通强度，而不是天/年的时间因素或任何其他因素。

2. 根据所研究的评估和研讨会的投入产生的影响

由于车辆速度总体较低，可变限速控制导致道路通行能力增加[18,19,24-31]。在平均车速至少为 80km/h 和常规车速的减少量至少为 10km/h 的情况下，可变限速可最大限度地提高通行能力[18]。几项研究表明，在这种情况下，可变限速将使通行能力增加 5%[19]。速度均质化的影响在限速至少为 110km/h 或 120km/h 的公路上最为明显[18,19]。这些限速在瑞典是比较少见的。在瑞典的城市道路环境中，与交通通行能力相关的问题经常发生，因此当地速度限制通常较低。

没有足够的证据就适合计算环境影响的数值给出明确的建议。有迹象表明，这一措施可能带来积极的环境影响。因此，在关于影响的结论中，有可能将环境影响作为积极的、非货币性的影响。研究还表明，交通管制的变速限制可减少 10% 的事故发生[18]。

3. 采用值

经过关于可变限速研究的系统分析以及研讨会的讨论后，表 13.7 和表 13.8 中的数值已被 STA 采纳用于实施。

表 13.7　可变限速控制价值（一）

流量控制变速限制		
参数	建议值	单位
通行能力	+5%	有变速限制的路段上通行能力增加值
事故	−10%	有变速限制的路段上事故率的减少量

表 13.8　可变限速控制价值（二）

流量控制变速限制	
参数	非货币影响
环境影响	减少排放

4. 应用举例

可变限速控制的影响与本地交通状况和道路设计密切相关。因此，需要在动态交通模拟模型中精确而详细地测量影响，并使用交通流量和速度的详细数据。然而，研究人员已经建立了一种近似计算行程时间潜在影响的近似方法。

该方法采用了一种简化的方式，即当交通流量超过最大主干道通行能力的 80% 时，可变限速控制可增加 5% 的交通流量。当交通流量超过最大道路通行能力的 80% 时，可变限速控制系统便会被激活。最初，系统的激活意味着由于速度限制的降低而导致平均速度的降低。当流量趋于饱和时，与系统未激活时的测量值相比，平均速度保持不变。然而，研究人员在计算中忽略了速度的增减，且在系统激活的整个期间都使用了饱和流量下的速度差。

图 13.2 说明了实施前后的速度示例。

图 13.2 中的示例适用于郊区 6 车道道路，限速为 80km/h，最大通行能力（Q_{max}）为 4700 辆车/h。行程时间（T）减少的计算方式如下：

$$T = Q_{\max} ts \times \left(\frac{1}{v_0} - \frac{1}{v_1}\right) \tag{13.2}$$

式中，t 是当流量超过最大通行能力 80% 的时间段（小时数）；s 是路段长度（km）；v_0 是大于饱和流量 5% 的速度（根据速度/流量关系）；v_1 是饱和流量速度（最大通行能力点）。

采用 1.5km 路段上的 6 车道道路进行示例，流量超过饱和流量 80% 的时间为 2h，这使得每天减少 51h 的行程时间 [4700×2×1.5×(1/43 − 1/51) =51h]。

计算中使用路段的时间段和长度亦须清楚列明及注明。

此方法应仅用于初步的和指示性的影响计算，以确定道路路段，做进一步分析。为了进行进一步分析，计算过程最好是动态的，并以 5min 间隔内的流量和速度详细数据为基础（与示例中基于平均值的方法相反）。在这种情况下，其影响基于两个主要因素：通行能力崩溃的时间延长量和通行能力崩溃前后的速度差异。

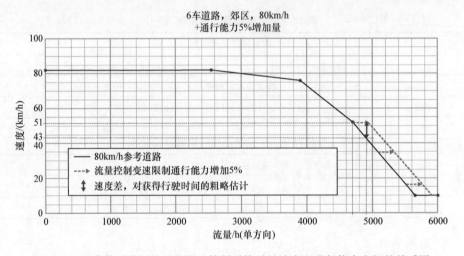

图 13.2 瑞典使用激活的可变限速控制系统时的速度和通行能力之间的关系图

13.3.4 MCS

1. 描述

MCS 是包含多个子系统的系统。其总体目的是提高通行能力和道路安全性，并促进道路的救援和维护工作。该系统的核心是控制和监视功能，通常位于交通控制中心。影响道路使用者的系统可以是车道控制标志、可变速度限制和排队警告。MCS 在世界各地交通强度大的高速公路上很常见。在瑞典最大的城市及其周围地区，进行了用于改善现有系统以及引入新系统的投资。

2. 根据所研究的评估和研讨会的投入产生的影响

各类文献中几乎没有一致的证据可以证明 MCS 的作用[18,19,30,31]。这可以解释为 MCS 是一个包含多个子系统的措施，旨在实现系统级的效果。由于子系统的设置不同，MCS 跟其他系统是很难进行比较的。从瑞典的角度来看，关于 MCS 最全面的研究是尼桑的《斯德哥尔摩高速公路控制系统（MCS）影响评估》的研究报告[31]。这个研究[31]举例说明了 MCS 增加通行能力的迹象。然而，似乎没有足够的证据来得出明确的结论。由于存在 MCS，不认为驾驶人开车时有明显的速度变化。其他研究强调交通流量的同质化是 MCS 的一个重要影响[18]。此外，排队警告还有助于减少 20% 的追尾事故[18]。然而，没有足够的证据就适合计算环境影响的数值给出明确的建议。

根据讲座/研讨会的结果，我们得出结论，在进行高速公路养护工作时，MCS 可以提高高速公路养护工作的有效性和安全性。此外，我们还发现了一种非货币效应：在路边养护作业时，车道管理功能可以提高可达性和更高的安全性。

3. 采用值

经过关于 MCS 研究的系统分析以及研讨会的讨论后，表 13.9 和表 13.10 中的数值已被 STA 采纳用于实施。

表 13.9 排队警告价值

MCS 中排队警告功能		
参数	建议值	单位
事故	−20%	当系统被激活后，追尾冲突率减少

表 13.10 车道管理价值

MCS 中车道管理功能	
参数	非货币影响
路侧设备养护过程和一般道路作业	提高效率

4. 应用举例

MCS 的行程时间影响可能与可变限速控制子系统的影响有关。在这种情况下，可以应用前面描述的可变限速控制的例子。因此，可变限速控制作为 MCS 的一部分，受到道路设计和交通状况因素的极大影响。因此，需要关于交通流量和速度的详细数据来对 MCS 的影响进行详细评估。然而，对于行程时间（可变限速控制的影响参数），可以使用一种近似计算行程时间潜在影响的方法。这是基于以下的假设：当被分析路段的交通流量超过最大通行能力的 80% 时，通行能力会普遍增加 5%。上个例子中的图 13.2 说明了实施前后的速度示例。计算中使用路段的时间段和长度应明确说明。

13.4 讨论

本研究的目的是为 ITS 中的 CBA 与传统投资的可比性提供依据。更具体地说，该研究通过结合若干研究的结果，采用系统的方法，调查了 ITS 对交通管理的影响。

对这四种 ITS 措施的分析，人们了解到原始数据是否具有足够的质量以便用于可比性目的。对不同来源的研究也得出了一些一般性的结论。其中一个推论是，尽管存在许多评估，但研究仍缺乏经验数据。

几项研究描述了系统在一般层面上的影响，在影响的大小方面变化较大。例如，可变限速控制可减少 20%～40% 的交通相关损害。这种判断上的差异减少了其在计算和评估中使用的任何可能性，例如 STA 使用的 CBA 工具。这是因为需要 CBA 之间的可比性。

尽管对一项具体措施有若干适用的研究，但评估往往描述不同类型的影响。例如，对排队警告系统的一项评估可以描述为对排队的影响，而另一项研究则描述为对追尾冲突的影响。这使得研究变得比较困难。此外，通常只描述正面影响，而负面或小的影响可能被忽略。这增加了正确评估特定 ITS 措施影响的难度。

在许多情况下，由于进行评估的情况不清楚，研究很难就一项措施的影响得出结论。在实施措施之前和之后，交通状况的确切性质并不清楚。因此，有必要在评估前进一步明确评估是如何进行的，以及明确具体的交通状况。

此外，在已研究的 ITS 评估中，有一种倾向是只调查一个参数，或者只调查几个参数，因此没有提供对影响的全面说明。关于 ITS 对提高通行能力的贡献，应当指出的是，最大通行能力不是一个静态的概念，它可以因许多交通因素而异。这意味着，在理论上正确的情况中，由 ITS 引起的流量改善必然与动态最大通行能力相关。在实际中，这意味着所讨论的应用示例均基于简化以便使估计可行。

对系统和与之相关的发现的简要讨论如下。

行程时间信息和事件信息可能有不同的用途，并且可以以不同的方式进行应用。这类措施的影响评估方式与其他三种 ITS 措施不同，因为它们是信息系统（控制系统）。由于在瑞典进行了一些研究，用户对这些措施的评估有货币方面的估计依据。这些估计是影响评估的基础。也可以通过额外的研究和数据来完善结果。

匝道控制是一种在瑞典使用量有限的系统，尽管正在推广实施。然而，在美国，针对这些类型的措施有许多系统以及丰富的经验和知识库。必须正确应用匝道控制才能达到预期效果。仅在调节通往接近最大容量的主干道的匝道交通流量时才有用。然后，匝道控制系统只能在通行能力不崩溃的情况下使主干道上的流量尽可能接近最大值，从而提供最佳的系统通行能力。但是，必须特别注意诸如红灯冲突和匝道排队向后延伸到当地交通系统，导致当地道路交通拥堵的因素。关于匝道控制某些影响的知识在国际上是已经确定的，而经验数据在瑞典是有限的。

可变限速控制已在瑞典和国外被实施和评估多年，对交通影响的估计可以作为量化效益评估的基础。其中重要的一点是要驾驶人对可变限速标志的服从，以使系统有效。还值得注意的是，速度均质化是该系统的主要优势之一。这不仅提高了通行能力，还缩短了驾驶时间，而且由于车速差异降低，提高了交通安全性。

MCS 是由子系统组成的 ITS 措施，其中车道管理、变速限制和排队警告最为常见。MCS 是最难评估的系统，因为需要安装多种多样的不同类型的设施，而且难以估计系统的总体影响。与 MCS 直接相关的影响是车道管理的非货币影响和由于排队警告影响而导致的事故减少。可变限速控制既可以是 MCS 系统的一部分，也可以被用作独立的系统。在这项研究中，变速限制主要视为一个独立的系统，但也作为 MCS 的应用举例。综上所述，可以得出结论，MCS 的影响在很大程度上是不确定的，特别是 MCS 的系统影响。

13.5 结论

本研究旨在为 ITS 中的 CBA 与传统投资的可比性提供依据。更具体地说，该研究旨在利用系统的方法，结合几项研究的结果来调查 ITS 的影响。其目的是了解适用性研究在何种程度上可以作为在 STA 规划和决策过程中比较 ITS 与传统基础设施的基础，其中包括货币影响、非货币影响和其他影响。

这个目的是通过包括系统的文献研究和专家研讨会在内的一些过程实现的。该过程研究了可变限速控制、匝道控制、行程时间/事故信息和 MCS 四个选定的 ITS 措施。研究结果将成为该领域进一步发展工作的基础，其目标是为适用所有 ITS 措施的一致的 CBA 奠定坚实的基础。

目前已经能够就所选择的 ITS 措施的影响得出一些基本结论。这些结果将作为 STA 规划过程中 ITS 影响可比性的初步依据。

这项工作已经过一个专家小组的核实，并已被采纳用于影响评估，影响评估的结果可以用于对适当的基础设施进行选择和排序。然而，它无法描述所有的影响。有些影响是用货币来描述的，有些是用其他方式来描述的，还有一些影响根本没有被描述。尽管如此，这一结果仍应被视为迈向 ITS 中一致的 CBA 的一步，并有助于阐明这些影响的规模。它还可以作为一个指标，表明具体的 ITS 措施是否与根据 STA 规划和决策过程进行扩展分析的进一步研究相关。

13.6 进一步的工作

STA 的长期目标是，对 ITS 影响的高质量评估可与基础设施的评估相比较。因为 CBA 是基础设施项目初始阶段和过程中的重要工具。这意味着，对 ITS 措施的额外研究会产生高质量的量化评估。为了实现这一发展，需要对各类措施的相关性和质量进行评估。在此过程中需要回答的具体问题是：对 CBA 有用的评估有哪些要求？我们如何区分 ITS 相对于周围基础设施的总体影响，以及如何促进更多更好的 ITS 评估？

今后的发展应包括核实所研究的 ITS 措施的完全影响。愿景是能够描述所有相关的 ITS 措施的所有相关影响。因此，有必要进行一些研究，明确强调 ITS 与其他交通相关情况的实际影响。应该指出的是，与其他基础设施手段和投资相比，在一般 ITS 措施的影响得到充分记录之前，仍有许多工作要做。最后，应建立一个系统的评估框架，该框架应适用于所有新的 ITS 投资。

参 考 文 献

[1] EC DG MOVE C-ITS Platform, "Final report"; 2016.
[2] Jianwei, H.E., Zhenxiang, Z., Zhiheng, L.I., 2010. "Benefit evaluation framework of intelligent transportation systems". Journal of Transportation Systems Engineering and Information Technology 10, 81–87.
[3] Newman-Askins, R., Ferreira, L., Bunker, J.M., 2003. "Intelligent transport systems evaluation: from theory to practice". In Jaeger, V. (eds.), Proceedings 21st ARRB and 11th REAAA Conference, Cairns.
[4] EasyWay., "Multi-modal Traveller Information Service, Trafikken.dk/ Hovedstaden, Denmark"; 2009.
[5] Tempo, "UK-TMC Service Evaluation 1998–2001"; 2003.
[6] Tempo, "Traffic Scotland Web Information Services"; 2008.
[7] TØI, "Trafikanternes värdesättning av information i samband med arbetsresor? TØI rapport 620"; 2006.
[8] VIKING, "Overview of evaluations, MIP2005"; 2006.
[9] TÖI, "Verktöy för virkningsberegning av ITS-tiltak"; 2013.
[10] Vejdirektoratet, "Vaerdisaettning af trafikinformation"; 2013.
[11] Börjesson, M., Dillén, J., Lind, G., Avery, R.P., "Trut – information search cost and benefits of traffic information", 15th World Congress on Intelligent Transport Systems and ITS America Annual Meeting. New York, 16–20 November 2008.
[12] Väverket, "Verifiering av nyttan med bätre trafikinformation? Väverket Publikation"; 2009:43.
[13] CEDR, "Ramp Metering, CEDR Fact Sheet Task 12"; 2011.
[14] EasyWay, "Evaluation of Ramp Metering on the A10 Amsterdam Ring Road"; 2011.
[15] EasyWay, "EURAMP Deliverable 6.3"; 2007.
[16] FDOT, "District Six ITS ANNUAL REPORT – Fiscal Year 2008/2009"; 2009.
[17] Highways Agency, "Integrated Traffic Management at Junction 33 of the M1, Evaluation Report"; 2008.
[18] Lind, G., Lindkvist, A., "Aktiv hötrafikledning – Kunskapsdokument och tillämpningsråd". Stockholm: Movea; 2010.
[19] Lindkvist, A, Lind, G Lindqvist E, Kronborg, P, "ITS i kapacitetsutredningen, behov, system och effekter". Stockholm: Movea; 2011.
[20] Tempo Evaluation Expert Group, "Design, Setting Up and Installation of Ramp Metering on Motorways Intersections"; 2009.

[21] Tempo Secretariat, "UK-M6 Motorway Ramp Metering 1986–1997"; 2004.
[22] EasyWay, "Guideline for the Deployment of Ramp Metering – DG03"; 2012.
[23] TÖI, "Verktöy för virkningsberegning av ITS-tiltak"; 2013.
[24] Strömgren, P., Lindkvist, A., Kronborg, P., "E4/E20 Södertäljevägen: Effekter av trafikledning, vägrensutnyttjande och nödfickor". Stockholm: Movea; 2015.
[25] EasyWay, "Guideline for the Deployment of Speed Control/Variable Speed Limits – DG02"; 2010.
[26] TEMPO, "M25 Controlled Motorway Summary Report"; 2006.
[27] VIKING Evaluation Group Sweden, "Traffic Controlled Variable Speed Limits"; 2009.
[28] VIKING, "Overview of Evaluations, MIP2005"; 2006.
[29] Väverket, "Variabel hastighet – en lysande idé"; 2008.
[30] Federal Highway Administration, "Active Traffic Management: The Next Step in Congestion Management"; 2007.
[31] Nissan, A., "Evaluation of Variable Speed Limits: Empirical Evidence and Simulation Analysis of Stockholm's Motorway Control System". KTH Royal Institute of Technology, Stockholm, Sweden; 2010.
[32] Skoglund, T., Wallgren, P., Karlsson, M., Franzén, S., "Users' perception and reported effects of long-term access to in-vehicle traffic information services mediated through Nomadic devices: results from a large-scale inter-European field operational test". Transport and Telecommunication Journal, 2015, 16, doi:10.1515/ttj-2015-0018.
[33] Skoglund, T., "Effects of long-term access to ICT-mediated travel information services – users' assessments and reported behavioural changes? Doctoral thesis, Chalmers University of Technology, Göeborg; 2014.

第14章 智能交通系统的有效性：潮湿天气试验

14.1 背景

M1 高速公路（前身为 F3 高速公路）是国家公路网的重要组成部分，全长 127km，连接悉尼和纽卡斯尔以及中部沿海地区。这条路是国家最重要的运输交通路线之一，平均每个方向的年日均交通量（Annual Average Daily Traffic，AADT）为 37000 辆。据报道，M1 是相同类型和相同通行能力的公路中追尾事故数量最多的一条公路，主要原因是道路线形多为曲线且路面起伏不平。其中，霍克斯伯里河（Hawkesbury River）至白山（Mount White）重型车辆检查站（Heavy Vehicle Checking Station，HVCS）之间的路段碰撞率较高，主要原因是该路段为弯道且坡度大（图 14.1）。此处智能交通系统（ITS）的核心功能是在潮湿天气条件下降低车辆速度。

图 14.1　潮湿天气试验方案位置图

14.2 快速回顾

道路和海事服务（RMS）会根据 NSW（新南威尔士州）的速度分区指南对该州道路的不同路段进行定期速度审查，这也是"限速区段审查－排名前100道路"项目的一个部分。速度审查包括许多因素，如道路环境、交通特征和每条道路的碰撞情况。该速度审查是基于路线的，以确保速度限制可以满足道路安全和交通需求的平衡，并且要全面考虑路线或管辖区的速度变化所带来的整体影响。

在1999年以前，在M1高速公路的霍克斯伯里河至白山段，双向行车速度为110km/h。由于这段道路的碰撞率较高，在1999年6月，双向行车的速度限制削减至100km/h。在2000年至2005年间，该路段又有4人死亡，其中3人为北行（NB），1人南行（SB）。随后，RMS委托 Tierney Page Kirkland Pty Ltd 对该路段进行了一项风险评估，并提出一项利用 ITS 安装可变限速方案［潮湿天气试验（Wet Weather Pilot，WWP）］的计划。

14.3 ITS 解决方案

WWP方案是一个ITS方案，旨在对天气进行全天候监控，并在开始下雨即路面变得潮湿时，将安装在道路龙门架上的可变限速标志（Variable Speed Limit Signs，VSLS）上显示的速度更改为一个较低的限速。在良好天气条件下，路段限速保持在100km/h，但当电子传感器检测到潮湿路面状况时，路段的速度限制将降至90km/h。区域地图显示的ITS组件于2006年4月被安装在两个不同地点：南向北方向的点1和点2，如图14.1所示。

该系统通过安装与路面齐平的湿气传感器和在路侧基座上的雨量传感器来检测降雨，实现路面湿滑的感应检测。基于检测数据，安装在道路龙门架上的可变限速标志可以发布驾驶人在干（晴天）和湿（雨天）条件下的合法限速。一旦雨滴落在雨量传感器上，VSLS上显示的100km/h的干燥天气限速将更改为90km/h的潮湿天气限速。同一位置还建有超速抓拍系统进行非现场执法，确保系统限速能够强制执行。

WWP方案通过安装在南向北车道两个位置上的传感器和可变限速标志实现其功能。第一组雨量传感器和可变限速标志安装在图14.1所示的WWP1（点1）上。第二组传感器和可变限速标志安装在2km外的WWP2（点2）上。当可变限速标志上的限速从100km/h变为90km/h时，WWP系统会通知限速抓拍设备。当你从M1高速公路上的霍克斯伯里河向北行驶时，首先会看到WWP1显示的限速值，这为你提供了足够的反应时间，以使你的车速减慢到90km/h的较低速度限制（若遇到潮湿情况）。WWP2处的限速抓拍摄像头则会强制执行法定限速。

14.4 道路和速度环境

本节研究分析的路段部分包括从霍克斯伯里河向北延伸到白山重型车辆检查站（HVCS）的高频碰撞区，即南向北约 5.4km 和北向南约 5.8km。车道宽度一般在 3.7m 左右，南向北和北向南车道的路肩为 2~3m 宽。从历史上看，该双车道路段碰撞事故频发。由分析的数据表明，在 2006 年之前，南向北车道上的碰撞事故数量明显高于北向南车道，即两条车道的道路状况不同。在南向北车道上，高速公路 M1 在霍克斯伯里河与 WWP2 之间存在转弯，在 WWP1 和 WWP2 之间的路段则略微趋于平缓，而后从 WWP2 向白山 HVCS 的路段则陡峭倾斜，从道路高度下降开始直到 HVCS 附近趋于平缓。对于北向南方向，从白山 HVCS 到霍克斯伯里河有一个持续的斜坡，还有一些轻微的转弯。为了达到本研究的目的，必须了解试验对象道路环境中可能影响交通特征和碰撞次数的其他缓解因素、措施和物理变化。接下来的小节将对这些要素进行解释。

14.4.1 速度变化

1992 年初的复活节期间，该路段的限速由于一些撞车事故首次由 110km/h 调整至 100km/h。然而，这次限速调整只维持了几个月，并在同年圣诞节前，车速限制又被调回到 110km/h。1999 年，同样由于一些严重的撞车事故，该路段的车速又从 110km/h 降至 100km/h。该路段在 2001 年发生了两起更严重的撞车事故后，两条车道的限速进一步降至 90km/h。2006 年，公路部长对该路段进行了干预，将干燥天气情况下的南向北交通限速提高到 100km/h，而在潮湿条件下则恢复到 90km/h，该限速是通过 WWP 方案来维持的。北向南车道尚未安装 ITS，在干燥和潮湿条件下，该路段的限速固定为 90km/h。研究人员分析了南向北和北向南车道在 2006 年以前降低限速对碰撞的影响以及 2006 年后限速值变化的进一步影响。

14.4.2 道路几何条件变化

纵观近年来高速公路 M1 的施工工作，我们可以获得在 WWP 方案实施之前且记录在 Ozroads 上的若干活动记录（见参考文献 [1]）。另外，许多新闻文章和信息网站上也提供了有关最新施工建设的一些详细信息，还有开发阶段的倡导者 Paul Rand[2] 和关于施工日期的新闻（见参考文献 [3]）。此外，澳大利亚政府基础设施和区域发展部的新闻公告可提供最新工程建设的施工日期（见参考文献 [4]）。这些工作可以概括如下：

1) 霍克斯伯里河和白山之间的南向北和北向南路段各有两条车道，然后每个方向被改造为三条车道。这项工作于 2004 年 5 月完成。

2) 霍克斯伯里河以北的乔尔斯桥（Jolls Bridge）被拓宽，以适应六车道的通行能力。这项工作于 2004 年 5 月完成。

3）2002 年至 2004 年间，对白山和卡尔加之间的公路（4 至 6 条车道）进行了拓宽，并提高了白山以北的卡尔加立交桥的吞吐量，该工程于 2004 年 12 月完成。

4）2006 年之后，没有发现对碰撞率有任何影响的施工工作或道路几何变化的记录。

由于施工工作，该地区道路封闭，且根据施工强度的不同，许多地点的限速不时降低，这导致了在此期间经常发生撞车事故。

数据显示，在 2004 年 12 月建设期结束后，南向北方向的碰撞率呈指数上升趋势。

14.4.3 标志和图形轮廓变化

如第 14.4.1 节所述，高速公路 M1 的这一部分路段的限速在过去二十年中已多次改变，静态标志标牌也已被相应地更换。从 1999 年起，该路段的限速分两步由 110km/h 改为 90km/h，两个方向路段的 90km/h 限速一直持续到 2006 年实施 WWP 计划为止。从此，限速仅在南向北方向路段中可变，即干燥条件时为 100km/h，潮湿条件时为 90km/h。

自 2006 年以来，当局已安装了新的静态标志标牌，提醒驾驶者注意变速区，即在南向北方向路段潮湿条件下的限速为 90km/h。此外，在道路龙门架上的可变限速标志用于显示法定或经授权的速度限制。南向北方向中的限速抓拍摄像头可帮助执行该速度限制。

14.5 分析

我们从道路安全碰撞网站[5]获取了在实施 WWP 计划之前和之后的 7 年里干湿路面情况下的碰撞事故数据。在同一期间，我们还获取了所需路段的交通量［以百万车辆千米（Million Vehicle Kilometres Travelled，MVKT）为单位］。根据 RMS 的可用数据，研究人员编制了一份可能的案例清单进行分析。

14.6 发现

研究人员对不同的可能场景进行了详细比较，以便更好地了解实施 WWP 方案后干湿条件下的碰撞事故次数的变化。以下各节将介绍这些场景。

14.6.1 干燥和潮湿条件下的总体碰撞事故

在实施 WWP 计划之前，南向北和北向南方向路段的碰撞事故数量在高点和低点之间波动很大。原因之一是在 2000 年至 2004 年间，该地区由于施工采取了交通管制并张贴了限速 40km/h 的静态标志，使得车辆行驶速度降低。实施 WWP 计划后，南向北和北向南方向路段的碰撞事故次数明显减少，前期的波动也大大减弱。我们还了解到，该系统的安装不需要道路施工或更改几何线形。同时，值得注意的是，在 1996～2005 年期间，南向北路段的碰撞次数比北向南路段的多得多（比北向南碰撞多 29%，即 61 起）。将 2007～2013 年期间（即 WWP 安装后）与 ITS 安装前的 7 年时间的数据进行比较，我们可以得到：

1. 南向北

南向北的碰撞数量减少了 25%，即减少了 52 次碰撞，在干燥条件下减少了 23 次碰撞，在潮湿条件下减少了 29 次碰撞。我们还观察到，在 1999～2005 年期间，潮湿条件下的碰撞总数为 127 次，远远多于在干燥条件下发生的 80 次。由于该地区每年平均只有 100 天的雨天，因此在潮湿条件下发生的撞车事故数量被认为是很多的（参见参考文献 [6]）。碰撞数据显示，在 2006 年安装 ITS 后，南向北碰撞次数的平均标准偏差降低了 73%（标准偏差值请参见表 14.1），碰撞事故的变化趋于平稳。

2. 北向南

北向南的碰撞数量减少了 27%，即减少了 40 次碰撞，在干燥条件下减少了 5 次碰撞，在潮湿条件下减少了 35 次碰撞。我们还观察到，在 1999—2005 年期间，潮湿条件下的碰撞总数为 103 次，是干燥条件下发生的 43 起碰撞的两倍。由于该地区每年平均只有 100 天的雨天，因此在潮湿条件下发生的碰撞事故数量被认为是很多的（参见参考文献 [6]）。碰撞数据显示，安装 ITS 后，北向南碰撞次数的平均标准偏差减少了 55%（关于标准偏差值，请参阅表 14.1）。

图 14.2 和图 14.3 显示了南向北和北向南所有类型的碰撞（干湿条件）平均数量的减少。南向北路段在干燥条件下的改善更为显著，碰撞次数减少 29%，北向南则减少 12%。值得注意的是，南向北路段在干燥条件下的限速为 100km/h，比北向南路段的限速高 10km/h。因此，为了达到较高的碰撞次数减少值，南向北方向路段的数据从统计角度更加显著。在同样的 90km/h 速度下，南向北潮湿条件下的碰撞减少率为 23%，而北向南潮湿条件下的碰撞减少率为 34%。从历史数据来看，南向北路段的弯曲线形和陡峭道路使得它与北向南路段相比更容易发生碰撞。与 1999 年至 2005 年的北向南路段的数据相比，南向北路段的交通事故增加了 34%，这些数据证明了上述倾向。高速公路 F3 这一路段的几何特点是陡峭，然后紧跟一个急剧下降的陡坡，这对在南向北路段行驶的重型车辆来说尤其具有挑战性，该路段也与北向南路段相比更容易发生碰撞事故。同时，南向北路段碰撞事故次数增加的另一个原因是南向北路段的平均 MVKT（百万车辆千米）高于北向南。

表 14.1 南向北和北向南的车流量

时期	MVKT
平均 MVKT 南向北 1999—2005 年	74
平均 MVKT 南向北 2007—2013 年	78
平均 MVKT 北向南 1999—2005 年	70
平均 MVKT 北向南 2007—2013 年	74

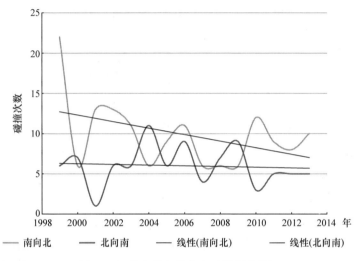

图 14.2 南向北和北向南（干燥条件）

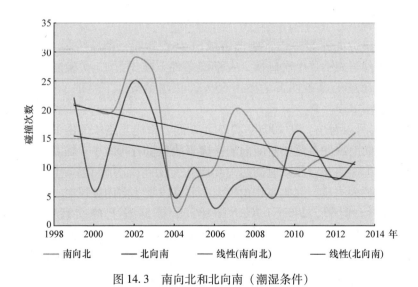

图 14.3 南向北和北向南（潮湿条件）

与北向南路段相比，南向北路段在所考虑时期内的平均流量高出 400 万车辆千米（参见表 14.1）。

该系统的设计目的是显示在潮湿天气下南向北方向路段降低的限速。但需要注意的是，限速抓拍摄像头也应与潮湿天气系统安装于同一位置。南向北方向路段干燥情况下的碰撞事故减少 25%，反映了执法系统增强了驾驶人在限速范围内驾驶的认识，以及 WWP 的存在对整个驾驶安全的总体影响。虽然，ITS 解决方案仅在南向北方向路段中实现，但我们看到北向南方向路段中的碰撞次数也减少了。这一现象的产生可能是因为全球定位系统（GPS）在车辆由北向南行驶时错误识别南向北方向车道上的速度摄像头导致的，这会给北向南方向上的驾驶人造成该路段上也存在限速抓拍摄像头的假象。除非驾驶人每天都行驶在这条线路，并且非常确定测速摄像头只在南向北方向上，否则对于拥有 GPS 的汽车来说，错误识别会使驾驶人倾向于减速到限制速度之内。北向南方向路段的驾驶安全改善也可能是由于警察每天（特别是在周末和节假日）巡逻所造成的。

14.6.2 干燥和潮湿条件下的伤害碰撞事故

在安装 WWP 系统之前，伤害碰撞占南向北路段碰撞总数的 25%，占北向南路段碰撞总数的 34%。以下是南向北路段和北向南路段安装 WWP 系统后的效果。

1. 南向北路段

根据现有数据，南向北路段的平均伤害碰撞事故数量增加了 27%，即增加 14 次碰撞，分别为 10 起在干燥条件下的碰撞事故和 4 起在潮湿情况下的碰撞事故。然而，在干燥条件和潮湿条件下，伤害碰撞事故的波动分别增加了 36% 和 43%（标准偏差值请参见表 14.1）。

2. 北向南路段

对于北向南方向路段，伤害碰撞事故减少了 29%，即减少了 14 次碰撞；其中，在干燥条件下减少了 1 次碰撞，在潮湿条件下减少了 13 次碰撞。然而，伤害碰撞事故的波动在干燥条件下增加了 55%，在潮湿条件下增加了 37%（参考表 14.1 的标准偏差值）。

从图 14.4 可以看出，在 2007~2013 年期间，南向北路段发生了更多的伤害碰撞事故，而北向南路段在这段时间内的碰撞事故数量有所减少。需要注意的是，当路面干燥时，即南向北路段限速高达 100km/h（比北向南高 10km/h）时，伤害碰撞事故的增加更为明显。因此，在比较南向北路段和北向南路段时，需要考虑速度限制上的差异。此外，2007~2013 年期间，该路段上的交通量增加了 5%（表 14.1）。根据 Nilsson 博士有关交通安全维度和动力模型的研究，并考虑到所有其他与碰撞相关的标准保持不变，路段上的平均速度增加 4%~6%，则车辆碰撞增加 10%，死亡增加 20%，反之亦然[7]。2006 年之后，南向北路段在干燥条件下伤害碰撞事故明显增加的另一个原因是，当年干燥条件下的限速增加到 100km/h（见第 14.4.1 节）。此外，在 2004 年底以前，由于交通管制和道路施工，该路段的平均车速很低，这也可以解释 2004 年左右南向北路段伤害碰撞事故数量下降的现象。数据显示，在干燥条件下，伤害事故从 2003 年的 11 起减少到只有 6 起，在潮湿条件下，伤害事故从 2003 年的 26 起减少到只有 3 起。

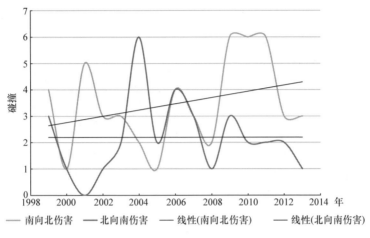

图 14.4　南向北和北向南伤害事故（干燥条件）

在南向北路段中，道路的线形进一步增加了复杂性。这条路段的总变速区长度只有约 5km。该路段在潮湿条件下，两个方向的交通限速是相同的。对于干燥条件下的南向北路段，当车辆接近变速区时，速度限制将从 110km/h 降低至 100km/h。车辆通过了点 WWP1 和点 WWP2 后，也就是变速区结束时，如果没有降雨，速度限制将从 100km/h 增加到 110km/h。然而，在下雨的情况下，限速的变化将更剧烈，即南向北方向路段上的限速将在进入变速区时从 110km/h 降至 90km/h 并在离开变速区时从 90km/h 升至 110km/h。

顺带一提的是，延伸到点 WWP1 的陡峭而弯曲的斜坡的开始表示该处是变速区的起点，在点 WWP1 和点 WWP2 之间，路段会存在一个短暂的下坡，然后又上坡到达点 WWP2。一旦车辆驶过点 WWP2，路段走势就会变成陡峭弯曲的下坡路。在这里，车辆限速会恢复至 110km/h，这种速度变化可能会导致不同的车辆以不同的速度加速，并做出较大的转弯动作。与轻型车辆相比，重型车辆可能无法在相同的时间内恢复到指定的速度，从而导致不同类型的车辆在高速行驶时速度差别较大。

对比 2007~2013 年期间干湿条件下南向北路段的碰撞严重程度（即伤害次数），干燥情况下的碰撞伤害事故增加了 43%，而潮湿情况的碰撞伤害事故增加了 12%。从图 14.5 中可以看出，南向北路段在潮湿条件下的伤害碰撞事故的平均数量呈下降趋势，即在安装 WWP 方案后，南向北路段中潮湿情况的平均碰撞次数有所下降。在同一时期，北向南路段较南向北路段有更多的改善，其原因是 ITS 的邻近性，还有可能是如上文所述的原因，北向南路段中的坡度和弯曲度没有南向北路段那么严重。

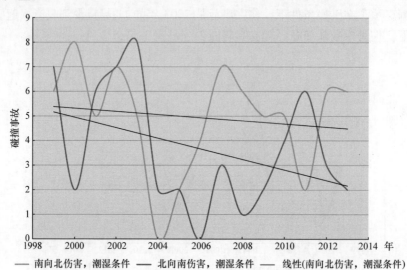

图 14.5　南向北和北向南伤害事故（潮湿条件）

14.7　干燥和潮湿条件下的无伤害碰撞事故

无伤害碰撞事故占总碰撞事故的绝大部分，分别占南向北方向路段碰撞事故总数的 73% 和北向南路段碰撞事故总数的 66%。以下是南向北路段和北向南路段安装 WWP 系统后的效果。

14.7.1　南向北路段

现有数据显示，南向北路段无伤害碰撞事故的平均数量减少了 41%，即减少了 63 起碰撞；2006 年至 2013 年间，干燥条件下减少碰撞 31 次，潮湿条件下减少碰撞 32 次。此外，无伤害碰撞的波动在干燥条件下减少了 32%，潮湿条件下减少了 37%（标准偏差值参考表 14.1）。

14.7.2　北向南路段

对于北向南，无伤害碰撞事故减少了 28%，即减少了 30 次碰撞；其中干燥条件下减少 4 次，潮湿条件下减少 23 次。但是，北向南方向路段在安装系统后，无伤害碰撞事故的波动在干燥条件下减少了 7%，在潮湿条件下减少了 38%（标准偏差值参见表 14.1）。

在 2007 年至 2013 年间，南向北路段的无伤害碰撞事故数量在干湿条件下都有显著改善（图14.6和14.7）。由于无伤害碰撞数量占南向北路段碰撞总数的73%，因此在WWP安装后总体减少41%意味着路段安全性的显著改善。北向南路段无伤害碰撞数量的减少也很明显。交通事故的减少表明，驾驶人在这段道路上行驶时，对自己的行车速度有了更清醒的认识。对于南向北路段，交通事故的减少可归因于ITS解决方案，因为在该地区没有实施任何其他的可以解释这种变化的交通安全措施。对于北向南路段来说，由于两个方向路段的车道并列，驾驶者在北向南方向的车道上行驶时，错误地认为ITS的WWP在该行驶方向也起到了作用。

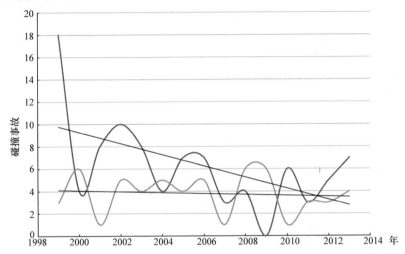

——南向北无伤害事故，干燥条件　——北向南无伤害事故，干燥条件　——线性(南向北无伤害事故，干燥条件)
——线性(北向南无伤害事故，干燥条件)

图14.6　南向北和北向南无伤害碰撞事故（干燥条件）

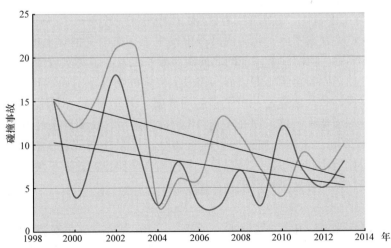

——南向北无伤害事故，潮湿条件　——北向南无伤害事故，潮湿条件　——线性(南向北无伤害事故，潮湿条件)
——线性(北向南无伤害事故，潮湿条件)

图14.7　南向北和北向南无伤害碰撞事故（潮湿条件）

在 WWP 安装之前对无伤害碰撞数据的研究表明，南向北路段发生了 152 起无伤害碰撞事故，而北向南路段为 96 起。与北向南路段相比，南向北路段的道路环境更为恶劣，因此这种差异可归因于道路环境的差异。此外，这种南向北路段和北向南路段之间的无伤害碰撞事故间的差异在干燥条件下比潮湿条件下更明显。这是因为在干燥条件下，南向北路段的速度限制 100km/h 比北向南路段的 90km/h 高 10km/h。前述提到，路段的平均速度增加 4% 至 6%，碰撞增加 10%，死亡增加 20%，反之亦然（见参考文献 [7]）。

在潮湿条件下，南向北路段和北向南路段的速度均为最高限速 90km/h。尽管南向北路段面临道路线形方面的挑战，但无伤害碰撞事故也显著减少了，这是由于限速降低造成的，也就是说可变速度限制导致了南向北方向路段在潮湿条件下速度降低，且提高了在干燥条件下的限制速度。

即使没有实施基于 ITS 的可变速度限制，上面讨论的道路线形也可以在完全相同的位置产生变速效应，即可变速度限制的开始位置与陡坡的开始相一致，而可变速度限制的结束位置与陡坡的结束相一致。这条道路的线形导致了南向北路段在 WWP 实施之前发生了大量的碰撞事故，虽然其中近四分之三是无伤害碰撞事故。在安装 WWP 后，南向北路段的无伤害碰撞事故显著减少，整体碰撞数量从而大幅度减少。

14.8 干燥和潮湿条件下的致命碰撞

在实施 ITS 解决方案之前，南向北路段中发生了两起干燥情况下的、一起潮湿条件下的致命碰撞。安装 ITS 解决方案后，南向北路段在干湿条件下都没有再发生致命碰撞。

在实施 ITS 解决方案之前，北向南路段中发生了一次潮湿情况下的致命碰撞。安装 ITS 解决方案后，在潮湿条件下的北向南路段中也发生了两次致命碰撞。在研究期间，在无其他道路安全措施在该方向路段上实施的情况下，通过安装 WWP 后消除了南向北路段的致命碰撞是一个了不起的成就。另一方面，对于北向南路段，致命碰撞的数量却增加了一倍，即在实施 ITS 解决方案后，在潮湿条件下的致命事故从 1 起增加到 2 起。虽然北向南路段的整体分析结果表明驾驶者在安装 WWP 后，一般会变得比较小心，但实际情况是，北向南方向路段的连续下坡导致了一些驾驶人超速行驶，从而导致了更严重的碰撞事故。

14.9 平均碰撞率和标准偏差

所研究期间内的数据显示，高速公路 M1 上的交通流量稳步上升。由于南向北路段和北向南路段的流量不同，因此关注碰撞率（而不仅仅是碰撞数量）是很重

要的。为更切合实际地计算所需路段每年每车的碰撞次数，使用以下指标来衡量，即

$$平均碰撞率 = \frac{全年总碰撞数}{交通流量（MVKT）}$$

此外，研究人员还计算了研究期间碰撞率的标准偏差，对安装 ITS 解决方案前后的数据进行了碰撞率和标准偏差计算，并比较了系统安装前和安装后的标准偏差值。另一个有用的比较因素是两个时期的平均标准差（Average Standard Deviations，ASTDEV）。表 14.2 显示了实施 ITS 解决方案后的平均碰撞率（Average Crash Rates，ACR）和 ASTDEV 下降的百分比。负值表示 ACR 或 ASTDEV 增加而不是减少。

如表 14.2 显示，南向北路段和北向南路段的平均碰撞率总体下降分别为 29% 和 32%，ASTDEV 的降幅分别为 73% 和 55%。ACR 的减少对于所有类型的碰撞（伤害碰撞除外）都相当显著。

这意味着，在系统安装后，虽然整体碰撞率已有了显著改善，但一些碰撞的严重程度却有所上升。南向北方向路段在安装系统后，又发生了 10 起在干燥条件下的伤害碰撞和 4 起潮湿条件下的碰撞事故。此外，如果我们通过平均百万车辆千米的增加（行驶此路段的车辆数量增加）来忽略碰撞的增加，那么伤害碰撞的增加就变得微不足道了。

表 14.2 平均碰撞率（ACR）和平均标准差（ASTDEV）

南向北/北向南	ACR 减少量（%）	ASTDEV 减少量（%）
南向北总计	29	73
北向南总计	32	55
南向北干燥总计	33	61
北向南干燥总计	27	55
南向北潮湿总计	15	42
北向南潮湿总计	38	56
南向北干燥伤害	-44	36
北向南干燥伤害	10	55
南向北潮湿伤害	-5.4	43
北向南潮湿伤害	43	37
南向北潮湿无伤害	56	32
北向南潮湿无伤害	18	7
南向北潮湿无伤害	38	37
北向南潮湿无伤害	38	38

14.10 碰撞成本

成本分析基于新南威尔士州经济评估指南中关于运输的自愿支付原则（Willingness To Pay，WTP)（见参考文献［8］)。在这项分析中，考虑了伤害、无伤害和致命碰撞的成本。包括安装 WWP 计划前的 7 年成本和安装系统后的 7 年成本。致命碰撞使用的 WTP 值为 6369128 美元、伤害碰撞使用的 WTP 值为 467815 美元，无伤害碰撞使用的 WTP 值为 77589 美元。1999~2005 年和 2007~2013 年这两个时期南向北路段和北向南路段在干湿条件下的碰撞情况摘要见表 14.3 和 14.4。

表 14.3　1999~2005 年碰撞摘要

行驶方向	伤害		无伤害		致命	
	干燥	潮湿	干燥	潮湿	干燥	潮湿
南向北	19	33	59	93	2	1
北向南	15	34	28	68	0	1
总计	101		248		4	

表 14.4　2007~2013 年碰撞摘要

行驶方向	伤害		无伤害		致命	
	干燥	潮湿	干燥	潮湿	干燥	潮湿
南向北	29	37	28	61	0	0
北向南	14	21	24	45	0	2
总计	101		158		2	

表 14.5~表 14.8 使用经济分析中的 WTP 数据列出每种类型碰撞的成本，这对比较安装 WWP 方案前后的总体碰撞成本非常重要。

表 14.5　南向北 WTP 成本（1999~2005 年）

南向北	数量	成本/美元
干燥伤害	19	8888485.00
潮湿伤害	33	15437895.00
干燥无伤害	59	4577751.00
潮湿无伤害	93	7215777.00
干燥致命	2	12738256.00
潮湿致命	1	6369128.00
总计		55227292.00

表 14.6　南向北 WTP 成本（2007~2013 年）

南向北	数量	成本/美元
干燥伤害	29	13566635.00
潮湿伤害	37	17309155.00
干燥无伤害	28	2172492.00

(续)

南向北	数量	成本/美元
潮湿无伤害	61	4732929.00
干燥致命	0	—
潮湿致命	0	—
总计		37781211.00

表 14.7　北向南 WTP 成本（1999~2005 年）

北向南	数量	成本/美元
干燥伤害	15	7017225.00
潮湿伤害	34	15905710.00
干燥无伤害	28	2172492.00
潮湿无伤害	68	5276052.00
干燥致命	0	—
潮湿致命	1	6369128.00
总计		36740607.00

表 14.8　北向南 WTP 成本（2007~2013 年）

北向南	数量	成本/美元
干燥伤害	14	6549410.00
潮湿伤害	21	9824115.00
干燥无伤害	24	1862136.00
潮湿无伤害	45	3491505.00
干燥致命	0	—
潮湿致命	2	12738256.00
总计		34465422.00

　　WWP 方案安装成本为 230 万美元，维护系统的日常成本为 10000 美元/年，在其 15 年的寿命中，花费的金额将只有 15 万美元。由于土建工程、电力、通信和道路龙门架已经存在，该系统的更换成本将远低于原来的成本，这笔成本估计为 250000 美元。与节省下来的 1740 万美元（在安装 WWP 方案后的 7 年期间）相比，在南向北方向路段中安装和维护 WWP 方案的所有成本可以忽略不计。考虑到南向北路段的道路状况，从 2006 年起，碰撞事故的成本可能会增加而不是下降。

　　北向南方向路段没有安装 WWP 方案，但是，伤害和无伤害的碰撞数量也得到了一定程度的减少。如前面所述，由于在南向北路段安装了系统以及警察的频繁检查，驾驶人在变速区中会更多地注意到速度限制的变化。但是，北向南路段的致命碰撞次数从安装 WWP 方案前的一起增加到两起，另一方面，南向北路段的致命碰撞在同一时期从 3 起减少到 0 起。

14.11 结论

自 20 世纪 80 年代高速公路开通时设定了 110km/h 限速以来，高速公路 M1 在霍克斯伯里河和白山之间路段发生了大量碰撞事故。因为这些碰撞，该路段的限速多次降低，在 1999 年降至 100km/h，并在 2001 年进一步降至 90km/h。2006 年，在公路部长的干预下，南向北路段的限速提高到 100km/h。然后，RMS 决定使用 ITS 为南向北方向路段提供变速解决方案。因此，WWP 变速措施于 2006 年 4 月在霍克斯伯里河和白山之间的南向北路段上实施，该措施仅会在潮湿条件下将南向北路段的速度限制降至 90km/h。

研究过程的原始数据来自在实施 ITS 解决方案 7 年前和 7 年后在干湿条件下发生碰撞的 RMS。通过比较 2006 年 WWP 方案实施前和实施后发生的碰撞次数、碰撞率、平均碰撞次数、平均碰撞率、干湿条件下碰撞与伤害碰撞、无伤害碰撞和致命碰撞之间的标准偏差对数据进行分析。

分析表明，南向北路段总体碰撞次数已显著减少，即南向北路段的碰撞次数减少了 52 次。北向南路段的总体碰撞次数也减少了，即减少了 37 次。北向南路段的情况改善可归因于北向南路段车道与南向北车道接近，从而导致 GPS 设备对北向南的限速抓拍摄像头进行了错误检测，就如同一架虚拟的摄像机位于北向南路段上一样。此外，情况的改善还可归因于警察每天、周末及节假日定期进行巡逻。值得注意的是，南向北路段的碰撞率的标准偏差在 2006 年以后显著下降，远远超过北向南路段。

南向北路段的伤害碰撞次数比 2006 年之前（即 2007~2013 年期间南向北路段又发生了 14 起碰撞事故）有所增加。其中，在干燥条件下发生了 10 起碰撞事故，在潮湿条件下发生了 4 起碰撞事故。其中一个主要因素是，在干燥条件下，南向北路段的限速为 100km/h，而北向南路段的限速为 90km/h。此外，如果我们通过平均 MVKT 的增加（行驶此路段的车辆数量增加）来忽略碰撞的增加，那么伤害碰撞的增加就变得微不足道了。在此期间，北向南路段在干燥条件下的伤害碰撞减少了 14 次。2006 年之后南向北路段伤害明显增加的另一个因素是，2004 年南向北路段的施工使事故发生率大大降低。

南向北路段中干湿条件下的无伤害碰撞和标准偏差已显著减少。由于南向北路段的无伤害碰撞占南向北路段碰撞总数的 72%，因此无伤害碰撞的重大改善对总体碰撞减少有着重要贡献。这种减少在干湿条件下同样显著，对于干燥条件下的南向北路段，这种改善更为显著，因为其在干燥条件下的速度限制比北向南路段中的干燥条件下高 10km/h。致命碰撞的改善则是个例外，因为在实施 ITS 解决方案后，南向北路段中没有致命碰撞，而对于北向南路段，在 2006 年之后却发生了两次致命碰撞。

也由于道路线形的陡升陡降，南向北路段的道路环境对于重型车辆和载货车来说要复杂得多。载货车必须从高速公路的标准速度减速到 90km/h，然后必须加速到高速公路的标准速度以加入轻型车辆的交通流，该交通流要以更高的速度下坡还需要应对道路几何上较大的弯道弧度。这导致了该曲线路径上车辆间的速度差，从道路安全的角度来看，这是不好的。尽管如此，在安装 WWP 系统后，碰撞次数、碰撞率和碰撞率的标准偏差总体上有了显著改善。

2007~2013 年期间，整体碰撞的成本显著降低。考虑到南向北路段的道路状况和百万车辆千米增加了 5%，自 2006 年以来，碰撞成本可能是增加的。由于在同一时期，该路段没有应用其他道路安全措施，因此上述改进可归因于 2006 年实施的 ITS 解决方案。

参 考 文 献

[1] Ozroads, Sydney (Australia). 'Newcastle F3 Freeway NH', 2014. http://www.ozroads.com.au/NSW/Freeways/F3/f3.htm (Accessed 13 September 2015).

[2] Local News, Advocate, Central Coast (Australia). 'M1 Sydney to Newcastle Motorway Historic Achievement in NSW Roads Infrastructure'. *Central Coast Advocate*, 1 September, 2015. http://www.dailytelegraph.com.au/newslocal/central-coast/m1-sydney-to-newcastle-motorway-historic-achievement-in-nsw-roads-infrastructure/story-fngr8h0p-1227507736929?sv=fd5a5483630d4f65c7cda95e71bcf367 (Accessed 13 September 2015).

[3] Rand P. 'Road Photos & Information: Sydney to Newcastle Freeway, NH1', 16 November, 2013. http://expressway.paulrands.com/gallery/roads/nsw/numbered/decommissioned/nationalhighways/nh1/index.html (Assessed 13 September 2015).

[4] Australian Government, Department of Infrastructure and Regional Development (DIRD). 'Over $600 million for New South Wales Roads', 2003. https://infrastructure.gov.au/department/statements/2003_2004/media/a3.aspx (Accessed 13 September 2015).

[5] Roads and Maritime Services, New South Wales (Australia). M1 – 'Hawkesbury River to Mount White Crashes (1996 to 2013)', 2015. http://roadsafety.transport.nsw.gov.au/statistics/interactivecrashstats/nsw.html?tabnsw=1 (Assessed 10 July 2015).

[6] Australian Government, Bureau of Meteorology. 'Average Annual and Monthly days of Rain', 1961–1990. http://www.bom.gov.au/jsp/ncc/climate_averages/raindays/index.jsp (Accessed 13 September 2015).

[7] Nilsson G. 'Traffic Safety Dimensions and the Power Model'. Unpublished thesis, Traffic Engineering, Lund Institute of Technology, Lund, 2004.

[8] Transport for New South Wales (Australia). 'Willingness to Pay'. *Principles and Guidelines for Economic Appraisal Transport Investment & Initiatives*, 2014, p. 269.

第15章
ITS项目的效益和评估——中国的案例

15.1 引言

与传统交通基础设施项目相比，智能交通系统（ITS）项目虽然投资额较高，但其对社会、经济、环境的影响是难以直观预测的。另一方面，政策制定者、投资者和公众都十分关注ITS项目建设对社会、经济和环境带来的效益，及其潜在的风险和可能产生的负面影响。因此，如何评估ITS项目的效益，如何选择正确的评估指标，一直是近年来的热门话题。

由于ITS项目的评估包含社会、经济和环境的许多方面，我们根据要评估的因素往往需要使用不同的评估方法，包括定性和定量方法。一般来说，许多ITS项目使用的定量和定性评估包括传统的成本效益分析和多目标分析方法。这些评估方法为ITS项目可行性研究和优化现有系统的运行提供了科学依据。

本章包括中国ITS项目评估的两个典型例子。

15.2 BRT项目评估（中国广州）

15.2.1 广州BRT系统

快速公交（BRT）是一种新型的城市公共交通，是轨道交通与传统公交服务之间的中间环节。它的特点是服务质量优、成本低、速度快、舒适、灵活、方便。

广州BRT系统于2010年正式开通[1]。其中东西向行驶的专用公交车道，西起广州大道，东至黄埔夏园路，包括天河路（2.8km）、中山大道（13km）和黄埔东路（7.1km）（图15.1），全长22.9km。BRT道路中间设有一条双向BRT车道，并在公交车站处扩展到4条车道，另外还有6~10条社会车道。广州市BRT系统共有26个公交车站，在高峰时段，公交平均载客量为78人次。

广州BRT每天处理约1000000人次的客运量，每天的高峰客流量为26900人（仅次于波哥大的TransMilenio BRT系统），比世界上大多数地铁和所有轻轨线路的客运量都要高[2]。同时，这个快速公交系统还拥有世界上最长的BRT站——约

第 15 章 ITS 项目的效益和评估——中国的案例

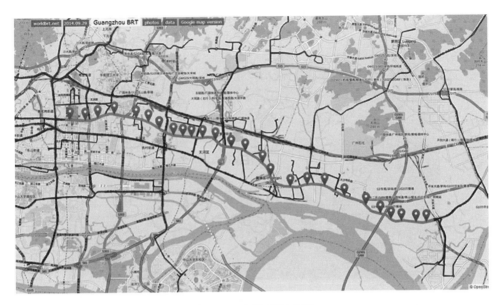

图 15.1 广州 BRT 走廊

260m，包括桥梁（图 15.2）——单方向每 10s 就有一辆或者每小时有 350 辆公交车停靠。

图 15.2 广州 BRT

图 15.2　广州 BRT（续）

15.2.2　广州 BRT 仿真评估

2009 年，在广州市 BRT 系统建设前，广州市交通委员会开始进行广州市 BRT 仿真评估项目。由于中山路沿线的广州 BRT 是该系统的第一阶段，所以其运营将直接影响到后续的广州 BRT 项目。

中山路沿线公交车载客量大，共有 20 多条公交线路，道路交通状况非常复杂。广州 BRT 采用智能交通管理系统对所有线路和车辆进行调度，由于拥有 20 多条 BRT 线路和大量社会车辆，此处 BRT 的调度具有高复杂度。

为验证 BRT 智能交通系统功能可以充分发挥，确保系统的有序调度和运行，研究人员建议在广州 BRT 项目实施前进行微观交通仿真评估。他们利用微观交通仿真模型，分析、预测和评估各种 BRT 运营调度方案可能产生的效果，并实现对广州 BRT 运营调度的详细、定量分析，从而为广州 BRT ITS 调度和优化提供决策支持。

广州 BRT 仿真项目的主要内容包括初步调查、基础数据收集、仿真建模、仿真程序实施、仿真参数评估与校正、结果分析。

下述内容介绍了 BRT 仿真模型，并分析了 BRT 仿真结果。

15.2.3　BRT 仿真模型

1. 微观仿真软件：Vissim

Vissim 是一种基于微观的、时间驱动的、基于驾驶行为的仿真建模工具。它可以用来对城市交通条件和各种交通状况下的公共交通（如车道设置、交通构成、交通信号、公交车站）进行建模和分析[3]。它是评估交通工程设计和城市规划的有效工具。

在 2009 年构建广州 BRT 系统时，研究人员应用了微观仿真软件 Vissim 对各种 BRT 运营调度方案的效果进行评估，并定量分析确定了 BRT 运营调度方案的可行性，为 BRT 运营优化提供决策支持。

BRT 仿真模型可以表示 BRT 车道、BRT 车辆、BRT 站台、BRT 车道影响下的其他车道、BRT 路线沿线的交叉路口等的运行情况。

2. 广州 BRT 仿真的数据要求

评估各类设施的可靠数据是广州 BRT 仿真项目成功实施的前提。仿真所需的主要数据包括路网数据、交通流量数据和 BRT 运营数据。

路网数据包括详细的路网图、详细的交叉口和路段的交通设计方案，包括渠化方案、设计的 BRT 车道及其宽度，以及 BRT 车站的位置和设计。

交通流量数据包括交通流量构成（包括乘用车、BRT 车辆、普通公交车和货车）、BRT 沿线所有交通模式的静态 OD 矩阵、BRT 线路和运行时间表、每种车辆类型的预期速度分布，以及每个交叉口的交通信号方案。

BRT 仿真建模还需要来自 BRT 运营的数据，包括 BRT 专用车道、BRT 车辆的预期运行速度、BRT 运营时间表、每个 BRT 站点的乘客上下车时间分布以及 BRT 车辆尺寸和物理属性。

3. 主要技术要点

为了使仿真系统与现实情况相一致，在此过程中，研究人员对城市交通系统的复杂性和多样性的模型功能设置给予了特别关注。以下四点是 BRT 线路建模的仿真技术要点。

（1）构建各种车辆的速度、加速和减速分布

根据天河街和黄浦东路沿线 7 个交叉口的现场数据，建立了路段和交叉口的速度分布。

（2）BRT 专用车道

若要设置 BRT 专用车道，除公交车辆外，其他类型的车辆必须被屏蔽。在 Vissim 仿真中，若要实现单型车辆放行的目标，需要在工具栏中插入"车道封闭"功能。

（3）基于港湾式公交站的公交路线

由于港湾式公交站在任何公交路线中默认未激活，在 Vissim 仿真系统中，需对其进行逐一激活，以便 BRT 公交进入公交站台。

（4）车流选择

当车辆进入具有切换功能的车道时，需要进行车道选择。当然，如果两个交叉口之间只有一条路，便不需要进行选择了。因此，有必要建立具有切换功能的车道，以连接每个相应交叉口的通道，使车辆能够进入各个通道（图 15.3 和

图15.4)。

图15.3　中国广州市体育东路交叉口模型

图15.4　中国广州岗顶站立交桥和站台

15.2.4 BRT 仿真结果分析

BRT 运营评估

BRT 运营评估指标包括公交车在车站的平均停留时间、平均载客率和乘客平均候车时间。仿真结果表明，车站平均停留时间是 27.2s，平均载客率为 79.94%，最大载客系数为 100%，平均乘客候车时间为 3.6min。

（1）车站平均公交停留时间

公交车在车站内的最大停留时间决定了 BRT 线路的最大容量，因此缩短停留时间可以提高 BRT 线路的容量。总体而言，目前的 BRT 普通公交车的平均站内停留时间是 27.2s（图 15.5），从长期来看，如果启用高容量车辆，如双铰接式公交车（图 15.6），有更多的门供乘客上下车，则公交车辆在车站的停留时间将更短。

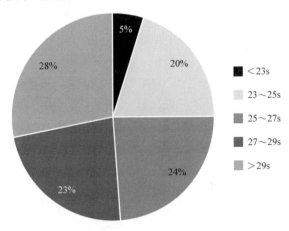

图 15.5 平均站内公交停留时间

图 15.6 双铰接式公交车

（2）公交平均载客率

公交线路的平均载客率是最能描述线路利用率的指标，同时，也是反映公交乘客舒适度的重要指标。最大载客系数可以反映高峰时段的公交调度水平，而公交平均载客率则反映了 BRT 线路为满足乘客出行需要而提供的乘客容量。

仿真结果如图 15.7 所示，17% 的公交线路的公交平均载客率超过 90%。高载客率不仅降低了乘客的舒适度，而且阻碍了乘客上下车。因此，这肯定会延长车辆在车站的停留时间，导致线路容量减少。因此，广州 BRT 系统对公交车的乘客容量提出了更高的要求。

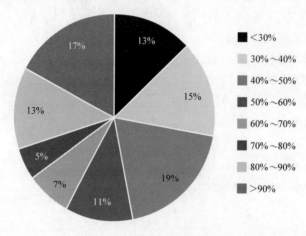

图 15.7　BRT 平均载客率

（3）平均乘客等待时间

图 15.8 显示，在 76 条 BRT 线路中，76% 的线路的乘客平均候车时间在 3min 以内，19% 的 BRT 线路的乘客平均候车时间为 3~5min，只有 5% 的线路候车时间超过 5min。

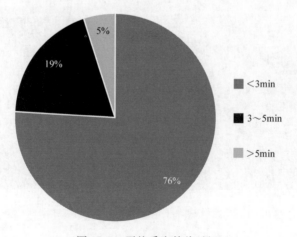

图 15.8　平均乘客等待时间

15.2.5 BRT 车站运营评估

1. BRT 车站饱和度

BRT 车站饱和度是指每小时到达的公交数与 BRT 站点容量的比率。仿真结果如图 15.9 所示。

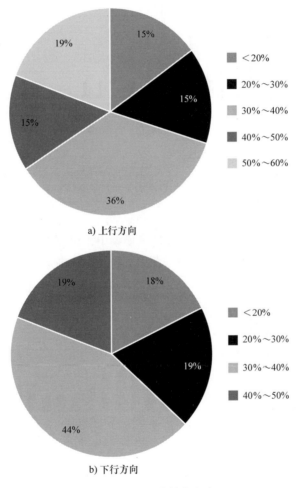

图 15.9 BRT 车站饱和度

2. BRT 车站排队长度

前面到达的公交车辆在车站排队,意味着后来到达的公交车辆必须等待。

在上行方向,17% 的公交车站的最大排队长度超过 100m。东圃站的最大排队长度可达 234m(排队时约有 16 辆公交车)。下行方向,7.9% 的车站最大排队长度超过 80m,其中华景新城站最大排队长度可达 94m(约 7 辆公交车排队)(图 15.10)。

为了改善这些排队情况，研究人员建议在广州 BRT 系统中应用高容量车辆，如双铰接式公交。

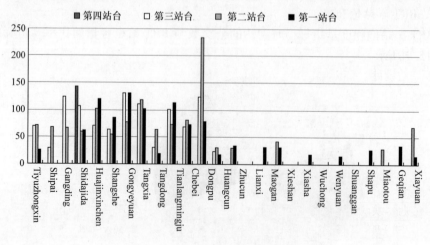

图 15.10　上行方向车站排队长度

3. BRT 专用车道流量

该 BRT 路线有 26 个车站。在 BRT 仿真模型中，研究人员收集了两个站点之间 BRT 专用车道的流量。BRT 专用车道的流量如图 15.11 所示。

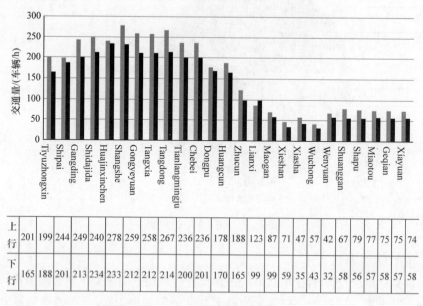

	Tiyuzhongxin	Shipai	Gangding	Shidajida	Huajinxinchen	Shangshe	Gongyeyuan	Tangxia	Tangdong	Tianlangmingju	Chebei	Dongpu	Huangcun	Zhucun	Lianxi	Maogan	Xieshan	Xiasha	Wuchong	Wenyuan	Shuanggan	Shapu	Miaotou	Geqian	Xiayuan
上行	201	199	244	249	240	278	259	258	267	236	236	178	188	123	87	71	47	57	42	67	79	77	75	75	74
下行	165	188	201	213	234	233	212	212	214	200	201	170	165	99	99	59	35	43	32	58	56	57	58	57	58

图 15.11　BRT 专用车道流量（辆/h）

4. 路口和路段评估

BRT 系统建设之前的路网指标数据来自广州中山路。BRT 测试设施工程设计方案由广州市城乡建设委员会编写。研究人员对实地采集的数据和从微观仿真模型中获得的仿真数据进行了比较,见表15.1和表15.2。

其中,表15.3展示了"HCM2000(Highway Capacity Manual 2000)"中定义的服务水平。

综上所述,广州BRT项目的仿真评估是ITS评估项目的成功范例。评估结果对BRT车站的设计、BRT车辆尺寸/车型选择、BRT调度方案等具有重要的指导意义。

表15.1 BRT施工前后路口评估结果

路口名称	延误时间		排队长度		服务水平	
	前	后	前	后	前	后
天河路-体育东路	123.1	36.8	187	121	F	D
天河路-天河东路	116.8	28.9	179	113	F	C
天河路-五山路	32	26.2	98	88	C	C
中山大道-天府路	49	31.2	102	80	D	C
中山大道-科韵路	46	25.8	112	92	D	C
中山大道-车陂路	34	27.5	108	98	C	C
中山大道-汇彩路	20.1	14.2	99	78	B	B
中山大道-塘口村	19.9	10.2	59	45	B	B
黄埔东路-港湾路	17.2	14.3	88	68	B	B
黄埔东路-电厂东路	23	26.7	134	95	C	C
黄埔东路-夏园路	20.3	23.8	93	75	B	C

表15.2 BRT施工前后的车辆行驶速度

路段	施工前/(km/h)	施工后/(km/h)
天河路	13	28.2
中山大道	17	34.2
黄埔大道	22	35.5

表15.3 延误-服务水平标准

服务水平	每辆车的延误时间/s	服务水平	每辆车的延误时间/s
A	<10	D	36~55
B	11~20	E	56~80
C	21~35	F	>80

15.3 青岛先进交通管理系统评估

15.3.1 青岛ATMS的背景

图15.12展示了青岛ATMS的系统架构。青岛ATMS共由一个中心、三个平台和八个系统组成。

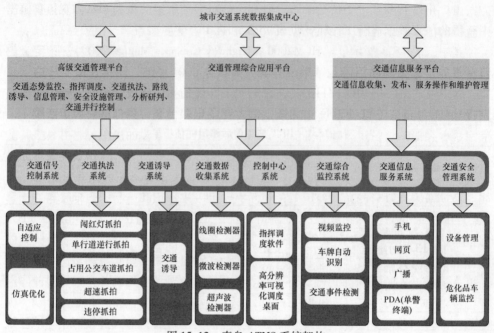

图15.12 青岛ATMS系统架构

1. 一个中心

城市交通系统数据综合中心主要用于收集、存储和管理所有交通系统数据,为各平台和系统提供数据支持和计算服务。

2. 三个平台

1)先进的交通管理平台提供多种应用服务,包括交通态势监控、指挥调度、交通执法、路线诱导信息管理、安全设施管理、分析研判、交通并行控制。

2)由中国公安部交通管理研究所开发部署的交通管理综合应用平台,从中可以获取车辆和驾驶人数据,并将交通违法数据提交到该平台。

3)交通信息服务平台执行交通信息收集、发布、服务操作和维护管理。

3. 八个系统

1)交通信号控制系统收集交通流量数据,并可用来部署自适应控制、拥堵控制、应急控制和多系统同步控制。本系统用于仿真和分析控制方案。

2)交通执法系统用于抓拍闯红灯、单行道逆行、占用公交专用道、超速、违章停车等图像证据。

3)交通诱导系统通过可变消息标志提供道路交通状况、交通法规和交通事件信息。

4)交通数据采集系统检测道路交通流量、平均速度、占有率和其他交通流参数,用于支持其他系统运行,如交通信号控制系统、交通信息服务系统、指挥调度系统。

5)控制中心系统包括以下设备:122电话系统、高清(High－Definition,

HD）数字光处理显示器、调度台和机房。该系统根据各类现场设备以及实时警力和报警条件进行交通指挥调度。

6）交通综合监控系统包括高清监控系统、车辆号牌自动识别系统、基于高清视频的交通事故检测器。

7）交通信息服务系统通过各种方式提供动态交通信息服务，并建立个性化的信息传播和数据共享系统。该系统还为驾驶人提供基于实时路况的动态导航服务，并为公共交通用户提供在公共交通枢纽处的实时换乘信息。总而言之，它为所有旅客提供个性化的交通信息服务。

8）交通安全管理系统对各类城市道路交通智能管理设备进行统一管理，包括道路内的各种设备及控制中心的各种设备。这些设备可以显示在友好的用户交互界面上，以便交通管理员管理其管理区域中的所有设备。

图15.13展示了青岛ATMS的系统架构。整个系统包括六个层次和两个支持系统。六个层次分别是感知层、接入层、融合层、存储和共享层、应用层和信息服务层。两个支持系统是运营维护系统和数据安全系统。这六层和两个支持系统的主要功能如下。

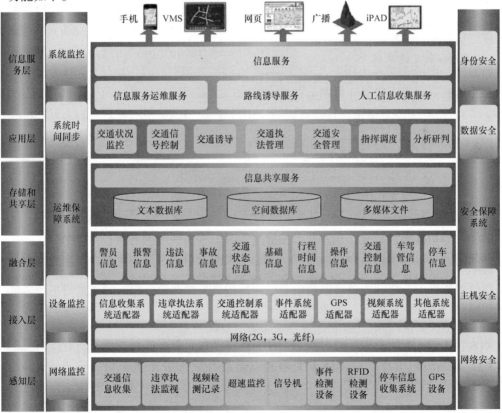

图15.13 青岛ATMS系统架构

4. 六个层次

1) 感知层包括所有类型的现场检测器。它是 ATMS 的基础层，为其他系统提供实时数据。

2) 接入层通过智能传输接入网络与感知层交互，包括 2G/3G/4G 网络和/或光纤。该层包含一个交通数据检测系统适配器、一个违规执法系统适配器、一个交通控制系统适配器、一个 GPS 适配器、一个视频监控系统适配器和与其他系统相连的适配器。通过以上各种接入适配器，ATMS 可以实现数据的采集和共享。

3) 融合层融合了各种类型的数据，包括基本的源信息、警力和报警信息、事故信息、违章信息、交通流参数和其他基本业务数据。此层提供用于交通控制、交通诱导、交通拥堵控制和行程时间计算的数据。

4) 存储和共享层包括生产数据库、历史数据库、分析数据库和备份数据库。该层根据文本、多媒体等不同类型数据的特点，通过不同的技术手段对各种流量管理信息进行分类和存储，并通过信息共享服务为各种应用系统提供交通信息和数据。

5) 应用层具有各种交通管理功能，包括交通状况监控、指挥调度、交通信号控制、交通诱导、交通执法管理、交通安全管理、分析研判等。

6) 信息服务层按功能分为两部分：交通管理内网的信息发布和面向公众的信息服务。第一部分是指通过路边的可变消息标志发布道路状况、交通管制、交通事件和诱导信息。第二部分是指通过互联网网站、手机、智能个性化终端、无线电交通广播等向公众提供各种信息。

5. 两个支持系统

1) 运营维护支持系统包括系统监控、互联网监控、设备监控、不同系统间的时间同步以及互联网运营维护等功能。

2) 数据安全系统包括互联网安全、主机安全、数据安全和身份认证功能。

15.3.2 青岛 ATMS 评估

青岛 ATMS 评估范围覆盖了全市建成区的全部路网。评估过程调查了 ATMS 的综合优势，该过程包括四个阶段：建立评估指标体系、选择 ATMS 评估指标、确定用于性能比较的基准时间和具体评估时间，以及基于现场检测设备收集的数据进行数据处理和分析。

青岛市 ATMS 评估工作以城市交通运行状况为基础。该评估主要围绕交通运行效率、社会经济效率、道路安全性能和管理效率进行[4-6]。从车牌自动识别系统收集的数据中，研究人员可以得出一些评估指标，如路段行程时间、路段平均速度和路段长度等。

评估的基准时间设置为刚刚完成部署 ATMS 的最初几天，具体评估时间设为 ATMS 完成测试期并开始正式运行后的几天。

15.3.3 评估指标体系

ATMS 评估指标体系包括四个方面：交通运行效率评估、社会经济效率评估、道路安全性能评估、管理效率评估[7,8]。ATMS 评估指标体系如图 15.14 所示。

第 15 章 ITS 项目的效益和评估——中国的案例

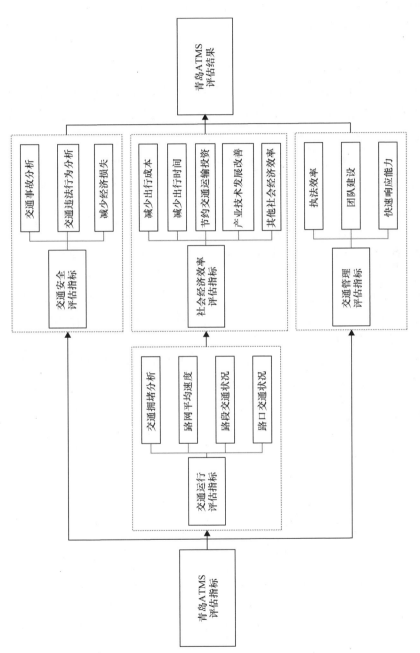

图 15.14 ATMS 评估指标体系

15.3.4 交通运行效率评估

ATMS 的建立和应用对城市路网的交通运行状况有着重要的影响。本节通过对 ATMS 应用前后道路交通状况的比较分析，评估了 ATMS 对交通运行效率的积极影响。

1. 交通拥堵指数评估

交通拥堵指数分析揭示了理想道路交通条件下实际行程时间与理论行程时间的差异。根据青岛交通拥堵指数的计算方法且基于从车牌自动识别系统提取的数据，可以计算出交通拥堵指数，见表 15.4。

表 15.4 一天内 ATMS 应用前后的交通拥堵指数

交通拥堵指数范围	(0, 2]	(2, 4]	(4, 6]	(6, 8]	(8, 10]
交通状况	畅通	普通	拥堵		
ATMS 应用前的平均持续时间/h	7.36	7.63	6.98	1.97	0.06
ATMS 应用后的平均持续时间/h	8.58	8.12	5.73	1.55	0.02

注：(0, 2] 表示畅通；(2, 4] 表示几乎畅通；(4, 6] 表示轻微拥堵；(6, 8] 表示中度拥堵；(8, 10] 表示严重拥堵）。

表 15.4 指出，在 ATMS 得到应用后，畅通和接近畅通的持续时间明显增加，从 14.99h/天增至 16.70h/天（增加 11.4%）。拥堵持续时间（从轻微拥堵到严重拥堵）显著减少，从 9.01h/天降至 7.3h/天（减少 18.9%）。

ATMS 应用前后平均每天及工作日的交通拥堵指数变化趋势如图 15.15 所示。

图 15.15 显示，使用 ATMS 后，平均每天和工作日的交通拥堵指数均有明显下降，在早晚高峰时段尤为明显。这意味着 ATMS 的应用可以显著缓解交通拥堵。

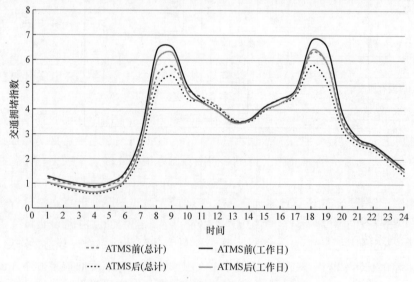

图 15.15 ATMS 应用前后 24h 的交通拥堵指数

2. 路网运行速度评估

评估方根据从车牌自动识别系统中提取的数据计算路网的平均运行速度。计算范围包括青岛境内大部分主要道路,其中包括71条单向道路。最终的路网平均速度计算为一天内四个不同时间间隔的四个速度值的加权总和(早晚高峰时段、普通交通时段和非高峰时段)。结果见表15.5。

在ATMS得到应用后,单位距离的加权行程时间减少了29.93s,下降率为12.8%。平均路网车速提高了1.75km/h,增长幅度为11.35%。

表15.5 单位距离行程时间和平均路网速度

	前	后	相对变化(%)
高峰时段单位距离行程时间/(s/km)	348.32	325.57	-6.99
普通交通时段单位距离行程时间/(s/km)	249.28	233.69	-6.67
非高峰时段单位距离行程时间/(s/km)	174.89	155.62	-12.38
单位距离加权行程时间/(s/km)	263.65	233.72	-12.80
平均路网速度/(km/h)	13.65	15.40	11.35

3. 路段运行状况评估

基于从位于71个单向道路路段上的车牌自动识别系统提取的数据,评估方计算了每个路段上一天中四个不同时间间隔(早晚高峰时段、普通交通时段和非高峰时段)中的三个对比指标,这三个对比指标分别是行程时间、延误和平均速度。表15.6基于这三个指标,展示了ATMS应用前后各路段的交通状况。从表15.6可以看出,在ATMS应用后,71个单向路段中的大多数路段的平均速度都提高了。

表15.6 ATMS应用后71个单向路段的改善情况

	行程时间	延误	平均速度	总计[①]	改善百分比
早高峰有所改善的路段数量	67[②]	67	67	67	94.37
晚高峰有所改善的路段数量	66	66	68	68	95.77
普通交通时段有所改善的路段数量	68	67	67	69	97.18
非高峰时段有所改善的路段数量	59	58	57	63	88.73

① 总计表示如果一个路段的一个指标已改善,该路段将被添加到总计列中。
② 表中的数值是指在行程时间、延误或平均值方面已改善的单向路段数。

4. 路口运行状况评估

评估人员选择了30个信号交叉口作为评估交叉口,这30个信号交叉口大多数是两条干道的交汇处。用于此项评估的数据从包括微波检测器和车牌自动识别系统的交通检测系统中提取。评估人员在3个典型的工作日(星期一、星期二和星期五)评估交叉口运行状况。

饱和度评估

这30个信号交叉口的饱和度可以根据检测到的数据、交叉口渠化信息和信号配时方案来计算。有趣的是，每个交叉口的饱和度变化呈现出了不同的趋势，即其中的一些有所改善，而另一些则没有。47个交叉口（78.33%）在这3天中有1天状况良好，23个交叉口（38.33%）在这3天中有2天状况良好。

服务水平评估

与饱和度评估结果相似，ATMS应用后每个交叉口的服务水平呈现出不同的变化趋势。其中一些有所改善，而另一些则没有。30个交叉口中有7个的状况变得良好，服务水平提高了11.67%。5个交叉口的状况变得更差（8.33%）。在应用ATMS后，只有两个交叉口的服务水平处于级别F，而在ATMS应用之前，级别F的交叉口有6个。这种情况表明，ATMS的应用对交叉口的服务水平有着积极的影响。

15.3.5 社会经济效益评估

ATMS的建立和应用对城市的社会和经济效率有重要影响。根据对出行者的影响，可将其转化为经济效益。本节评估该系统如何促进城市的社会和经济效益。评估过程主要考虑以下评估指标：出行成本、行程时间、交通投资及相关行业。

1. 出行成本减少

ATMS覆盖区域的主要车辆类型为乘用车。载货车受特定时间和空间的限制，因此选择乘用车和客车进行评估。乘用车的类别主要包括私家车、出租车和客车（主要指公交）。

表15.7展示了所研究区域一天的总行程距离，该指标是基于71个单向路段的NPAR样本数据估计的。每100千米乘用车和公交运输节省的燃料分别达到0.12L和0.16L。据估算，一年减少的出行成本可达7800万元。

表15.7 ATMS应用后一天的总行程距离

	公交	私家车	出租车
一天的总行程距离/km	618161.71	37806934.26	3379500

2. 出行时间减少

青岛有三种不同的出行方式：公交、私家车和出租车。通过调查，表15.8列出了研究区域中每种出行方式在一天中的总行程。

表15.8 三种出行模式的总出行次数

	公交	私家车	出租车
总出行次数/(1000/天)	2475	1926	16.9

根据2014年人均GDP（97734.73元）和2014年总工时（1872h）计算得到2014年出行时间价值估计为52.21元/h。通过交通调查，2014年共减少出行时间为10794万h，相当于2014年节省了出行时间价值共5635.55万元。

3. 其他社会和经济效益

其他社会和经济效益难以评估。这些效益包括交通基础设施节省的投资、相关产业和推广相关技术的发展、对就业的促进作用、土地价值的提高、当地人生活质量的提高。

15.3.6 交通安全效益评估

ATMS的建立和应用也在一定程度上对交通安全效益产生了重要影响。本节主要探讨该系统在减少交通事故、减少交通违章和交通安全方面的效益。

1. 交通事故评估

过去6年所研究地区的四项交通事故基本指标见表15.9。

表15.9 过去6年所研究地区的四项交通事故基本指标

年份	事故	死亡	损伤	等值货币损失/百万元
2009	37293	82	1677	26.49
2010	44694	77	1885	29.82
2011	43783	74	1746	27.96
2012	46853	86	2331	34.48
2013	49027	85	2542	32.15
2014（1-10）	42984	75	2352	28.19

根据过去5年和2014年头10个月的历史数据，可以预测2014年全年的交通事故状况。预测结果与2014年实际交通事故状况一起展示在表15.10中。

如表15.10所示，2014年11月ATMS投入使用后，交通事故状况有所改善，表明ATMS对交通事故状况有积极影响。

2. 交通违章评估

交通违章数据可从自动违章抓拍系统中提取。本次评估应用了七个星期的数据来分析ATMS对道路交通网络违法行为的影响。使用ATMS后的数据见表15.11。

表15.11表明，在前4周之后，每台设备抓拍的违章数量减少，这意味着违章抓拍装置对交通违法行为有积极影响。

综上所述，青岛ATMS应用前后的评估工作取得了成功。评估结果表明，青岛ATMS取得了良好的效果，节省了时间和金钱，减少了事故的发生。

表 15.10 2014 年预测和实际交通事故状况

类型	事故	死亡	损伤	等值货币损失/百万元
2014 年预测	52018	86	2689	34.97
2014 年实际	46892	82	2566	30.75
变化	9.85%	-4.65%	-4.57%	12.07%

表 15.11 研究区域违章次数

	第一周	第二周	第三周	第四周	第五周	第六周	第七周
一周内违章总数	5593	6134	13093	39550	44289	51085	53101
抓拍设备数量	20	20	43	43	71	71	150
每个设备抓拍的违章数量	280	307	304	920	624	720	354

15.4 结论

智能道路交通运输系统项目采用的评估实例表明，仿真评估或系统应用前后的评估都可以在不同阶段和条件下对 ITS 评估发挥正常作用。显然，仿真评估更常用于施工前评估，系统应用前后评估应用于施工后评估的效果更好。

仿真评估结果表明，一方面，BRT 系统的建设能有效改善交通状况，提高车辆平均行驶速度和路网通行能力。同时，随着效率及服务质量的提高，BRT 可能会吸引更多乘客使用公共交通系统。

另一方面，青岛 ATMS 评估项目通过缩短行程时间、增加路网容量、减少交通违章和事故，显著改善了城市交通状况。

参 考 文 献

[1] Chen, Y., Xu, J. (2011) Study on evaluation system of bus rapid transit program based on Vissim simulation. Journal of Transport Information and Safety. 29(2), 52–58.

[2] Lin, P.-Q., Xu, J.-M. (2012) Modelling solving and simulation for combinatorial optimization problem of bus stopping in BRT station-group. System Engineering Theory and Practice. 32(11), 2570–2576. (in Chinese).

[3] Xiaodan, W., Junhao, H. (2015) Traffic simulation modelling and analysis of BRT based on Vissim. Proceedings – 7th International Conference on Intelligent Computation Technology and Automation, ICICTA 2014, pp. 879–882. Changsha, China.

[4] Ekedebe, N., Lu, C. Yu, W. (2015) Towards experimental evaluation of intelligent transportation system safety and traffic efficiency. in: IEEE ICC 2015 – Mobile and Wireless Networking Symposium, London, UK.

[5] Abu-Lebdeh, G., Benekohal, R.F. (2003) Design and evaluation of dynamic traffic management strategies for congested conditions. Transportation Research Part A. 37, 109–127.

[6] Zhu, F., Li, G., Li, Z., Chen, C., Wen, D. (2011) A case study of evaluating traffic signal control systems using computational experiments. IEEE Transactions on Intelligent Transportation Systems. 12(4), 1220–1226.

[7] Oh, Y.-T., Yun, I.-S., Lee, H.-P., Lee, C.-K. (2011) Evaluation on effectiveness of intelligent transport systems in Suwon. Journal of the Korea Institute of Intelligent Transport Systems. 10(2), 55–65.

[8] Kim, J., Mahmassani, H.S., Alfelor, R., *et al.* (2013) Implementation and evaluation of weather-responsive traffic management strategies insight from different networks. Transportation Research Record: Journal of the Transportation Research Board. 2396, 93–106.

第16章
超载控制的成本效益考虑

16.1 引言

重型货车超载是一个严重的问题。超重车辆会带来一些负面影响,如道路安全、驾驶人安全、道路损坏、环境污染和恶性竞争。

据报道,在欧洲,平均每三辆被检查的车辆中,就有一辆超载。这些负载通常超过最大额定负载的10%~20%[1]。南非高登省的超载控制统计数据显示,有多达38%的重型车辆超载[2]。

重型车辆超载会严重阻碍一个地区的经济增长,在发展中国家尤其如此。原因是道路恶化的加速和对道路的养护重视不够,使得价值数百万美元的宝贵道路基础设施丧失殆尽。

另外,由于执法不严、罚款数额不足、检控制度效率低下以及地磅腐败现象频繁发生等,超载情况进一步加剧。

总体而言,这种情况导致管理部门越来越多地使用技术手段来协助相关的超载控制系统进行重型车辆的测量和管理。本章探讨了各种技术组件以及技术对超载控制系统的整体有效性的贡献。这项工作是在发展中国家进行的,同时也考虑了与有效超载控制相关的扩展基础设施要求。

16.1.1 超载的影响

超载车辆的主要影响是路面磨损,路面磨损的增加会导致路面过早损坏。车辆对道路的磨损率与其重量的四次方成正比,这能够更好地理解超载对路面破坏的影响。因此,5%的超载将会导致路面磨损增加22%[3]。

重型车辆的超载也会对车辆性能造成负面影响。超载车辆在上坡行驶时动力不足,导致上坡速度降低,从而造成拥堵。额外的重量也会对发动机制动产生负面影响,这通常会导致下坡超速,以及由于制动效率降低而导致稳定性降低。

此外,超载还导致公路运输公司和经营者之间的恶性货运竞争。例如,在法国,据估计一辆全年超载20%的5轴铰接式载货车每年可额外产生26500欧元的效益[1]。

16.1.2 超载合规性检查

重量合规性检查很复杂，其中最简单的形式是，当遇到可能超载的车辆时，车辆需要停车并被做上标记，然后将车辆指引到最近的、经过认证的、可用的称重秤上。由于这非常耗费时间和资源，因此只有在车辆有明显的超载迹象时才应这样做。

在交通流中，检查方可以通过提供永久动态称重（Weigh–In–Motion，WIM）装置或将所有重型车辆引导到临时配备移动地磅的侧车道或停车场，以此协助对车辆超载进行筛查。应当指出的是，WIM 装置的准确性不足以直接对车辆做出罚款，它只是作为预选辅助工具，以查明可能的违规者，以便在移动或固定装置上进行更仔细的检查。

由于此类操作的繁琐性，重量合规性检查的频率通常较低。此外，人们还注意到，交警也更倾向于关注交通安全，确保交通畅通，而不是处理超载的后果，即对基础设施受损、相关的恶性竞争和对环境的负面影响不太重视。

超载合规性检查的频率不足会导致超载事故的增加，在已知的 WIM 安装区域或执法人员较多的区域外行驶时，超载车辆被抓的风险相对较低。有组织的检查活动的位置是已知的，超载车辆可以很容易地避免，所以也失去了部分效力。此类检查活动通常包括一个筛查区、一个将可疑车辆标记下来的区域以及一个带停车场和认证秤的控制区域。

16.1.3 设立地磅的总体策略需求

考虑到超载的严重程度和限制超载的难度，显然需要一项总体策略，并增加超载合规检查的频次密度[4]。一种解决方法是策略性地提供许多设备齐全的超载控制设施或地磅。

除此以外，还需要一项全面的国家或地区战略，用以处理政策和法规问题，指导运营方法，并指明可用预算。如果这些问题得不到解决，且资金使用不连贯，可能会导致地磅设施的布设位置欠佳、操作不当以及装备不当等问题。所有这些问题都会导致资源的浪费，并降低超载对策的可信度。

运营战略应支持总体战略，确保地磅设施能够达到预期目的。此外，还必须确定优先路线，并把地磅设置在车辆流量最高的道路上，以发挥最大的作用。

总体战略还应了解超载控制方法的未来发展方向，包括重型车辆车载称重技术的进步[1]，或通过虚拟称重站这种非侵入性环境完成超载控制[2]。

16.1.4 提供交通控制中心

这项总体战略实施的最终目的是，在优先通道沿线提供若干交通控制中心（Traffic Control Centres，TCC）。TCC 有助于提供全面的设施支撑，包括地磅或超载控制设施，以高效和有效地进行超载控制过程，从而减少重型车辆对交通流的干扰。

图 16.1 展示了在国道两侧提供 TCC 的一个很好的例子。

图 16.1 海德堡 TCC 布局

16.2 超载控制系统

超载控制系统是指将智能运输系统（ITS）集成到超载控制设施中，以改善此类设施的运营和管理。本节将超载控制系统的组件以及超载控制或地磅设施的运营作为 TCC 的一部分。

16.2.1 超载控制组成部分

超载控制设施或地磅通常由以下要素组成：

1）TCC 大楼，为运营操作提供场所。
2）道路和铺设，允许车辆出入和流通的场所。
3）静态（通常是多层）磅秤。
4）各种服务，如水电。
5）控制系统。
6）设备和装置。
7）车辆测试设备。

控制系统组件是指超载控制设施的技术或 ITS 应用。技术的利用程度很大程度上取决于用户的需求，且应在超载控制设施的操作概念中进行反映和描述。

表 16.1 提供了具有简要说明的典型控制系统组件。

表 16.1　典型的 ITS 控制系统组件

控制系统组件	描　　述
1. 安全和安保监控	提供闭路电视摄像机和录音设备。摄像机通常安装在能够全面覆盖现场的位置
2. 访问控制	提供人员识别对象、读取器和具有访问历史的人员访问控制数据库
3. 车辆识别	提供车辆识别设备，如自动车牌识别（Automatic Number Plate Recognition，ANPR）摄像头、一般识别摄像头、车辆存在传感器和车辆分类传感器
4. 驾驶人识别	提供驾驶执照扫描仪，该扫描仪与国家交通信息系统之间存在通信接口
5. 通信硬件	为建立系统所有设备之间的通信提供硬件
6. 交通控制设备	提供所有电子标志，如红绿灯、车道指示可变消息标志，以及在有需要时提供栏杆
7. 车辆称重设备	提供静态磅秤以及各种 WIM 传感器
8. 人机界面设备	为操作人员与系统交互提供所有必要的设备。它包括计算机设备、声音和视觉报警系统
9. 数据处理设备	提供服务器和其他硬件或基础设施，以便进行数据处理
10. 检控制度	提供汇编交通违法行为及执法的一个系统
11. 系统集成	提供硬件和软件，以便所列出的所有组件能够集成使用

车辆测试设施通常与地磅或超载控制设施结合使用。

车辆测试站（Vehicle Testing Station，VTS）由具有通风和照明的检测坑组成，该检测坑内配有以下设备。

1）制动测试仪。

2）车辆高度计。

3）连杆探测器。

4）液压千斤顶（成对）。

5）车轮定位测试仪。

除了安装的设备外，通常还提供其他测量仪器，包括：

1）前照灯测试仪。

2）噪声计。

3）酒精呼吸测试仪。

4）视觉测试仪。

此外，VTS 设施还配备了一系列工具，以协助检查流程。

在理想情况下，执法人员应在满载情况下（即在负载转移之前）对车辆进行测试，以便确定载重车辆的特性。这对制动测试尤其重要，因为所要求的制动力是所测量的轴负载的函数。

16.2.2 运营理念

运营理念必须被明确定义并映射到地磅或超载控制设施布局上，这一点至关重要。地磅的布局受若干因素影响，包括：①对设施的整体用途做出明确定义；②是否进行筛选或检控，或两者兼而有之；③预计每小时或每天要称重的重型车辆流量。

对于完整的 TCC 来说，该设施通常在道路的两侧运行，且通常在其操作系统中包括以下内容[4]。

① 主车道上的高速运动称重（High Speed WIM，HSWIM）筛选装置（筛选车道）。

② 低速 WIM（Low Speed WIM，LSWIM）筛选装置，用于确认 HSWIM 指示的可疑超载车辆。

③ 静态台秤，用于精确称重轮轴和轮轴单元负载以及用于检控的车辆或车货总质量。

在自由流交通条件下，WIM 设施需要永久性地安装在事先选定的路段上。该部分路段要求是平坦的，以免车辆发生垂直运动以及加速或加速运动。在自由流交通条件下，WIM 工作站的精度不足以直接对车辆做出罚款。它仅作为筛选装置和指示，表明车辆需要在静态磅秤上进行进一步的检查。

图 16.2 描述了典型的筛选车道设施，图 16.3 展示了设有各种栏杆控制系统的静态磅秤覆盖区域。

图 16.2 典型筛选车道设施

图 16.3　静态磅秤覆盖区域和 TCC 建筑

16.3　效益-成本分析法

本节探讨一种用于效益-成本分析的方法，首先回顾在 TCC 分析中所包含的效益和成本相关的关键假设。

重要的是，该分析考虑了经济成本，因此，它不仅仅包括由超载控制方案产生或吸引的财政价值。

TCC 的目的是改变特定道路的货运现状，它的效益是衡量它能够减少现有超载趋势的程度。因此，效益与成本分析必须明确列出具有 TCC 的方案与指定时间段内"不执行"该方案相比的关键假设。

成本和效益的产生和吸引在分析时间段内的不同时间点被转换为财务价值，以下各节描述了各项成本和效益，以及它们在分析时间段内是如何分布的。

16.3.1　成本

如本章前面所述，超载控制中心的构造不仅仅包括 ITS 组件，它还包括道路铺设、建筑物、磅秤、车辆测试坑、水电网以及其他基础设施的建设。与 ITS 更具体相关的组件主要由自动车辆识别系统、WIM、决策系统、交通控制和检控系统组成。这些系统通常只占总建筑成本中相对较小的一部分，但被认为对设施的成功做出了很大的贡献。

本章考虑了整个超载控制系统的综合效益和成本，而不是仅考虑其中所含电子系统的成本和效益。

与提供超载控制系统有关的费用主要是与建筑相关的财务价值（资本支出）以及设施运营和维护（运营支出）。

1. 资本成本

资本成本包括与 TCC 设计和建造有关的所有支出。它通常包括以下内容。

1) 咨询：设计、招标和施工监理费
2) 土地征用（如果需要获得土地的话）
3) 土方工程
4) 道路工程和结构，如桥梁
5) 建筑工程（TCC 大楼）
6) 供水工程
7) 建立电力供应连接的成本
8) 控制和监控系统
9) 称重车辆的静态磅秤
10) 车辆测试坑和设备（如果包括 VTS 的话）

上述费用还必须包括与 TCC、筛选车道和其他进出该场所车道相关的所有工程。

资本成本作为启动时（通常为第 0 年）的费用包含在现金流中。

2. 运营成本

运营成本包括人员的薪资、水、电和卫生等服务费用。运营成本还包括运输成本、电子通信成本和消耗品。

这些成本产生于整个设施运营期间，并列为一系列经常性支出的现金流。

3. 维护成本

设备的维护包括预防性和纠正性维护。当然，无法预测纠正性维护需求的发生，因此通常采用平均值代替。对于电子系统来说，这些价值通常是每年原始资本支出的 20% 左右，而土木工程和建筑物的维护成本较低，约为每年资本支出的 10%。

16.3.2 效益

效益是指某一设施在财政收入或成本降低方面所带来的经济改善。超载控制设施的效益主要是与减少路面损坏有关的财政开支、罚款收入和实施超载控制设施的路线上碰撞事故的减少带来的开支节省。

1. 减少路面损坏

强制实施限载的主要原因是保护道路不被损坏。车轮在公路上滚动对道路造成的损坏程度取决于车轮施加的力（是由车辆施加在道路上的重量造成的）。此外，路面损伤量不仅与向下的力成正比，而且呈指数相关[3]，因此随着车轮负载变大，道路损伤量会急剧增加。

因此，减少路面损坏带来的效益不是收入，而是未来维持道路基础设施开支的减少。因此，必须进行超载控制的效益成本研究，以与不采取任何措施的备选方案进行比较。在这种情况下，必须假定超载将在当前水平上有增无减。

2. 罚款收入

罚款收入是被发现的违反限载车辆应付的数额，这是执法机构收到的财务价值。

超载控制系统越有效，罚款收入就越少。一般认为，从罚款中获得的财务价值通常对成本效益比（Benefit to Cost，B/C）和其他投资评估指标的效益影响不大。

3. 降低碰撞成本

《道路交通法》规定的限重不仅为了保护道路基础设施，而且还用于确保载货车辆的安全运行。设计和制造车辆的制造商设定的规格标示了安全的工作负载，如果超过这些值，就有可能对车辆造成损坏和/或对车辆的驾驶特性产生不利影响。例如，超载会给制动部件带来额外的压力，最终可能导致制动部件的过热和失灵。

在启用新的 TCC 后，路段沿线的超载发生率大大降低。TCC 还有助于达成辅助目的，进而改善其长期运营业务。因此，应考虑在 TCC 上增设车辆测试设施。

尽管很难估计确切的定量数值，但超载和车辆适应性执法相结合预计可降低碰撞率。

虽然行业已对碰撞的经济成本进行了一些研究，但估计由于超载减少和车辆适应性提高而导致的碰撞率降低仍是一项挑战。因此，碰撞成本往往是定性的而不是定量的。

16.4 应用

16.4.1 数据/输入需求

每种不同的效益和成本都需要通过假设或提供信息来估计其价值。以下各节简要介绍如何确定这些值。

1. 建筑成本

建筑成本通常由负责设施设计的工程师估计，或根据以前建造的其他类似设施的比较得出的。

详细的成本估算将需要：

1）了解有关地点的资料（即已选定地点的情况下），以估计尺寸和出入口安排。

2）设计标准（特别是关于筛选车道）。

3）运营/设想的设施布局，包括建议通过该地点的车辆路线。

2. 运营成本

运营成本可以通过考虑将在现场工作的人数和他们的薪酬水平来估算。所需的一些信息包括：
1）人员配置结构及其作用和职责。
2）关于工作人员薪酬的信息。
3）类似规模建筑的典型公用事业费用。

如果可以的话，现有设施的运营成本可以用作价值的基准值。

3. 维护成本

只有预防性维护成本才能详细估计，而纠正性维护成本是基于故障发生的，因此难以预测。

典型值可从文献中获得，也可参考现有设施获得基准值。

4. 减少路面损坏

路面损坏的减少通常是最重要的效益，也是超载控制效益－成本评估中最具分析性的任务。

路面损坏是由重型车辆的体积（用轮轴负载表示）和车辆的负载以及车辆行驶的距离共同作用的结果。在确定现状时，有必要收集以下方面的信息。

1）通过 TCC 的车辆类型，包括车辆和挂车的配置以及轮轴数量。
2）这些车辆的轮轴负载趋势。
3）通过设施的车辆的出行分布模式［行程始发地和目的地（Origins and Destinations，OD）］。

上述数据可以通过分类交通流量计数、轮轴负载调查和 OD 调查相结合的方式进行采集。

出行分布的表示基于区域结构的定义（将整个研究区域细分为覆盖整个研究区域的一些较小的毗连地块分区）。研究区域必须足够大，以包括通过 TCC 的大多数行程的 OD 点（如果行程被截断，则效益将被低估）。如果研究区域位于具有国家重要性的路线上，则研究范围会非常广阔。

然而，不应将研究区域扩大到待确定利益的区域以外（例如，TCC 所在的基础设施提供者可能对邻国产生的效益不感兴趣）。

（1）重型车辆行驶的距离

出行分布模式表示为一个矩阵，其起点列在矩阵的纵轴上，目的地列在横轴上，其方式类似于典型的运输需求模型。因此，矩阵的每个单元格（例如，要表示为行 i，列 j）代表重型车辆在从区域 i 到 j 的行程中经过 TCC 的出行次数。理想情况下，该矩阵应包含年化出行流量（年日均重型车辆或载货车流量）。

然后，通过将年度载货车交通矩阵（包含重型车辆的流量）与另一个包含每对 OD 之间的代表性距离（即从区域 i 到 j）的矩阵相乘，以确定通过拟建设区域的载货车的预计年行驶距离，然后计算出路面损坏减少的程度（这里的操作是指逐单元格的乘法，而不是线性代数矩阵乘法）。

上述计算得出所有重型车辆在一年内通过 TCC 的行驶过程中在两个方向上行驶的总距离。

(2) 重型车辆的负载

通过负载调查，可以确定每辆车的平均负载为 E80（相当于 80kN 的轮轴负载）。负载调查中的数据集应包含车辆的轮轴配置、每个轴上的负载等详细的信息。车辆负载的现状信息由实际负载调查信息提供。

下一步是估计车辆装载情况，其假设条件是所有车辆在 TCC 成功实施之后都符合规定的负载限制。对装载调查数据集进行评估是有必要的，即根据特定国家的道路交通法规中可能包含的各种车辆载重规定来审查每辆车的载重。比如，法规可能会涉及单个轮轴负载、轮轴组负载或车辆总质量等规定。在发现有违规行为时，该车的负载应减少至不再出现违规行为为止，即减少至最大允许负载限制。这个减少负载的数据集代表了一个符合法律要求的装载方案，可用于计算每辆车的平均E80，其方式与原始测量的数据集相似。

然后，可以通过将载货车总行驶距离的盈利除以 E80 轮轴负载的行驶千米数得到的路面破坏率，来计算两种情况的总路面损坏情况（现状情况和符合法律要求的情况）。

$$路面劣化 = 货车年流量 OD 矩阵 \times 距离矩阵 \times \frac{盈利}{E80km} \quad (16.1)$$

5. 罚款收入

一般很难对收取的罚款做出确定性的估计。原因如下：首先，稳定状态运营期间的违章率可能有很大差异；第二，超载的程度（从而影响罚款的价值）可能差别很大；第三，最终支付的罚款金额是高度不确定的（特别是在普遍不支付道路交通罚款的发展中国家）。在某些情况下，违法者还将向当地司法部门申请（并获准）降低罚款额。最能合理评估 TCC 罚款收入的方法通常是从现有的类似设施中获得罚款收集率。

6. 减少碰撞事故

虽然通常在特定国家/地区的研究文献中可以找到与不同类型的碰撞事故成本相关的估计，但准确预测碰撞率的降低，或获得碰撞率降低的相关当地记录文献的可能性不大。

16.4.2 净现值的计算方法

计算各种指标的净现值（Net Present Value，NPV），以及 B/C、内部收益率（Internal Rate of Return，IRR）、其他投资评估指数等指标都有着详细的文档记录，在这里不详细讨论。

16.5 案例研究

以下案例研究涉及南非的 eTeza TCC[5]。

eTeza TCC 位于 2 号国道（National Route 2，N2）上，这条具有重要意义的路线主要承载着南非北部海岸（德班以北的沿海地区）的交通。其中，该海岸的理查兹贝港和该国东北部（普马兰加省）以大规模采矿和采矿相关的活动而闻名。

该 TCC 位于农村地区，几乎没有其他可行的替代路线，且不会增加大多数行程的距离。eTeza 设施的布局如图 16.4 所示。下面将详细讨论该设施的运营环境，讨论的重点是：

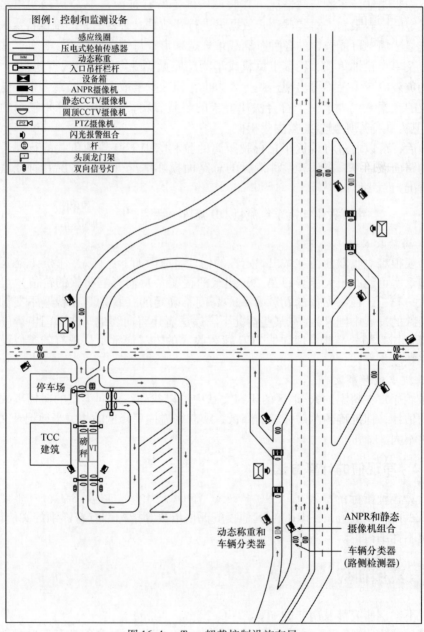

图 16.4　eTeza 超载控制设施布局

1) 外部道路网和筛选车道。
2) TCC 运营场地。

16.5.1　eTeza 超载控制方案的运营情况

1. 外部道路网络和筛选车道的运营

N2 主干道的每个方向都配置了筛选车道。eTeza TCC 与第 16.2 节中引用的传统完整 TCC 的配置略有不同，这是因为其与一般交通流的进出交织在了一起。

所有重型车辆，以及任何其他想要进入十字路口的车辆，都必须保持左侧行驶，并使用滑移车道进入 WIM 筛选车道。

执法人员对通过 WIM 传感器以及相关识别和分类设备的每辆车进行评估。该系统确定每个轮轴上的负载并确定轮轴配置，然后使用规则计算来确定车辆是否看起来超载。

如果一辆车看起来没有超载，它可以在随后的分叉处朝任意方向前进，分叉的左侧通向十字路口，右侧通向 N2 的主干道。

但是，如果车辆似乎出现超载，电子标牌（安装在头顶龙门架的两个路标上）将指示车辆必须沿分叉的左侧继续行驶到 TCC。

TCC 和交汇处周围的车辆识别点的封闭警戒线支持警报系统，当已被识别为潜在超载的车辆试图通过该区域而未通过 TCC 内的静态标尺时，该警报系统将被激活。TCC 交通主管部门有责任对警报做出反应。为此，该地区提供了多个暂存点。

2. TCC 场地内的运营情况

进入 TCC 场地后，自动决策系统将使用红绿灯、栏杆、感应线圈和 ANPR 摄像头组成的识别设备指示车辆的路线。

在 TCC 场地中，存在一些控制节点：①驶出磅秤；②驶出 VTS；③驶出 TCC；④驶入等待场地（并回到静态磅秤处）；⑤驶入返回 VTS 的车道。控制的原理是在控制节点上任何时候只能有一辆车，并且所有的栏杆通常是关闭状态的。

进入 TCC 场地的重型货车沿内部道路行驶，到达静态磅秤。车辆被称重以后，系统将决定是否释放车辆离开（在这种情况下，磅秤出口和 TCC 出口的栏杆将打开），或让车辆停留在 TCC 场地内，直到其负载得到纠正。如果车辆超载，它将首先被指引到 VTS 进行测试（在这种情况下，从磅秤出口进入 VTS 车道的栏杆将打开）。测试完成后，车辆将被引到等待区域（打开从 VTS 到等待区域的栏杆）。

根据违规情况（负载或车辆适合性），车辆允许在静态磅秤和 VTS 上循环称重，直到负载得到纠正或工作人员认为可以安全退出 TCC 场地为止。通常，货运公司会将一辆应急车辆送到 TCC，然后可将部分负载转移到该车上，以减少超载车辆上的负载。应急车必须遵循货车进入 TCC 场地的相同过程，但可以通过表明身份并进入 TCC 场地的等待区域且不会因为符合法定负载而被自动放行。

16.5.2 成本-效益分析

通过当地典型的通货膨胀率和利率对 eTeza TCC 进行了为期 20 年的成本-效益分析。

表 16.2 汇总了成本和估计的效益。

尽管本章在估算交通罚款和事故减少时描述得十分谨慎，但此估算仍使用典型的碰撞率（通常以每百万车辆千米碰撞表示）计算，这些费率可从道路交通安全研究、与碰撞相关的成本和基于百分比的粗略降低值中计算得出。

交通罚款收入是利用从该国其他地方现有的 TCC 获得的数据估算的。其典型收入与通过 TCC 的总流量相关，并根据 eTeza TCC 观察到的流量加以考虑。

从表 16.2 可以看出，就 eTeza 的情况而言，路面损坏率降低所带来的收益远远超过其他效益，设施的总体 B/C 比率为 3.73，因此效益大大超过成本。

就 eTeza 而言，TCC 的有利 B/C 比率主要归因于：
1）现阶段的高比例超载。
2）通过 TCC 的长途旅行占很大比例。

表 16.2　eTeza TCC 成本效益汇总

		年度 [2014 年 ZAR（南非货币单位）]
效益	路面损坏成本的节约	R115027489
	总罚款收入	R13741365
	碰撞事故减少带来的节约	R9862588
成本	资本支出	R336830001
	总运维成本，不包括工作人员	R5809410（p. a. @ 2014）
	工作人员薪资	R8937394（p. a. @ 2014）
	效益 NPV	R2082391735
	成本 NPV	R-558342683
	总 NPV	R1524049053
	B/C 比	3.73
	IRR	43%

16.6　设计和运营 TCC 的实际考虑和经验教训

16.6.1　替代路线

当人们考虑一些货运公司和驾驶人的行为时（这些行为是从参与运营 TCC 的人员的口中得出的），超载显然被认为是一项有利可图的行为。在与执法人员和经营者讨论这个话题时，关于故意超载的运营商将在多大程度上避免被起诉的轶事比比皆是。执法显然不仅仅是简单地要提高不知情的货运公司对超载的认识，而是要对付那些故意超载并千方百计逃避起诉的货运公司。

基于上述原因，TCC 所选择的位置周围必须没有设置方便的替代路线。在理想情况下，使用替代路线的货运公司必须付出足够多的额外成本（行驶时间和行驶距离），目的是让货运公司认为在合法的装载限制之内装载其车辆的费用较违规超载更低。因此，这一原则使得 TCC 在公路网稀少的农村/城市更加实用。当 TCC 附近存在少量替代线路方案时，可以使用技术操作多个筛选设施，并将可能超载的车辆指引到常见的静态磅秤上。此类解决方案可以使用全球定位系统（GPS）或射频识别（RFID）标签来跟踪筛选设施和静态磅秤之间的车辆。

16.6.2 筛选率和运行时间

TCC 阻止超载的效果显然与违法者被发现及检控的可能性有关。因此在这方面，强烈建议使用可测量所有车辆的筛选车道，且筛选车道的运营时间最好为 24h/天。

16.6.3 影响的重叠区域

从第 16.4 节描述的方法中可以明显看出，TCC 设施的出行分布（OD）对所获得的效益是至关重要的。但是，如果 TCC 的影响范围有重叠（例如，考虑将两个 TCC 放在相距不远的同一路线上），则显然不能单独考虑一个 TCC 设施的效益。在这种情况下，识别那些通过这两个设施的车辆（特定 OD 交通量）显得尤为重要。同样地，减少路面损坏所带来的收益必须在两个（或更多）TCC 设施之间共享。

16.6.4 统计筛选误差和决策阈值变量

由于在测量行驶中的车辆时存在固有的不准确性，因此对于检控而言，WIM 系统通常被认为不够准确。在这些情况下，该系统只能作为车辆可能超载的指标用于协助执法。因此，它的使用也受统计假设检验误差的影响。

第一类误差：当车辆实际上没有超载时，却将其识别为超载。

第二类误差：当车辆实际上超载时，没有将其识别为超载。

第一类和第二类误差的发生取决于 WIM 筛选器的准确性（这是多种因素的组合，例如达到或超出轴刻度的路面平整度、刻度本身的准确性、过往车辆的速度等）。

为了提高筛选过程的准确性，WIM 筛选程序的构建将根据特定标准（例如 ASTM 1318 标准）执行[6]。

在将车辆从 WIM 筛选程序指引到静态磅秤的决策过程中，可以引入一个应用于 WIM 测量值的可调宽限值或阈值。虽然此宽限值/阈值不会使过程更准确（即无法消除上述错误），但它可减少一种类型的误差并影响另一种类型的误差。

这里必须指出的是，第一类误差增加了 TCC 设施的工作量，但不会增加检控率，而第二类误差意味着违规者可能会逃避检控。

使用具有可配置参数的复杂系统意味着阈值/宽限值可以随时间调整,这样一来(当超载很高时),只有超载过多的违规者才会被引到 TCC 设施中,以免在 TCC 设施中造成拥堵。因此,设计 TCC 设施不是为了处理在建造 TCC 设施之前存在的违章车辆,而是要针对预期处于稳定状态的预期违章车辆数进行 TCC 设施的设计(即在 TCC 设施应用后超载水平逐渐稳定下来的时期)。

16.6.5　成本与复杂性的权衡

在为 TCC 设施设计控制和监控系统时,我们往往倾向于设计一套能将所有程序自动化,并监控 TCC 设施的各个方面(包括其中的车辆和人员),从而完全消除欺诈和腐败的系统。

在发展中国家,则必须考虑 TCC 系统在远离技术支持和维护团队的可维护性。

同时,设计系统时不应该忽视不习惯在不断监视下工作的人员(在某些情况下,高层人员和有影响力的人)的抵制。

系统的复杂程度应取决于实现其目标所需的复杂程度,且不应在设备发生轻微故障时中断其运营。

16.7　结论

本章对超载控制的各个方面进行了广泛的概述。它展示了作为超载控制系统支持元素的技术应用环境。本章确定并明确定义了典型的 ITS 控制系统组件。各种技术组件的作用必须清楚地反映到每一个操作概念上。需要注意的是,超载控制系统的效益和成本分析应包含所有方面,而不是孤立地考虑 ITS 因素。

参 考 文 献

[1] Rapp Trans AG. *Study on Heavy Vehicle On-Board Weighing*. Brussels: Rapp Trans AG Transport & Environment; 2013.

[2] Bosman J, Essa I, Andersen SJ. Overload control for the Gauteng Freeway Improvement Project. *Proceedings of the 4th SARF/IRF Regional Conference for Africa*; October 2010; Cape Town: South Africa.

[3] Znidaric A. Heavy-duty vehicle weight restrictions in the EU: enforcement and Compliance Technologies. ACEA Scientific Advisory Group Report; 2015.

[4] Pinard MJ. Guidelines on vehicle overload control in Eastern and Southern Africa. Sub-Saharan Africa Transport Policy Program. Working Paper No. 90; 2010.

[5] Techso. eTeza traffic control centre benefit cost study. SANRAL Project Report; 2014.

[6] ASTM International. Standard specification for highway Weigh-In-Motion (WIM) systems with user requirements and test methods. ASTM E1318-02; 2014.

第4部分 总结和结论

第17章 智能交通系统评估:主要发现、挑战与未来工作

17.1 ITS 部署和评估总结及主要发现

基于信息通信技术（Information and Communication Technologies，ICT）的智能交通系统（ITS）已经开发和部署了30多年。ITS 领域的核心技术是定位（相对定位和绝对定位）和远程通信，并可以通过不同的方式组合不同的选项来创建独立的车载系统和协同系统（使用车辆之间和基础设施之间的通信）(Lu 等人，2005）。ITS 应用涵盖所有运输方式，包括公路、铁路、水路和空运，以及人员移动和货物物流。本章主要介绍的是地面运输的重要组成部分：公路运输。ITS 公路运输应用正在进入大规模部署阶段，例如在以下领域：

1) 私家车和出行者（例如：ADAS[1]、远程通信[2]和为出行者提供的更好的信息）。

2) 公共交通（例如：电子客票、多模式服务、通过数据交换和远程通信的脆弱的用户服务）。

3) 商用车和智能物流（例如：追踪和跟踪货物、远程通信、供应链管理中的文档自动化，也称为电子货运）。

4) 以基础设施为基础的交通管理和控制［例如：扩展浮动车数据（extended Floating Car Data，xFCD）、交通控制中心（Traffic Control Centre，TCC）、交通信息中心（Traffic Information Centre，TIC）、可变信息标志（Variable Message Signs，VMS）、事故和隧道管理、道路收费］。

ITS 的发展使运输系统更安全、更高效、更清洁、更方便和更协同。随着技术的迅速发展，过去几年中，消费类电子设备激增，商用无线网络广泛覆盖，出现了新的通信和传感技术，同时网联车辆和自动驾驶成为主流。值得一提的是，自动驾驶拥有不同的技术实现路径，它可以基于自主系统实现，也可以基于自主系统和协同系统的组合实现。

虽然 ITS 的应用旨在提高驾驶舒适性、交通安全、运输效率、环境和能源效率且正在蓬勃发展，但其造成的影响尚未得到全面和系统地评估和记录。本章旨在通过基于通信技术的智能交通系统概述，提出并讨论各地区（如：欧洲、北美、亚洲、太平洋和南非）ITS 开发和部署的不同阶段的适当评估方法，并提供和审查相

关的评估结果。对于评估 ITS 影响的基本原理存在共识，可以概括如下（Studer，2015 年）。

1）展示 ITS 实施的好处。
2）对不同环境下的各种 ITS 项目成果进行比较。
3）根据以往的经验，为具体问题或情况选择最适当的 ITS 解决方案。
4）支持预测未来 ITS 实施效益。
5）避免重复错误做法（汲取教训）。
6）检查目标的实现情况。
7）评估投资合理性。

评估可以分为两个级别：微观评估和宏观评估，前者为后者提供输入量。微观评估以技术评估和性能评估为目标。微观评估的主要方法是测试、线上或线下的仿真、理论建模和定性分析。宏观评估的目标是决策的影响（效益和成本）。目前有两类常用的宏观评估方法（Lu，2007）：①基于经济学的评估方法，例如成本效益分析（Cost–Benefit Analysis，CBA）（Boardman，1996；Hauer，2011）、成本效用分析（Cost–Effectiveness Analysis，CEA）（Trilling，1978）、规划资产负债表（Planning Balance Sheet，PBS）（Lichfield，1956，1964）和目标成就矩阵（Goal Achievements Matrix，GAM）（Hill，1968）；②基于规范化的评估方法，例如层次分析法（Saaty，1980，1995）、简单相加加权法（Yoon 和 Hwang，1995）、与理想解决方案相似的排序偏好技术（Hwang 和 Yoon，1981）、和谐性分析方法（ÉLimination Et Choix Traduisant la Réalité）（Roy，1968）、富集评估的偏好排序组织方法（Preference Ranking Organisation METHod for Enrichment Evaluations）（Brans，1982，1996；Brans 等人，1986）、模糊多标准决策辅助（Zadeh，1965）和灰色关系分析（Deng，1982；Guo，1985）。以上两个类别的每种具体方法本质上都提供了处理评估矩阵的过程，可用于对备选方案进行优先排序。

关键绩效指标（Key Performance Indicators，KPI）、定性评估和有根据的猜测也可用于宏观评估。其中，KPI 只能针对效益进行评估。通过确定通用 KPI 可提高在不同国家和地区使用和应用 ITS 评估结果的可能性。欧盟委员会（European Commission，EC）确定了一些针对 ITS 公路运输的 KPI，旨在鼓励成员国在欧洲层面使用这些通用 KPI（参见 EC，2015a，2015b，2015c）。然而，成员国似乎缺乏对使用这些通用 KPI 的实质性承诺。

ITS 部署 KPI
信息采集基础设施覆盖的路网
路网信息化包括
1）事故检测和管理。
2）交通管理和控制措施。

3)协作式ITS（C-ITS）服务和应用。

路网/运输网络信息化包括

1)实时交通信息服务。
2)动态出行信息服务。
3)货运信息服务。
4)112紧急电话。

效益 KPI

1)行程时间的变化。
2)负载系数的变化。
3)事故次数和严重程度的变化。
4)二氧化碳排放量的变化。

财务 KPI

1)公路ITS年度投资。
2)公路ITS的年度运营维护费用。

表17.1总结了本章提出的智能交通系统评估结果。值得注意的是，由于假设、输入的数据（及其特性）、使用的方法和/或使用相似方法的差异，不同国家和区域间的影响评估结果可能有很大的差异。因此，对评估结果的分析解释工作应十分谨慎，分析解释工作应基于对假设、现有数据和所用方法的正确理解，而不能仅仅根据效益和成本的数值来进行比较和分析。

表17.1 智能交通系统评估的总结结果和主要发现（基于第2~16章）

章号	智能交通系统实施描述	方法	关键发现和/或结果
2	ITS评估需求，特别是从政策角度	问卷、案头调查、访谈	独立评估；非独立决策；统一评估方法；输入数据的可用性和质量
3	评估方法和框架概述	广泛的文献评论、专家知识和经验	评估ITS项目（基于有效和可靠的方法）非常重要；社会经济评估对量化ITS项目对社会的影响并从技术和市场角度评估这些影响至关重要；方法有优点也有缺点
4	可变限速（Variable Speed Limits，VSL）、匝道计量、动态车道、城市地区道路收费、互联网信息服务、行程时间指示	广泛的文献评论、专家知识和经验	审查欧洲和美国的ITS评估；推出ITS工具包；使用各种指标对不同国家的各种ITS应用进行比较分析
5	从路网角度考虑自动驾驶车辆	专家知识和经验、案例研究	路网投资创造经济价值；介绍了公司层面生产率的案例研究；从ITS路网角度评估自动驾驶车辆，并解决相关挑战

（续）

章号	智能交通系统实施描述	方法	关键发现和/或结果
6	ADAS 功能、自主和协同系统	文献评论、专家知识和经验	全面讨论现场操作测试的方法和实施
7	需求评估方法和交通管理	确定相互作用、成本、效益、其他影响、优先顺序、权重；进行 MCA 和敏感性分析；讨论和决策制定	以效益为导向而不是以成本为导向的评估
8	用于测试和验证的技术评估工具，并应用在 ISA + + 上以确定合适的驾驶限速	模拟器和真实驾驶条件	用于验证复杂车载系统的方法和过程
9	调查为何新数据形式有助于评估，以及 ITS 方案的影响如何进行评估	文献评论、专家知识和经验、比较分析	新的移动性方案和社会创新方案的汇编；传统评估方法的扩展延伸；道德问题解决
10	C-ITS 服务：本地动态事件警告、车载速度和标志、出行信息和动态路线指引	事前影响评估（以前的研究、专家判断）	致命伤亡人数：$-4\% \sim -7\%$ 非致命伤亡人数：$-5\% \sim -8\%$ 受伤事故数：$-5\% \sim -7\%$ 行程时间：$-11\% \sim +4\%$ 汽油和柴油：$-10\% \sim -1\%$ 二氧化碳：$-9\% \sim +2\%$ NO_x：$-5\% \sim -10\%$ $PM2.5$：$-1\% \sim -10\%$
11	自动驾驶	影响和社会经济评估	对自动驾驶的潜在影响进行分类（按利益相关者和时间表）；审查了功能评估的方式方法；还解决了自动驾驶方面的影响和社会经济评估的挑战
12	ADAS 和自动驾驶	用户相关评估	主要衡量标准：驾驶人行为、驾驶人表现，对系统的理解、信任和依赖、控制权转移、精神负担、压力、感觉无聊、疲劳、情境意识、故障表现、适应性、可用性、可接受性、效益感知
13	瑞典交通管理示例：行程时间信息和事故信息、匝道控制、交通控制 VSL、高速公路控制系统（Motorway Control Systems，MCS）	文献研究、专家研讨会	行程时间信息推荐价值（2016 年 3 月）：c. €0.4；事故信息推荐价值：c. €2.1；匝道控制推荐价值：主干道平均速度 $+10\%$；交通控制 VSL 推荐价值：通行能力 $+5\%$；事故 -10%；MCS 排队警告推荐价值：事故 -20%
14	下雨时高速公路上的自动速度辅助	分析部署 ITS 应用程序之前和之后的交通事故，数据可信并持续收集	评估潮湿天气测试（WWP）系统在 M1 高速公路上的性能；在下雨或路面潮湿时，将 VSL 设置为较低的强制限速，展示了非常积极的安全效果

(续)

章号	智能道路运输系统实施描述	方法	关键发现和/或结果
15	快速公交（Bus Rapid Transit，BRT）和先进的交通管理系统（Advanced Traffic Management System，ATMS）	交通仿真；通过前后研究对比，对交通运营、社会经济方面、安全性能、管理效率等进行了综合路网评估	BRT能通过提高平均车速和路网交通能力，有效改善交通状况，吸引更多乘客使用公共交通系统；ATMS通过缩短行程时间、增加路网容量和减少交通事故，显著改善了城市交通状况
16	TCC，用以避免超载的车辆电子监控系统，包括动态称重（WIM）	CBA、案例研究、专家知识和经验	南非eTeza TCC的年度成本和效益（2014ZAR）：效益NPV 208万，成本NPV 56万，效益/成本比3.73，IRR 43%；CBA对于超载控制系统应考虑所有方面，而不仅是单一的ITS元素

17.2 经验教训、研究需求和挑战

研究人员在不同国家和地区进行了大量关于智能交通系统的评估研究。但是，相关的评估结果通常会：

1）没有系统地发布。
2）在一些地区不可行。
3）彼此间无法比较。
4）难以适用于其他区域或国家来估计影响。

研究人员在近几年来使用了不同的评估方法，而在不同情况下使用方法的方式可能有很大的差别。此外，由于用于评估的数据通常结构不完善或缺少足够的细节，因此数据并非总是可用的。此外，评估报告往往没有清晰明确地提出评估假设，评估报告中经常缺乏对评估方法的缺点和如何最好地解决这些缺点的充分讨论。在实践中采用的各种评估方法都有其不足之处，它们普遍缺乏较强的理论基础。因此，根据现行或新的（综合的）方法确定充分的且可接受的评估方案仍然是一项挑战。

基于经济学和规范化的评估方法均有其优点和局限性，导致其结果往往存在争议。基于经济学的方法尽可能地以货币单位来表示属性值。而在实践中，这种方法往往成本高昂，甚至难以实施。但是，这种条件越宽松（例如，在CEA、PBS和GAM中），就越不可能得到清晰的分析答案。基于规范化的方法试图消除不同单位之间的问题，但其方法都没有严格的理论基础。事实上，每种基于规范化的方法都只不过是一个高级计算方法，其中的一些方法有时甚至不能够提供明确的备用方案顺序。若无法以货币单位表示多种属性值类型的存在，则自然就排除了基于经济学

的方法的使用（Lu，2007）。

在过去的几十年中，CBA 在 ITS 领域得到了广泛的应用，特别是在美国，CBA 被用以证明公共资金投资的合理性，并在项目之间确定优先排序。CBA 旨在为决策提供具有代表性的结果，但并没有理由认为 CBA 工具适用于该目标，原因是它存在缺陷，例如：①对统计寿命价值（Value of Statistical Life，VSL）和损伤价值的估计不一致（Mrozek 和 Taylor，2002；Viscusi 和 Aldy，2003；De Blaeij 等人，2003），以及政府对 VSL 的武断决定；②CBA 的基础是福利经济学，其前提只适用于极少数情况；③折现率的确定存在偏倚（Hauer，2011）。

KPI 似乎很容易用于整个 ITS 领域的概述，它的使用不需要广泛的经济学和数学知识。但是，使用 KPI 存在着严重缺陷。ITS 的道路应用领域非常广泛，可以由不同的利益相关者从不同的角度和方面进行分类，而通用 KPI 不能复杂地考虑这些情况和特征。此外，智能交通系统的可持续影响有三个主要维度，每个维度又都包含下面几个子维度。

1）经济，例如效率、成本效益、质量和响应能力。
2）环境，例如排放、噪声和自然资源利用。
3）社会，如安全、健康和员工。

通用 KPI 并不总能充分涵盖影响的维度和子维度。此外，在评估研究中，常常没有太多的 KPI 被选择用于实现可用性，但这些 KPI 却被期望应用于各种各样的情况中，这极大地限制了基于 KPI 评估的覆盖范围。此外，能否成功使用 KPI 受到数据可用性、数据收集、数据分析和数据报告的强烈影响，并且可能在很大程度上取决于需要评估的 ITS 技术的类型以及所处环境。

在国家和国际层面上，我们确实需要采取统一的方法进行宏观评估和基于 KPI 的评估。对评估方法的批评不妨碍评估结果的实现。相反，建设性的批评意见有以下好处。

1）鼓励和激励研究人员（从理论和实践上）寻找更好的解决方案，以克服现有方法的弊端，并开发新方法以及使用这些方法的最佳指南。
2）支持决策者通过选择独立机构进行评估以避免偏见；选择并正确使用适当的评估方法，明确假设，以合理的方式解释结果。
3）帮助包括行业合作伙伴在内的所有利益相关者更好地了解所面临的挑战，并为评估提供相关的高质量输入数据。

17.3 总结

对于智能交通系统的评估，提供完整、准确和结构良好的数据是先决条件。为了改善数据的可用性和质量，需要当局、产业界和学术界共同做出努力。美国运输部（DOT）的良好实践对其他国家的 ITS 实施有所帮助，DOT 公布了所有由政府资助的项目的评估结果，这些信息在全球范围内可以自由获取。作为 ITS 领域效益和成本评估的国际论坛，在全球 ITS 协会、学术界、行业和权威机构的大力支持下，ITS 效益评估共同体（ITS Benefits Evaluation Community，IBEC）也很好地促进了不同国家和地区的利益相关者之间的数据交换（见 IBEC，2014）。

IBEC 愿景

通过使用事前评估和事后评估支持 ITS 的广泛部署，事前评估和事后评估强调并执行合理的选择，从而改善安全、减少拥堵、支持可持续交通，并通过评估对可持续交通的影响来促进经济繁荣。对可持续交通的影响已被广泛纳入到部署智能交通技术（运输和物流）的规划，决策和监控中。

IBEC 任务

1）与 ITS 业界及政府机构合作，倡导/促进在规划、决策和监控部署智能交通运输技术时进行评估。

2）发展并分享国际从业人员间获得的知识，学习如何对 ITS 项目和个体服务/应用程序进行评估（和成本效益分析）。

3）吸引来自各学术机构、公共部门和私营公司的国际专业人员和学生，为交通运输带来一系列专业知识。

4）汇编并增加更多的事前评估和事后评估资源，为智能交通选择赋予意义和方向。

5）与各组织密切合作，通过其渠道突出事前评估和事后评估的重要性。

6）协助世界各地的交通运输组织做出选择，包括但不限于：

① 汇编强调事前评估和事后评估的有效知识资源。

② 发展新的强调事前评估和事后评估的有效知识资源。

③ 前述资源的推广和分配。

④ 主题专家的参与。

⑤ 开展培训和教育服务，以促进事前评估和事后评估的实施。

研究人员需要探索一种关于宏观评估的统一评估方法，这可以通过研究方法的整合和（或）建立索引来实现。评估框架应透明、易于操作且被广泛接受。此外，还必须明确说明所使用的假设。

对于能够通过"真实"数字来获得准确结果这一想法，研究者应改变思维并予以摒弃。由于目前所有评估方法都有各种各样的缺点（见上文），因此，使用这些方法中的任何一种方法来确定收益和成本的"实际数值"在原则上不太可行。因此，研究人员有必要采用其他替代方法，而不是去努力确定所谓的"实际数值"。设想一下，在许多情况下使用一种常用的（统一和可接受的）方法（即便方法不那么完美），但至少会得到可比较的结果。

"在许多情况下以相同方式使用同一种通用评估方法来确定相对准确的评估结果"这一想法，可能会推动我们重新思考对 ITS 评估的改造。这将涉及一种通用的评估方法，该方法必须能够透明、迅速和广泛地被所有利益相关方接受并采用。这个问题值得在智能交通系统评估领域进一步讨论和研究。

此外，智能交通系统在过去几十年中得到了长足发展和快速部署。今后需要以整体的观念重新思考 ITS 的规划、建模、设计、控制和综合管理。产业界、学术界和行政部门在智能交通系统评估领域面临的挑战则是（从技术上）加强事前评估和事后评估，克服评估障碍，并大幅度减少投资风险。

17.4 结论

智能交通系统的目标是提高人和货物运输的可持续性，降低交通事故的发生频率和后果，减少对本地的干扰和温室气体排放，减少交通公共空间需求，并提供所有人都能负担得起、价格实惠的交通工具。

尽管大多数微观评估方法在基础应用上已经成熟，但研究人员和行业合作伙伴正在不断改进这些方法并开发新的算法，而宏观评估的实现仍然具有挑战性。宏观评估方法为实现某一目标提供了不同的可替代方案的分析和排名。一般来说，任何算法都不能完全取代人类的判断。囿于方法的本质缺陷，无论是宏观评估方法还是基于 KPI 的评估方法，都没有被所有利益相关者广泛使用和接受。因此，采用统一的评估方法进行评估，对研究人员、行业和当局来说都是一个极大的挑战。笔者还建议评估应由独立机构进行。IBEC 将与所有利益相关方一起，在分享和交换评估数据方面发挥关键作用。

参 考 文 献

[1] Boardman AE, Greenberg DH, Vining AR, Weimer DL. *Cost–Benefit Analysis: Concepts and Practice*. Upper Saddle River, NJ: Prentice Hall; 1996.

[2] Brans JP. *L'ingénierie de la décision. L'élaboration d'instruments d'aide à la décision*. Quebec: Université Laval; 1982. (in French).

[3] Brans JP. The space of freedom of the decision maker modelling the human brain. *European Journal of Operational Research*. 1996; 92:593–602.

[4] Brans JP, Vincke P, Mareschal B. How to select and how to rank projects: the PROMETHEE method. *European Journal of Operational Research*. 1986; 24:228–238.

[5] De Blaeij A, Florax RJGM, Rietveld P, Verhoef E. The value of statistical life in road safety: a meta-analysis. *Accident Analysis & Prevention*. 2003; 35(6):973–986.

[6] Deng J. Control problems of grey systems. *Systems and Control Letters*. North-Holland Co. Publisher. 1982; 5:288–294.

[7] European Commission. *ITS (Intelligent Transport Systems) Action Plan and Directive*; 2015a. Available from: http://ec.europa.eu/transport/its/road/action_plan_en.htm (Accessed 01 January 2016).

[8] European Commission. *Studies – Intelligent Transport Systems*; 2015b. Available from: http://ec.europa.eu/transport/themes/its/studies/its_en.htm (Accessed 01 January 2016).

[9] European Commission. *Study on Key Performance Indicators for Intelligent Transport Systems*. Final Report. Brussels: European Commission; 2015c. Available from: http://ec.europa.eu/transport/themes/its/studies/doc/its-kpi-final_report_v7_4.pdf (Accessed 01 January 2016)

[10] Guo H. Identification coefficient of relational grade. *Fuzzy Mathematics*. 1985; 5:55–58. (in Chinese).

[11] Hauer E. Computing what the public wants: some issues in road safety cost-benefit analysis. *Accident Analysis and Prevention*. 2011; 43(1):151–164.

[12] Hill M. A goal-achievements matrix for evaluating alternative plans. *Journal of the American Institute of Planners*. 1968; 34:19–29.

[13] Hwang CL, Yoon K. *Multiple Attribute Decision Making: Methods and Applications*. Berlin: Springer-Verlag; 1981.

[14] IBEC (ITS Benefits Evaluation Community). IBEC vision and missions. IBEC Management Committee, finalised based on email exchanges between Tom Kern (Chair, IBEC, 2011–2014) and Meng Lu (Chair, IBEC, September 2014–January 2016), IBEC; 2014.

[15] Mrozek JR, Taylor LO. What determines the value of life? A meta-analysis. *Journal of Policy Analysis and Management*. 2002; 21(2):253–270.

[16] Lichfield N. *The Economics of Planned Development*. London, England: Estates Gazette, Ltd.; 1956.

[17] Lichfield N. Cost–benefit analysis in plan evaluation. *Town Planning Review*. 1964; 35:159–169.

Key findings, challenges and future work 399

[18] Lu M. *Modelling and Evaluation of the Effects of Traffic Safety Measures: Comparative Analysis of Driving Assistance Systems and Road Infrastructure*. Doctoral thesis, Lund University, Lund; 2007.

[19] Lu M, Wevers K, Van der Heijden R. Technical feasibility of advanced driver assistance systems (ADAS) for road traffic safety. *Transportation Planning and Technology*. 2005; 28(3):167–187.

[20] Roy B. Classement et choix en présence de critères multiples (la méthode ELECTRE). *RIRO*. 1968; 8:57–75 (in French).

[21] Saaty TL. *The Analytic Hierarchy Process*. New York, NY: McGraw-Hill; 1980.

[22] Saaty TL. *Decision Making for Leaders: The Analytic Hierarchy Process for Decisions in a Complex World*. Pittsburgh, PA: RWS Publications; 1995.

[23] Studer L. Evaluation methods and experiences. IBEC Session 1 'How to identify the proper ITS evaluation methodology?' *World Congress on ITS (Intelligent Transport Systems)*, Bordeaux. 2015 October.

[24] Trilling DR. A cost-effectiveness evaluation of highway safety counter-measures. *Traffic Quarterly*. 1978; 32:41–67.

[25] Yoon KP, Hwang CL. *Multiple Attribute Decision Making: An Introduction*. London, England: Sage Publications; 1995.

[26] Viscusi WK, Aldy JE. The value of a statistical life: a critical review of market estimates throughout the world. *Journal of Risk and Uncertainty*. 2003; 27(1):5–76.

[27] Zadeh L. Fuzzy sets. *Information and Control*. 1965; 8(3):338–353.